JN063769

# 教育制度エッセンス

## ──多様性の中で制度原理を考えるために──

Essentials of the Educational System
~Looking for the Fundamental Principles in Diverse System~

# はじめに

制度とは些か厄介な概念である。制度をinstitutionと捉えるのかsystemとみなすのかで指し示すものも随分と変わってくる(1)。制度は厳然と我々の目の前に横たわる静態的なものなのか、より動態的なものなのか、すなわち制度を我々は変えることができるのか、反対に制度に我々が変えられてしまうのか、制度に対する理解は多様で、一筋縄では行かない。制度を社会における「ゲームのルール」というメタファーで捉えるならば、ゲームに参加しうるアクターやその戦略的行動の選択肢や順序、情報、アクターの行動の組み合わせによって生じる帰結といった要素で「ゲーム」が構成されていることを理解できよう(2)。つまり、ゲームのルール次第で有利／不利がうまれ、勝者／敗者が変わってくるのである。

同様に、本書がテーマとしている教育に関する制度も、万人に対し万能なベストモデル（理想の教育制度）というものはなく、その制度の存在自体が得する者と損をする者とを必然的に生み出してしまう。それゆえそれぞれの制度が誰によって、どのような理念や原理をもってつくられたのか、その歴史的な背景にまで思いを馳せてみる必要があるだろう。

制度のもつ影響力からすれば、これを改革することの波及効果はきわめて大きいが、制度改革が必ずしもよりよい教育を生み出すとも限らない。諸外国の制度を知ると、その違いに驚くことがあり、羨ましく思うこともあるだろう。だからと言って、その制度をそのまま輸入すれば済む話でもない。それぞれの制度には「始まり」があって、歴史的文脈の中で形成／変化・変容されてきており、表層的なしくみだけを猿真似しても制度はうまく定着しない。東アジアの同じ文化圏にある日・中・韓三カ国でさえ教育制度はいろいろと異なっている。しかしながら、同時に三国に通底する共通性も見出せる。だが、それはアジアの「特殊性」なのか、歴史的経緯によるものなのか、それとも別の理由によるものだろうか。

本書は、教育制度を学ぶ初学者のために、特に教職科目の「教育に関する社会的、制度的又は経営的事項（学校と地域との連携及び学校安全への対応を含む。）」学習者にとって使いやすい構成で編んでいる。すなわち再課程認定にあたって示された到達目標の項目にあわせて章と節の構成を揃えた。同じ章節番号を辿っていただくと日中韓三カ国のその事項について概観できる。同じ領域のタイトルの付け方だけを見比べてもいろいろと各国の事情がうかがえる仕掛けとなっている。これまで各国教育制度を概観したテキストは数多く出版されてきたが、これほど詳細に他国の最新情報を網羅しているものは類を見ないのではないかと自負している。こうして他国を合わせ鏡として自国をみることが重要である。

かつて中央教育審議会においても、「グローバル化に対応した人材育成が求められる中、教員自身もグローバルなものの見方や考え方などを身に付ける必要がある。」（「教職生活の全体を通じた教員の資質能力の総合的な向上方策について」2012年８月）と提言されたが、職業教育・高等教育資格枠組みの国際的展開が図られる中で、教員資格もそうした潮流の中にあり、教員養成の国際化は今後ますます求められていくものと見込まれる。

なお、再課程認定にあたっての「社会的、制度的、経営的事項」は次ページの通りである。

## 全体目標

現代の学校教育に関する社会的、制度的又は経営的事項のいずれかについて、基礎的な知識を身に付けるとともに、それらに関連する課題を理解する。なお、学校と地域との連携に関する理解及び学校安全への対応に関する基礎的知識も身に付けること。

### (1－1) 教育に関する社会的事項

**一般目標** 社会の状況を理解し、その変化が学校教育にもたらす影響とそこから生じる課題、ならびにそれに対応するための教育政策の動向を理解する。

**到達目標**
1) 学校を巡る近年の様々な状況の変化を理解している。
2) 子供の生活の変化を踏まえた指導上の課題を理解している。
3) 近年の教育政策の動向を理解している。
4) 諸外国の教育事情や教育改革の動向を理解している。

### (1－2) 教育に関する制度的事項

**一般目標** 現代公教育制度の意義・原理・構造について、その法的・制度的仕組みに関する基礎的知識を身に付けるとともに、そこに内在する課題を理解する。

**到達目標**
1) 公教育の原理及び理念を理解している。
2) 公教育制度を構成している教育関係法規を理解している。
3) 教育制度を支える教育行政の理念と仕組みを理解している。
4) 教育制度をめぐる諸課題について例示することができる。

### (1－3) 教育に関する経営的事項

**一般目標** 学校や教育行政機関の目的とその実現について、経営の観点から理解する。

**到達目標**
1) 公教育の目的を実現するための学校経営の望むべき姿を理解している。
2) 学校における教育活動の年間の流れと学校評価の基礎理論を含めたPDCAの重要性を理解している。
3) 学級経営の仕組みと効果的な方法を理解している。
4) 教職員や学校外の関係者・関係機関との連携・協働の在り方や重要性を理解している。

### (2) 学校と地域との連携

**一般目標** 学校と地域との連携の意義や地域との協働の仕方について、取り組み事例をふまえて理解する。

**到達目標**
1) 地域との連携・協働による学校教育活動の意義及び方法を理解している。
2) 地域との連携を基とする開かれた学校づくりが進められてきた経緯を理解している。

### （3）学校安全への対応

**一般目標**　学校の管理下で起こる事件、事故および災害の実情を踏まえて、学校保健安全法に基づく、危機管理を含む学校安全の目的と具体的な取組を理解する。

**到達目標**　1）学校の管理下で発生する事件、事故及び災害の実情を踏まえ、危機管理や事故対応を含む学校安全の必要性について理解している。

2）生活安全、交通安全、災害安全の各領域や我が国の学校をとりまく新たな安全上の課題について、安全管理および安全教育の両面から具体的な取組を理解している。

以上のような枠組み（社会的・制度的・経営的な視座）により、日本・中国・韓国の教育制度の異同について、お互いに初歩的な理解から始めようとするのが本書のもう一つのネライである。

もちろん上記に引用したような比較政治制度論の観点からすれば、制度はもっと輻輳的で、組織を動かす見えない力（組織文化など）にまで視野を拡げなければならないが、本書ではそこまで踏み込むことはできなかった。このことは今後の課題としたい。

ともあれ、エッセンスシリーズ第６弾として、この書籍を世に出すが、本書は将来的には韓国語や中国語に翻訳され、日中韓三カ国がお互いの理解を深めることの一助となることを祈念している。グローバリゼーションが新型コロナウイルスCOVID-19をパンデミックとなるほどに世界的に拡散させ、それによってこれまで「揺らいで」いたはずの国民国家が存在感を増し国境が厳しく管理されるというパラドキシカルな状況が惹き起こされているが[(3)]、他方でオンライン化が急速に定着し、国際的なシンポジウムや催しが気軽に開かれる状況となっている。そうした中にあって、こうした地道な取組みが教育に関する国際交流を促進する手助けになればと願っている。そして何より実際に五感で隣国の教育制度に触れ、そのような制度が生み出される社会的文脈や文化的背景、物の見方、考え方に触れる機会が持てる日まで、じっくり本書で基礎的な事項について確認していただきたい。そして一日も早くコロナが終息して自由に往来できることを願うばかりである。

2021年９月
緊急事態宣言下で閑散とした
九州大学伊都キャンパスにて　元兼正浩

（1）日本教育制度学会の英語名はTHE JAPAN SOCIETY FOR EDUCATIONAL SYSTEM AND ORGANIZATIONである。SYSTEMとORGANIZATIONを制度の訳語としてあてていることに注目したい。
（2）建林正彦・曽我謙悟・待鳥聡史（2008）『比較政治制度論』有斐閣アルマ、pp.38-39
（3）青木栄一他（2021）『教育学年報12　国家』世織書房、pp.2-3

# CONTENTS

## 第1部 日本編

### 1章 教育に関する社会的状況



### 2章 教育に関する制度的事項

## 3章　教育に関する経営的事項

# 第2部
# 韓　国　編

## 1章　教育に関する社会的状況



## 2章　教育に関する制度的事項

## 3章　教育に関する経営的事項

# 第3部 中　国　編

## 1章　教育に関する社会的状況



## 2章　教育に関する制度的事項

## 3章　教育に関する経営的事項

# 第1部
# 日本編

第1章 教育に関する社会的状況

# 1 学校をめぐる近年の環境変化（教員構成、危機対応、学力問題、グローバル化）

## 教育改革という果てしない物語

教育改革が間断なく続いている日本の現状を踏まえれば、今日の状況に連なる教育改革の嚆矢を何に求め、どこから書き始めるかにはいくつかの選択肢がある。直近では第二次安倍政権での教育再生実行会議の諸答申、または1990年代後半の分権改革が起点となるが、1980年代半ばの中曽根首相の諮問機関「**臨時教育審議会**」（臨教審）答申、さらには1971年中央教育審議会答申（通称「四六答申」）で標榜された「**第三の教育改革**」の提言にまで遡ることもできよう（資料１）。

近代国家としての教育制度体系を示した「**学制**」（1872年）以降の天皇制国家体制の下での**勅令主義**で進められた教育政策を「第一の教育改革」、そうした戦前の軍国主義教育にたいする反省にもとづく平和憲法・教育基本法下の教育体制の見直しを「第二の教育改革」と捉えるならば、戦後教育改革の理念を蔑ろにするような改革が進んでいる現状は、「第三の教育改革」路線の系譜ともいえるが、それでもなお憲法・教育基本法下での教育制度にあることだけは確認しておきたい。したがって、国家のための人材養成ではなく、国民の「**教育を受ける権利**」（憲法26条）を保障することを目的とした公教育体制の仕組み自体は維持されている。しかしながら戦後75年を経て、政治・経済・社会の環境変化と不透明さは以前よりも激しさを増し、国民国家概念の揺らぎと「自国第一主義」の台頭、経済活動の**グローバル化**に伴う国際競争の激化や産業構造の変化、社会の発展や持続性・幸福追求に対する人々の意識の変化や価値観の多様化は、公教育に対しても大きな影響をもたらしている。「日本型公教育」とよばれる「**一条校**」（学校教育法１条に定められた学校）を中核とした教育保障の仕組みも、同様に揺らぎや再編課題を抱えている[(1)]。「普遍的」で「共通の教育」（コモン）の保障が「**機会均等**」の下に設置者や管理者、有資格の授業者が限定された一条校によって公的（オフィシャル）に目指されてきたが、そうした従来の学校制度の仕組みでは個別かつ多様な教育ニーズに対応が難しく、戦後教育改革の理念の堅持を主張するだけでは支持は得られないため、価値観の変化や多様性を公教育でどのように保障するかという実践的な改革課題（例えば、**教育機会確保法**の評価）は、学界で追究すべき研究テーマとして理論的にも検討されている。

## 学校に基礎を置いた教育改革と「学力」

1990年代後半の分権化や規制緩和による社会構造改革の機運は、教育界にも大きなインパクトを与え、**自主的・自律的な学校経営**が模索された。これはSchool Based Managementなど欧米の教育改革の動向とも軌を一にし、改革のキーパーソンとして校長らスクールリーダーに注目が集まることとなった。各学校の教育課程編成権の裁量拡大（「総合的な学習の時間」の導入）、職員会議の補助機関化、学校評議員制度の導入、校長・教頭任用資格の緩和化による民間からの登用など、学校とりわけ管理職に権限を集中させる施策が図られた。学校に**説明責任（アカウンタビリティ）**として自己点検・自己評価を求め、それを学校関係者や第三者が評価する仕組みも作られていった。これは**新公共管理論（New Public Management）**とよばれる統治形式の一形態であり、現場の管理者に裁量権を与え、実行した

資料1 戦後教育政策史略年表

| | | |
|---|---|---|
| 1946.3 | 第一次米国教育使節団報告書提出 | 1946.4 公表 |
| 1946.11 | 日本国憲法公布 | 1947.5 施行 |
| 1947.3 | **教育基本法・学校教育法公布** | 1947.4 新学制6・3制発足 |
| 1948.3 | 新制高等学校発足 | 「高校3原則」 |
| 1948.7 | 教育委員会法公布 | 1948.11 **教育委員会**発足 |
| 1956.6 | 地方教育行政の組織及び運営に関する法律公布 | |
| 1957.12 | 教職員の**勤務評定**試案(都道府県教育長協議会) | |
| 1961.10 | 文部省 中2・3年悉皆で全国学力調査開始 | 1966.11 文部省 中止を決定 |
| 1971.6 | 中教審答申「今後における学校教育の総合的な拡充整備のための基本的施策」(四六答申) | |
| 1979.1 | 国立大学共通一次学力試験開始 | |
| 1984.9 | **臨時教育審議会**初会合 | 1987.8 第四次答申提出 |
| 1990.1 | 大学入試センター試験実施開始 | |
| 1992.9 | 学校週5日制実施(幼・小・中・高校) | 第二土曜日が休日に |
| 2001.1 | 中央省庁再編に伴い、**文部科学省**誕生 | 文部省と科学技術庁の統合 |
| 2006.12 | **改正教育基本法**公布・施行 | 2006.9 第一次安部内閣成立 |
| 2008.7 | 教育振興基本計画を閣議決定 | |
| 2015.4 | 地教行法改正により新教育委員会制度へ移行 | 教育長と教育委員長一本化 |

出典:筆者作成

資料2 PISAにおける日本の成績の変化

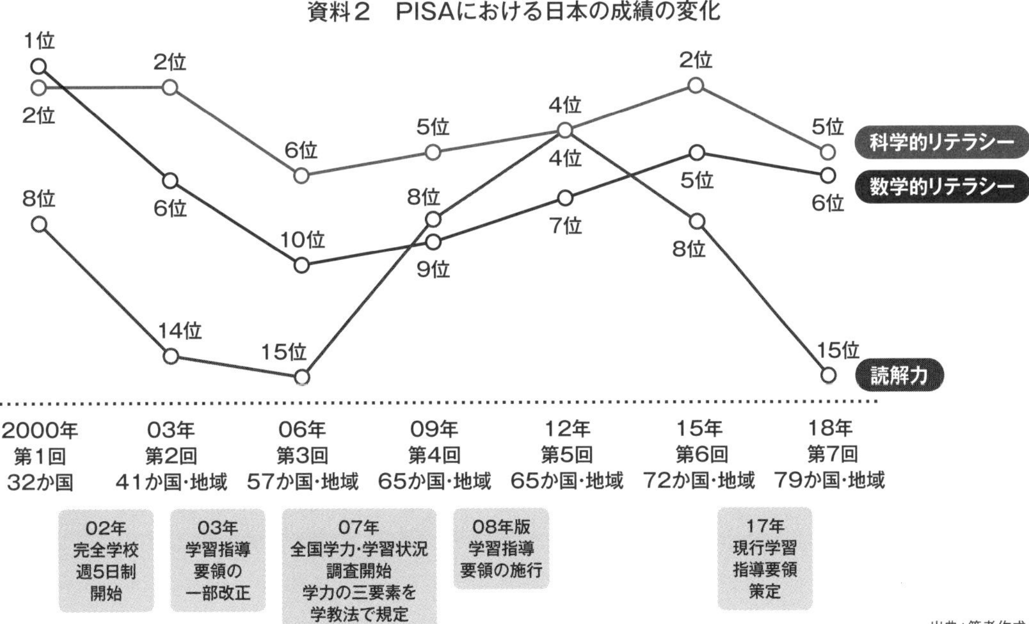


出典:筆者作成

成果を事後的な評価によって管理する方式であり、評価の対象となる学習活動の成果（エビデンス）として、学力・学習状況調査の結果が活用され、学校現場の競争的環境は激化した[2]。特に2003年の**PISA**（Programme for International Student Assessmentの略、OECD加盟国生徒の**国際的な学習到達度に関する調査**）の結果（資料2　数学的リテラシー（前回2000年１位→６位）、読解力（８位→15位）、科学的リテラシー（２位→２位））は、「PISAショック」とも呼ばれ、ゆとり路線に引導を渡し、「学力」競争に拍車をかけることとなった。

## 教職員構成の変化

学校に関する近年もっとも大きな変化の一つは教職員構成の変化である。第２次ベビーブームが学齢期を終える1990年代以降は、少子化に伴う学級数の自然減が退職補充を必要としないほどに大きく、教員採用は「氷河期」と呼ばれる時期を迎えた。少人数工夫改善やＴＴ加配などを理由として定数確保を図るものの、教員の平均年齢は上昇した。また、分権改革や規制緩和の施策の下、市町村費により**非正規教員**を確保することによって「少人数学級」を実現できる途は開かれたが、非正規教員の割合を増やすこととなった。このことは2001年**義務標準法**によって、「定数崩し」が認められたことで一層拡大し、学校構成員がコア人材（正規教員）と周辺（非正規）という構図を常態化させてしまった。常勤一人分を分割することで複数の非常勤講師を任用できるとはいえ、非常勤に任せられる職務内容は限定的であり、結果的に正規教員に大きな負担がかかる。教科学習の指導のみならず、担任業務、生活指導や進路指導、課外活動の管理、校務分掌、保護者対応など多くの職務を「時間外手当」もつかない勤務条件で酷使されている状況は、「ブラック」職場として一般にもひろく知られるようになった。

「ひしめく」団塊世代の大量退職時代を迎え、新規採用募集は拡大し、従来はワイングラス型と呼ばれていた教職員構成の年齢ピラミッドの形はふたこぶ型に変化しつつある。さきの「氷河期」の世代に中堅（ミドル）として期待が集まるものの、決定的に量不足であり、採用抑制のツケは今も払わされている。新規採用の募集が拡大する一方で、「ブラック」職場として若者から敬遠される傾向が生じている（資料３）。志願倍率の低さは質の低下をもたらすとして危機感を募らす状況であるが、これは教育改革の落としどころを常に「教員の資質・力量」に求め、**初任者研修制度**、10年経験者（中堅教諭）研修制度、**免許更新講習**の導入、教職科目の積み上げや実習強化など教員や教職志願者・候補者に負担がかかる教員政策を行ってきた結果でもある。

## 学校の危機管理

危機管理元年とよばれる1995年の阪神淡路大震災では発生時刻が早朝未明であったため、学校で被災せず、学校は心のオアシスとして避難所としての役割が強調された。だが、その後、O-157食中毒事件や不審者侵入事件など学校で危機に見舞われる事故・事件が相次いだ（2001年の大教大附属池田小事件など）。2008年には学校保健法が改正され、**学校保健安全法**に改称されるなど、学校の安全管理確保が強く求められるようになった。たとえば、いじめ問題の学校・教師の対応に対しても、**予見可能性**や**安全配慮義務**が求められ、2013年には**いじめ防止対策推進法**も制定された。東日本大震災で多くの犠牲者を出した石巻市立大川小学校津波訴訟の第二審 仙台高判（2018年）では、平時からの組織的な過失を問題視し、校長らは児童の安全を確保する上で「地域住民よりはるかに高いレベルの知識と経験が求められる」と指摘した。近年多発している地震や水害等の自然災害発生時の避難所として学校が活用されることが多く、その場合に正規教員は「公務員」として避難所運営に携わる任務が期待される。「定数欠」が続き余力のない教員、多様なニーズに追われる学校に対する役割はむしろ肥大化しており、悪循環が続いている。グローバル化のもとで進められた新自由主義的な学校改革の影響はこうした面でも脆弱性を露呈させてしまっている。



資料3 公立小中の教員採用試験の受験者数と倍率の推移

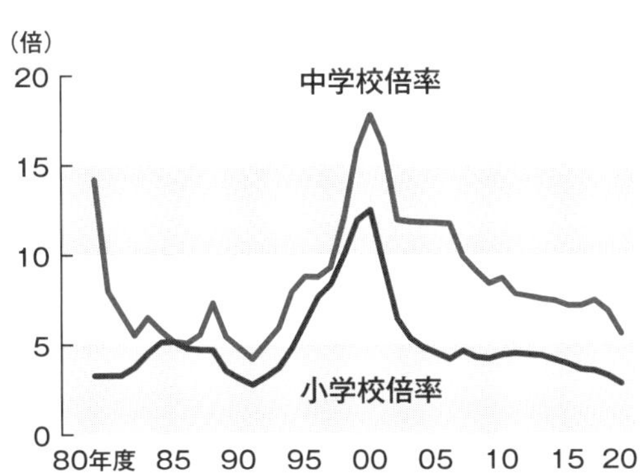


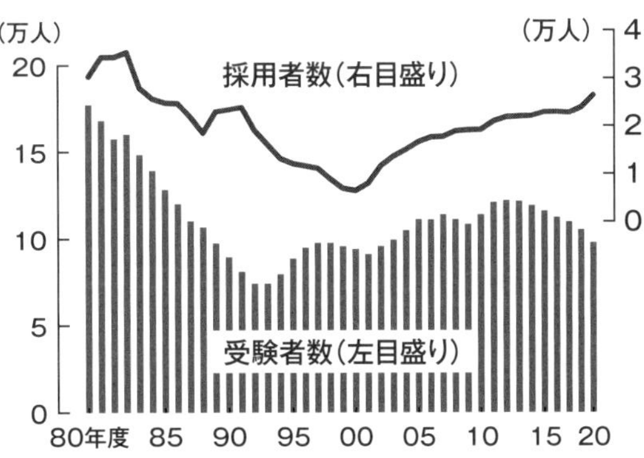


資料4 大川小訴訟の主な争点に対する主張と判断

| | 遺族側の主張 | 石巻市、宮城県側 | 仙台地裁判決(2016.10.26) | 仙台高裁判決(2018.1.23) | 最高裁判決(2019.10.10) |
|---|---|---|---|---|---|
| 津波到達の予見可能性 | 学校は津波が襲来して浸水する危険を十分認識できた | 想定を超える津波を具体的に予見することは不可能だった | 津波が襲来する**約7分前に**市の広報車により予見できた | **2010年4月30日のマニュアル改定期限の時点で予見できた** | 市と県の上告を棄却し、学校には高度な「安全**確保義務**」が求められるとし、約14億3,600万円の賠償を命じた高裁判決が確定 |
| 注意義務・安全配慮義務違反(組織的過失) | 市教委は危機管理マニュアル改訂の指導を怠った | 各校に必要十分な助言指導を行っていた | 事前対策に問題はなくマニュアルを改訂する義務は認められない | **学校は改訂を怠り、市教委は指導せず、事前の備えが不十分** | |
| 結果回避義務違反の有無 | 被災を回避する手段は十分あり、全児童を救えた(人災) | 津波を予見して襲来までの時間で児童全員の避難は不可能 | 避難ルートを示し、誘導しなかった教員らに過失がある | **避難場所が定められていれば、回避できた** | |

出典:筆者作成

註

(1)大桃敏行他編(2020)『日本型公教育の再検討』岩波書店
(2)子どもの権利委員会の総括所見では第1回(1998年)から勧告を受け続けている。

(元兼正浩)

# 2 子どもの生活変化を踏まえた諸課題（少子化、いじめ・不登校、貧困、多様化）

## 社会構造の変化に伴う子どもを取り巻く環境の変容

現在、日本においては急激に少子化・高齢化が進展しており、2060年までに、65歳以上人口がほぼ横ばいで推移する一方で、20歳～64歳人口は大幅に減少し、高齢化率が約10％程度上昇すると見込まれている（図１）。さらに、日本では2005年に初めて年間の出生数よりも死亡数が上回り、2010年以降は人口が継続して減少する「人口減少社会」に突入している。2020年の出生数は1899年の統計開始以来最小の84万832人、自然増減数も過去最大の減少となり人口減少は加速度的に進行している状況である。それに伴い、家族形態も変化している。国立社会保障・人口問題研究所（2018）によれば、これまで一般世帯総数の40％以上を占め主流であった「夫婦と子から成る世帯」は2015年時点で26.9％と割合を低下させており、2040年には23.3％まで低下すると推測されている(1)。他方、「ひとり親と子から成る世帯」は2015年の8.9％から2030年には9.6％、2040年には9.7％に増加する。今後主流となるのは「単独世帯」であり、2032年まで増加を続け、一般世帯総数に占める割合も2015年の34.5％から2040年の39.4％まで上昇する見込みである。また、共働き世帯も増加し、2020年には共働き世帯が1,240万世帯、専業主婦世帯が571万世帯となり、共働き世帯は約68.5％を占めている（図２）。

以上のような社会構造の変化に伴い、子どもを取り巻く環境も変容している。2010年代以降、子どもの貧困問題がクローズアップされてきた。厚生労働省「国民生活基礎調査」（2019年調査）によれば2018年の**子どもの相対的貧困率**は13.5％であり、子どもの約７人に１人が貧困状態にあるとされている。子どもの相対的貧困率は2003年の13.7％から上昇傾向が続き、2012年の16.7％をピークに2015年、2018年調査では改善傾向にある。しかしながら、経済協力開発機構（OECD）の平均12.8％（2017年）を上回っており、主要７カ国（G7）でも５番目に高い水準である（図３）。特に、ひとり親世帯の相対的貧困率は高く、2018年調査では48.1％と初めて50％を下回ったものの高い水準となっている。また、児童虐待の問題も深刻である。2019年度、18歳未満の子どもが親などの保護者から虐待を受けたとして児童相談所が対応した件数は、2018年度より33,942件（21.2％）増の193,780件にのぼり過去最多となった。さらに、家庭で家族の世話や介護などをしている子ども、いわゆるヤングケアラーの問題もある。厚生労働省・文部科学省（2021）「ヤングケアラーの実態に関する調査研究報告書」によれば、中学生の5.7％、全日制の高校生の4.1％が「世話している家族がいる」と回答した。さらに、「いる」と回答した中学生・高校生は食事の準備などの家事やきょうだいの世話、祖父母の介護などに平日１日の平均で中学生は４時間、高校生3.8時間を費やしていることが明らかとなった。

## 子どもの抱える教育課題の多様化・複雑化

こうした環境の変容に伴い、子どもたちが抱える教育課題が多様化している状況がある。特別支援学校や小・中学校の特別支援学級に在籍する児童生徒は増加し続けている。特別支援学級に在籍している児童生徒数は平成23年度には小学校107,597人・中学校37,658人であったところ、令和

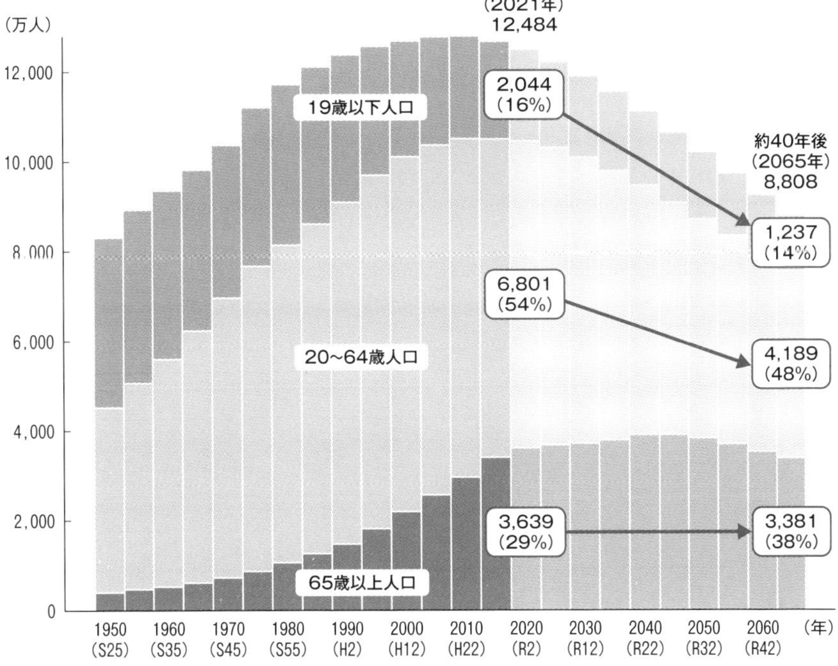


出典：総務省「国勢調査」、「人口推計」、国立社会保障・人口問題研究所「将来推計人口（平成29年4月推計）」（出生中位・死亡中位仮定）

**図１　日本の人口構造の変化**

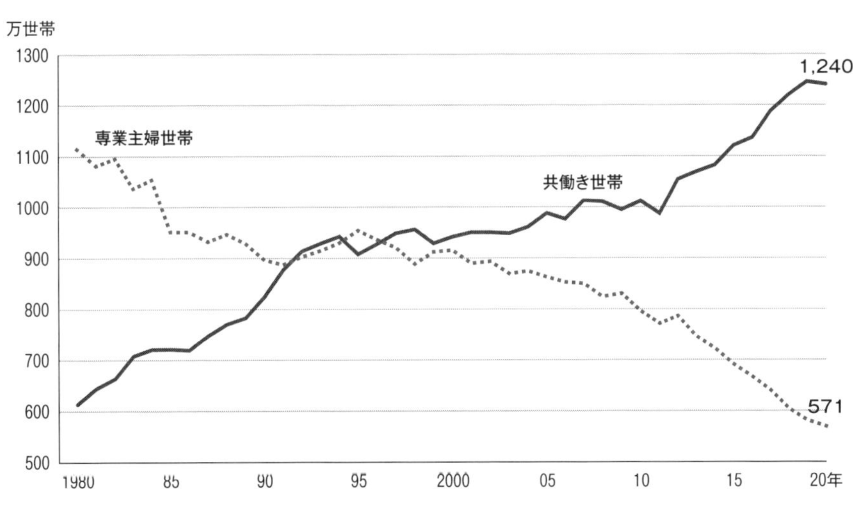


出典：総務省「労働力調査特別調査」、総務省「労働力調査（詳細集計）」

注1　「専業主婦世帯」は、夫が非農林業雇用者で妻が非就業者（非労働力人口及び完全失業者）の世帯。2018年以降は、厚生労働省「厚生労働白書」、内閣府「男女共同参画白書」に倣い夫が非農林業雇用者で妻が非就業者（非労働力人口及び失業者）の世帯。

注2　「共働き世帯」は、夫婦ともに非農林業雇用者の世帯。

注3　2011年は岩手県、宮城県及び福島県を除く全国の結果。

注4　2013年~2016年は、2015年国勢調査基準のベンチマーク人口に基づく時系列用接続数値。

**図２　日本における専業主婦世帯・共働き世帯数の推移**

２年度には小学校216,738人・中学校83,802人に増え、増加傾向が続いている[2]。あわせて通級による指導を受けている児童生徒の増加や、通常学級においても6.5％程度の割合で発達障害の可能性のある児童生徒が在籍しているという推計もなされ[3]、小・中・高等学校の通常学級においても特別な支援の必要な子どもが増加している状況が読み取れる。さらに、学校に在籍する外国人児童生徒や日本国籍であるものの日本語指導を必要とする児童生徒も増加し、小・中学校合計で10万人近い人数となっている。外国人の子どもについては約２万人が就学していない可能性がある、または就学状況が確認できていない状況にあるという実態が示されている。

生徒指導上の課題も複雑化している。まず、いじめについては2019年度の小・中・高等学校および特別支援学校におけるいじめの認知件数や重大事態の発生件数は増加傾向が続いている。具体的には、いじめの認知件数は612,496件（2018年度543,933件）、重大事態の発生件数は723件（2018年度602件）となった。他方、いじめの現在の状況として「解消しているもの」の割合は83.2％であり、いじめを初期段階から積極的に認知し、解消に向けて取り組んでいる証左とも受け取れる。しかしながら、重大事態の発生状況については深刻であり、2019年度においても10人の児童生徒が「いじめの問題」を抱えるなかで自殺している（2018年度９人）。また、不登校児童生徒数も増加している。小・中・高等学校における不登校児童生徒数は小学校53,350人（在籍者数の0.8％）、中学校127,922人（同3.9％）、高等学校50,100人（同1.6％）であった。さらに、暴力行為の発生件数も増加している。2019年度、小・中・高等学校における暴力行為の発生件数は小学校43,614件（2018年度36,536件）、中学校28,518件（2018年度29,320件）、高等学校6,655件（2018年度7,084件）であり、小学校で増加傾向が大きくなっている。

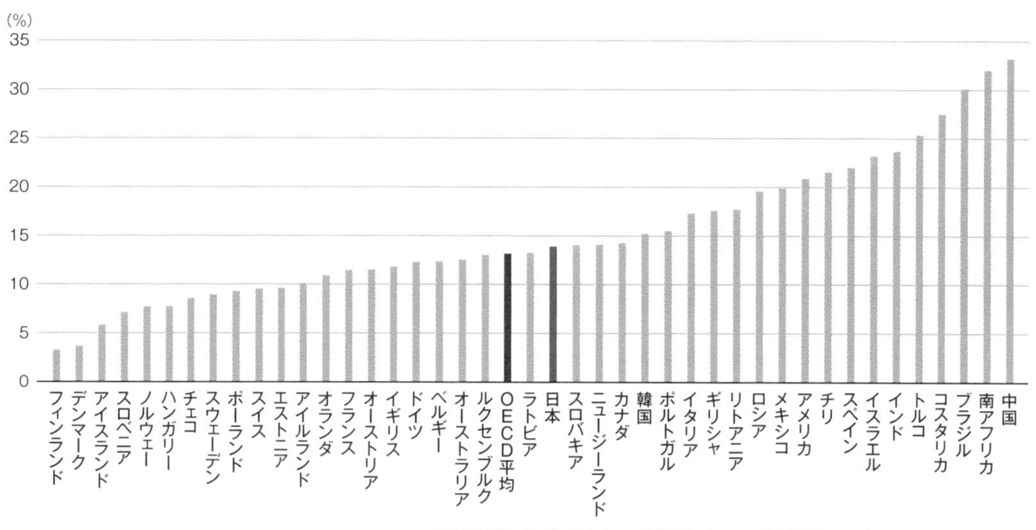


出典：OECD　Family Database 4 Child outcomes 2.2 Child poverty
URL https://www.oecd.org/els/family/database.htm（最終アクセス日2021年8月11日）

**図３　子どもの貧困率の国際比較（OECD・2016年または最新のデータ）**

## 参考文献


・中央教育審議会「『令和の日本型学校教育』の構築を目指して～全ての子供たちの可能性を引き出す，個別最適な学びと協働的な学びの実現～（答申）」（令和３年１月26日）

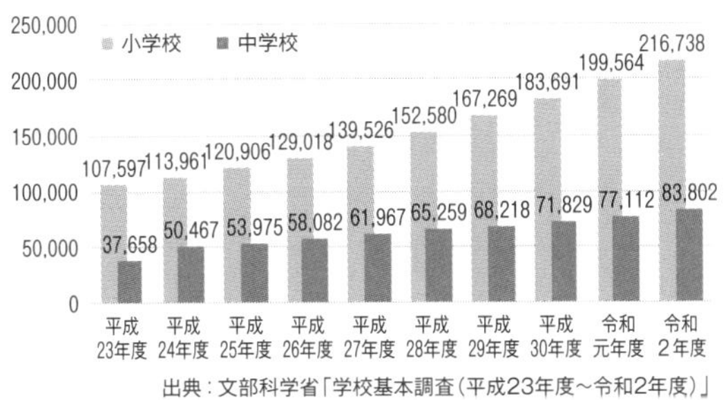


出典：文部科学省「学校基本調査（平成23年度～令和2年度）」

**図４　特別支援学級児童生徒数**

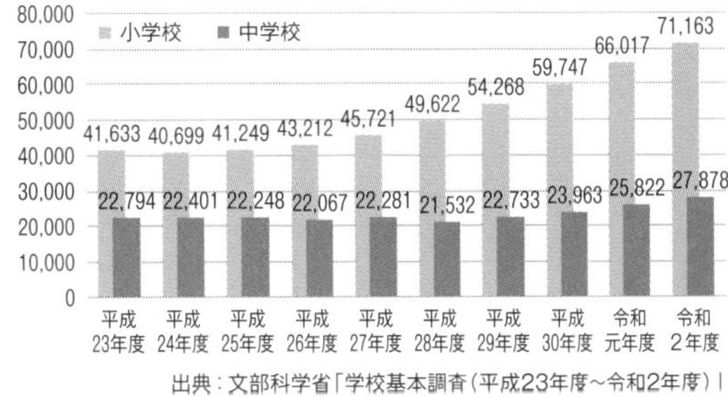


出典：文部科学省「学校基本調査（平成23年度～令和2年度）」

**図５　外国人児童生徒数**

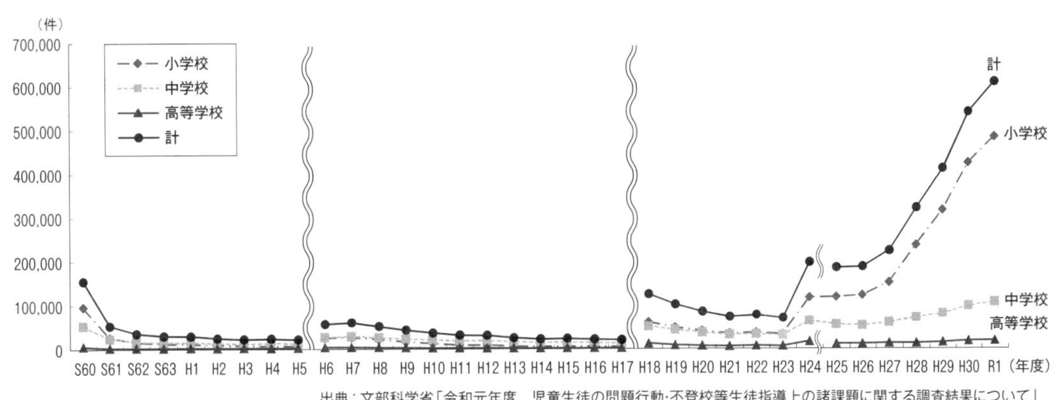


出典：文部科学省「令和元年度　児童生徒の問題行動・不登校等生徒指導上の諸課題に関する調査結果について」

**図６　いじめの認知（発生）件数の推移**

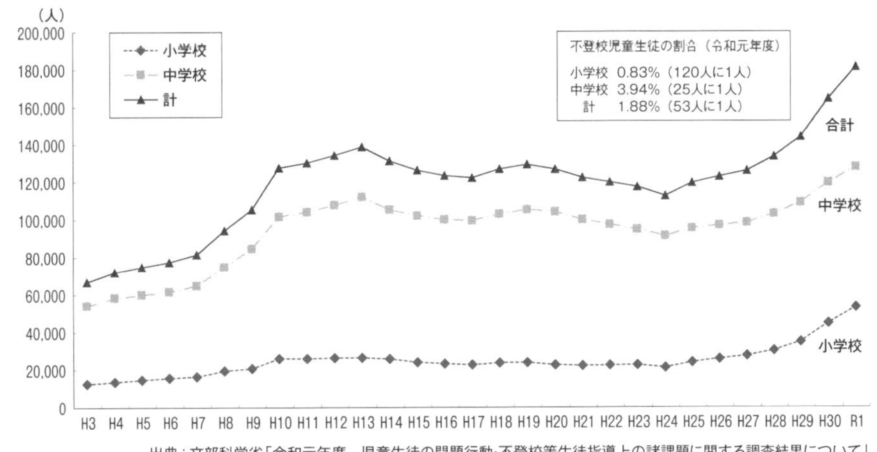


出典：文部科学省「令和元年度　児童生徒の問題行動・不登校等生徒指導上の諸課題に関する調査結果について」

**図７　不登校児童生徒数の推移**

## 註

（1）国立社会保障・人口問題研究所（2018）「日本の世帯数の将来推計（全国推計）－2015（平成27）～2040（平成52）年－」人口問題研究資料第339号
（2）文部科学省「学校基本調査（平成23年度～令和２年度）」
（3）文部科学省「通常の学級に在籍する発達障害の可能性のある特別な教育的支援を必要とする児童生徒に関する調査結果について」（平成24年12月５日）
（4）文部科学省「令和元年度　児童生徒の問題行動・不登校等生徒指導上の諸課題に関する調査結果について」（令和２年11月13日）

（清水良彦）

# 3 今日的教育政策の動向と展開（政財界の動き、審議会・答申、教育時事）

## 戦後～教育基本法改正までの日本における教育政策の展開

終戦直後の日本における教育改革は、GHQ（連合国総司令部）やCIE（民間情報教育局）の影響を受けながらも、内閣直属の**教育刷新委員会**を中心に進められてきた。その後、日本国憲法（1946年）及び教育基本法、学校教育法、学習指導要領（1947（昭和22）年）が施行され、これらの法規の理念に基づき教育政策を展開している。その後、教育刷新委員会は解散し1952年に文部省内に**中央教育審議会**（以下中教審）及び教育職員養成審議会が設置された。これ以降、主要な教育政策は中央教育審議会が担うこととなる。

ただし、教育課程政策については2001年に主要な審議会が中教審に統合されるまでは教育課程審議会（1950年創設）が中心であった。教育課程政策は、GHQの日本における占領政策が終了した後に作成された昭和33年版学習指導要領以降、ほぼ10年に一度改訂されている。1998（平成10）年改訂の学習指導要領以降は、学習指導要領の改訂に合わせて、教員養成政策、教育制度政策もセットとなり展開される傾向が見られる。この他、生徒指導に関する政策については、生徒指導上の問題の状況に応じて展開されている。

政界・経済界の教育政策に対する影響については、時代によって濃淡があるものの一定の影響が見られる。具体的には、1971（昭和46）年に出された戦後教育改革の節目と呼ばれる中教審答申「今後における学校教育の総合的な拡充整備のための基本的施策について（46答申）」において提言された高等教育の大衆化を見据えた教育制度改革や、1980年代には中曽根首相の教育に関する諮問機関である**臨時教育審議会**答申が、生涯学習社会への移行への方針転換や平成元年版の学習指導要領に影響を与えたことなどが挙げられる。この他に、橋本首相が決定した「完全学校週５日制」は、教育課程（学習指導要領）の授業時数に影響を与えることとなったため本来予定していた政策の方向転換を余儀なくされたケースなどがある。教員養成政策についても、議員立法で成立した「小学校及び中学校の教諭の普通免許状授与に係る教育職員免許法の特例等に関する法律」の影響を受け、義務教育段階の教員免許取得に「介護等体験」が追加されるなどの動きも見られた。

また、小渕首相が作り、森首相が受け継いだ首相の私的諮問機関である**教育改革国民会議**による「教育を変える17の提案」は、臨時教育審議会以降見直しの検討さえ行われてなかった教育基本法改正の必要性を訴えただけでなく、中教審への諮問・答申に結びつけるなど改正に向けた動きを加速させた。その他の提案についても教育政策に影響を与え実現しているものが多い。

最終的に教育基本法改正は、安倍内閣（2006年９月）成立後の「最優先課題」として掲げられ同年12月に国会において可決・施行された。

## 教育基本法改正以降の教育政策の動向と展開

教育基本法が改正された翌年（2007年）６月、その改正内容を踏まえ教育三法（学校教育法、地方教育行政の組織及び運営に関する法律、教育職員免許法）が改正された。これらの法改正は、安倍首相が閣議決定を経て創設した「**教育再生会議**報告」を踏まえていることからもその影響の強さ

## 資料１　主な教育及び関連政策の展開（戦後～現在）

| | 教育時事 | 政界の動き | 経済界の動き | 文部省→文部科学省 | | | |
|---|---|---|---|---|---|---|---|
| | | | | 初等・中等（学習指導） | （生徒指導） | 高等教育 | 教員養成 |
| 1945年 | 終戦／教育刷新委員会創設 | | | | | | |
| | **教育基本法・学校教育法 昭和22年版学習指導要領施行** | | | | 中学校・高等学校の生徒指導（1949年） | | 教育職員免許法（1949年公布） |
| 1950年代 | 中央教育審議会創設（1952年）<br>昭和26年版学習指導要領 | サンフランシスコ講和条約 | | | | | 免許法改正（1954年） |
| | 教育委員会法廃止→地方教育行政の組織及び運営に関する法律制定<br>**昭和33年版学習指導要領** | | 高度経済成長に寄与する人材の育成を要請 | 新領域「道徳」の特設 | | | |
| 1960年代 | | | | | | | |
| | 昭和42・43年版学習指導要領<br>**中央教育審議会答申（46答申）** | | | 授業時数の増加 | 生徒指導の手引き（1965年） | | |
| 1970年代 | | | | | | 共通一次学力試験の実施 | |
| | 昭和52・53年版学習指導要領 | | | ゆとりの時間 | | | |
| 1980年代 | | | | | 生徒指導の手引き（1981年） | | |
| | | 【中曽根首相】<br>**臨時教育審議会**<br>生涯学習社会への移行 | | 国際化・情報化への対応を指示 | | | 免許法改正（1989年） |
| | 平成元年版指導要領 | | | 生活科の導入<br>世界史の必修化 | | | |
| 1990年代 | | 【橋本首相】<br>６大改革（学校週五日制）<br>地方分権政策へシフト | バブル崩壊後のマイナス成長 | | 調査研究協力者会議報告（登校拒否） | 大学入学センター試験の実施 | |
| | 平成10年版学習指導要領 | 【議員立法】<br>**小学校及び中学校の教諭の普通免許状授与に係る教育職員免許法の特例等に関する法律** | | ゆとり教育（教育内容の厳選・授業時数の削減） | 調査研究協力者会議報告（いじめ、問題行動） | | 免許法改正（1997年）<br>＊介護等体験<br>免許法改正（1998年） |
| 2000年 | **○地方分権を進める制度の施行（職員会議、学校評議員、民間人校長）** | **【小渕→森首相】<br>教育改革国民会議（私的諮問機関）の設置（3月）報告（12月）** | | | 調査研究協力者会議報告（問題行動、不登校） | | |
| 2001年 | 【省庁再編】<br>文部省→文部科学省へ・審議会再編 | | | | | | |
| 2002年 | | | | 学びのすすめ<br>平成10年版指導要領完全実施 | | | |
| 2003年 | | | | 学習指導要領一部改訂 | | 専門職大学院創設 | |

がうかがえる。

その後2010年の選挙において政権が民主党に移ったが、平成20年版学習指導要領が告示されて間もない時期でもあったため大きな路線変更は行われなかった。その後、2012年に政権が再び自民党政権に移り安倍２次内閣が誕生すると、安倍首相は自民党内に**教育再生実行本部**を設置し提言を打ち出していく。

翌年（2013年）、安倍首相は**教育再生実行会議**の創設を閣議決定する。教育再生会議創設後、教育政策に関するプロセスが変化している。それまでは、文部科学大臣が中央教育審議会に諮問し、審議を経て答申した内容を中心に制度改革が行われていたが、諮問の前に教育再生実行本部による提言とそれを踏まえた「教育再生実行会議提言」が出され、これらを受け中教審の諮問・答申が行われるようになった。このプロセスを踏むことにより、以前よりも首相の意向を反映した教育政策が作られるようになったと言える。

教育再生実行会議はその後現在までに第12次提言まで発出しており、その内容は教育制度改革（義務教育学校の創設）、教育行政改革（教育委員会制度改革、学校運営協議会の義務化）、教育課程改革（道徳の教科化、平成29年版学習指導要領、**GIGAスクール構想**）、教員養成改革（新科目の創設、再課程認定）、生徒指導改革（いじめ問題、不登校問題への対応等）高等教育改革（大学入学共通テスト）など多岐にわたる。2021年９月、教育再生実行会議はこれまでの提言のフォローアップ報告を公表し、その役割を終えることとなった。

この他、COVID-19の影響を懸念して2020年２月末に安倍首相が全国の教育委員会及び学校に対し「休校指示」を出すなどの動きがあった。COVID-19の感染拡大に伴い**GIGAスクール構想**（１人１台端末と高速大容量の通信ネットワークを一体的に整備することで、特別な支援を必要とする子供を含め、多様な子供たちを誰一人取り残すことなく、公正に個別最適化され、資質・能力が一層確実に育成できる教育環境を実現する計画）が当初の予定より前倒しして実施されることとなり、2020年３月以降補正予算が組まれ、自治体によって差はあるものの多くの自治体において義務教育段階を中心に１人１台端末の整備が行われた。こうした動きを受け、2021（令和３）年４月に出された中央教育審議会答申「「令和の日本型学校教育」の構築を目指して～全ての子供たちの可能性を引き出す，個別最適な学びと，協働的な学びの実現～」においても、ICT機器を活用した「**個別最適な学び**」（①個に応じた指導、②指導の個別化と学習の個性化を学習者の視点から整理した概念）の実現が強調されている。

経済界等の影響については、近年の教育改革に影響を与えている国際機関として**OECD**（経済協力開発機構）の存在を指摘しておきたい。具体的には、OECDが実施している**PISA**（国際学力到達度調査）結果やOECD Education 2030プロジェクトの取り組みは、平成29年版学習指導要領に影響を与えている。この他、OECDが実施した**TALIS**（国際教員指導環境調査）結果を受け、教員の働き方改革が政策課題として大きく取り上げられるようになるなどその影響力は大きい。

他省庁からの影響という点では、経済産業省の存在も大きい。平成29年版学習指導要領の実施に伴う事業として、文部科学省との連携の下「未来の教室事業」を展開している。その中で「学びの個別最適化」とともに、EdTech（教育におけるAI、ビッグデータ等の様々な新しいテクノロジー）の活用やSTEAM教育（科学・技術・工学・芸術教養・数学を総合する教育手法）の実施により「学びのSTEAM化（学際研究の若年齢化）」を図ろうとしている。

| | 教育時事 | 政界の動き | 経済界の動き | 文部省→文部科学省 | | | |
|---|---|---|---|---|---|---|---|
| | | | | 初等・中等（学習指導） | （生徒指導） | 高等教育 | 教員養成 |
| 2004年 | | | | | | 国立大学法人法施行 | |
| 2006年 | **教育基本法改正（12月）** | 【安倍首相】<br>教育基本法改正を最重要課題に（９月）<br>教育再生会議設置（12月閣議決定） | | | | | |
| 2007年 | 教育三法（学校教育法・地方教育行政の組織及び運営に関する法律・教育職員免許法）改正 | | | | | | 免許法改正<br>免許更新講習<br>教職大学院 |
| 2008年 | 平成20年版学習指導要領 | | | 脱ゆとり（授業時数及び教育内容の増加）外国語活動の導入 | | | |
| 2009年 | | | | | | | **教員免許更新制**教職大学院創設 |
| 2010年 | | 【政権交代】<br>自民党→民主党へ | | | 生徒指導提要 | | |
| 2011年 | | | | | | | |
| 2012年 | | 【政権交代】<br>民主党→自民党へ<br>**教育再生実行本部**設置（自民党内） | | | | | |
| 2013年 | **いじめ防止対策推進法**成立 | 【安倍首相】<br>アベノミクス<br>**教育再生実行会議の設置** | Society5.0)<br>TALIS(OECD) | | | | |
| 2014年 | | | | | | | |
| 2015年 | 学習指導要領一部改訂<br>地教行法改正（教育委員会制度関係） | | Education for 2030 (OECD) | **特別の教科「道徳」** | | | |
| 2016年 | 学校教育法改正（義務教育学校の追加）<br>地教行法改正（CS関係） | | | | | | |
| 2017年 | 平成29年版学習指導要領告示 | | | | | | 免許法改正 |
| 2018年 | | | TALIS(OECD)<br>**未来の教室（経産省）** | | | | 再課程認定の実施 |
| 2019年 | | | | | | | |
| 2020年 | COVID-19 | **【安倍首相】休校指示** | | 新指導要領完全実施（小学校） | | | |
| 2021年 | 令和の日本型学校教育（個別最適な学びと協働的な学び） | | | 新指導要領完全実施（中学校） | | **大学入学共通テストの実施** | |

出典：筆者作成

## 参照URL

・教育再生実行会議　提言　https://www.kantei.go.jp/jp/singi/kyouikusaisei/teigen.html
・経済産業省　未来の教室　https://www.learning-innovation.go.jp/

（日高和美）

# 公教育の原理及び理念・歴史
## ―義務性、無償性、中立性、教育の機会均等、教育を受ける権利―

### 公教育の理念

現代日本における公教育制度は、日本国憲法26条１項の規定する国民の「**教育を受ける権利**」を根本原則としている。「教育を受ける権利」は、人間として成長、発達を遂げ、人格を完成させるための生来的な権利(1)として位置づけられる。ここでいう「公教育」は、教育基本法６条（学校教育）において「公の性質を持つ」とされている学校、すなわち国、地方公共団体及び法律に定める法人が設置する学校で行われる教育を意味し、非営利の公益法人である学校法人によって設置・運営される私立学校も公教育の一環をなすものとされる(2)。1975年「私立学校振興助成法」の制定により、「２分の１以内」の経常費助成が実現されたが、一方で、補助に伴う統制（業務・会計報告、入学定員超過の是正命令等）が強化され、私立学校の自主性の喪失(3)を懸念するむきもある。私立学校に限らず、教育の「公共性（public）」と「自主性」の関係においては慎重でなければならず、（「公」の実現を目的とする）政府による規制の態様、領域が、国民の教育を受ける権利保障に正しく対応しているかどうかは、常に問われていく必要がある。

#### （１）義務性

義務性は無償性とともに教育を受ける権利を保障するための制度原理として位置づけられ、典型的には義務教育制度の基本原理である。1907（明治40）年以降、小学校６年間の義務教育（それ以前は４年間）が行われるようになるが、戦前の義務教育は、納税、兵役とともに臣民の義務であったため、「強制教育」の意味(4)が大きかった。戦後、子どもの学習権・発達権保障の観点から、義務教育は、すべての国民（子ども）が自己の人格を実現する（教育目的）ために必要な普通教育を（大人が）保障する(5)ことを意味するようになった。その理念は、保護者等の就学義務(6)、地方公共団体の学校設置義務、学齢子女使用者の避止義務（就学保障義務）、市町村の就学援助義務（奨学の措置）に具体的に拡大されている。

#### （２）無償性

日本では、義務教育段階の授業料と教科書についてのみ無償性の原則が適用されている。教科書の無償措置は、1963年「義務教育諸学校の教科用図書の無償措置に関する法律」の制定により制度化されたが、その引き換えに「広域採択制度」が強行された経緯がある（詳しくは第３章４節を参照）。無償性の原理をめぐっては、常に教育の機会均等の観点から、義務教育制度とは別に独立した制度原理とみなし、その範囲を普通教育として期待される教育にまで拡大する必要性が問われてきた。これと関連して、民主党政権時の2010年には、高校の授業料無償に関する法律が制定されたが、2013年の法改正により、保護者の所得制限等が条件として加えられた(7)。

#### （３）中立性

中立性の原理は、公教育制度の内的条件として、特定の宗教的・政治的イデオロギーの注入の排除を意味し、教育行政の原則である。主に宗教的中立性、政治的中立性に区分され、前者に関しては憲法20条「宗教的中立性」及び教育基本法15条「宗教教育」において規定され、国公立学校における特定の宗教教育その他宗教活動を禁じている。後者に関しては、教育基本法14条「政治教育」において「政治的教養の尊重」が規定されている。

また、1954年の「教育中立二法」(8)の制定により、地方公務員である教員の政治的活動（行為）が厳しく制限されたが、このように、教育における政治的中立の在り方が厳しく問われると、多くの場合、政治的問題を避けて通る傾向(9)が生じる。だが、法律が規制する対象は政治的教養のための教育活動ではなく、あくまで教職員への外部からの教唆・せん動行為を禁止するもの(10)である。

**コラム　修得主義で「公正に個別最適化された学び」は実現可能か？**

日本の義務教育は、基本的に年齢主義の考え方に基づくと考えられるが、学校教育法施行規則第57条で定める各学年の課程の修了や卒業認定は、「児童の平素の成績を評価」して「定める」としており、課程主義（修得主義）も並行させている。

近年、文部科学省は「令和の日本型学校教育」の構築に向けて、全ての子どもたちの可能性を引き出す「個別最適な学び」と「協働的な学び」を実現する６つの改革、（１）学校教育の質と多様性、包摂性を高め、教育の機会均等を実現する（２）連携・分担による学校マネジメントを実現する（３）これまでの実践とICTとの最適な組み合わせを実現する（４）履修主義・修得主義等を適切に組み合わせる（５）感染症や災害の発生等を乗り越えて学びを保障する（６）社会構造の変化の中で、持続的で魅力ある学校教育を実現することを示している。公教育制度の原則である「すべての国民の教育を受ける権利」を保障するにあたって、このような改革の方向性がいかに対応しうるか、今後より厳密な検証を重ねていく必要がある。

**註**

（１）国民の「教育を受ける権利」は、憲法25条「生存権」、27条「勤労の権利・義務」、28条「労働基本権」と並置されており、政府の積極的関与を前提とする社会権の性格を持つと言える。

（２）一方、橋野（2020）は、私立学校を公教育の一部と考える認識は明確な根拠がなく、「日本の私立学校には宗教的背景を持たない世俗的学校が多く、欧米のような公立学校＝世俗／私立学校＝宗教の区分に対応していない」ことがその背景にあると指摘する（村上祐介・橋野晶寛（2020）『教育政策・行政の考え方』有斐閣ストゥディア、p.31）。

（３）下村哲夫（1981）「第２章　公教育」真野宮雄編著『現代教育制度』第一法規、p.32

（４）諏訪英広・福本昌之（2011）『教育制度と教育の経営：学校－家庭－地域をめぐる教育の営み』あいり出版、p.3

（５）高倉翔（1981）「第３章　義務性」前掲、p.34（本文中の傍点は筆者による）

（６）教育基本法５条、学校教育法17条は、親権者・後見人の就学させる義務を規定している。だが、就学義務が課されている「学校」は、学校教育法１条で定める「一条校」（詳しくは、第４章１節を参照）のみであり、日本の現行法上では、不登校児童・生徒のためのフリースクールや外国人児童・生徒を対象とするインターナショナルスクール等はこれに含まれていない。

（７）2013年に改正された「高等学校等就学支援金の支給に関する法律」は、私立高等学校等では保護者の所得に応じて加算されること、高所得家庭は支給されないこと等を規定している。

（８）「教育中立二法」とは、「教育公務員特例法の一部を改正する法律案」及び「義務教育諸学校における教育の政治的中立の確保に関する臨時措置法案」を指す。

（９）高木英明（1991）『新教職教養シリーズ　第９巻－教育制度』協同出版、p.38

（10）髙橋哲（2019）「第６章　教員の権利と身分保障」佐久間亜紀・佐伯胖編『現代の教師論』ミネルヴァ書房、p.104

（鄭　修娟）

# 公教育を成立させる教育関係法規の構造（憲法、教育基本法、学校教育法、法体系）

## 憲法・教育基本法体制

戦前の日本では、教育に関する事項は憲法に規定されず、議会の審議を経ない天皇の命令である「勅令」に慣例として規定されており、国民の権利義務を行政機関の命令で定めることが認められていた（**教育の勅令主義・命令主義**）。これに対し、戦後は日本国憲法に**教育を受ける権利**が定められるとともに、法治主義の原則が採用され、教育も含め国民の権利義務は全て国会での議決に基づく法律に規定されることになった。日本国憲法26条では１項に「すべて国民は、法律の定めるところにより、その能力に応じて、ひとしく教育を受ける権利を有する」、２項に「すべて国民は、法律の定めるところにより、その保護する子女に普通教育を受けさせる義務を負ふ。義務教育は、これを無償とする」（いずれも下線部筆者）と、権利義務を法律を通じて実現させることになっている（**教育の法律主義**）。このように教育に関する権利義務の転換した戦後の構造は、日本国憲法とその理想の実現のための教育目的・理念を示した教育基本法とあわせ「**憲法・教育基本法体制**」と呼ばれる。

## 国及び地方公共団体の教育法令

国の最高法規たる日本国憲法を頂点に、教育法令は国と地方公共団体が定めるものに分けられる（図１）。法形式で見た場合、国の法令には国会が制定する「**法律**」、国の行政機関が制定する「**命令**」（政令、府令・省令、規則）がある。なお、法令とは言えないが一定の拘束力をもつものとして「告示」、「訓示」、「通達」があり（表１）、このうち「告示」に位置づくものが学習指導要領である。また、憲法上の自治立法権に基づき国の法令の範囲内で地方公共団体も法令を定められる。地方自治法では議会での議決に基づく「**条例**」、地方公共団体の長による「**規則**」の制定を認めている。後者の規則に関しては執行機関である教育委員会にも地方教育行政の組織及び運営に関する法律（以下、地教行法）により制定権が認められている（表２）。なお、上記法令は記した順に優劣があり、上位法に反する下位法は効力を持たない（**上位法優先の原則**）。また、法律には一般の事柄を規定した一般法に対し、特例を定めた法＝特別法があり、その事柄については特別法が優先される（**特別法優先の原則**）。例えば教育公務員特例法や地教行法はそれぞれ地方公務員法、地方自治法の特別法である。

## 国際条約の位置づけ

日本の法体系において国際条約は憲法より下位、法律より上位に位置づく。教育に関係する条項を含む国際条約としては**国際人権規約**（経済的、社会的及び文化的権利に関する国際規約（社会権規約、A規約））、**女子差別撤廃条約、児童の権利に関する条約、障害者の権利に関する条約**がある。

条約の批准にあたっては、条約署名後に国内法との齟齬が起こらないよう内閣法制局で検討がなされ、国内法の制定、改正を経てから国会で承認を受ける。例えば障害者の権利に関する条約の批准にあたっては、障害者基本法の改正や障害者差別解消法の制定がなされた。

条約批准後は、条約に基づき締約国の義務履行状況を審査する委員会が設けられ、国内状況を説明した政府報告に対し所見が示される。このプロセスを通じ国内の人権問題の改善が図られる仕組みとなっている。例えば、1994年に批准した児童

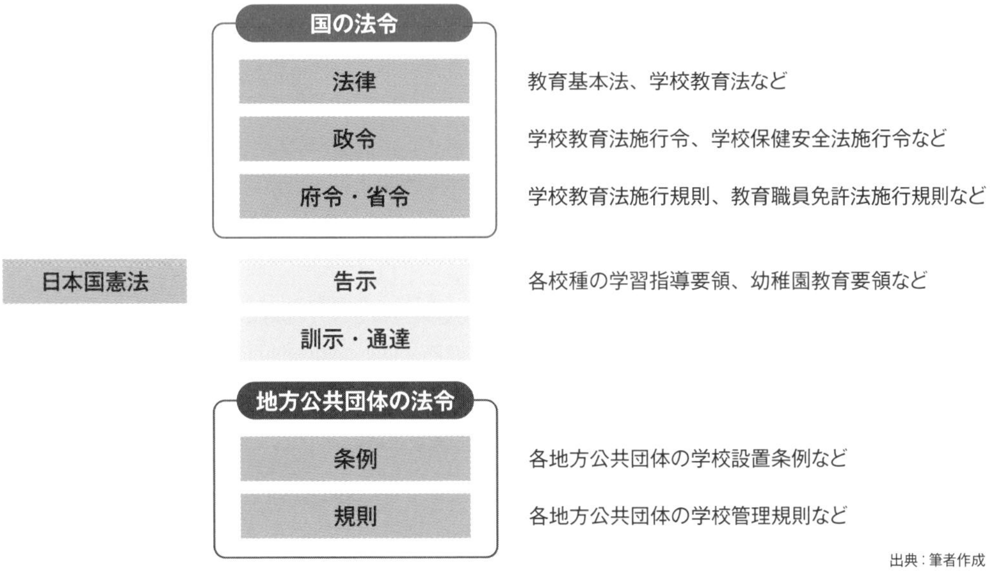

国の法令

法律　教育基本法、学校教育法など

政令　学校教育法施行令、学校保健安全法施行令など

府令・省令　学校教育法施行規則、教育職員免許法施行規則など

日本国憲法

告示　各校種の学習指導要領、幼稚園教育要領など

訓示・通達

地方公共団体の法令

条例　各地方公共団体の学校設置条例など

規則　各地方公共団体の学校管理規則など

出典：筆者作成

図１　法形式からみた日本の教育法令の法体系

表１　国の法令の根拠規定

| | | |
|---|---|---|
| **法律** | 日本国憲法41条<br>日本国憲法42条<br>日本国憲法59条１項 | 国会は、国権の最高機関であつて、国の唯一の立法機関である。<br>国会は、衆議院及び参議院の両議院でこれを構成する。<br>法律案は、この憲法に特別の定のある場合を除いては、両議院で可決したとき法律となる。 |
| **政令** | 日本国憲法73条 | 内閣は、他の一般行政事務の外、左の事務を行ふ。（一～五略）<br>六　この憲法及び法律の規定を実施するために、政令を制定すること。（以下略） |
| **省令** | 国家行政組織法<br>12条１項 | 各省大臣は、主任の行政事務について、法律若しくは政令を施行するため、又は法律若しくは政令の特別の委任に基づいて、それぞれその機関の命令として省令を発することができる。 |
| **規則** | 国家行政組織法<br>13条１項 | 各委員会及び各庁の長官は、別に法律の定めるところにより、政令及び省令以外の規則その他の特別の命令を自ら発することができる。 |
| **告示** | 国家行政組織法<br>14条１項 | 各省大臣、各委員会及び各庁の長官は、その機関の所掌事務について、公示を必要とする場合においては、告示を発することができる。 |
| **訓示<br>通達** | 国家行政組織法<br>14条２項 | 各省大臣、各委員会及び各庁の長官は、その機関の所掌事務について、命令又は示達をするため、所管の諸機関及び職員に対し、訓令又は通達を発することができる。 |

出典：筆者作成

表２　地方公共団体の法令の根拠規定

| | | |
|---|---|---|
| **条例** | 日本国憲法94条 | 地方公共団体は、その財産を管理し、事務を処理し、及び行政を執行する権能を有し、法律の範囲内で条例を制定することができる。 |
| | 地方自治法14条１項 | 普通地方公共団体は、法令に違反しない限りにおいて二条二項の事務に関し、条例を制定することができる。 |
| **規則** | 地方自治法15条１項 | 普通地方公共団体の長は、法令に違反しない限りにおいて、その権限に属する事務に関し、規則を制定することができる。 |
| | 地方教育行政の組織及び運営に関する法律15条１項 | 教育委員会は、法令又は条例に違反しない限りにおいて、その権限に属する事務に関し、教育委員会規則を制定することができる。 |

出典：筆者作成

の権利条約については条約発効後に児童の権利委員会が置かれ、政府報告に対して総括所見が示されている（1998年、2004年、2010年、2019年）。

## 法内容からみた国の教育法令

教育法令を内容別に見るとおおまかに７つに分類でき、その分類毎に代表的な法律、そして政令、省令を加えて示したのが図２である。学校教育法や教育職員免許法のようにその実施にあたりより細かな規定を要する法律の場合、施行令や施行規則が定められることになる。

図２の法律のなかでも「教育憲法」（教育法令研究会1947、p.40）と称され、教育根本法として重要な地位を占めるのが1947年制定の**教育基本法**である。この法律は、戦前の教育理念を示し教育のあり方に強い影響力を与えた**教育勅語**に変わる「教育宣言的な意味」（同、p.40）が与えられたものであり、教育の機会均等、義務教育の無償、学校教育、社会教育、教育行政等の基本事項を規定している。判例では「形式的には通常の法律規定として、これと矛盾する他の法律規定を無効とする効力をもつものではない」が、「一般に教育関係法令の解釈及び運用については、法律自体に別段の規定がない限り、できるだけ教育基本法の規定及び同法の趣旨、目的に沿うように考慮が払われなければならない」（旭川学力調査事件最高裁判決、昭和51年５月21日）と示されている。

教育基本法は戦後から約60年間改正されていなかったが、「科学技術の進歩、情報化、国際化、少子高齢化など、我が国の教育をめぐる状況は大きく変化するとともに、様々な課題が生じており、教育の根本にさかのぼった改革が求められて」いる（文部科学大臣による教育基本法改正案の趣旨説明）として2006年に全部改正がなされた。この改正は、生涯学習、障害者の教育、大学教育や幼児教育などの新たな理念を盛り込む一方、前文に教育の「振興」のねらいが明記され（表３）、また**教育振興基本計画**の策定（17条１項）の規定が加えられるなど施策法としての性格が与えられており、戦後の理念法の性格を変えるものとして批判的評価もなされている。

図２の法律のなかで教育領域の特殊性を強く示すのが地教行法、市町村立学校職員給与負担法、教育公務員特例法である。地教行法は、**政治的中立性の確保**のため、首長から独立した行政委員会である**教育委員会**の設置を定めた法律である。市町村立学校職員給与負担法は、**教育水準の確保**のため、市町村にとって負担の大きい小・中学校の教職員の給与等を都道府県が負担することを定めている。なお、この対象の者は**県費負担教職員**と呼ばれる。教育公務員特例法は「教育を通じて国民全体に奉仕する教育公務員の職務とその責任の特殊性」（同法１条）に基づき、その任免、服務、研修等を定めた法律である。条件付採用の期間を１年間（地方公務員は６ヶ月）とする（12条１項）、政治的行為の制限を国家公務員並みとする（18条１項）、研修の機会を積極的に保障する（22条１～３項）など、教育領域の公務員の勤務の特殊性が反映された法律となっている。

## 法内容からみた地方公共団体の教育法令

地方公共団体は国の法令の範囲内で条例や規則を定める。前者の代表的なものが教育機関の設置根拠となる条例であり、学校、図書館、博物館、公民館等の設置条例がある。地教行法ではこれらの教育機関の管理運営の基本的事項を定めた教育委員会規則を定めることとしており（33条１項）、これに基づき**学校管理規則**等が定められている。また、同法では県費負担教職員の定数や給与・勤務時間その他の勤務条件を都道府県の条例で定めることとしている（41条１項、42条）。

このような国の法令の要請によるものとは別に地方公共団体独自に定める条例もある。例えば児童の権利に関する条約や障害者の権利に関する条約に記された権利を実現するために「**子どもの権利条例**」や「**障害者権利条例**」を定めるところもある。

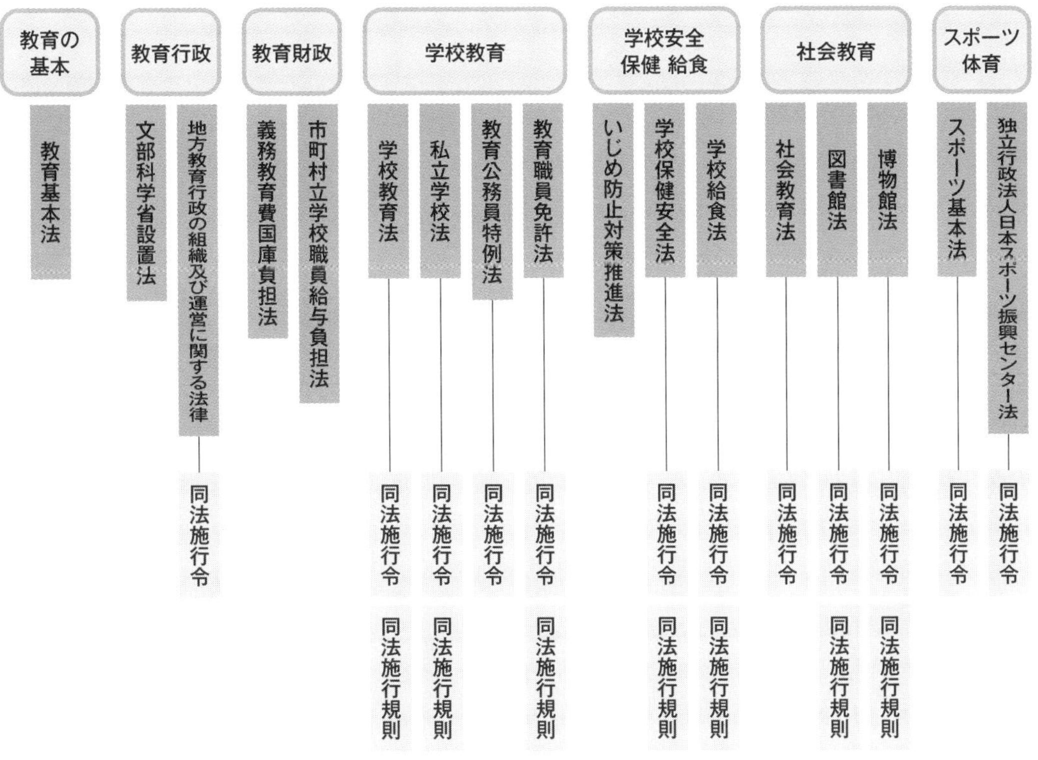


出典：教育法研究会（1988、pp.3-10）の記述をもとに加筆して筆者作成

**図2　法内容からみた日本の教育法令の法体系**

**表3　教育基本法の前文の新（左）、旧（右）の変化**

| 新 | 旧 |
|---|---|
| 我々日本国民は、たゆまぬ努力によって築いてきた民主的で文化的な国家を更に発展させるとともに、世界の平和と人類の福祉の向上に貢献することを願うものである。<br>我々は、この理想を実現するため、個人の尊厳を重んじ、真理と正義を希求し、公共の精神を尊び、豊かな人間性と創造性を備えた人間の育成を期するとともに、伝統を継承し、新しい文化の創造を目指す教育を推進する。<br>ここに、我々は、日本国憲法の精神にのっとり、我が国の未来を切り拓く教育の基本を確立し、その振興を図るため、この法律を制定する。 | われらは、さきに、日本国憲法を確定し、民主的で文化的な国家を建設して、世界の平和と人類の福祉に貢献しようとする決意を示した。この理想の実現は、根本において教育の力にまつべきものである。<br>われらは、個人の尊厳を重んじ、真理と平和を希求する人間の育成を期するとともに、普遍的にしてしかも個性ゆたかな文化の創造をめざす教育を普及徹底しなければならない。<br>ここに、日本国憲法の精神に則り、教育の目的を明示して、新しい日本の教育の基本を確立するため、この法律を制定する。 |

出典：筆者作成

## 参考文献


・市川昭午（2003）『教育基本法を考える』教育開発研究所
・学校管理運営法令研究会編著（2018）『第六次全訂 新学校管理読本』第一法規株式会社
・教育法研究会（1988）『教育法』（現代行政法学全集24）ぎょうせい
・教育法令研究会（辻田力・田中二郎監修）（1947）『教育基本法の解説』国立書院
・佐々木幸寿・柳瀬昇（2008）『憲法と教育』学文社


（雪丸武彦）

# 教育制度を支える教育行政の理念と仕組み

## ①中央教育行政のしくみ―中央政府、中央―地方の政府間関係

### 中央教育行政の構造と特徴

「**教育行政**」という用語は、論者によって様々な定義がされている。しかしながら、共通して見出せる点は、国や地方公共団体による教育条件整備、教育活動の規制・助成作用である（例えば三輪 1993)。また、「教育行政」をより具体的に述べると、文部科学省（以降、文科省)、教育委員会（事務局）を指すことが多い。そして、文科省を教育行政の頂点として、文部科学省―都道府県教育委員会―市町村教育委員会―公立学校を基本構造として「教育行政」とも呼ばれている。

特に、日本における中央教育行政は、教育基本法16条を柱として、「教育の機会均等」の実現、不当な支配に服することなく、国と地方公共団体との間で適切な役割分担及び相互の協力を通した行政行為が求められる。そのため、文科省は、文科省―都道府県教育委員会―市町村教育委員会―公立学校という重層構造のかたちをとり、「指揮監督・命令」ではなく専門性に基づいて教育・学術・文化に関する技術的な指導・助言・援助を行う。これを**指導行政**と呼び、中央教育行政の基本的な役割とされている。

### 文部科学省の構造と任務

文科省は文部科学大臣（以降、文科相）をトップとした組織であり、文科相の下に副大臣、大臣政務官が置かれ、これらは政務三役と呼ばれる。政務三役と秘書官の下に、いわゆる「キャリア官僚」のトップである事務次官が位置づく。

文科省は「文部科学省設置法」によって任務が定められている。その中で、「文部科学省は、教育の振興及び生涯学習の推進を中核とした豊かな人間性を備えた創造的な人材の育成、学術の振興、科学技術の総合的な振興並びにスポーツ及び文化に関する施策の総合的な推進を図るとともに、宗教に関する行政事務を適切に行うこと」（3条）と規定されている。任務を達成するべく、文科省本省の組織は資料1のように構成されている（2021年4月時点)。

現在の文科省は2001年に中央省庁再編として旧文部省と科学技術庁が統合されたものである。現行組織のうち、総合教育政策局、初等中等教育局、高等教育局は教育三局と呼ばれ、2018年10月に総合教育政策局が置かれる前は生涯学習政策局が置かれていた。総合教育政策局を設置した目的として、「学校教育政策と社会教育政策の分断・縦割りの解消」があり、「学校教育・社会教育を通じた教育政策全体を総合的・横断的に推進し、教育基本法3条の生涯学習の理念に基づいた生涯学習政策の実現を目指す」ことである(1)。この他には、科学技術・学術政策局、研究振興局、研究開発局があり、これらは研究三局と呼ばれ、旧科学技術庁の流れを汲んでいる。

### 審議会と答申

日本における教育政策立案は、文科相の諮問機関として設けられている中央教育審議会（以降、中教審）から出される答申に基づき、法改正等を通して行われることが多い。中教審の役割は、①「教育の振興及び生涯学習の推進を中核とした豊かな人間性を備えた創造的な人材の育成に関する重要事項を調査審議し、文部科学大臣に意見を述べる」こと、②「生涯学習に係る機会の整備に

資料1　文部科学省の組織図（2021年4月1日現在）[2]

出典：文部科学省ホームページ

関する重要事項を調査審議し、文部科学大臣又は関係行政機関の長に意見を述べる」ことである。

委員構成は30名以内、任期２年（再任可で臨時委員及び専門委員を置くことも可能）であり、教育制度分科会、生涯学習分科会、初等中等教育分科会、大学分科会の４つの分科会に分かれる(3)。

中教審以外にも、過去には臨時教育審議会、教育改革国民会議、教育再生会議、教育再生懇談会、教育再生会議が置かれていた。2013年からは、教育再生実行会議が置かれている。特に、2000年代は各審議会や会議が法令改正等に影響を及ぼした。

## 中央―地方の政府間関係

中央―地方の政府間関係をみていくにあたり、「**地方自治**」（日本国憲法92条）の観点が重要となる。しかし、先述した教育行政の重層構造が存在しており、教育基本法16条で国と地方公共団体の役割分担が謳われていながらも、戦後の長きにわたって文科省を中心とした中央集権的教育行政構造から脱却できずにいた。この状況に対し、1990年代に行政分野全体で「地方分権改革」が目指された。1993年に衆議院、参議院の全会一致による「地方分権の推進に関する決議」、1995年「地方分権推進委員会」の設置、1995年「地方分権推進法」等で地方分権の流れがすすみ、教育行政分野でも地方分権改革に影響が及ぶ。具体的には、地方分権改革により、地方が国の「下請け」の様相を呈していた状況から、少人数学級・指導、教育課程、学校選択等、徐々に自治体裁量に基づく独自施策が各自治体で見受けられ始めたのである。そして、現行の教育行政における中央―地方の政府間関係、とりわけ国・都道府県・市町村の「役割分担」は次の通りである(4)。

まず、国の役割は、①「基本的な教育制度の枠組みの制定」として、「学校教育法」による学校教育制度の制定、「地方教育行政の組織及び運営に関する法律」による地方教育行政制度の制定を行う。次に②「全国的な基準の設定」では、学校の設置基準の設定、学習指導要領等の教育課程の教科書検定の実施、教員免許の基準の設定、学級編制と教職員定数の標準の設定を行う。また、③「教育条件整備のための支援」として、公立小中学校等の教職員の給与費や学校施設の建設等に要する経費の国庫負担、教科書の無償給与を行う。④「学校教育の適正な実施のための支援措置」として、教育内容や学校運営等に関する指導・助言・援助を行う。

都道府県の役割は、まず①「広域的な処理を必要とする教育事業の実施及び学校等の設置管理」があり、市町村立小・中学校等の教職員の任命、都道府県立高等学校等の設置管理を行う。②「市町村における教育条件整備に対する支援」では、市町村立小・中学校等の教職員の給与費の負担をしている。そして、③「市町村における教育事業の適正な実施のための支援措置」として、教育内容や学校運営等に関する指導・助言・援助を実施している。

市町村では、①「学校の設置管理」として、市町村立の小・中学校等の設置管理を行うことが主たる業務であり、この他にも②「教育事業の実施」として、教育に関する各種事業を実施している。

この他、中央―地方の関係で踏まえるべきは、教育行政運営に極めて不適切な対応が見られた場合、是正措置として、国から地方に対して是正要求ができる点である（地教行法49条）。仮に是正が困難で、「児童、生徒等の生命又は身体に現に被害が生じ、又はまさに被害が生ずるおそれがあると見込まれ、その被害の拡大又は発生を防止するため、緊急の必要があるときは、当該教育委員会に対し、当該違反を是正し、又は当該怠る事務の管理及び執行を改めるべきことを指示することができる」（地教行法50条）。ただし、これは他の措置によって是正を図ることが困難である場合に限られている。

資料２　教育の政府間関係（関西広域連合ウェブサイトより）[5]

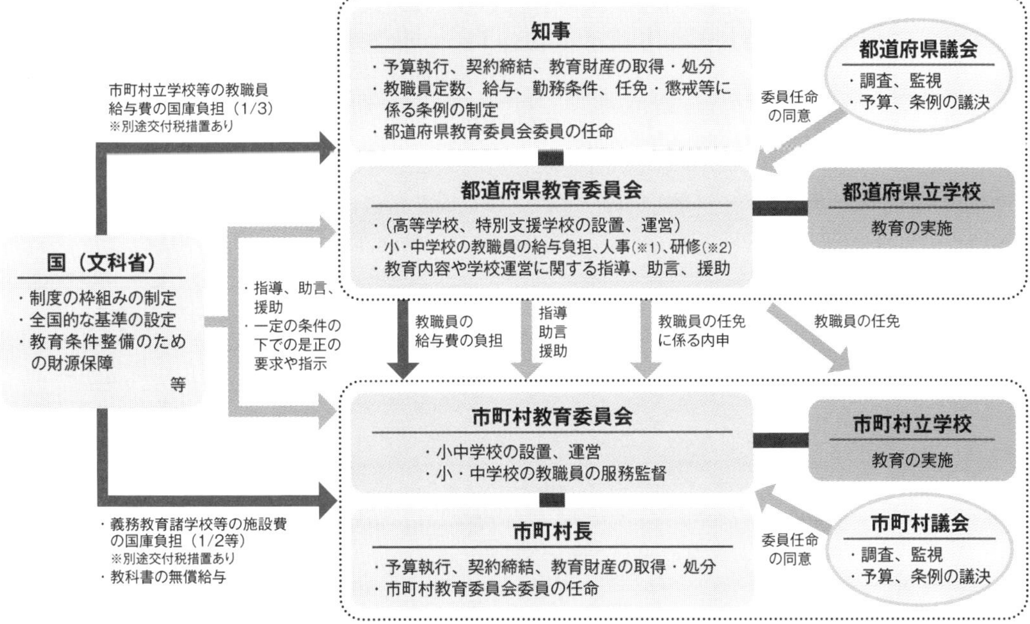


## 註

（１）https://www.mext.go.jp/a_menu/other/__icsFiles/afieldfile/2018/10/10/1410117_001_2.pdf（確認日：2020年８月７日）.

（２）https://www.mext.go.jp/b_menu/soshiki2/04.htm（確認日：2021年５月１日）.

（３）https://www.mext.go.jp/b_menu/shingi/chukyo/chukyo0/gaiyou/010201.htm（確認日：2020年７月10日）.

（４）https://www.mext.go.jp/b_menu/shingi/chukyo/chukyo3/006/siryo/03080801/002/003.htm（確認日：2020年８月８日）を一部改変して記載している。

（５）https://www.kouiki-kansai.jp/material/files/group/3/1374223165.pdf（確認日：2020年７月８日）.

## 参考文献


・青木栄一（2019）「10 国の教育行政組織」「11 教育行政の政府間関係」、青木栄一・川上泰彦編著『教育の行政・政治・経営』放送大学教育振興会、pp.171-214

・岡崎公典（2014）「第４章 教育行政の構造と機能」、河野和清編著『新しい教育行政学』ミネルヴァ書房、pp.43-46

・荻原克男（1997）「戦後教育行政制度の原理と論理―その捉え直しの動向―」『教育制度学研究』第４号、pp.235-239

・波多江俊介（2020）「Ⅱ 教育行政 1.中央の教育行政機関」、九州大学大学院教育法制研究室編『最新版 教育法規エッセンス―教職を志す人のために―』花書院、pp.18-19

・曽我雅比児（2015）「第４章 教育行政組織の概要」『公教育と教育行政 改訂版―教職のための教育行政入門―』大学教育出版、pp.72-90

・三輪定宣（1993）「第１章 教育と教育行政・教育政策」、三輪定宣編著『教育行政学』八千代出版、pp.1-13

・村上祐介（2018）「第４章 国と自治体の教育ガバナンス」『教育の社会・制度と経営』ジダイ社、pp.51-70


（小林昇光）

# 教育制度を支える教育行政の理念と仕組み
## ②地方教育行政の仕組み
## −教育行政を構成する各組織と一般行政部局の関係性について−

### 教育委員会

#### （1）教育委員会の設置と変遷

普通地方公共団体に置かなければならない旨が**地方自治法**180条の５に明記されている事柄の一つが教育委員会である。執行機関としての実務は「地方教育行政の組織及び運営に関する法律（**地教行法**）」によって規定されている。教育委員会は基本的に、教育長及５名以上の委員から構成される。教育委員は議会の同意を得た上で首長が任命する。教育長の任期は３年、教育委員の任期が４年である。

教育の地方分権と民主化を目的に、1948年に公選による教育委員会制度が初めて創設された。1956年に地教行法が制定されたことで、当初は教育委員の任命制および教育長の任命承認制が取られた（林　2017）。しかしその後は地教行法の改正の中で、教育行政と地方/地域の繋がりが強調されてきた。1999年の改正では教育長の任命制承認制度が廃止され、地方の責任によって教育長が任命されることとなった（４条）。また、2001年の改正では教育委員の年齢、性別、職業等に著しい偏りが生じないこと、委員のうちに保護者[1]が含まれる必要があることを謳った教育委員の多様化規定が盛り込まれた（４条の５）。

#### （2）教育委員会と首長の関係

その後も教育委員会の形骸化に関する批判が一定程度なされてきたが、特に1990年代以降の地方分権改革の中で、廃止論・縮小論も含めた教育委員会制度の見直しが取り沙汰された（三上　2009）。そのような中で2011年－2012年に大津市のいじめ自殺や、大阪市での体罰事件を契機に教育委員会の責任所在の不明瞭さが課題となったこともあり、教育委員会制度の見直しが図られた。

#### （3）新教育委員会制度

2015年の地教行法一部改正により、**新教育委員会制度**が開始された。従来の教育委員長職が**教育長**に一本化されたことで、指示体系の効率化と共に責任の所在が明確化された。具体的には教育長の任命権、教育総合会議の設置、教育大綱の策定などの権限が首長に付与された。しかし一方で、教育委員会に対する首長の関与が容易になるという危惧もある。ただ「新制度が直ちに首長部局の強権化に繋がる」とは断言できない[2]。

#### （4）教育委員会事務局

教育委員会の指揮・監督の下、実際に実務を担当するのは教育委員会事務局である。大別すると、学校教育分野と社会教育分野に関して、各種専門的な指導業務を行う。学校教育分野に関しては**指導主事**、事務職員及び技術職員（地教行法18条）、社会教育分野に関しては**社会教育主事**（社会教育法９条の２）を事務局に置くことができる。

指導主事は実際に配属される部署によって校長や教員に対する指導業務だけでなく多種多様な業務を担う。また、指導主事に大学以外の公立学校の教員を充てることが可能であるが、自治体毎にその扱いは異なる。例えば、大規模市では一定の配置が見られる一方で、小規模町村では配置のための財源を県の教育事務所に依存、あるいは配置をせずに県指導行政を教育事務所に集中させる傾向が見られるという（佐々木　2011）。

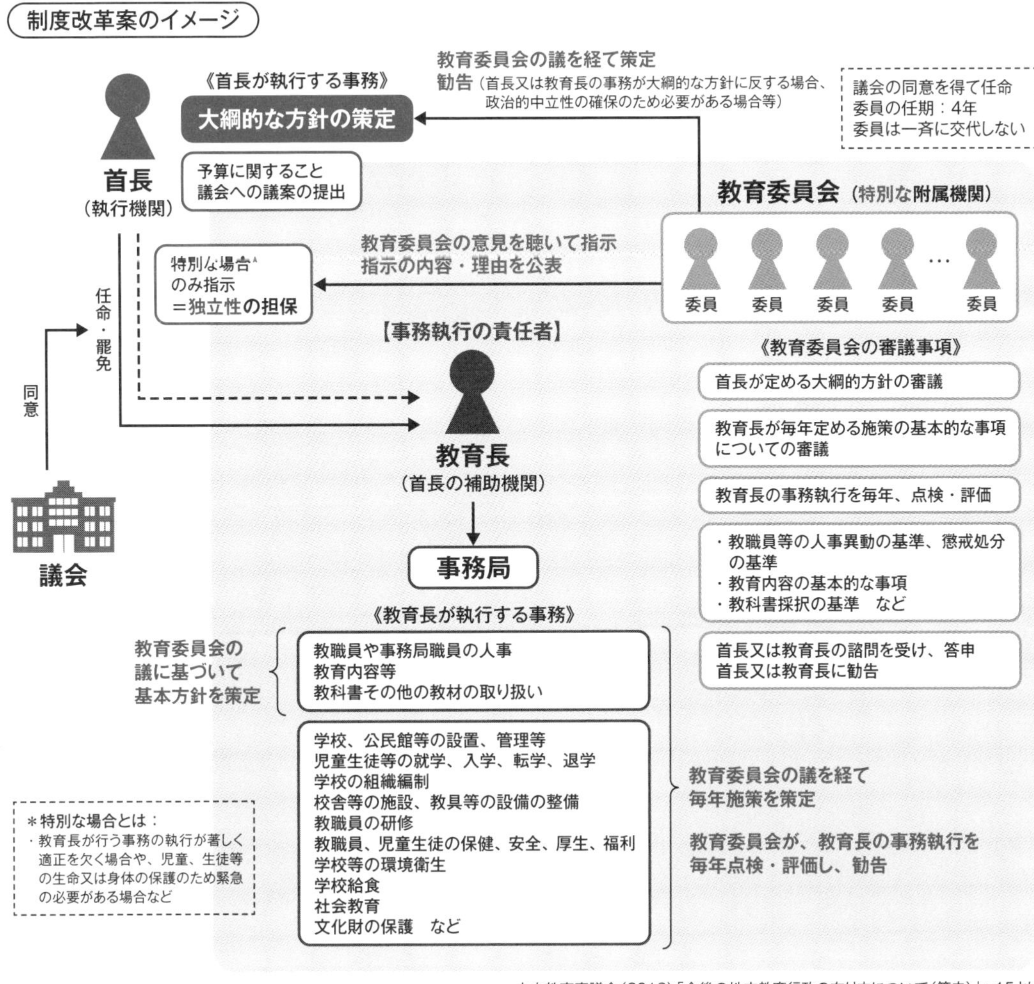


図１ 新教育委員会制度の全体図

表１ 新教育委員会制度の主な変更

| キーワード | 特徴 |
|---|---|
| 教育総合会議 | 教育大綱の策定をはじめとした議題に関して、地方公共団体の長と教育委員会が協議と調整を行う場である。 |
| 教育大綱 | ４－５年を目処に、国の教育基本計画を参酌する形で設定される。その内容に関しては地域の実情に合わせた形で教育総合会議にて話し合われる。 |
| 新教育長 | 教育長の任免権は教育委員会から首長に移行した。選任のプロセスで所信表明の機会を設け、議会のチェックを受ける等のパワーバランスの是正が画策されている。 |

## 社会教育行政

### （1）社会教育行政の範疇

社会教育法には、国・地方公共団体は社会教育施設の運営、設置など、その振興に務める必要性が明記されている。また地教行法21条の12には、教育委員会の職務権限として、「青少年教育、女性教育及び公民館の事業その他社会教育に関すること」が挙げられている。

しかし、社会教育行政が教育委員会所管なのか、それとも首長部局所管なのかについては、自治体毎に異なる(3)。

社会教育行政は公民館の設置・管理（社会教育法５条）や事業（同法22条）だけでなく、青少年の家設置・管理（同法５条）、図書館・博物館の運営・設置（同法９条・図書館法１条・博物館法１条）、さらに社会教育関係団体への技術的指導・助言（同11条）、援助（同12条）と、条文の上では管轄範囲は広範に渡る。

### （2）社会教育の所管を巡る問題

ところが、社会教育行政の範疇は実態的に縮小、削減の危機に瀕しているとされる。

1980年代後半からは行政のスリム化などを旗印に、従来の教育委員会所管から、生涯学習への鞍替えによって首長部局に**移管**する議論がなされた。まちづくり（コミュニティ形成）への、社会教育・生涯学習の積極的な寄与・関与が求められた（笹川　2012）これにより、従来の社会教育領域に大きな変化が生じた。

また、施設レベルでも所管の問題が生じている。2000年代以降の地方分権改革に代表される新自由主義的な要請の中で、民営化の流れが到来した。2003年の地方自治法の一部改正により、**指定管理者制度**が開始され、社会教育施設の管理・運営に「公設民営」という方法が用いられるようになったことが大きな転換点である。さらに、2019年の第９次地方分権一括法案では、公立社会教育施設（博物館、図書館、公民館等）について地方公共団体の判断により、教育委員会から首長部局へ移管することを可能とする文言が含まれている。このように、社会教育行政と首長部局はせめぎ合いの関係にある。

## 子ども行政

### （1）子ども支援の一元化

**子ども行政**は近年注目されている分野である。そこには、いじめ、格差、発達問題など、子どもを取り巻く多様な困難状況の中で、教育・福祉・労働・医療などの複数分野の有機的連携により、長期的な行政支援を行うことを目的に、子どもに関わる行政を一元化しようということが含意されている（安宅　2009）。安宅が指摘する通り、代表事例は基礎自治体における「子ども課」の設置であり､そこでは上記のような子どもへの総合的・長期的支援の理念と、**タテ割り行政**解消による効率化の論理の双方が見られる。

### （2）他機関との関係

**子ども行政**を構成する領域は教育のみならず、福祉、医療などの分野を超えた連携の有り様が論点となる。とりわけ、首長部局との制度的な境界線の問題だけではなく、子どもへの総合的・長期的支援を実質化するため方策が現在、模索されている。例えば、子ども行政に関わる担当者が業務に関する課題や新しい事業へのビジョンを共有するための「場」、各部署の担当者同士が互いの業務について個別に相談し合える関係、すなわち顔の見える関係を構築する「人」という視点からの評価も行われている（渡辺　2019）。

## まとめ

以上、地方教育行政に関して見てきた。その実態は首長や首長部局との緊張関係の中で形成されてきた。首長部局によるコストカットやコントロールの論理はその一つである。本項で扱った新教育委員会制度はその具体例であり、今後の動向に注目されたい。

また、近年では教育行政に関わる多様な部門の協働に期待が寄せられている。領域の違いを超えることで、教育行政が見せる展望に関しても、同様に注視が必要である。

### 註

（1）保護者とは親権を行う者及び未成年後見人を指す。

（2）理論的には「首長が望めば」統制を強化できるものの、実際には、首長部局の関与を回避するため、教育総合会議や教育大綱を積極的に運用しない自治体、あるいは首長部局の総合性を高めるために運用する自治体の存在を確認した研究がある（本田　2016）。また新制度の運用に関して、むしろ新制度以前の首長の意向が反映されているという研究成果もある（廣谷・青木　2019）。これらを考慮すれば、新制度＝権限強化という一元的な見取りは少々早計であり、地域間の差異も視野に入れつつ今後の議論を追う必要があるだろう。

（3）地教法23条（職務権限の特例）に「図書館、博物館、公民館その他の社会教育に関する教育機関のうち当該条例で定めるところ」に関して、条例の定めるところにより、当該地方公共団体の長が事務のいずれか又は全てを管理し、及び執行できるとすることとすることができる、という旨の記述がある。これに則れば、社会教育行政の所管は自治体の条例によって決定されるということになる。

### 参考文献


・林紀行（2017）「教育委員会制度改革とその課題」『法政治研究』３巻、pp.1-18

・三上明彦（2009）「地方分権改革下における教育委員会制度改革」『明治大学人文科学研究所紀要』第65冊、pp.255-291

・村上祐介（2014）「教育委員会改革からみた地方自治制度の課題」『自治総研』通巻430号、（公）地方自治総合研究所、pp.75-91

・佐々木幸寿（2011）「地方教育行政組織における組織運営：指導主事の機能と教育委員会事務局の組織条件」『日本教育政策学会年報』18巻 pp.122-135

・本田哲也（2016）「新教育委員会制度下での首長による教育委員会の統制　－2015年度総合教育会議・大綱の運用実態から－」『東京大学大学院教育学研究科教育行政学論叢』36号、pp.181-190

・廣谷貴明・青木栄一（2019）「制度移行前の首長調査データと制度移行後の教育委員会調査データの比較による新教育委員会制度の運用実態－日本教育新聞社・東北大学調査と文部科学省調査の二次分析－」『東北大学大学院教育学研究科研究年報』67巻２号、pp.137-163

・益川浩一（2012）「自治体行政改革下における社会教育・生涯学習行政の再編－愛知県豊田市を事例に－」『日本学習社会学会年報』pp51-55

・安宅仁人（2009）「基礎自治体における子ども行政の一元化に関する研究－教育委員会における『こども課』設置を中心に－」『教育制度学研究』16巻、pp.102-115

・渡辺恵子（2019）「自治体における子ども行政の展開　－多機関連携の視点から－」『国立教育政策研究所紀要』第148集、pp.7-22


（溝内亮佑）

# 教育制度を支える教育行政の理念と仕組み

## ③教育財政のしくみ：教育費の負担構造

### 義務教育費国庫負担制度

義務教育は基礎自治体である市区町村（※ここでいう「区」は特別区を指す）の自治事務であり、義務教育学校の設置・管理とそれに要する経費は市区町村が負担することが原則とされている（学校教育法５条）。しかし、全国的な義務教育水準の維持向上と教育の機会均等の保障のため、適切な役割分担と協力のもと、その実施に責任を負うこと（憲法26条、教育基本法４・５・16・17条）を規定している。そのため、教育行財政における市区町村、都道府県、国の間には一般行政にはない仕組みと権限関係が形成されてきた。義務教育諸学校の教職員は、その身分が市区町村職員、服務監督権限も市区町村教育委員会が有しているが、その採用・任免等の人事権は都道府県教育委員会が担っている。また給与は国と都道府県の負担であり、市区町村は政令指定都市を除き負担していない（「**県費負担教職員制度**」※図１の市町村支出は人件費を除く）。義務教育費国庫負担制度は、このような仕組みの中で、国と地方公共団体（都道府県）が負担して義務教育費を無償とする日本の義務教育の根幹となる制度である。ここで言う義務教育費とは、義務教育に必要な経費のうち公立の義務教育諸学校の教職員給与を指す。本法成立時（1952年）から、国と都道府県の費用負担はそれぞれ１/２となっていたが、2006年当時の小泉政権による交付税縮減、税源移譲、補助負担金縮減で自治体財政の健全化を図る三位一体の改革の中で、義務教育に必要な経費のうち国の負担が１/３、都道府県が２/３を負担することとなった。負担額が１/３に減額したとはいえ、文部科学省所管予算の中でも最大費目であり、27.5%を占める（図２参照）。また、「三位一体」税財政改革下において、義務教育費国庫負担制度の存廃が大きな政治課題として急浮上し、この制度を地方分権改革の観点から都道府県の自由度を拡大するという立場から見直すこととなった。2004年から導入された**総額裁量制**は、都道府県ごとに算出される国庫負担金総額の範囲で、都道府県が教職員の給与と人数を自由に決定できる制度である（図３参照）。

### 私学助成

私立学校に関する教育財政学的な問題としては、公費による私学助成が挙げられる。私立学校の目的は私立学校法１条で「私立学校の特性にかんがみ、この自主性を重んじ、公共性を高めることによって、私立学校の健全な発達を図ること」と定められており、これは国公立学校と異なり、私立学校が私人の寄付財産等で設立・運営されることを原則とするものである。しかし、実態はその経営のほとんどを生徒納付金と助成金で賄っている。中でも、私立学校が公教育の一翼を担う「公の性質を有する」公共性の観点から、国庫補助金による私学助成を行っていることが特徴的である。私学のうち、大学・短期大学・高等専門学校はその所管を国が行い、幼稚園、小・中学校、高等学校、特別支援学校は都道府県が所管している。そのため、私学助成には、私立の大学及び短期大学、高等専門学校に対する「私立大学等経常費補助金」があり、都道府県が行なう私立高等学校等の経常費助成費に対し国が補助する「私立高等学校経常費助成費等補助金」「私立学校教育研究装置等施設整備費補助金」などがある。私学助成に

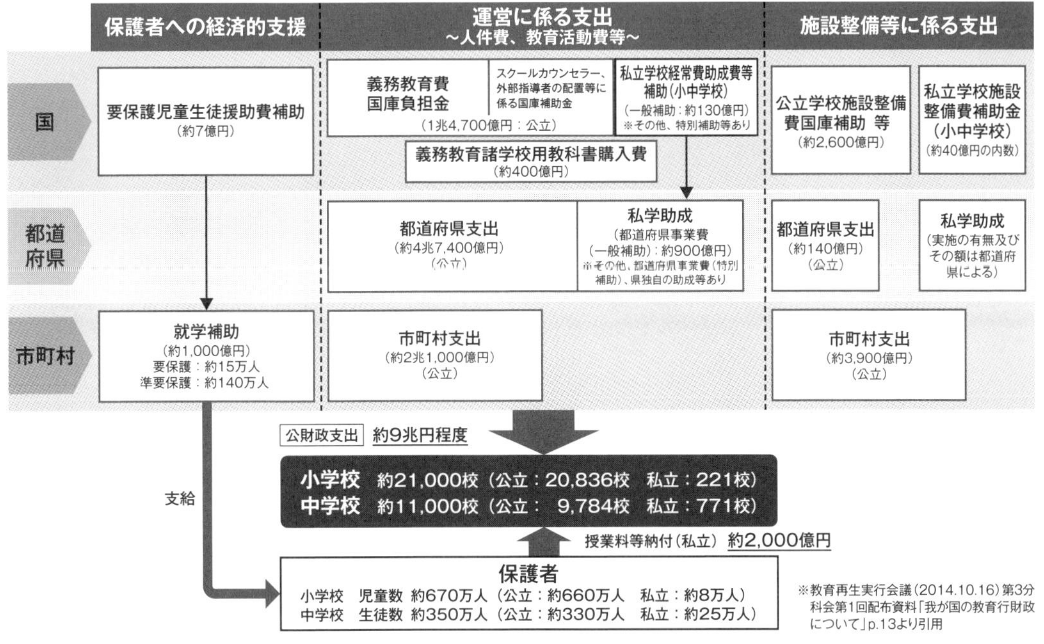


図1　小中学校に係る財政措置と費用負担の仕組み

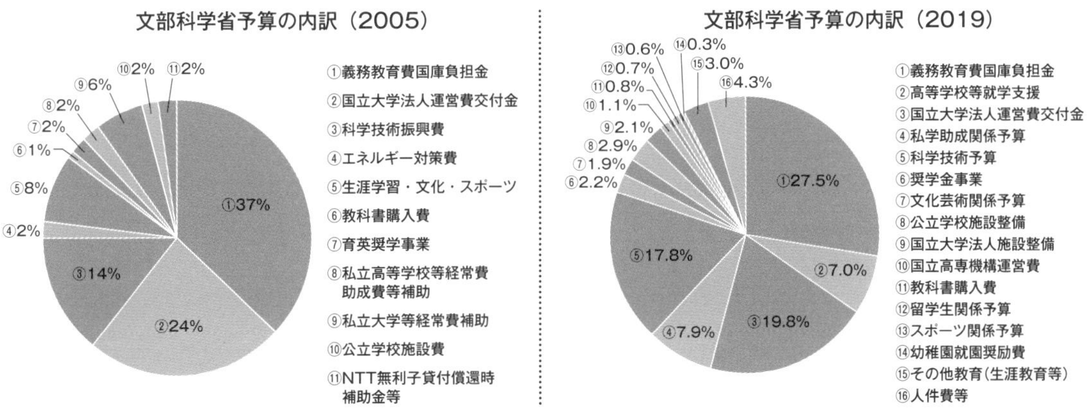


図2　文部科学予算に占める義務教育費国庫負担金の内訳

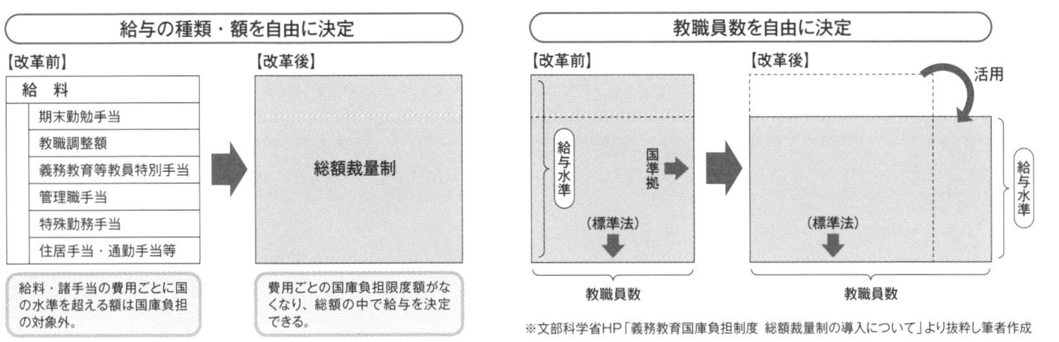


図3　総額裁量制導入による改革内容

対する違憲論を回避するため、学校法人に対する「機関補助」から、直接的に学生に対し補助する「個人補助」であるバウチャー制度が提案されている。また、私学助成論争は、議論の立脚点を「事業主体」から「事業」そのものへとシフトしてきており、株式会社立学校やNPO法人立学校に対する公費助成の可否に関する問題に今後展開する可能性がある。

## 授業料問題

学校教育法６条により、「学校においては授業料を徴収することができる」としており、「ただし、国立又は公立の小・中学校、これらに準ずる盲学校、聾学校及び養護学校又は中等教育学校の前期課程における義務教育については、これを徴収することができない」と規定されている。そのため、授業料問題は、高等学校及び高等教育である大学等においての問題となる。高等学校では、2010年に「高等学校等就学支援金の支給に関する法律」によって、高等学校等に在籍する生徒で一定の世帯所得要件を満たす場合に、国から都道府県に対し就学支援金を交付する制度が設けられた。2014年４月以降の入学者を対象としたこの高等学校等就学支援金制度をもって、国は都道府県に対する交付金による授業料の実質無償化の実施を謳っている。私立高等学校については、2020年度から、保護者の所得段階に対する支給限度額が引き上げられ、実質無償化をさらに強調することとなった。しかしながら、どちらも「親権者が一定の所得」を越えないことが条件であること等全ての生徒が対象となるものではなく、高等学校の義務教育化の議論が生じている中で、この制度は、義務教育と同じ意味合いでの「無償化」とは違った制度設計となっている。

日本の大学の授業料は、OECD調査によると国公立大学においてデータ入手が可能なOECD加盟諸国の中で最も高額であり、高等教育において公的負担割合が低いことが指摘されている。日本の国公立大学の学生一人当たりの授業料は年間5,090米ドルで、学生の卒業時の平均負債額は27,489米ドルとなっており、学生や家計への負担が大きい。学士課程において日本の大学の授業料水準は、「国立大学等の授業料その他費用に関する省令２条」により授業料の年額、入学料等の水準が定められており、1971年の中教審答申で私立大学との授業料格差を理由として、「国立大学授業料の受益者負担主義」が答申されている。以来、日本の授業料は受益者である学生及びその保護者の経済的負担の割合とともに増加の一途をたどっている。近年では経済情勢等の悪化等により、保護者の平均給与所得は減少傾向にあり、学生の生活費に占める家計からの給付も減少し、アルバイトや奨学金に依存する学生の割合が増加している。両親の年収が高等教育への進学率に影響しているなどの調査結果もあり、教育の機会均等、経済的理由による修学断念の排除等教育費負担軽減策の必要性等の観点から、2020年４月より高等教育の就学支援新制度が実施された。しかし、この制度も高等学校同様、住民税非課税世帯及びそれに準ずる世帯を対象とし限定されているうえ、減免額の上限が定められる等限定的な制度となっている。また、日本育英奨学金制度にも新たに給付型奨学金が創設された。しかしながら、この２つの制度においても、継続して受けるための学生の学修意欲要件があり、対象となる大学等に国又は地方自治体による要件確認が設けられていることに留意しておく必要がある。

## 学校財務

公立学校は、地方自治法244条で規定される「公の施設」であり、その設置、管理及び廃止については地方自治体の首長の権限であるが、地方教育行政法21条により、「学校その他の教育機関」の設置、管理及び廃止については、教育委員会の職務権限となる。

ただし、同22条により地方自治体の首長は、教育に関する事務を管理し執行することとなっている。この中に、「教育財産の取得や処分」、「教育委員会の所掌に関する予算の執行」が含まれる。地方自治体の長は、当該自治体の財務規則により各学校長に財務権限の一部を専決させる補助執行の形式が一般的である。そのため、学校の財務については、地方自治法を根幹とした地方自治体の定める法規等がその根拠法令となり、その首長の権限下に置かれることとなる。学校予算については、主に市区町村教育委員会事務局が学校予算に関する要求等を行い、学校は予算要求に関する資料を提出するのみとなる。歳出に関しても、補助執行として学校における校長の歳出における執行権限は限られる。地方自治法にいう財務とは、予算・決算や収入・支出といった金銭・資金の管理と、公の財産としての物品の管理を指す。学校における主たる「財務」の内容として、一般的に「**公費**」と「**私費**」に区分され取り扱われる経費が存在する。「公費」とは自治体の歳出予算等である「学校予算」等、主に地域住民の税金によって構成される予算のことを指す。これに対して「私費」とは、直接的に児童・生徒に還元するため、その保護者から学校が直接徴収する、副教材等の学級費や時には修学旅行費といった「**学校徴収金**」をはじめ、各学校の保護者等で構成される学校外部団体の活動費となるPTA費などを指す。これらを徴収する法的根拠は見られないが、学校が便宜上一括徴収することで保護者の利便性が高まり、教育効果が期待できるとされている。小・中学校等の義務教育諸学校では、学校給食法により「学校給食費」として学校給食設備・設備費や調理員等の人件費など運営費以外を保護者が負担することになっている。学校財務に係る給食費を含む学校徴収金の未納問題は学校にとって大きな課題となっている。未納問題等複雑に存在する課題解決のための一つの方策として、自治体による学校給食費の公会計化の動きも出ている。

**参考文献**


- 小川正人（2008）「教育経営論」３章、放送大学大学院文化科学研究科教材
- 本多正人（2012）「教育行政と学校経営」３章及び13章、同上
- 大田直子（1990）「義務教育費国庫負担法における「教育の機会均等」と「教育の地方自治」東京大学教育学部紀要30巻、pp.257-266
- 荒井英治郎（2007）「私学助成論争の現代的位相」東京大学大学院教育学研究科紀要46巻、pp.401-410
- 荒井英治郎（2008）「私学助成の制度化を巡る政策過程」国立政策研究所紀要137号、pp.199-215
- OECD（2020）「図表で見る教育2020年版OECDインディケータ」
- 中村信也（2019）「諸外国の授業料と奨学金（第２版）」国立国会図書館調査と情報№1048
- 清原正義編著（2004）「21世紀学校事務辞典５」学事出版、19章４節
- 本多正人（2004）「21世紀学校事務事典５」学事出版、19章５節
- 本多正人編著（2015）「公立学校財務の制度・政策と実務」学事出版
- 現代学校事務研究会編（2012）「学校マネジメント研修テキスト３学校財務」学事出版
- 本多正人（2003）「公立学校の財務・会計と学校の自律性」国立政策研究所紀要、pp.132-171


（餅井京子）

# 3 教育制度を支える教育行政の理念と仕組み ④教育内容行政のしくみ（学習指導要領、教育課程、教科書、指導行政）

## 誰が教える内容を決めるのか

戦後すぐの**学習指導要領**は経験主義的な学習を取り入れており、あくまでも「社会の状態と、これから向かって行くべき方向について、いろいろ考え合わせて、その規準となるべきことをあげてみたもの」(1)という位置づけであることを、当時の文部省は述べていた。しかし、経験主義的学習は、学習環境に関する条件整備が不十分な状態では教育効果を十分に生むことが難しかった（九州大学大学院教育法制研究室 2019、p.36、以降ページ数のみ記載）。また、世界情勢と高度経済成長という目まぐるしい変化もあり、経験主義的学習は、学問の系統性を重視する系統主義に取って代わられ、それと前後して学習指導要領も1958年に**法的拘束力**をもつこととなった。その後、法的拘束力の是非も含め争われた、いわゆる最高裁旭川学テ判決（1976）において、学習指導要領は一定範囲の国の教育内容決定権を前提とした大綱的基準であると判決がなされた。勿論、どこまでが“大綱的”であるかの境界線は依然として明確でないものの、以上を端的にいえば、日本において“何を教えるかの内容”の大枠は、文部科学省が決めるものと理解してよい。

## 教師はどこまで教えていいのか

学習指導要領には、教科、総合的な学習の時間、特別活動、道徳等といった**領域**ごとに、目標や指導上の方針が記載されている。特に教科に関しては、学校教育法34条1項で、教える上で教科用図書（以下、教科書）を用いなければならないとされる。その教科についても、2003年の改訂時に“はどめ規定”が見直され、学習指導要領に沿った発展的な内容も、子どもの負担にならない程度で教えることが可能となったため、指導や学習における窮屈さは緩和されたと捉えられる。以降の学習指導要領においては、教育活動の充実のため、各学校がその特色を生かして創意工夫を重ねることが推奨されている。

教える上で教師にどの程度の裁量が認められているかを知るには、養護学校における知的障碍児を対象とした性教育方法をめぐる判決（東京地裁 2009年3月12日）が参考になる。この裁判の発端は、当該校で行われていた性教育内容が過激であるとの見方が都議会で示されたことにあった。判決では、目の前の子どもの課題を受けて組み立てられる授業において「一定の範囲の教授の自由」が認められる判決が出された。このことから、“教え方”に関する一定の裁量が、教師には認められているものと解してよい。

注意を要するのは、教師が何でも教えていいわけではないし、何を用いて教えていいというわけでもないということである。学習指導要領を激しく逸脱し、授業における教科書の不使用が常態化していたことが発覚した高校の事件の裁判所判決（最高裁 1990年1月18日）では、「法規違反の程度は決して軽いものではない」と断じられている。ソーシャルメディアが発達した昨今では、授業場面や指導場面が不特定多数にまでさらされやすくなるため、教師は今まで以上に「なぜそれを授業で扱うのか」の説明責任が果たせることが重要となる。

また、**学習指導要領**に記載されている教えるべき内容や扱うべき内容についても、教える上でどの単元にどれだけの時間を割り当てるかは、学校

表１　各主体の教育課程に関する所掌事項

| 主体 | 所掌事項 |
|---|---|
| 文部科学省 | ・学習指導要領の制定<br>学校教育法施行規則52条<br>・教科用図書の検定<br>学校教育法34条 |
| 都道府県教育委員会 | ・県立高校等の教科書採択：私立学校は各学校長<br>教科書の発行に関する臨時措置法７条<br>・教育課程、学習指導、教科書、教材の取扱いに関する管理<br>地方教育行政の組織及び運営に関する法律21条 |
| 市町村教育委員会 | ・市町村立義務教育諸学校の教科書採択：私立学校は各学校長<br>教科書の発行に関する臨時措置法７条<br>・教育課程、学習指導、教科書、教材の取扱いに関する管理<br>地方教育行政の組織及び運営に関する法律21条 |
| 学校・教師 | ・教育課程の編成：解釈は諸説アリ（※p.20）<br>学校教育法施行規則50条・52条の２<br>・教育課程の扱い（教え方）の決定<br>学校教育法施行規則54条<br>・補助教材の選定と届出<br>地方教育行政の組織及び運営に関する法律33条 |

出典：九州大学大学院教育法制研究室編（2019）p.21を参考に筆者作成

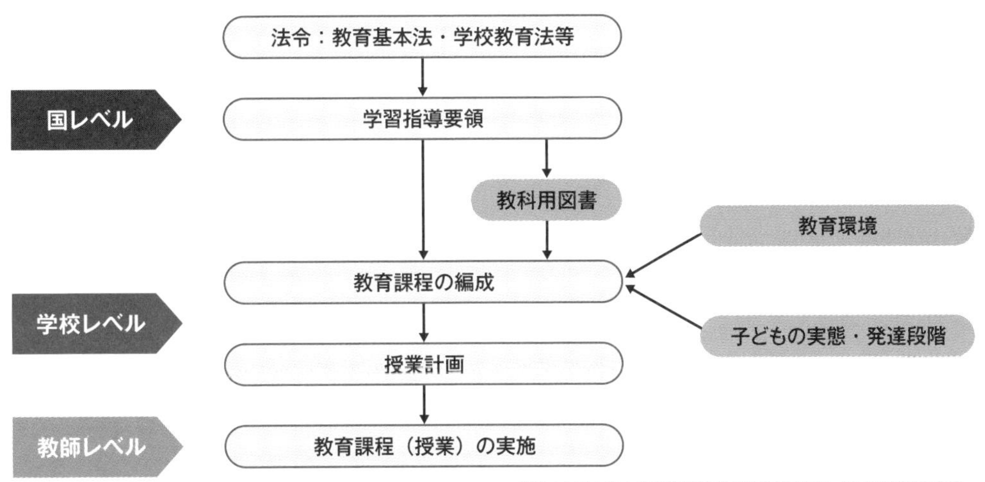


出典：九州大学大学院教育法制研究室編（2019）p.9を参考に筆者作成

図１　教育課程編成の全体図

や教師の裁量として認められる。しかし、教えるべき・扱うべきとされているものについて、受験との関係性が乏しい等を理由に、教えない・扱わないことがあってはならない。2000年〜2010年にかけて、ほぼ全ての都道府県における高校で特定教科の未履修問題が発覚し、大きな問題となった。こういった場合、地方教育行政の組織及び運営に関する法律（以下、地教行法）48条にもある通り、「文部科学大臣は都道府県又は市町村に対し、都道府県委員会は市町村に対し、都道府県又は市町村の教育に関する事務の適正な処理を図るため、必要な指導」等を各学校に対して行うこととなる。

## 誰が教材を決めるのか

先述の通り、教科の指導においては、教科書を使用しなければならない。それ以外の計算問題集や漢字練習帳等は補助教材（副教材）という位置づけとなる。学校教育法34条４項では、教科書以外の教材で有益適切なものの使用が認められている。したがって、教科書以外でどういった補助教材を選択・使用するかについては、学校や教師に裁量が認められているものといえる。なお、補助教材を使用する場合、地教行法33条２項にあるとおり、教育委員会へ届け出をし、承認を受ける必要がある。

さて、教科書であるが、先述の学校教育法34条にもあるように、文部科学大臣の検定を経る必要がある。各教科書会社が作成したものに文部科学大臣がチェックを加えるのであるが、特に歴史科目の記述をめぐる問題が生じやすく、検定が検閲と化す恐れもある。教育基本法16条に、「教育は、不当な支配に服することなく、（中略）、教育行政は、国と地方公共団体との適切な役割分担及び相互の協力の下、公正かつ適正に行われなければならない」とあるように、上述の地教行法48条との適度な緊張関係が重要となる。

その教科書についてであるが、どの教科書を用いるかを決めるのは誰なのか。例えば、最も設置数が多い公立の小中学校の場合、義務教育諸学校の教科用図書の無償措置に関する法律12条１項で規定されているように「教科用図書採択地区」が設定され、採択地区ごとに一種類の教科書が選定・採択される。なお、同法10条では、市町村の教育委員会と義務教育諸学校の校長が、採択に関する事務を行う主体であるとされており、地教行法21条１項でも教科書や教材の取扱いに関することが教委の事務マターであると書かれている。また私立学校の場合は、各学校長が決定することとなっている。ただし厳密にいうと、これらの教科書採択に関する権限の所在（誰が教科書を決めるのか）を一義的に定めた法文上の規程はなく（日本教育法学会 2014、p.176）、あくまでも事務所掌の規程に留まる。この曖昧さゆえに、教科書採択をめぐって紛糾したのが沖縄県の八重山地区の事例である。なかなか使用する教科書が決定しないことに業を煮やした文部科学省が、義務教育諸学校の教科用図書の無償措置に関する法律で教科書が無償であると規定されているにもかかわらず、同地区の教科書を無償にしないという手段に出て、数年間無償とならなかった。現在では法改正もなされ、採択地区内でもめた場合の解消手段も追加されたものの、なおも解釈に余地の残る制度体系であるといえよう。

教科書をめぐる問題は今後も取り上げられるであろうから、報道等を注視されたい。

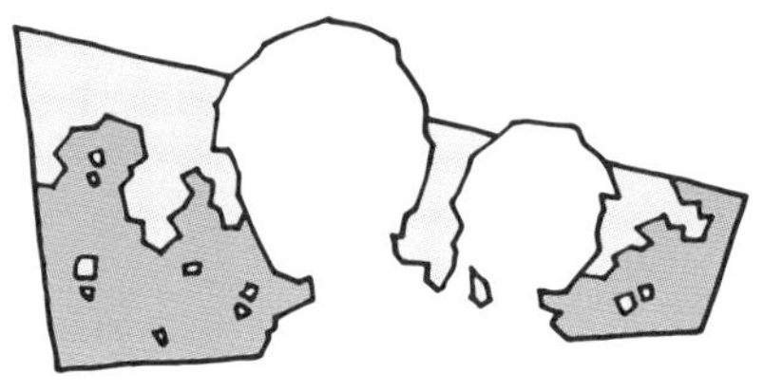

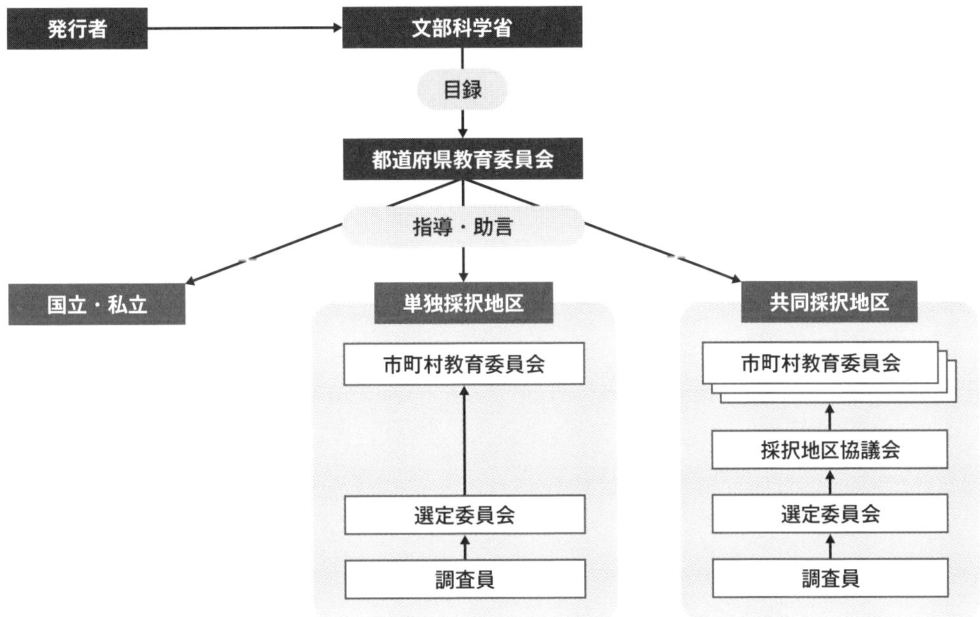


※文部科学省「教科書採択の方法」（2020年8月1日閲覧）を参考に作成
URL：https://www.mext.go.jp/a_menu/shotou/kyoukasho/gaiyou/04060901/1235091.htm

**図２　教科書採択の流れ**

### コラム　学力向上の方針が与えるプレッシャー

2007年に、全国の小中学校の最高学年（小学６年生・中学３年生）を対象として、全国学力・学習状況調査が実施されることとなった。現在まで、公立小中学校のほとんどは、これに参加している。都道府県レベルでの集計結果が国立教育政策研究所のHPで公開されており、県間のランキングも把握できる。これがある意味での競争をあおる作用をしており、学校レベルでのランキング公開を巡って首長と教育長が対立する場合もある。勿論、教育課程の編成や教育方法等は学校や教師が主に決定をしているものの、学力向上を至上命題とする教委もあるため、間接的に学校現場における実践を拘束するものとして教師らに認識されている（濱元・原田 2018)。

### 註

（１）国立教育政策研究所「学習指導要領データベース」所蔵　文部省（1947）『学習指導要領　一般編（試案)』
https://www.nier.go.jp/guideline/s22ej/chap1.htm　アクセス2020年８月１日

### 参考文献

・九州大学大学院教育法制研究室編（2019）『教育課程エッセンス』花書院
・日本教育法学会編（2014）『教育法の現代的争点』法律文化社
・濱元伸彦・原田琢也編著（2018）『新自由主義的な教育改革と学校文化』明石書店

（波多江俊介）

# 教育制度を支える教育行政の理念と仕組み

## ⑤教員人事行政のしくみ―身分、給与・待遇、採用、研修、人事評価など

### 教員人事行政とは

教員人事は、子どもたちの学習権を保障するために欠かせない教育条件の一つである。そのため、教員人事行政は、教員の資質・能力の維持・向上に資する環境を整備する主体として、優秀な教員を採用し、適切な待遇・身分を確保するとともに、継続的・計画的な研修の機会等を準備しなければならない。そこで以下、教員の職位・身分（給与・待遇含む）や採用・研修の仕組み、教員人事行政をめぐる近年の動向を整理する。

### 教員の職位と身分（待遇含む）

教員とは一般に、学校教育法１条に規定されている学校で働く教職員を指す。初等・中等教育段階においては校長、副校長、教頭、主幹教諭、指導教諭、教諭、助教諭、養護教諭、養護助教諭、栄養教諭及び講師である。ただし、学校教育法や教育公務員特例法では校長と教員は区別されている点には注意が必要である。また、公立学校に勤務する教員は地方公務員であり、私立学校に勤務する教員は、その学校法人に雇用されるため非公務員となる。

国公私立問わず、教員の「身分は尊重され、待遇の適正が期せられる」よう規定されている（教基法９条２項）。また国際的にも、教育を受ける権利が基本的人権の一つであるという考えに基づき「教員の地位に関する勧告」（ILO・ユネスコ特別政府間会議、1966年）が採択されており、教員の身分保障は世界共通のスタンダードとなっている。上記の理念を踏まえ、公立義務教育諸学校の教員の給与は「学校教育の水準の維持向上のための義務教育諸学校の教育職員の人材確保に関する特別措置法」（人材確保法）等に基づき、一般の地方公務員より優遇されている。優れた教員の確保を通じて、学校教育の水準の維持向上を図る人材確保法の趣旨に基づき、給料に約2,000円～8,000円の範囲で義務教育等教員特別手当が上乗せされる。その他、**教職調整額**が給料の４％分上乗せされる（給特法[(1)]３条）。したがって、一般の地方公務員と比べて高い水準の待遇が準備されている（表１）。ただし、教職調整額が上乗せされている分、教員にはいわゆる「残業代」が支給されない。教師の長時間労働が問題視されるに伴い、待遇をめぐる議論の一つとして教職調整額の在り方が問われている。なお、私立学校の教員の身分や待遇は、その学校法人の経営状況に影響を受けやすく、高待遇である学校もある一方で、残念ながらそうではない学校も存在する。

### 教員の採用

優秀な教員を採用するために一般の公務員とは異なる形式で試験が実施されている。一般の公務員の採用は「競争」試験であるのに対して、公立学校教員の採用は**「選考」試験**であることに特徴がある（教育公務員特例法11条）。試験の成績上位者から順に採用する競争試験ではなく、人物重視の面接や小論文、模擬授業など多様で多面的に評価するための方法を取り入れた「選考」試験によって適格性のある教員の採用を目指している。この考えに沿い、**条件付任用**期間は一般の公務員よりも長い「一年」となっている（教特法12条）。なお、実施主体（任命権者）は都道府県あるいは政令市教育委員会である。また、私立学校の場合

### 表１　職種別平均給与月額（全地方公共団体：2020年）

| 職種区分 | 平均年齢 | 平均給料月額 | 諸手当月額 | 平均給与月額 |
|---|---|---|---|---|
| 全職種 | 41.8 | 327,970 | 84,100 | 412,070 |
| 一般行政職 | 42.1 | 316,993 | 83,867 | 400,860 |
| 技能労務職 | 51.3 | 313,801 | 60,138 | 373,939 |
| 高等学校教育職 | 44.8 | 372,405 | 59,009 | 431,414 |
| 小・中学校教育職 | 42.1 | 353,398 | 55,605 | 409,003 |
| 警察職 | 38.4 | 323,548 | 133,024 | 456,572 |

※平均給料月額とは、給料の調整額及び教職調整額を含む。
※「諸手当月額」とは、月ごとに支払われることとされている扶養手当、地域手当、住居手当、特殊勤務手当、時間外勤務手当等の諸手当の額を合計したものである（期末手当、勤勉手当、寒冷地手当、任期付研究員業績手当、特定任期付職員業績手当及び災害派遣手当は含まない。）。
出典：総務省「令和2年地方公務員給与実態調査結果等の概要」をもとに一部修正

### 表２　教育公務員と地方公務員の採用方法

| 教育公務員特例法11条 | 地方公務員法17条の2 |
|---|---|
| 「公立学校の校長の採用（現に校長の職以外の職に任命されている者を校長の職に任命する場合を含む。）並びに教員の採用（現に教員の職以外の職に任命されている者を教員の職に任命する場合を含む。以下この条において同じ。）及び昇任（採用に該当するものを除く。）は、**選考**によるものと」する。 | 人事委員会を置く地方公共団体においては、職員の採用は、**競争試験**によるものとする。ただし、人事委員会規則（競争試験等を行う公平委員会を置く地方公共団体においては、公平委員会規則。以下この節において同じ。）で定める場合には、選考（競争試験以外の能力の実証に基づく試験をいう。以下同じ。）によることを妨げない。 |

### 資料１　教員研修の実施体系

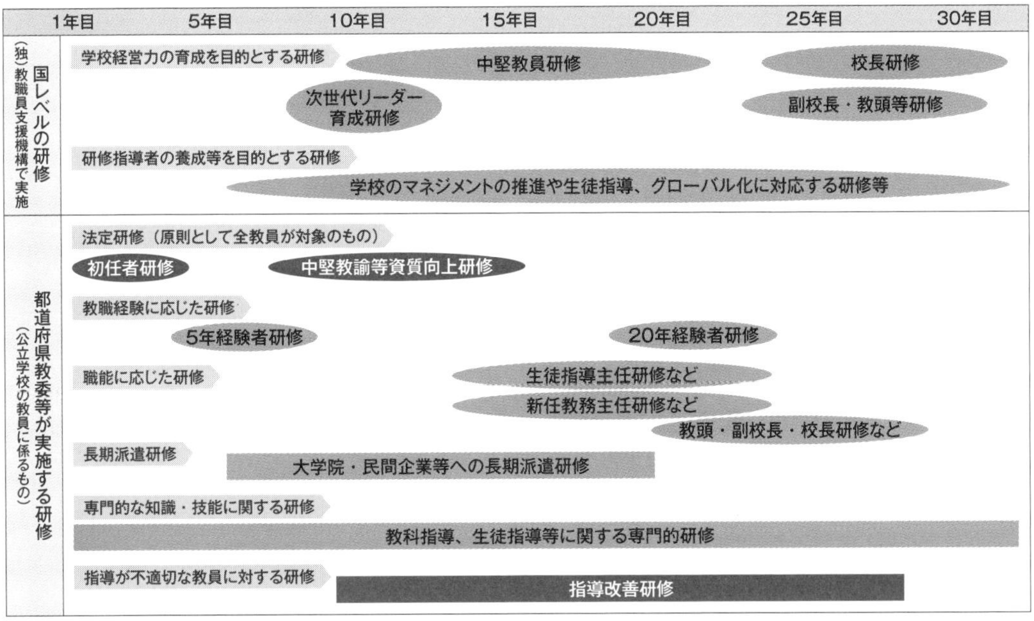

1年目　5年目　10年目　15年目　20年目　25年目　30年目

**国レベルの研修（独）教職員支援機構で実施**
- 学校経営力の育成を目的とする研修：中堅教員研修／校長研修／次世代リーダー育成研修／副校長・教頭等研修
- 研修指導者の養成等を目的とする研修：学校のマネジメントの推進や生徒指導、グローバル化に対応する研修等

**都道府県教委等が実施する研修（公立学校の教員に係るもの）**
- 法定研修（原則として全教員が対象のもの）：初任者研修／中堅教諭等資質向上研修
- 教職経験に応じた研修：5年経験者研修／20年経験者研修
- 職能に応じた研修：生徒指導主任研修など／新任教務主任研修など／教頭・副校長・校長研修など
- 長期派遣研修：大学院・民間企業等への長期派遣研修
- 専門的な知識・技能に関する研修：教科指導、生徒指導等に関する専門的研修
- 指導が不適切な教員に対する研修：指導改善研修

出典：文部科学HP「教員研修」（https://www.mext.go.jp/a_menu/shotou/kenshu/index.htm）

は学校単位で試験を実施したり、各自治体の私学協会等が実施する適性検査を受検するルートが存在する。

## 教員の研修機会

採用後から退職するまでの間、教師としての資質・能力を向上できるように研修の機会が準備されている。研修は大きく行政研修と自主研修に分類される。行政研修には**法定研修**である初任者研修、中堅教諭等資質向上研修等を含め、経験年数や職務に応じた内容が準備されている（資料１）。2017年度以降、都道府県・政令市教育委員会は**教員育成指標**を定め、それを踏まえた体系的・効果的な研修の実施を計画するよう法的に求められるようになった（教特法22条の２、３及び４）。一般の公務員にも研修の機会は与えられているが（地方公務員法39条）、勤務地を離れる研修や現職のまま長期間の研修を受けることができる（教特法22条２項）、いわゆる**職専免研修**が認められている点は教員研修法制の大きな特徴と言える。また、**自主研修**が活発である点も特徴としておさえておく必要がある。例えば○○市小学校社会科研究会などと銘打つものであり、教科教育だけでなく道徳や特別活動などに焦点を当てた各種研究団体が活動している。

## 教員人事行政をめぐる近年の動向

まず、**教員人事評価制度**を挙げよう。人事評価は地方公務員法改正（2016年４月１日施行）によって、従来の勤務評定に代わって導入された制度であり、すべての地方自治体で実施しなければならない。その目的は、教職員の資質能力の向上や学校組織の活性化を図るためである。その一方で、人事評価を任用、給与、分限その他の人事管理の基礎として活用することが求められており（同法23条２項）、任命権者は人事評価の結果に応じた措置を講じなければならない（同法23条の３）。人事評価の結果活用が分限処分にまで及ぶ点について、公務員の身分保障原則に重大な影響を与えるものとして懸念されているが（高橋2015：p.47）、22県市は分限処分に当たる免職・降任へ活用していることが分かっている（資料２）。

次に、今日的課題である精神疾患による病気休職者数の推移を挙げる。2019年度の教育職員の精神疾患による病気休職者数は、5,478人（全教育職員数の0.59％）で、2009年度以降、5,000人前後で推移しており、2018年度（5,212人）から増加していることが分かっている（資料３）。この増加の背景には、残業時間や教育活動以外の業務の増加、保護者や地域住民との関係づくりや外部機関との連携など業務内容の質的変化等が挙げられている（教職員のメンタルヘルス対策検討会議2013）。特に近年、教師の**長時間労働**に関する危機感は国も抱いており、その解決を図るために中教審答申「新しい時代の教育に向けた持続可能な学校指導・運営体制の構築のための学校における働き方改革に関する総合的な方策について」（2019年１月25日）が取りまとめられた。その中で、勤務時間管理の徹底や業務内容の明確化・適正化、ICTの活用などが具体的な施策として挙げられており、すでに2019年12月４日に給特法の一部改正法が成立し、地方自治体の条例に基づく**一年単位の変形労働時間制**の導入が適用できるようになった（給特法５条）。ただし、これら施策が長時間労働の解消にどの程度効果があるのか疑問視する声も上がっている。

資料２　人事評価の活用（2019年４月１日）

| 評価結果の活用分野 | 合計（県市数） |
| --- | --- |
| 昇任 | 39 |
| 昇給・降給 | 55 |
| 勤勉手当 | 53 |
| 免職・降任 | 22 |
| 配置転換 | 24 |
| 研修 | 33 |
| 人材育成・能力開発・資質向上 | 44 |
| 表彰 | 24 |
| 条件附採用期間の勤務状況判定 | 36 |
| 指導改善研修の認定 | 26 |
| 再任用の決定基準 | 13 |
| その他 | 8 |
| 評価結果を特に活用していない | 0 |

出典：文部科学省「平成30年度公立学校教職員の人事行政状況調査について（概要）」

資料３　教育職員の精神疾患による病気休職者数の推移

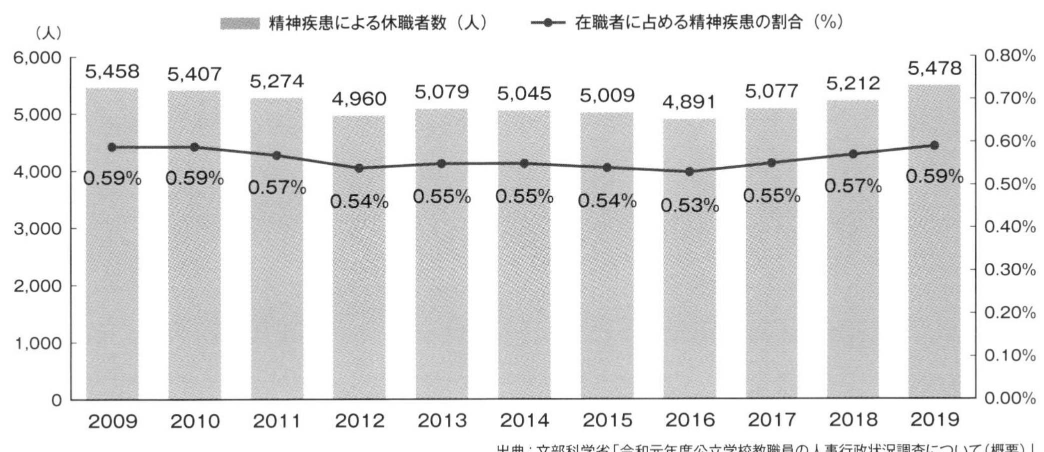


出典：文部科学省「令和元年度公立学校教職員の人事行政状況調査について（概要）」

## 註

（1）給特法とは、「公立の義務教育諸学校等の教育職員の給与等に関する特別措置法」の略称である。

## 参考文献


・教職員のメンタルヘルス対策検討会議（2013）「教職員のメンタルヘルス対策について（最終まとめ）」
・総務省「令和２年地方公務員給与実態調査結果等の概要」https://www.soumu.go.jp/iken/kyuyo.html
・高橋哲（2015）「行政改革としての教員評価＝人事評価制度―日米比較からみる教員評価政策の日本的特質―」『日本教育行政学会年報』No.41、教育開発研究所、pp.37-55
・文部科学省「令和元年度公立学校教職員の人事行政状況調査について（概要）」https://www.mext.go.jp/a_menu/shotou/jinji/1411820_00002.html


（原北祥悟）

# 4 教育制度の体系と諸課題

## ①学校制度体系の展開と課題

### 学校制度体系の展開

学校制度は1872年の学制に始まる。フランスの教育制度をもとにした学校体系が構想され、統一的で平等な単線型制度の導入が目指された。しかしながら、社会の実情に合わない計画であったことから定着には至らず、1879年の教育令以後数次にわたって修正が図られた。1885年に就任した初代文部大臣森有礼によりドイツの教育思想を背景として新たに構想された制度が1886年に**諸学校令**として公布され、近代的な教育制度の基礎となった。帝国大学令により1877年設置の東京大学が帝国大学として位置づけられ、1897年の京都帝国大学以後各地に拡大した。**小学校**・**中学校**・師範学校は尋常と高等の二段階に分けられ、義務教育は尋常小学校の４年間とされた。初等教育においては1900年に行われた授業料徴収の廃止と就学義務の厳格化により就学率が向上し、1907年には尋常小学校の修業年限及び義務教育期間が６年間へ延長された。同時期に中等教育機関の拡充が進み、1920年代にかけ、私立学校も含んで多様な需要に対応する学校が設置・分化した。その結果、進路や性別により学校種や修業年限が異なる複線型の学校制度が形成された。1930年代後半からは軍国主義的な色彩が強まり、イデオロギー統制や戦時動員の必要から単線型の学校制度が志向されるようになった。1941年には小学校を国民学校と改称し、義務教育を国民学校高等科までの８年と定めた。また、1943年の中等教育令により中等教育段階の複数の校種の統合が図られた。ただし、戦争激化のため実施は不首尾に終わり、義務教育期間の延長は実現しなかった。1945年５月には戦時教育令が公布され、体系的な学校教育は事実上停止した。

戦後、アメリカの影響下で６－３－３－４制の単線型の学校体系が整えられた。このうち、義務教育は小学校・中学校の９年間とされ、新制中学校が1947年から発足した。義務教育段階の学校の設置義務は、学校教育法により市町村に課されており、設置数の大部分を占めている。公立学校は、公立義務教育諸学校の学級編制及び教職員定数の標準に関する法律や、別項で扱う義務教育費国庫負担制度などにより、教育条件の平準化が図られてきた。

新制**高等学校**は1948年に発足した高度な普通教育と専門教育を施す学校種である。1954年には進学率が50％を超え、1970年代以降は90％を超えるようになった。高等学校の課程は教育の形態により、全日制、定時制、通信制に分かれ、また、教育の内容により普通教育を主とする学科（普通科）と専門教育を主とする学科、選択履修によりそれらの双方を総合的に施す学科（総合学科）に分かれている。専門教育を主とする学科には、農業・工業・商業・水産などの職業教育に関する学科と、英語・理数・音楽などの普通科目を重点的に学習する学科がある。当初は男女共学、総合学科の学校を設置し、学区ごとに定められた学校に通う制度が構想されていたが、現実には旧制中学校の流れをくんで普通教育主体の学校と職業教育主体の学校が別々に設置され、生徒が複数の学校から進学先を選んで入学試験を受験する形態が主流となった。課程・学科に関わらず修了資格は同一であるが、職業教育に関する学科の進学機会が相対的に少ない傾向がある。高等学校には都道府県が設置する学校が多いが、私立学校も一定の数を占めている。別項で扱うように2010年度以降、国に

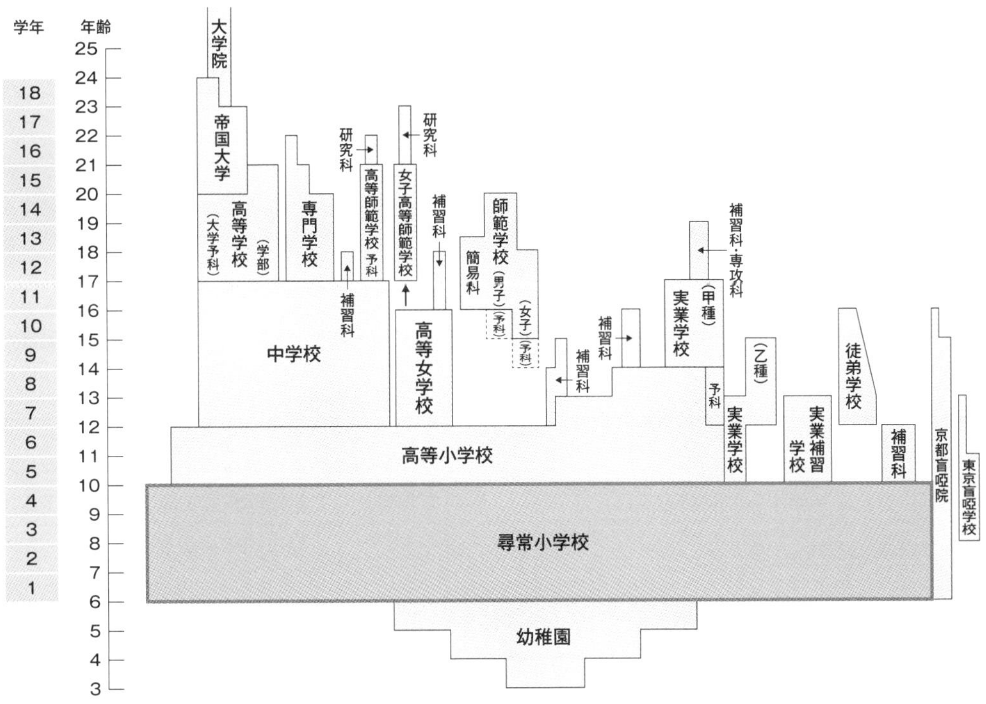


図１　1900年の学校系統図

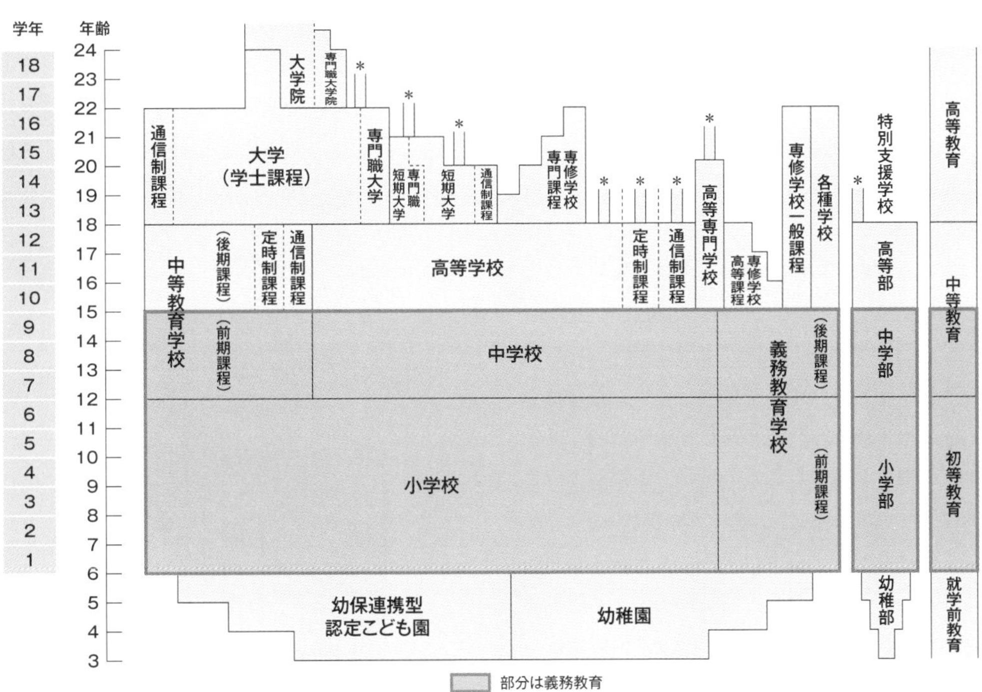


（注）　1. *印は専攻科を示す。
2. 高等学校、中等教育学校後期課程、大学、短期大学、特別支援学校高等部には修業年限1年以上の別科を置くことができる。
3. 幼保連携型認定こども園は、学校かつ児童福祉施設であり0～2歳児も入園することができる。
4. 専修学校の一般課程と各種学校については年齢や入学資格を一律に定めていない。

図２　2020年の学校系統図

よる授業料無償化が推進されている。

新制**大学**は旧制大学や旧制高等学校等を母体に修業年限を４年（医学部６年）として1948年に発足した。暫定的措置として発足した２年制の短期大学も1964年に恒久的制度として位置づけられた。大学院は修士課程・法科大学院以外の専門職学位課程が２年制、法科大学院が３年制、博士課程が５年制である。2020年度から国による就学支援制度が開始され、学費の減免などが図られているが、授業料の高い私立大学が大多数であることから、依然として自己負担額は大きい。

1967年には、産業界からの要請をうけ、工学系技術者の養成を主眼とした５年制の高等専門学校が設置された。中卒者を受け入れる学校であるが高等教育機関として位置づけられている。従来の学校制度との接続は、大学への３年次編入の制度を整えることにより図られた。

## １条校とその他の学校

教育基本法６条１項では、「法律に定める学校は、公の性質を有するものであって、国、地方公共団体及び法律に定める法人のみが、これを設置することができる。」と定められている。この「法律に定める学校」は学校教育法１条に定められており、幼稚園、小学校、中学校、義務教育学校、高等学校、中等教育学校、特別支援学校、大学、高等専門学校の９つの学校種（１条校）と「就学前の子どもに関する教育、保育等の総合的な提供の推進に関する法律」に定める幼保連携型認定こども園とされている。「法律に定める法人」には、私立学校法に基づき認可を受けた学校法人が該当し、特例として構造改革特別区域法により認可された株式会社と特定非営利活動法人が位置づけられている。

１条校以外に学校教育法124条に定める**専修学校**（専門学校、高等専修学校）、134条に定める**各種学校**が制度化されており、都道府県知事または都道府県教育委員会の認可を受けて設置されている。職業人の育成や教養の向上等を目的に実践的な教育を行う学校が多い。また、これらに類する施設で認可を受けずに教育を施す教育機関を無認可校と呼ぶことがある。既存の１条校と並び立つ社会的機能を有する文部科学省の所管外の施設として、保育所や省庁大学校が挙げられる。

## 近年の課題

1990年代以降、経済成長の鈍化や価値観の多様化を背景として新たな校種の導入(中等教育学校・義務教育学校）や規制緩和が進められた。これらの改革により、進学時の不適応や受験競争の緩和、少子化への対応などが目指されてきた。今後人口や経済規模の縮小が一段と進む中で、これまで以上に公費の投入や教育機会の平等性の確保は困難となっていくだろう。また、専門職大学の設置に見るように、日本的終身雇用の崩壊を背景として、企業内教育が担っていた役割を公教育に期待する動きが強まり、公教育と私教育の境界が変わりつつある。グローバル化ともあいまって、リカレント教育の整備や国際的通用性の確保に対する要望も高まっていくことが予想される。

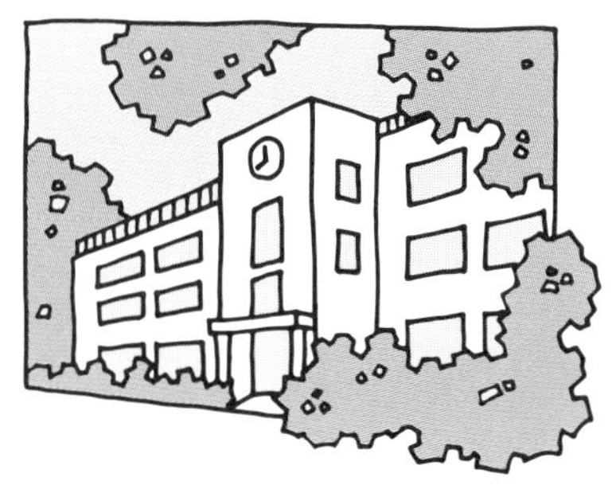

### 表１ 学校の種類と学校の規模（2019年度）

| 教育段階 | 学校種名 | 設置者別 | 修業年限 | 通常の在学年齢 | 学校数 | 児童・生徒・学生数 | 本務教員数 | 備考 |
|---|---|---|---|---|---|---|---|---|
| | | | 年 | 歳 | 校 | 千人 | 人 | |
| 就学前 | 幼稚園 | 国公 | — | 3～5 | 3,532 | 173.3 | 18,217 | |
| | | 私 | | | 6,538 | 972.3 | 75,362 | |
| | 幼保連携型認定こども園（1） | 国公 | — | 0～5 | 743 | 85.1 | 12,473 | (1) 3歳以上の在籍者数は、501.4千人である。 |
| | | 私 | | | 4,533 | 610.2 | 97,042 | |
| | （保育所）（2） | 公(営) | — | 0～5 | 7,850 | 699.5 | 107,449 | (2) 平成30年（2018年）10月1日現在。教員数は常勤保育士の数。 |
| | | 私(営) | | | 15,688 | 1,402.9 | 225,454 | |
| 初等 | 小学校 | 国公 | 6 | 6～11 | 19,501 | 6,290.4 | 416,672 | |
| | | 私 | | | 237 | 78.2 | 5,263 | |
| 中等 | 義務教育学校(3) | 国公 | 9 | 6～14 | 94 | 40.7 | 3,520 | (3) 児童・生徒数は、1～6年生が27.3千人、7～9年生が13.4千人。 |
| | | 私 | | | 0 | 0.0 | 0 | |
| | 中学校 | 国公 | 3 | 12～14 | 9,441 | 2,979.0 | 231,473 | |
| | | 私 | | | 781 | 239.1 | 15,352 | |
| | 高等学校 | 国公 | 3～4 | 15～17 | 3,565 | 2,140.6 | 169,014 | |
| | | 私 | | | 1,322 | 1,027.8 | 62,305 | |
| | 中等教育学校(4) | 国公 | 6 | 12～17 | 36 | 25.3 | 1,954 | (4) 前期課程と後期課程で学校数は同じ。生徒数は、前期課程で国公が12.9千人、私が3.6千人、後期課程で国公が12.4千人、私が3.3千人。 |
| | | 私 | | | 18 | 6.8 | 688 | |
| 高等 | 大学（5） | 国公 | 4～6 | 18～21 | 179 | 576.1 | 78,177 | (5) 学生数は学部学生のみ。 |
| | | 私 | | | 607 | 2,033.1 | 109,685 | |
| | 短期大学（6） | 国公 | 2～3 | 18～19 | 17 | 5.7 | 398 | (6) 学生数は本科学生のみ。 |
| | | 私 | | | 309 | 107.3 | 7,042 | |
| | 高等専門学校(7) | 国公 | 5 | 15～19 | 54 | 55.1 | 4,008 | (7) このほかの表では第4、5学年は高等教育、第1～3学年は中等教育とした。学生数は専攻科を除く。 |
| | | 私 | | | 3 | 2.0 | 161 | |
| | 大学院（8） | 国公 | 2～5 | 22～ | 170 | 169.2 | 59,461 | (8) 学校数は大学院を設置している大学の数。教員数は大学本務教員のうち大学院担当者を再掲したものである。 |
| | | 私 | | | 472 | 85.4 | 45,723 | |
| 特別支援 | 特別支援学校 | 国公 | 小学部 6年<br>中学部 3年<br>高等部 3年 | 3～17 | 1,132 | 143.6 | 85,035 | |
| | | 私 | | | 14 | 0.8 | 301 | |
| その他 | 専修学校 | 国公 | 1～ | 専門課程 18～<br>高等課程 15～<br>一般課程 制限なし | 196 | 24.7 | 2,999 | |
| | | 私 | | | 2,941 | 635.0 | 38,105 | |
| | 各種学校 | 国公 | 原則１年以上。ただし３か月以上１年未満も可 | 制限なし | 6 | 0.5 | 38 | |
| | | 私 | | | 1,113 | 116.4 | 8,783 | |

（注） ※認定こども園へ移行した施設の内訳は、幼稚園382か所、認可保育所716か所、その他の保育施設17か所、認定こども園として新規開園したものが62か所となっている。複数の施設が合併して1つの認定こども園になった場合等があるため、移行数と増加数は一致しない。
※また、認定こども園から認定こども園以外の施設へ移行したものが1か所ある。

## 参考文献


・文部科学省（1981）『学制百年史』
・文部科学省（2020）『「諸外国の教育統計」令和２（2020）年版』
https://www.mext.go.jp/content/20200821-mxt_chousa02-000009501-01.pdf


（金子研太）

# 教育制度の体系と諸課題
## ②識字・基礎教育に関する制度の展開と課題

### 長らく放置されてきた日本の識字・基礎教育政策

**国際人権規約・A規約**（1966年）では、「基礎教育は、初等教育を受けなかった者又はその全課程を修了しなかった者のため、できる限り奨励され又は強化されること」（13条2（d））が述べられている。日本政府もこれを批准しているが、国内の識字の問題は「完全に解決ずみ」であり、「現状において、識字能力を高めるために特別な施策をとる必要はまったくない」という見解であったため、**国家レベルの識字計画**を策定することはなく、体系的な政策を整備してこなかった。

たしかに、現行の義務教育制度（小学校６年間と中学校３年間）が発足した翌年の1948年において、すでに統計上の就学率は99％を超えていた。しかし、2000年度の国勢調査[(1)]によると義務教育未就学者（学校にいったことがない人または小学校中退者）が128,187名いる（表１）。この数には、中学校の教育課程を終えていない人は含まれていない。また、1979年の養護学校義務制以前は、障害のある児童生徒の多くは教育から排除されてきた。さらに、不登校児童生徒数は13万3000人を超えており（2018年度）、実質的な学びを享受できないままに卒業証書を渡された「**形式卒業者**」がいる。

なお、大規模な識字調査は、1948年と1955年に実施されて以降行われておらず、識字率の変遷を知る術がない。政策の裏づけとなる基礎的データが全くとられてこなかったことからも、識字・基礎教育問題に対する関心の低さが理解できよう。そうした中にあって、実践が常に政策に先行してきた。学校教育として夜間中学が、社会教育の領域では、被差別部落の識字学級、社会教育施設での識字・日本語講座、市民団体等が運営する地域日本語教室がある。法制化を求める運動と、グローバル化への対応の必要性に背中を押されて、ようやく近年、政策が動きはじめている。

### 夜間中学

**夜間中学**は、公立中学校の夜間学級のことである。学校教育法施行令25条にある「二部授業」を法的根拠として運用されている。授業は17時頃から21頃まで週５日間あり、教員免許を取得している教員が担当する。学校行事や生徒会活動等もある。全課程を修了すれば中学校卒業となる。2021年４月現在で12都府県に36校、約1700名が在籍している（資料１）。

その歴史は、現行の義務教育制度発足直後にまで遡る。戦後の混乱期、昼間に働く子どもたちのために、学校現場の熱意と責任感が生みだしたものである。文部省（当時）は、夜間中学設置に対して、1950年代には反対の立場を示したが、その後は黙認してきた。1966年には、行政管理庁（当時）から文部省へ夜間中学の早期廃止勧告が出されたこともあったが、元生徒たちや関係者の存続を求める運動によって、廃止を免れた経緯もある。

近年、国は夜間中学の整備に積極的な姿勢に転じ、都道府県及び政令指定都市に最低１校の設置をめざすことを表明している。「形式卒業者」の夜間中学受入れを認める通知も出した。こうした政策転換の法的根拠となっているのが、2016年12月に成立した**教育機会確保法**（義務教育の段階における普通教育に相当する教育の機会の確保等に関する法律）である（資料２）。

この法律は、フリースクール関係者と夜間中学

表1　義務教育未就学者数（2010年度）

| 北海道 | 7,374 | 東京都 | 7,244 | 滋賀県 | 1,443 | 香川県 | 899 |
|---|---|---|---|---|---|---|---|
| 青森県 | 2,687 | 神奈川県 | 5,116 | 京都府 | 3,249 | 愛媛県 | 1,329 |
| 岩手県 | 1,731 | 新潟県 | 2,158 | 大阪府 | 12,195 | 高知県 | 1,016 |
| 宮城県 | 1,643 | 富山県 | 726 | 兵庫県 | 6,271 | 福岡県 | 6,543 |
| 秋田県 | 2,145 | 石川県 | 815 | 奈良県 | 1,125 | 佐賀県 | 877 |
| 山形県 | 1,281 | 福井県 | 664 | 和歌山県 | 1,341 | 長崎県 | 1,868 |
| 福島県 | 2,344 | 山梨県 | 1,114 | 鳥取県 | 764 | 熊本県 | 3,028 |
| 茨城県 | 2,842 | 長野県 | 2,061 | 島根県 | 841 | 大分県 | 998 |
| 栃木県 | 2,745 | 岐阜県 | 1,405 | 岡山県 | 1,306 | 宮崎県 | 1,219 |
| 群馬県 | 2,230 | 静岡県 | 2,509 | 広島県 | 2,593 | 鹿児島県 | 3,448 |
| 埼玉県 | 4,787 | 愛知県 | 4,372 | 山口県 | 1,678 | 沖縄県 | 6,541 |
| 千葉県 | 3,991 | 三重県 | 2,206 | 徳島県 | 1,425 | 合計 | 128,187 |

出典　2010年度国勢調査より筆者作成

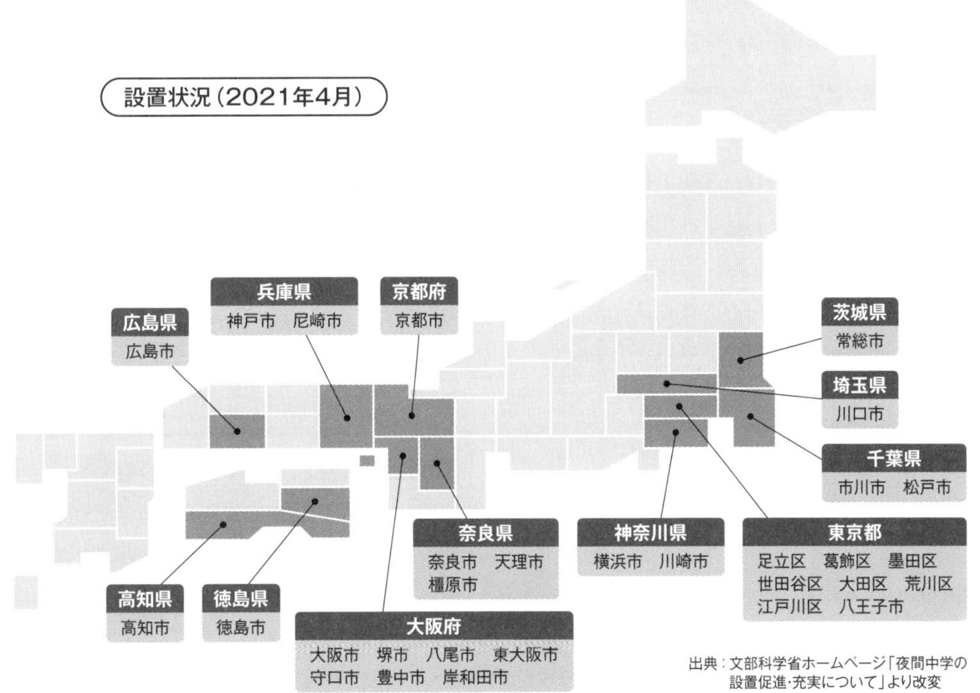


資料1　夜間中学の設置状況

**註**

（1）最終学歴区分は10年に一度調査される。2020年度国勢調査の結果が2022年５月頃に公表予定である。小学校卒と中学校卒を区分するので、実態が把握しやすくなる。

関係者による二つの市民運動の成果である。教育基本法と「子どもの権利条約」の趣旨にのっとり、「教育機会の確保等に関する施策に関し、基本理念を定め、並びに国及び地方公共団体の責務を明らかにするとともに、基本指針の策定その他の必要な事項を定めることにより、教育機会の確保等に関する施策を総合的に推進することを目的」としている（１条）。学齢超過者の教育機会については、当人の意思を十分に尊重しつつ、年齢、国籍、その他の置かれている事情にかかわりなく提供されることが明記されている（３条）。同７条にもとづいて策定された基本方針には、ボランティアが運営する「**自主夜間中学**についても、義務教育を卒業していない者等に対する重要な学びの場となっており、各地方公共団体において、地域の実情に応じて適切な措置が検討されるよう促す」ことが示された。

## 被差別部落の識字学級

**被差別部落の識字学級**は、1960年代に福岡県の筑豊ではじまった。「識字」という用語は、リテラシー（literacy）の訳語として広く使用されているが、識字運動に関わる人々は、単に文字の習得だけでなく、自らの解放と社会の変革をめざすものとして「識字」を捉えている。1969年に同和対策特別措置法が制定され、その中に識字学級への補助事業が位置づけられた。

識字運動の中心的な役割を果たしてきたのが大阪である。大阪では、1960年代半ばから識字学級の開設が相次いだ。1990年の「国際識字年」を契機に、夜間中学や地域日本語教室とも連携を強めていった。こうした市民の動きに背中を押されて、**自治体レベルの識字計画**の策定が進んでいる。「大阪府識字施策推進指針」が示され、府内の10市町では、識字計画を策定している（資料３）。毎年開催される大規模な学習者交流会「よみかきこうりゅうかい」を行政として支援し、2002年には、「おおさか識字・日本語センター」を関係機関と行政が協働して開設した。

## 地域日本語教室

**地域日本語教室**では、単に日本語を習得する場ではなく、その地域に暮らす日本人と外国人が知り合い、お互いが語りあうコミュニケーションの場であることが目指されてきた。文化庁は、「『**生活者としての外国人**』のための日本語教育事業」を2007年から継続実施し、標準的カリキュラムの開発や教材の共有を行ってきた。関係者の運動が結実し、2019年に**日本語教育推進法**（日本語教育の推進に関する法律）が成立した。同16条において、国は、地域における日本語教育の機会の拡充を図るため、日本語教室の「開始及び運営の支援、日本語教室における日本語教育に従事する者の養成及び使用される教材の開発等の支援、日本語教室を利用することが困難な者の日本語学習に係る環境の整備その他の必要な施策を講ずるものとする」ことが明記された。

## 課題

日本でも国レベルの識字計画を策定し、関連する部局や法制度の整合性を調整し、政策として体系化していくことが必要である。現状では、自治体の裁量に委ねているので、地域格差が大きく、首長交代等で方針撤回が生ずる危険性がある。大阪でさえ、2008年に「大阪府財政再建プログラム」が発表されると、状況は一変した。「改革」の矛先は、人権推進政策の予算にも向けられ、「おおさか識字・日本語センター」への補助金は廃止された。こうした事態を予防する意味でも、国としての方針が不可欠である。教育機会確保法と日本語教育推進にもとづく具体的な制度を拡充・創設しつつ、社会教育領域の識字・基礎教育を支える新たな法律の制定も待たれる。

### 資料２　教育機会確保法の基本理念

第３条　教育機会の確保等に関する施策は、次に掲げる事項を基本理念として行われなければならない。

一　全ての児童生徒が豊かな学校生活を送り、安心して教育を受けられるよう、学校における環境の確保が図られるようにすること。

二　不登校児童生徒が行う多様な学習活動の実情を踏まえ、個々の不登校児童生徒の状況に応じた必要な支援が行われるようにすること。

三　不登校児童生徒が安心して教育を十分に受けられるよう、学校における環境の整備が図られるようにすること。

四　義務教育の段階における普通教育に相当する教育を十分に受けていない者の意思を十分に尊重しつつ、その年齢又は国籍その他の置かれている事情にかかわりなく、その能力に応じた教育を受ける機会が確保されるようにするとともに、その者が、その教育を通じて、社会において自立的に生きる基礎を培い、豊かな人生を送ることができるよう、その教育水準の維持向上が図られるようにすること。

五　国、地方公共団体、教育機会の確保等に関する活動を行う民間の団体その他の関係者の相互の密接な連携の下に行われるようにすること。

### 資料３　自治体レベルの識字計画の位置づけの事例

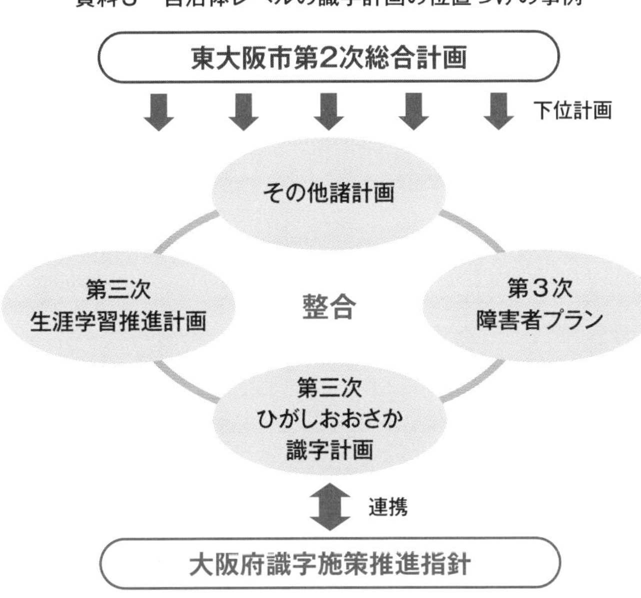


出典：『第三次ひがしおおさか識字計画～すべての人に文字を～』(2017年3月)より改変

#### 参考文献

・日韓基礎教育共同プロジェクト・基礎教育保障学会（2019）『日本における識字・成人基礎教育の展開と課題』、電子書籍（https://asia-net.jasbel.org/にて無料公開）

（添田祥史）

# 4 教育制度の体系と諸課題
## ③教員養成制度の現状と課題

### 大学における教員養成

日本の教員養成は主に大学で行われている。大学等で所定の単位を修得した者へ、各都道府県教育委員会が教員免許状を授与し、公教育に携わる教員の資質能力を一定水準以上に確保しようとするものである。戦後、日本の教員養成制度は、**大学における教員養成**と免許状授与の**開放制**を基本としてきた。戦前の師範学校を中心とした閉鎖的な養成から、広く教員免許状取得を可能としたものである。教員養成の理念は、アカデミシャンズとエデュケーショニストに大別される。学問的な教養こそが教師にとって必要だという考え方と教育的配慮についての洞察こそ必要だという考え方とはしばしば矛盾した考え方（山田 1970）(1)であることが指摘され、議論されてきた。

多くの大学に教職課程が設けられており、教職課程を新設・維持しようとする大学は、文部科学省による教職課程認定を受ける必要がある。一定の基準に沿ったカリキュラム提供のための対応が求められ、大学の自治にも影響を及ぼしている。開放制の下であるが、教員養成を目的とする大学・学部が存在しており、教員の需要に対して、一定数の養成を行ってきた。しかし、教員不足が発生している地域もあり、量的な確保の観点からもペーパーティーチャー等を含めた養成の在り方が課題となっている。

### 教員免許制度

都道府県教育委員会より授与される教員免許には**普通免許状、特別免許状、臨時免許状**がある（表２参照）。なかでも普通免許状は、学校種ごとに専修免許状（大学院修了相当）・一種免許状（大学卒業相当）・二種免許状（短期大学卒業相当）の３種類がある（高等学校教諭は二種を除く）。中学校及び高等学校の普通免許状及び臨時免許状は、各教科について授与される（教育職員免許法４条）。また、特別支援学校の教員には特別支援学校の免許状に加えて、特別支援学校各部に相当する学校種の免許状が必要となる（教育職員免許法３条）。

また、教員免許は生涯にわたって効力を発揮するものとして発行されていたが、2007年の教育職員免許法の改正により、2009年から**教員免許更新制**が導入された。以降、普通免許状と特別免許状は10年毎に更新が必要となっている。更新講習免除対象者として、優秀教員表彰者と教員を指導する立場にある者が認められている。教員を指導する立場にある者は、校長（園長）、副校長（副園長）、教頭、主幹教諭または指導教諭、教育長または指導主事、免許状更新講習の講師である。免除対象者は、免許管理者に申請を行うことによって免許状を更新することができる。更新には30時間以上の講習受講が必要であり、更新講習の内容は、必修領域（６時間以上）、選択必修領域（６時間以上）、選択領域（18時間以上）の３つに分かれている。更新者は、その費用を負担し、多くは大学等でその講習を受講する。ペーパーティーチャーは原則として更新講習を受講しないことから、更新講習受講者の多くは現職教員である。更新講習は、現職教員の研修として位置づけられているわけではないが、現職教員の研修機会との重複も指摘されている。また、一度離職した後に再度教職に就こうとする者や他職種からの転職希望者などにとっては、更新講習が大きなハードルとなっている。

### 表1 普通免許状取得のための必要単位数

| | | 教科及び教科の指導法に関する科目（領域及び保育内容の指導法に関する科目（幼稚園）） | 教育の基礎的理解に関する科目 | 道徳、総合的な学習の時間等の指導法及び生徒指導、教育相談等に関する科目 | 教育実践に関する科目 | 大学が独自に設定する科目 | 合計 |
|---|---|---|---|---|---|---|---|
| 幼稚園 | 専修免許状 | 16 | 10 | 4 | 7 | 38 | 75 |
| | 一種免許状 | 16 | 10 | 4 | 7 | 14 | 51 |
| | 二種免許状 | 12 | 6 | 4 | 7 | 2 | 31 |
| 小学校 | 専修免許状 | 30 | 10 | 10 | 7 | 26 | 83 |
| | 一種免許状 | 30 | 10 | 10 | 7 | 2 | 59 |
| | 二種免許状 | 16 | 6 | 6 | 7 | 2 | 37 |
| 中学校 | 専修免許状 | 28 | 10 | 10 | 7 | 28 | 83 |
| | 一種免許状 | 28 | 10 | 10 | 7 | 4 | 59 |
| | 二種免許状 | 12 | 6 | 6 | 7 | 4 | 35 |
| 高等学校 | 専修免許状 | 24 | 10 | 8 | 5 | 36 | 83 |
| | 一種免許状 | 24 | 10 | 8 | 5 | 12 | 59 |

教育職員免許法施行規則2･3･4･5条をもとに作成

### 表2 教員免許状の種類

| 種類 | 概要 | 有効範囲 | 期限 |
|---|---|---|---|
| 普通免許状 | 学校の種類ごとの教諭の免許状、養護教諭の免許状及び栄養教諭の免許状。都道府県の教育委員会が授与する。単位修得に加えて、原則として専修免許状は修士の学位、一種免許状は学士の学位、二種免許状は短期大学士の学位が必要。 | 全都道府県 | 10年間 |
| 特別免許状 | 学校の種類ごとの教諭の免許状。教育職員検定に合格した者に授与。教育職員検定は、教育職員に任命し、又は雇用しようとする者が、学校教育の効果的な実施に特に必要があると認める場合において行う推薦に基づいて行う。 | 授与権者（都道府県の教育委員会）の置かれる都道府県においてのみ | 10年間 |
| 臨時免許状 | 助教諭の免許状及び養護助教諭の免許状。普通免許状を有する者を採用することができない場合に限り、教育職員検定に合格したものに授与する。 | 授与権者（都道府県の教育委員会）の置かれる都道府県においてのみ | 3年間 |

教育職員免許法4･5･9条をもとに作成

近年では、教員不足を解消するために、臨時免許状を保有した教員を採用するケースが増えており、その専門性が課題となっている。また、教員免許更新制の見直しや国家資格化なども議論されている。

## 教職大学院

教職大学院は、**専門職大学院**として2008年より設置されている。前述のように教員免許状は学士相当で取得できるため、教職大学院への進学者数が多いわけではないが、教員養成段階及び現職教員の学びの場として、高度専門職業人の育成を目指し、理論と実践の往還を重視した教育が展開されている。

修了時には、教職修士（専門職）が授与されており、専修免許状を取得できる。カリキュラムは、共通科目として各教職大学院において共通的に開設すべき授業科目と、コース（分野）別選択科目として各コースや学生の専攻等に応じて選択的に履修される科目、学校における実習（10単位以上）がある。共通科目には、①教育課程の編成・実施に関する領域、②教科等の実践的な指導方法に関する領域、③生徒指導、教育相談に関する領域、④学級経営、学校経営に関する領域、⑤学校教育と教員の在り方に関する領域の5領域がある。

全都道府県に教職大学院を設置する大学があるが、定員に満たない大学もあるため、今後、教員養成機関や現職教員の学びの場として定着していくかが課題となっている。多くの場合、学部新卒者と現職教員がどちらも進学しており、両者を同時に育成するプログラムの提供が求められている。教員の修士レベル化への対応と各キャリアステージにあったカリキュラムを提供できるかが重要となっている。

**表3　教員免許更新講習の領域と事項**

| 領域 | 事項 |
|---|---|
| 必修領域 | イ　国の教育政策や世界の教育の動向<br>ロ　教員としての子ども観、教育観等についての省察<br>ハ　子どもの発達に関する脳科学、心理学等における最新の知見（特別支援教育に関するものを含む。）<br>ニ　子どもの生活の変化を踏まえた課題 |
| 選択必修領域 | イ　学校を巡る近年の状況の変化<br>ロ　学習指導要領の改訂の動向等<br>ハ　法令改正及び国の審議会の状況等<br>ニ　様々な問題に対する組織的対応の必要性<br>ホ　学校における危機管理上の課題<br>ヘ　免許法施行規則第二条第一項の表備考第五号に規定するカリキュラム・マネジメント<br>ト　育成を目指す資質及び能力を育むための主体的・対話的で深い学びの実現に向けた授業改善<br>チ　教育相談（いじめ及び不登校への対応を含む。）<br>リ　進路指導及びキャリア教育<br>ヌ　学校、家庭及び地域の連携及び協働<br>ル　道徳教育<br>ヲ　英語教育<br>ワ　国際理解及び異文化理解教育<br>カ　教育の情報化（情報通信技術を利用した指導及び情報教育（情報モラルを含む。）等）<br>ヨ　その他文部科学大臣が必要と認める内容 |
| 選択領域 | 幼児、児童又は生徒に対する教科指導及び生徒指導上の課題 |

文部科学省 教員免許状更新制「（参考資料）免許状更新講習の内容について」をもとに作成

表４　修士課程と教職大学院の特徴

| | 学位 | 教員組織 | 修了要件等 |
|---|---|---|---|
| 修士課程 | 修士<br>（○○学など） | ・教育研究上の目的を達成するため必要な教員を配置 | ・30単位以上の修得<br>・修士論文又は特定の課題についての研究の成果の審査及び試験に合格すること |
| 教職大学院<br>（専門職学位課程） | 教職修士<br>（専門職） | ・教育上必要な教員を配置<br>・教職等としての実務経験を有する実務家教員を４割以上配置 | ・45単位以上の単位修得<br>・原則として、10単位以上の学校における実習単位修得<br>・必ずしも修士論文を必要としない |

大学院設置基準8・16条、専門職大学院設置基準4・29条等をもとに作成

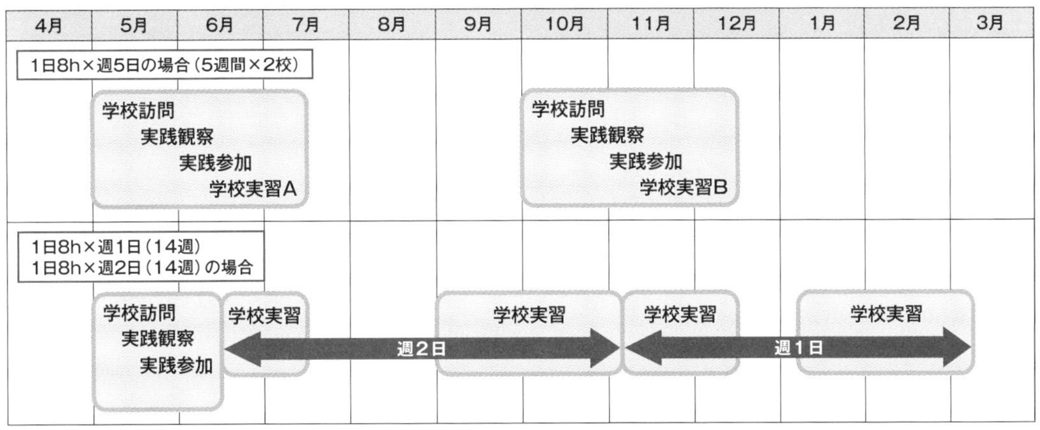


文部科学省 専門職大学院 学校における実習 年間スケジュールのイメージより

資料１　学校における実習のスケジュールイメージ

## 註

（１）山田昇（1970）「教育刷新員会におけるアカデミシャンズとエデュケーショニスト」『和歌山大学教育学部紀要ー教育科学ー』第20号、pp.87-96

## 参考文献

・市川昭午（2015）『教職研修の理論と構造 養成・免許・採用・評価』教育開発研究所
・岩田康之（2017）「大学における教員養成と開放制」日本教師教育学会編『教師教育研究ハンドブック』学文社、pp.42-45
・土屋基規（2002）「大学における教員養成」日本教師教育学会編『講座 教師教育学 第Ⅱ巻 教師をめざすー教員養成・採用の道筋をさぐる』学文社、pp.79-88
・TEES研究会編（2001）『「大学における教員養成」の歴史的研究ー戦後「教育学部」史研究ー』学文社
・船寄敏雄（1998）『近代日本中等教員養成論争史論「大学における教員養成」原則の歴史的研究』学文社
・文部科学省 教員免許状更新制「（参考資料）免許状更新講習の内容について」
https://www.mext.go.jp/a_menu/shotou/koushin/008/08091201/001/001.htm（最終アクセス2021年４月５日）
・文部科学省 専門職大学院 学校における実習の年間スケジュールのイメージ
https://www.mext.go.jp/a_menu/koutou/kyoushoku/kyoushoku/08082602.pdf（最終アクセス2021年４月10日）
・山崎奈々絵（2017）『戦後教員養成改革と「教養教育」』六花出版

（兼安章子）

# 教育制度の体系と諸課題
## ④生涯学習・社会教育施設の現状と課題
## ―生涯学習と社会教育

### 戦後社会教育法制度の出発点

戦後、日本における**社会教育**（「青少年及び成人に対して行われる組織的な教育活動」【社会教育法２条】）は、1949年に制定された**社会教育法**を根拠に推進されてきた。

社会教育法は**日本国憲法・教育基本法**（1947年制定、2006年全面改正）の法整備の流れの中に位置づく。戦前の国家主義的教育体制への反省の下、「**教育の機会均等**」の原則や、国民の自己教育・相互教育を保障する民主的な教育体制の実現が図られてきた。また、図書館法（1950年）・博物館法（1951年）が整備され、社会教育法制度の基礎が築かれた。

### 社会教育行政とコミュニティ政策

1960年代以降、社会教育行政下の施設や職員体制は量的・質的な拡充が目指される中、自治体行財政改革による行政の合理化や、職員の不当配転問題などが起きた。

他方、1970年代頃より自治省（現在総務省）主導で**コミュニティ政策**が推進され始める。コミュニティ政策は、国民生活審議会の中間報告「コミュニティ－生活の場における人間性の回復」（1969年）を契機に全国各地に広がり、一部自治体では社会教育施設である公民館のコミュニティセンター化が進められた。コミュニティセンターは、公民館のように教育機関としての法的根拠をもたないため、専門的職員の配置等の規定は存在しない。そのため、管理委託の民営化、非常勤職員の導入等が促進される要因にもなった。

### 生涯学習政策の登場

戦後社会教育法制度は1980年代に大きな転換点を迎える。**臨時教育審議会**（1984－1987年）が設置されたことを契機に、新自由主義的政策の展開下で社会教育行制度の改編が進められたのである。

臨時教育審議会は、教育改革を目的に設置された中曽根康弘内閣総理大臣（当時）の諮問機関であり、四次にわたる答申のなかで教育改革の柱に「**生涯学習体系**への移行」が提唱された。また、答申後の1988年には、文部省（現在文部科学省）の社会教育局が「生涯学習局」に改称され、全国の自治体で教育委員会所管の社会教育課が生涯学習課などへと再編された。そして、1990年に「生涯学習の振興のための施策の推進体制等の整備に関する法律」（**生涯学習振興法**）が制定され、自治体レベルで生涯学習推進体制の整備が進められた。

ただし、こうした一連の改編の中で、生涯学習・社会教育関連分野の民営化・市場化が促されており、社会教育行政の縮小再編や、社会教育における公教育性の空洞化、学習の私事化・個人化等の問題が指摘されている。

### 生涯学習・社会教育施設の範囲

戦後日本では、社会教育の奨励を目的として、国や地方公共団体によって**社会教育施設**が整備されてきた。具体的には、社会教育法及び図書館法・博物館法に基づき、教育行政所管のもと、公民館・図書館・博物館等の設置が進められた。2018年現在、各施設数は、公民館（14,281館）、図書館（3,360館）、博物館（1,286館）となっている。

他方、臨時教育審議会（1984－87年）において

表１ 社会教育関連法制の展開

| 年 | 審議会名 | 法律・答申名等 |
|---|---|---|
| 1946 | | 文部次官通牒「公民館の設置運営について」<br>＊日本各地で公民館（社会教育施設）の設置が始まる |
| 1946 | | 日本国憲法の成立 |
| 1947 | | 教育基本法の成立<br>＊第七条で社会教育に対する国及び自治体の「奨励」責務の明記 |
| 1949 | | 社会教育法の成立<br>＊国及び自治体の責務、公民館の法的整備、公民館運営審議会の設置などの明記 |
| 1950 | | 図書館法の成立 |
| 1951 | | 博物館法の成立 |
| 1959 | | 「公民館の設置及び運営に関する基準」<br>＊公民館における職員体制の整備 |
| 1969 | 国民生活審議会調査部会 | 「コミュニティ―生活の場における人間性の回復」<br>＊全国でコミュニティ政策が展開される契機 |
| 1971 | 社会教育審議会 | 「急激な社会構造の変化に対処する社会教育のあり方について」 |
| 1981 | 中央教育審議会 | 「生涯教育について」 |
| 1985～1987 | 臨時教育審議会 | 「教育改革に関する答申」（第一～四次）<br>＊「生涯学習体系への移行」の明記、個性重視、学校教育を含めた教育体系の総合的再編成、民間活力の導入など |
| 1990 | 中央教育審議会 | 「生涯学習の基盤整備について」<br>＊生涯学習センターの設置等が明記 |
| 1990 | | 生涯学習の振興のための施策の推進体制等の整備に関する法律の成立、「生涯学習審議会」の設置<br>＊生涯学習が法概念として登場 |
| 1999 | | 地方分権の推進を図るための関係法律の整備等に関する法律の成立 |
| 2003 | | 地方自治法の改正<br>＊指定管理者制度の導入 |
| 2006 | | 教育基本法の全面改正 |
| 2017 | 社会教育主事養成等の改善・充実に関する検討会 | 「社会教育主事養成の見直しに関する基本的な考え方について」<br>＊社会教育主事養成課程の科目の変更が提言され、「社会教育経営論」「生涯学習支援論」が新設 |
| 2018 | | 文部科学省令「社会教育主事講習等規定の一部を改正する省令」<br>＊「社会教育士」の称号が付与されることになる |

出典：筆者作成

「生涯学習体系への移行」が提言され、総合的な生涯学習の振興を目的とした生涯学習センターや、教養講座を主催する民間のカルチャーセンターなど、多様な形態をとる**生涯学習施設**が登場する。現在、生涯学習・社会教育施設には多様な形態が存在しており、定義によって明確に線引きされているわけではない。

## 施設の役割

生涯学習・社会教育施設では、主に講座の企画や運営、利用者への貸し館業務等を行ってきた。例えば、公民館は、社会教育法において社会教育施設の中核として位置づけられ、一定区域内の住民のために、地域の実情に応じた講座を企画・実施し、学習の機会を提供する。また、地域振興や住民の生活向上に資する事業を行ってきたことから、海外よりCommunity Learning Center（CLC）として注目を集めている。端的に言えば、社会教育施設は、地域住民の学習拠点・教育機関としてその役割を担ってきたと言える。

## 指定管理者制度の導入と課題

ところが、1990年代以降、生涯学習政策の登場から、社会教育行政における民営化・市場化の流れが加速し、生涯学習・社会教育施設の位置づけとその役割に揺らぎが生じている。

従来、施設の管理及び運営は、公共団体・公共的団体によって担われた。しかし、1990年代後半以降、自治体行財政改革の下で公共施設の規制緩和が進み、NPM（New Public Management）や、PPP（Public Private Partnerships）と呼ばれる経営手法が公共領域に取り入れられてきた。

中でも、2003年の地方自治法（244条の２）の改正では、**指定管理者制度**が導入された。この制度は、「公の施設」の管理運営が、公共団体だけでなく民間事業者も可能となる制度であり、民間の経営手法による業務の効率化やサービス向上などが期待される一方で、①住民に対する公的責任の後退、②職員の削減や安価な労働力による事業内容の低下、③施設への住民参加の軽視など課題が散見される[(1)]。ただし、今後、行財政改革の流れから、各自治体での指定管理者制度の採用は増加すると予測される。

## コミュニティ・観光施設への再編

また、近年、厚生労働省はじめ、総務省、経済産業省、国土交通省など、文部科学省外の多様な行政領域から、施設の利活用に注目が集まっている。特に、公民館は、地域活性化の拠点としてコミュニティ施設に、博物館・図書館は観光施設に再編が進められている。

この背景には、人口減少問題や超高齢社会の到来に伴う地方の衰退があり、地域コミュニティ維持の拠点として施設に期待が寄せられている。しかし、同時に、施設の一般行政部局への移管が進められており、「教育機関」としての機能の空洞化が問題となっている。

**表２　主要な生涯学習・社会教育施設の設置形態**

| | 公民館 | 図書館 | 博物館 | 生涯学習センター |
|---|---|---|---|---|
| **根拠法等** | 社会教育法 | 図書館法 | 博物館法 | 中央教育審議会答申「生涯学習の基盤整備について」 |
| **事業内容** | 定期講座の開講、討論会・講習会等の開催、住民の集会など | 郷土資料・図書・記録・視聴覚資料等の収集、保管、利用者への提供など | 博物館資料を収集・保管・展示/博物館資料に関する専門的・技術的な調査研究など | 主催講座の開講、放送大学の学習センターなど |
| **種類** | 中央公民館、地区公民館、(自治公民館) | 図書館、移動図書館等 | 総合博物館、歴史博物館、自然博物館等 | 生涯学習センター、生涯学習推進センター等 |
| **職員（専門的職員）** | 公民館館長、公民館主事など | 司書、司書補 | 学芸員、学芸員補 | なし |

出典：筆者作成

**表３　社会教育施設数の変動**

**表３－１　公民館数推移**

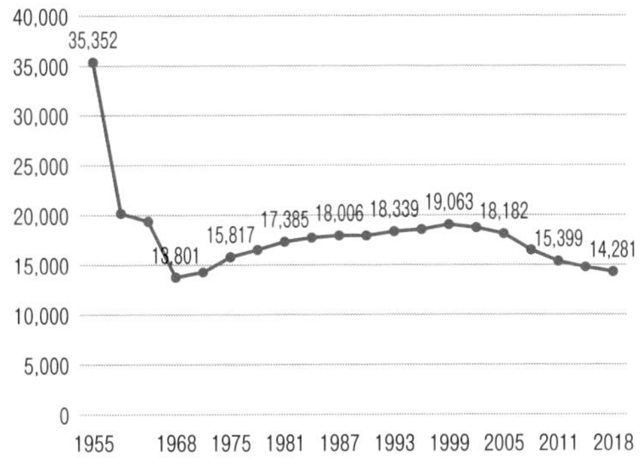


**表３－２　図書館・博物館・生涯学習センター数推移**

文部科学省「平成30年度社会教育調査」より筆者作成

**註**

（1）石井山竜平（2006）「指定管理者制度等と公民館」『公民館・コミュニティ施設ハンドブック』エイデル研究所、p.28

**参考文献**

・上野景三（2015）「新たな公民館ビジョンを求めて」『日本公民館学会年報』第12号，pp.6-18
・小川利夫編（1987）『講座　現代社会教育Ⅳ　社会教育の法と行政』亜紀書房
・長澤成次（2004）「社会教育の権利構造の再検討」『講座　現代社会教育の理論Ⅰ　現代教育改革と社会教育』東洋館出版社，pp.127-144
・日本公民館学会編（2006）『公民館・コミュニティ施設ハンドブック』エイデル研究所

（中山博晶）

# 4 教育制度の体系と諸課題
## ⑤社会教育関連職員制度の現状と課題

### 社会教育主事資格と公民館主事

代表的な社会教育専門職員である**社会教育主事**は、通俗教育担当の文部省普通学務局第四課が1923年に社会教育課となった後、1925年に登場する。主に団体指導や事業の企画実施にあたった。戦後、連合国軍最高司令部（GHQ）は、戦時体制で役割を担った社会教育関係団体を警戒し公民館の設置や住民の自主的学習活動を支持した。社会教育法制定時、団体に統制力をもちかねない社会教育主事は規定されていない。2年後の1951年、「社会教育を行う者に専門的な助言と指導を行う」ものとして社会教育主事は登場する。「命令及び監督をしてはならない」とも規定された。

社会教育主事は学校教育の指導主事と共に、教育委員会事務局にて発令される専門的教育職員と位置づけられている。一般公務員と違い、資格要件と養成課程を有し研修機会も保障される。養成ルートには行政職や教員など社会人向けの社会教育主事講習（1951～）と、大学の養成課程（1953～）がある。制度設計時は大学での養成が本来と考えられたが、今なお主事講習の養成率が高い。

一方、教育機関で教育事業にあたる公民館主事の資格要件は定められていない。1959年の社会教育法改正に伴う通達に、公民館主事は専任が望ましいが当面は社会教育主事等に兼務させると記載されたが、その後も公民館主事の資格化は実現しなかった。そのため専門的教育職員と教員の役割分担が明確な学校教育とは異なり、社会教育主事には事務局職員としての条件整備や助言指導の役割と、教育機関職員に類する直接の事業担当の役割が、両面的に託されることになった。

### 社会教育主事に期待される役割と属性の多様化

社会教育主事に期待される役割は、時代に応じて変化してきた。1971年社会教育審議会答申は市町村教育委員会に、社会教育事業は施設で行うことを原則とし、直接市町村住民を対象とする事業を行うことは抑制するよう求めていた。しかし次第に事業実施主体としての役割が求められることになる。時代に応じて学習の組織者、学校との連携、地域課題への対応など期待される役割が増してきたが、現在特に各方面に専門性を発揮することは困難な中、多様な人材や資源を活かし地域課題解決に寄与する学びのオーガナイザーの役割が注目されている。施設の財団・公社化や指定管理者制度導入に伴い、社会教育職員の属性も、一層多様化している。なお罰則規定のなさに加え自治体合併など社会変化も重なって社会教育主事発令を行う自治体は減少し、問題となっている。

### 「社会教育士」の登場

実際、社会教育の仕事は多岐にわたる。関連施設の事業はもとより、学校との連携における社会教育主事の役割も地域学校協働活動の施策化以降一層注目されている。地域の行政現場（保健師等各種専門職含む）・NPO・企業においても、学習支援のノウハウは汎用性をもつ。しかし社会教育主事は教育委員会事務局でしか発令されず多くの有資格者は活かされていない。こうした状況をふまえ審議会等での長い議論の末、社会教育主事講習等規程が改正（2018）され、2020年から社会教育主事養成課程・主事講習を修了した者は、「**社会教育士**」を呼称することが可能になった。これによって任用資格としての社会教育主事資格は、汎用性ある資格の側面を併せもつこととなった。

**表１　社会教育関連職員制度にかかわる年表**

| | |
|---|---|
| 1925年 | 社会教育主事の登場（「地方社会教育職員制」に「府県に社会教育主事および主事補を置くことができる」と定められる） |
| 1948年 | IFEL（教育指導者講習）が文部省とCIE[(1)]共催で開催される（1952年まで） |
| 1949年 | 社会教育法制定　社会教育主事は規定せず（(No support No control原則） |
| 1951年 | 社会教育法に、２章（社会教育主事および社会教育主事補）追加。<br>同年、社会教育主事講習発足 |
| 1959年 | 社会教育法改正において、社会教育主事の市町村自治体必置が定められる公民館職員については同年「公民館の設置及び運営に関する基準」に館長および主事をおくことを規定。（但し当面社会教育主事兼務を認める。） |
| 1972年 | 社会教育指導員に対する国庫補助の制度化（1997年廃止） |
| 1974年 | 派遣社会教育主事制度発足 |
| 1982年 | すべての自治体で社会教育主事補が任意設置化（主事補からの主事登用の後退） |
| 1998年 | 派遣社会教育主事制度の事実上廃止（一般財源化） |
| 2001年 | 社会教育法改正において、教育委員会事務に家庭教育および奉仕・自然体験活動の事業実施や奨励が追加される。 |
| 2003年 | 地方分権一括法制定（2001）に伴う「公民館の設置及び運営に関する基準」見直し大綱化・弾力化の方向の下、公民館主事配置の弾力化、一方研修機会充実の項新設。<br>同年「指定管理者制度」開始、社会教育主事の職務のさらなる多様化。 |
| 2008年 | 2006年教育基本法改正に伴う社会教育法改正。社会教育主事の職務の追記。 |
| 2012年 | 全国市長会が、社会教育主事の必置規制撤廃を要望 |
| 2020年 | 「社会教育士」称号付与開始（社会教育主事講習等規程の改正に伴い、講習および養成課程修了者に、称号付与が認められる。） |

**資料１　法改正・答申における社会教育主事に求められる役割に関する記載の推移**

| 年 | 法改正・答申等 | 主な内容 |
|---|---|---|
| 昭和61年（1986）年 | 社会教育審議会成人教育分科会報告「社会教育主事の養成ついて」 | 組織化援助の能力をもつオルガナイザーとしての社会教育主事 |
| 平成10（1998）年 | 生涯学習審議会答申「社会の変化に対応した今後の社会教育行政の在り方について」 | 企画立案や連絡調整を行う調整者（コーディネーター）としての社会教育主事 |
| 平成18（2006）年 | 教育基本法改正 | 学校，家庭及び地域住民その他の関係者相互間の連携及び協力の推進 |
| 平成20（2008）年 | 社会教育法改正 | 学校，家庭及び地域住民その他の関係者相互間の連携及び協力の推進 |
| 平成30（2018）年 | 中央教育審議会答申「人口減少時代の新しい地域づくりに向けた社会教育の振興方策について」 | 地域課題を解決する学習を支援する学びのオーガナイザーとしての社会教育主事 |

出典：坂口緑（2020）「研修の企画に際しての社会教育主事に求められる資質能力」国立教育政策研究所社会教育実践研究センター『社会教育主事の専門性を高める現代的課題を扱った研修プログラムの開発に関する調査研究報告書』p.35

ただし社会教育主事についても引き続き必置を原則とすることが望ましいと併記されている。

### 社会教育関係職員

3年に1度、文部科学省が行う社会教育調査では、指導系職員として、社会教育主事（主事補、含む派遣社会教育主事）、公民館主事、図書館司書（司書補）、博物館学芸員（学芸員補）、その他青少年教育施設・女性教育施設・社会体育施設・民間体育施設・劇場音楽堂・生涯学習センターの指導系職員数が列記されている。平成30年調査によれば、指導系職員総計で115,966人、教委および施設職員全体527,871人が数えられている。狭義にはこれらを社会教育関係職員というが、広義には非常勤職である社会教育指導員や、行政委嘱委員である社会教育委員等も社会教育関係職員に含まれる。

### 社会教育を行う者

社会教育主事が助言・指導を行う「社会教育を行う者」とは、一般には公民館等社会教育機関の職員や、社会教育関係団体のリーダーを指す。社会教育法10条は社会教育関係団体を「法人であると否とを問わず、公の支配に属しない団体で社会教育に関する事業を行うことを主たる目的とするもの」と定めている。

### 社会教育主事の発令

社会教育主事資格は「任用資格」であり、有資格者が教育委員会事務局で発令されることによってはじめて社会教育主事となる。都道府県の場合は教員有資格者の発令が7割と多く、一方、市町村の場合は基本的に自治体職員からの任用で、4分の1は10年以上社会教育に籍をおいている。発令の実態は厳しく、特に市町村では発令しない自治体が半数近くに及んでいる。ただし人事政策等の観点から発令はしないが、有資格者の活用は意識する自治体も存在する。

### 派遣社会教育主事

1974年に発足した派遣社会教育主事制度とは、人材確保が難しい市町村の求めに応じて、都道府県が派遣するものである。多くは学校教員の有資格者が派遣される。この制度では派遣する主事給与の2分の1を国が負担していた。これにより当時の市町村の社会教育主事設置率は大幅に改善された。学校と地域社会の連携を促進する人材がここから多く輩出される一方、自律的な教育専門職としての性格が弱まったとの指摘もある。1998年に国の補助制度は一般財源化により事実上廃止されたが、単費で継続している都道府県が存在し、現在も全国で111人（令和元年度教育行政調査）が都道府県から市町村に派遣されているが、減少傾向にある。

### 大学養成課程と社会教育主事講習

日本における社会教育主事の養成ルートには、大学の養成課程を経由するものと、各地の大学および国の社会教育実践研究センターを会場とする社会教育主事講習を経由する2種類がある。制度創設当初は大学での養成が資格取得の中心と考えられていたが、現在まで主事講習が資格取得の大半（都道府県82%、市町村70%）を占める状況にある。養成課程をもつ大学は全国で108校（2020年）、主事講習実施大学は2019年度の場合12校である。

2020年に施行された新カリキュラムでは、23年ぶりに履修内容の大幅な改定がなされた。とくに地域の社会教育全体の戦略的経営を学習する社会教育経営論と、学習者の多様な特性に応じた学習支援に関する知識・技術を学習する生涯学習支援論の新設が、再構成の柱となった。

なお今回の規定改定では、現代的課題に関する履修を中心に、文科省や任意で都道府県・市町村が実施（都道府県の場合72%が実施）する現職研修との連携も、強く意識されている。

資料2　社会教育主事の発令状況

| | 都道府県（N=47） | | 市町村（N=1,700） | | 指定都市（N=19） | |
|---|---|---|---|---|---|---|
| | | (%) | | (%) | | (%) |
| 発令者がいる自治体 | 47 | 100.0 | 958 | 56.4 | 16 | 84.2 |
| 有資格者がいる自治体 | 40 | 85.1 | 1,019 | 59.9 | 11 | 57.9 |
| 発令者か有資格者がいる自治体 | 47 | 100.0 | 1,441 | 84.8 | 19 | 100.0 |
| 発令者も有資格者もいない自治体 | 0 | 0.0 | 259 | 15.2 | 0 | 0.0 |

資料3　社会教育主事発令者の属性・資格取得方法

| | 都道府県（N=971） | 市町村（N=2,073） | 指定都市（N=224） |
|---|---|---|---|
| 通算勤務年数別　＊無回答を除く | | | |
| 3年未満 | 46.4 | 33.4 | 32.6 |
| 3年以上～5年未満 | 18.6 | 12.5 | 12.9 |
| 5年以上～10年未満 | 17.3 | 18.8 | 37.5 |
| 10年以上 | 6.0 | 25.9 | 11.2 |
| 発令される直前の勤務先別　＊無回答を除く | | | |
| 学校教職員 | 77.7 | | 36.2 |
| 教育委員会本庁・本局 | 5.4 | 49.3 | 25.0 |
| 生涯学習・社会教育施設 | 2.4 | 10.6 | 7.6 |
| 首長部局，その他 | 3.0 | 30.7 | 25.4 |
| 主事資格の取得方法別　＊無回答，その他を除く | | | |
| 大学で必要単位を取得 | 3.6 | 19.8 | 11.6 |
| 社会教育主事講習を受講 | 82.0 | 70.4 | 82.1 |

資料2・3ともに、出典：国立教育政策研究所社会教育実践研究センター『社会教育指導者に関する調査研究報告書』2015年

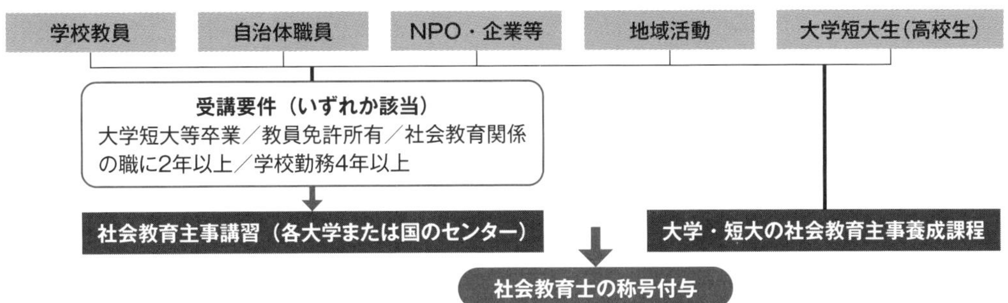


図1　資格取得のルート（社会教育士の場合）

## 註

（1）民間情報教育部。連合国総司令部（GHQ）の部局の一つで、第二次大戦終結後、日本統治にあたり、教育・宗教・芸術などの文化戦略を担当した。

## 参考文献

・大槻宏樹（2002）『21世紀の生涯学習関係職員の展望』多賀出版
・社会教育行政研究会編（2013）『社会教育行政読本』第一法規
・日本社会教育学会編（2018）『社会教育職員養成と研修の新たな展望』東洋館出版社

（岡　幸江）

# 4 教育制度の体系と諸課題
## ⑥就学前教育制度の現状と課題（幼稚園・保育制度、子育て支援施策を含む）

### 就学前教育制度の法的位置づけ

1990年、UNESCO主催の「万人のための教育世界会議」では、「学習は誕生時から始まる」こと、また2015年、国連サミット「持続可能な開発目標」では、全ての子どもが質の高い乳幼児の発達・ケア、就学前教育にアクセス可能になることが採択された。わが国においても2006年、**教育基本法改正で第11条に幼児教育の条文が新設**され、2007年、学校教育法に幼稚園があらためて学校教育の始まりと位置づけが強化され、教育課程や職員など義務教育諸学校に準ずる内容が規定された。これら国内外の動向からは、教育保障という観点と学校教育の強化という側面から、就学前教育制度の改革が押し進められていることがわかる。

### 「幼保一元化」に向けた就学前教育制度改革

1947年、児童福祉法では保育所は児童福祉の観点から「保育に欠ける」子どもを対象にした施設とされ、同年制定の学校教育法では幼稚園は学校の一つであると規定された。以降、この幼保二元化を前提に就学前教育制度は進められてきた。しかし、1990年代に入ると少子化や待機児童の社会問題化とともに、規制緩和や地方分権などの経済構造改革の側面から、2004年、国の検討会議報告書「就学前の教育・保育を一体として捉えた一貫した総合施設について」により、「**幼保一元化**」の考え方が示されていった。

### 認定こども園制度による「幼保一体化」

2006年「就学前の子どもに関する教育、保育等の総合的な提供の推進に関する法律」が制定され、「幼保一元化」を具現化する就学前教育施設として「**認定こども園」制度**がスタートした。そして、その認定こども園制度の普及啓発を目指し、2009年には内閣府、文部科学省、厚生労働省の3大臣合意により、「今後の認定こども園制度の在り方について」が発表された。そこでは、「財政支援の充実、二重行政の解消、教育と保育の総合的な推進、家庭や地域の子育て支援機能の強化、質の維持・向上への対応」への制度であり、「子どもの最善の利益の重視、乳幼児期に最もふさわしい生活の場の保障、教育・保育の質の維持・向上、家庭や地域の子育て支援機能を評価し、強化する」視点で取り組むことが併せて示された。さらに、2012年にはこれら幼保一元化へ向けた、幼児期の学校教育・保育、地域の子ども・子育て支援を総合的に推進するという「子ども・子育て関連3法」を成立させ、2008年4月に229園だった認定こども園数は2020年4月には8,016園と35倍以上に増加している。これらの状況から、現在の就学前教育制度は、「幼保一元化」を目指し制度の拡充は進められているものの、幼稚園・保育園・認定こども園という3つの施設が存在しており、結果的に「幼保三元化」状態に至っていると言えよう。

### 幼児教育・保育の無償化

国は2019年10月から幼児教育・保育の利用料の**無償化**をスタートさせた。幼稚園、保育所、認定こども園等を利用するすべての3～5歳児を対象とされ、0～2歳児は住民税非課税世帯のみが対象とされている。施設によって月額上限が設定されていたり、待機児童問題が依然解決に至っていないという課題はあるものの、義務教育との接続強化や家庭の経済状況による教育格差を是正する一つの手立てになるのではないかとの期待がある。

### 表1 国内外の就学前教育を巡る1990年代以降の動向

| | | |
|---|---|---|
| 1990年 | 万人のための教育世界会議 | 就学前教育を含む基礎教育の重要性が示された。 |
| 2000年 | 世界教育フォーラム | 「EFAダカール目標」といて、就学前教育の拡大と改善が位置付けられた。 |
| 2006年 | 教育基本法改正 | 第11条（幼児教育）の条文が新設された。 |
| 2007年 | 学校教育法改正 | 幼稚園があらためて学校教育の始まりと位置付けされ、教育課程や職員など義務教育学校に準ずる内容が規定された。 |
| 2015年 | 国連サミット<br>「持続可能な開発目標」 | 全ての子どもが質の高い乳幼児の発達・ケア、就学前教育にアクセス可能にする目標が採択された。 |

※外務省、文部科学省の発表をもとに筆者が作成。

### 表2 保育所・幼稚園・認定こども園の制度比較

| | 保育所 | 幼稚園 | 認定こども園 |
|---|---|---|---|
| 所管 | 厚生労働省 | 文部科学省 | 内閣府・文部科学省・厚生労働省 |
| 根拠法令 | 児童福祉法に基づく児童福祉施設 | 学校教育法に基づく学校 | 就学前の子どもに関する教育、保育等の総合的な提供の推進に関する法律 |
| 目的 | 児童福祉法39条「日々保護者の委託を受けて、保育に欠けるその乳児又は幼児を保育すること」 | 学校教育法22条「幼児を教育し、適当な環境を与えて、その心身の発達を助長すること」 | 幼稚園及び保育所等における小学校就学前の子どもに対する教育及び保育並びに保護者に対する子育て支援を総合的に提供。 |
| 対象 | 原則、保育に欠ける、乳児･幼児。 | 満３歳から小学校就学の始期に達するまでの幼児。 | 保育に欠ける子も欠けない子も受け入れて、教育・保育を一体的に行う。すべての子育て家庭を対象に子育て不安に対応した相談等を提供する。 |
| 教育・保育内容の基準 | 「保育所保育指針」に基づく保育（「幼稚園教育要領」との整合性を図る。） | 「幼稚園教育要領」に基づく教育（「保育所保育指針」との整合性を図る。） | 保育は「保育所保育指針」に基づき、教育は「幼稚園教育要領」に基づく。幼保連携型認定こども園は「幼保連携型認定こども園教育･保育要領」に基づく。 |
| 設置者 | 地方公共団体、社会福祉法人等。最近では企業、学校法人等の設置も可能。 | 国、地方公共団体、学校法人等。最近では企業、学校法人等の設置も可能。 | 国、地方公共団体、学校法人等。なお、幼保連携型、幼稚園型、保育所方、地方裁量型の４種別がある。 |
| 教員等の資格 | 保育士資格 | 幼稚園教諭普通免許 | 原則併有であるが、当分の間は保育士資格か幼稚園教諭普通免許のどちらか一方でも可。 |

※厚生労働省、文部科学省、内閣府の発表をもとに筆者が作成。

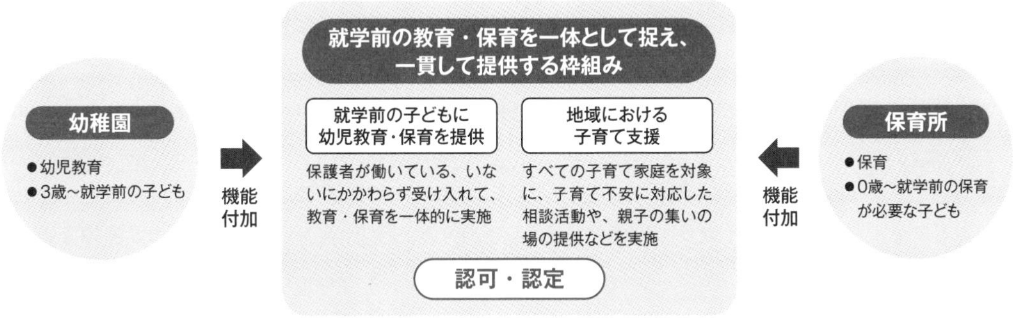

※内閣府ホームページ「認定こども園概要」https://www8.cao.go.jp/shoushi/kodomoen/gaiyou.html より出典.

資料１ 「幼保一体化」としての認定こども園制度

## 参考文献

・小宮山潔子（2010）「日本の就学前教育・保育の状況と政策の方向ー諸外国と比較しつつ日本の今後を考えるー」『海外社会保障研究』173号、国立社会保障・人口問題研究所、pp.4-15
・外務省ホームページ「ODA（政府開発援助）」https://www.mofa.go.jp/mofaj/gaiko/oda/bunya/education/index.html

（宮嶋晴子）

# 教育制度の体系と諸課題
## ⑦特別支援教育制度の展開と課題

### 障害児教育制度の展開

#### (1) 特殊教育から特別支援教育へ

日本の障害児教育の本格化は戦後を待たなければならない。大正新教育の流れから1922年に盲・聾唖学校の設置が義務化されると、1941年には戦中にもかかわらず国民学校令において身体虚弱児・知的障害児の学級・学校の編成等も定められた。しかし、戦争の激化によってその実質的な展開は見送られることになる。

戦後、学校教育法（1947年）の制定により、盲・聾唖学校に加え、肢体不自由・知的障害・病弱者のための養護学校の設置が義務化され、障害児教育の対象区分が拡大された。しかし、戦後復興や新制中学校の設置等による重い財政負担から、とりわけ重度障害児の就学は「猶予又は免除」とされ、養護学校の義務化は見送られることとなる。その実質的な制度化には、33年後の「養護学校における就学義務及び設置義務に関する施行期日を定める予告政令」（1973年）の発出を待たねばならないが、これにより就学猶予・免除者数は激減する。ただし、こうした変化に伴って共生教育運動が展開されている[(1)]。それは「障害の種類や程度に応じて盲・聾・養護学校や特殊学級といった特別な場で指導を行うことにより、手厚くきめ細かい教育を行う」ことを理念とする特殊教育へのアンチテーゼとして理解される[(2)]。共生教育の理念は、ユネスコで採択された「**サラマンカ宣言**」（1994年）以降、障害をはじめ、貧富、宗教、人種、性別など個人的・環境的な背景によって社会から排除され制約を受けてきた集団を再び社会の中心部に含みこみ、それぞれの特別な教育的ニーズに応えていくことを理念とする**インクルーシブ（包摂的）教育**へとつながる。2006年には国連総会で「**障害者の権利に関する条約**」が採択され、障害者の教育機会を保障することの必要性が確認された。

日本でも上述の特殊教育から教育的ニーズに基づき障害児の自立・社会参加を支援する特別支援教育への移行が目指されるようになる。改正学校教育法（2007年）が施行されると、盲・聾・養護学校は特別支援学校に再編された。これにより知的障害や自閉症・情緒障害等の比較的軽度の発達障害者も支援の対象となり、より多くの児童生徒が支援を受けられるようになった。また、普通学級に学籍を置いたままでの「通級による指導」（1993年）等、連続的で「**多様な学びの場**」（**資料1**）を整備するなかで、障害のある子どもと障害のない子どもが学校教育の一環として活動を共にする**交流及び共同学習**が目指されている。

#### (2) 障害児の就学の仕組み

障害児の就学先は、**資料2**の通り**学齢簿**の作成、発達検査を行う**就学時検診**の実施を経て、主に**表2**の障害の区分と程度（**就学基準**）に応じて市町村教育委員会が決定する。場合によっては、**就学相談**に応じる形で、特別支援学校の教員や臨床心理士等の専門家等から成る「**就学支援委員会**」が協議し、就学先の提案をまとめる。学校教育法施行令の改正（2013年）に伴い、従前の在り方[(3)]が改められ、合理的配慮や学校の施設・設備の状況等が十分に検討され、障害児・保護者への情報提供の後、その意見が最大限尊重された上での合意形成が目指されている。また、その過程では、乳幼児期から学校卒業後まで生涯にわたって一貫した支援をするために作成される「個別の支援計

### 表1　特別支援教育の法制に関する年表

| 年 | 法令等 | 内容 |
|---|---|---|
| 1923 | 盲学校及聾唖学校令 | 公立の盲学校、聾唖学校の設置義務化・無償化 |
| 1941 | 国民学校令 | 身体虚弱児、知的障害児の学級・学校の編成 |
| 1947 | 教育基本法、学校教育法 | 特殊学級、養護学校を条文として明文化。ただし、養護学校については学校教育法施行令附則にて義務制実施を延期。 |
| 1948 | 盲学校、聾学校の就学義務及び設置義務に関する政令 | 盲・聾学校の義務制の実施（学年振興で行われ、1956年に6・3制が完成） |
| 1959 | 特殊教育の充実について（答申） | 障害児の教育権を保障するために精神薄弱教育の特殊学級の設置を推進 |
| 1973 | 養護学校における就学義務及び設置義務に関する施行期日を定める予告政令 | 1979年に養護学校の義務制を実施 |
| 1993 | 「学校教育法施行規則73条21条1項の規定による特別の教育課程」 | 通級による指導（『ことばの教室』）の規定・制度化 |
| 1994 | 特別なニーズ教育に関する世界会議「サラマンカ宣言」 | インクルーシブ教育の提唱 |
| 2001 | 21世紀の特殊教育の在り方について〜一人一人のニーズに応じた特別な支援の在り方について〜（最終報告） | 「認定就学者制度」の創設（2002年開始）（就学基準に該当する障害のある子どもは特別支援学校に原則就学するが、適切な教育を受けることができる場合は特別に小中学校に就学する） |
| 2003 | 特別支援教育の在り方について（最終報告） | 特別支援教育の枠組みの提示（盲・聾・養護学校のみならず全学校種で支援を必要とする児童・生徒に対して支援を行う） |
| 2006 | 改正学校教育法施行規則の施行 | 「通級による指導」の対象に「学習障害者」及び「注意欠陥多動性障害者」を追加 |
| | 「障害者の権利に関する条約」採択（08年発効、14年批准） | 共生社会の実現、インクルーシブ教育システムの確保の必要性、合理的配慮の提供 |
| 2007 | 改正学校教育法の施行<br>特別支援教育の推進について（通知） | 特別支援学校・特別支援学級の設置、特別支援教育に関する校内委員会の設置、特別支援教育コーディネーターの指名、個別の教育支援計画、個別の指導計画の作成 |
| 2011 | 改正障害者基本法の施行 | 障害を理由とする差別の禁止、合理的配慮の提供 |
| 2012 | 中央教育審議会初等中等教育分科会報告「共生社会の形成に向けたインクルーシブ教育システム構築のための特別支援教育の推進」 | 障害のある子供と障がいのない子どもが、できるだけ同じ場で学ぶことをめざしての制度など改正を行う（就学相談・就学先決定の在り方、合理的配慮とその基礎となる環境整備、多様な学びの場の整備と学校間連携等の推進、教職員の専門性確保） |
| 2013 | 改正学校教育法施行令の施行<br>学校教育法施行令の一部改正について（通知） | 「認定就学者制度」の廃止（障害の状態、本人の教育的ニーズ、本人・保護者の意見、教育学、医学、心理学等専門的見地からの意見、学校や地域の状況などを踏まえ適当である場合のみ「認定特別支援学校就学者」として特別支援学校に就学する）、障害の状態等の変化を踏まえた転学、区域外就学の規定の整備等 |
| 2016 | 障害者差別解消法の施行 | 障害者基本法4条の「差別の禁止」の規定を具体化。公的機関への合理的配慮の提供を法的義務化（事業者は努力義務）。 |

### 資料1　日本の義務教育段階の多様な学びの場の連続性

同じ場で共に学ぶことを追求するとともに、個別の教育的ニーズのある児童生徒に対して、その時点で教育的ニーズに最も的確にこたえる指導を提供できる多様で柔軟な仕組みを整備することが重要である。小・中学校における通常の学級、通級による指導、特別支援学級、特別支援学校といった、連続性のある「多様な学びの場」を用意しておくことが必要。

- 自宅・病院における訪問学級
- 特別支援学校
- 特別支援学級
- 通級による指導
- 専門的スタッフを配置して通常学級
- 専門家の助言を受けながら通常学級
- ほとんどの問題を通常学級で対応

必要のある時のみ
可能になり次第

出典：「共生社会の形成に向けたインクルーシブ教育システム構築のための特別支援教育の推進（報告）参考資料4」

### 資料2　障害のある児童生徒の就学先の決定について（手続きの流れ）

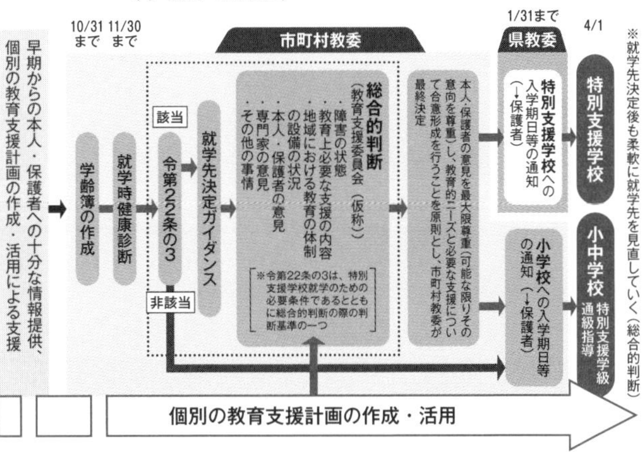


出典：文部科学省（2013）「参考資料」「教育支援資料」（p.275）

画」の中でも特に学校等の教育機関が中心になって作成する「**個別の教育支援計画**」等が作成される。そこでは、福祉、医療、労働等の様々な側面から、関係機関、関係部局の密接な連携協力が進められ、障害のある児童生徒の一人一人のニーズを正確に把握し、教育の視点から適切に対応していくという考えの下、的確な教育的支援を行うことが目指されている。

### (3) 障害児教育制度の運用体制

障害児教育の主な形態や対象・内容は**表3**の通り。重複障害や言語障害に加え、学習障害（LD)、注意欠陥／多動性障害（ADHD)、自閉症スペクトラム障害（ASD）などの**発達障害**もその対象となる。

また**図1**に示されるように当該学校への就学者は、知的障害の割合が大きく、その数も増大傾向にある。特別支援学校には、小・中学部と寄宿舎が原則必置とされ、幼稚部と高等部は任意設置となる。寄宿舎には、寄宿舎指導員を置くことが義務付けられており、子どもの日常生活の世話及び生活指導に従事する。小・中学部の１学級当たりの児童生徒数の標準は6、重複障害児の場合は3の少人数編成となっている。なお小・中学校の特別支援学級は、１学級あたり８人とされている。

特別支援学校の教育課程の編成領域は**表4**の通り。「**自立活動**」では、その目標を「個々の児童又は生徒が自立を目指し、障害による学習上又は生活上の困難を主体的に改善・克服するために必要な知識、技能、態度及び習慣を養い、もって心身の調和的発達の基盤を培う」とし、その内容は「健康の保持」「心理的な安定」「人間関係の形成」「環境の把握」「身体の動き」「コミュニケーション」の６項目から成る[(4)]。

特別支援学校は、地域の学校に在籍する特別な支援を必要とする子どもの教育に必要な助言または援助などを行うセンターとしての役割も担っており、小・中学校等の教員への実務上の支援や研修を行う他、特別支援教育に関する相談対応・情報提供、福祉・医療・労働などの関係機関との連絡・調整等も行う。こうした役割の担い手として**特別支援教育コーディネーター**（充て職）の配置も進められている。

## 障害児教育制度の課題

現段階での障害児教育制度の課題として、まず就学先の決定に関する問題が挙げられる。障害のある子どもの主体的な意思決定を支援するための体制を構築し、当事者への情報提供等が求められることは先に述べたが、一度就学先を選択した後であってもその変更が認められることが必要である。

また特別支援教育を受ける児童生徒数の急増に条件整備が追いついていないことも課題である。特別支援教育の設置基準が未整備であることや障害区分に応じた特別支援学校教諭免許状を保有している特別支援学校教員が８割に満たないことはその最たる事象といえる。

最後に普通教育の問題としてインクルーシブ教育を捉えていくことも課題として挙げられる。障害児教育制度に限らず、困難を抱える子どもの特別な教育的ニーズをくみ取る普通学級のシステムをどう構築するか、共に生きることの意味やどうすれば障害を含むさまざまな個性や多様性が受け入れられるようになるかについての議論がより盛んに行われるようになることが期待される。

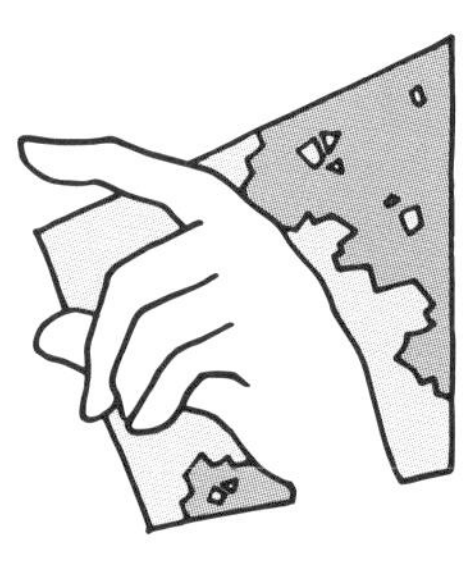

**表２　特別支援学校への就学の対象となる障害の区分と程度**

| 区分 | 障害の程度 |
|---|---|
| 視覚障害者 | 両眼の視力がおおむね0.3未満のもの又は視力以外の視機能障害が高度のもののうち、拡大鏡等の使用によっても通常の文字、図形等の視覚による認識が不可能又は著しく困難な程度のもの |
| 聴覚障害者 | 両耳の聴力レベルがおおむね60デシベル以上のもののうち、補聴器等の使用によっても通常の話声を解することが不可能又は著しく困難な程度のもの |
| 知的障害者 | 1．知的発達の遅滞があり、他人との意思疎通が困難で日常生活を営むのに頻繁に援助を必要とする程度のもの<br>2．知的発達の遅滞の程度が前号に掲げる程度に達しないもののうち、社会生活への適応が著しく困難なもの |
| 体不自由者 | 1．肢体不自由の状態が補装具の使用によっても歩行、筆記等日常生活における基本的な動作が不可能又は困難な程度のもの<br>2．肢体不自由の状態が前号に掲げる程度に達しないもののうち、常時の医学的観察指導を必要とする程度のもの |
| 病弱者 | 1．肢体不自由の状態が補装具の使用によっても歩行、筆記等日常生活における基本的な動作が不可能又は困難な程度のもの<br>2．肢体不自由の状態が前号に掲げる程度に達しないもののうち、常時の医学的観察指導を必要とする程度のもの |

※学校教育法施行令22条の3より

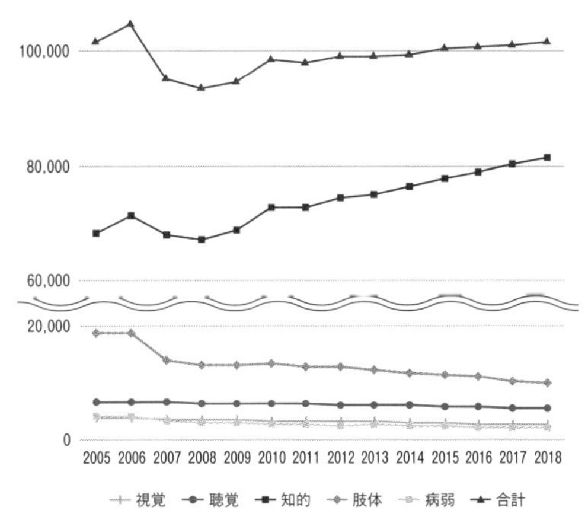


**図１　障害者区分別の特別支援学校への就学者数の推移**

**表３　障害児教育の形態別にみる指導対象と教育内容**

| 指導形態 | 通常学級 | 通級による指導 | 特別支援学級 | 特別支援学校 |
|---|---|---|---|---|
| 指導対象 | 軽度の発達障害のあるもの | 言語障害者<br>自閉症者<br>情緒障害者<br>弱視者<br>難聴者<br>学習障害者<br>注意欠陥多動性障害者<br>その他障害のあるもので通級による指導が適当なもの | 知的障害者<br>肢体不自由者<br>身体虚弱者<br>弱視者<br>難聴者<br>その他障害のあるもので特別支援学級において教育を行うことが適当なもの（言語障害者、自閉症スペクトラム障害者） | 視覚障害者<br>聴覚障害者<br>知的障害者<br>肢体不自由者<br>病弱 |
| 教育内容 | 小・中学校の学習指導要領 | 小・中学校の学習指導要領<br>必要がある場合に「自立活動」を取り入れた特別の教育課程 | | 特別支援学校の学習指導要領 |
| 根拠法 | | 学校教育法施行規則140、141条 | 学校教育法81条 | 学校教育法72条 |

**表４　特別支援学校の教育課程の編成領域**

| 学校種に準ずる区分 | 領域 | 教科 |
|---|---|---|
| 小学部 | 各教科、道徳、外国語活動、総合的な学習の時間、特別活動、**自立活動** | 国語、社会、算数、理科、生活、音楽、図画工作、家庭、体育 |
| 中学部 | 各教科、道徳、総合的な学習の時間、特別活動、**自立活動** | 国語、社会、数学、理科、音楽、美術、保健体育、技術・家庭、外国語 |
| 高等部 | 各教科に関する科目、総合的な探求の時間、特別活動、**自立活動** | 国語、社会、数学、理科、音楽、美術、保健体育、職業、家庭、外国語、情報、家政、農業、工業、流通・サービス、福祉の各教科など |

**註**

（1）当時８歳の金井康治が2000日にわたって展開した就学運動は、「金井闘争」と呼ばれ、障害児本人の意思が運動の前面に押し出された数少ない事例として世間の注目を集めた。
（2）中央教育審議会「特別支援教育を推進するための制度の在り方について（答申）」(2005年12月８日)
（3）高度経済成長期下の能力主義教育政策によって「適切な就学」に加え「義務教育の円滑な実施」を目的とした発達検査は障害児を普通学級から排除し続けてきた側面をもつとの指摘もある（柏木睦月（2019）「継続する検査技術」小国喜弘編『障害児の共生教育運動』東京大学出版会、pp.287-289)。
（4）「特別支援学校 小学部・中学部学習指導要領」(平成29年４月告示）より

（木村栞太）

# 学校の経営

## ①公教育の目的を実現するためのスクールリーダーの役割

### 自律的学校経営と学校管理職

学校は公教育の目的[(1)]を実現する場である。**学校経営**とは教育現場である学校が、「教育目的を効果的に達成するために人的・物的・財的・情報的資源などを整備・活用・運営すること」である[(2)]。現在進められている**自律的学校経営**は1998年中教審答申「**今後の地方教育行政の在り方について**」によって提起されたものであり、それ以降、教育委員会と学校の関係の見直しが図られた。例えば、学校予算の編成と執行などに関する事項も含め教育委員会と学校との基本的な権限関係を表す**学校管理規則**の制定・運用の見直しや、教育委員会の学校に対する指示・命令を指導・助言に変え、学校長の主体的判断に委ねるなど、学校経営における校長の権限を強化する権限委譲が行われた。これらを通して、学校の裁量権限の拡大、学校のアカウンタビリティーの明確化、保護者・地域住民の学校参加など、自律的学校経営の構築が確実に進められた（図1）。これに伴い、学校づくりの中核を担う管理職への期待が高まり、学校経営の力量を高める管理職養成、校長とそれを補佐する教頭の資格要件の緩和など、管理職人材を確保する体制も作られた。

### スクールリーダーの定義と職務

**スクールリーダー**（school leader）は場面によって定義が異なる。スクールリーダーを「**中核的中堅教員**」とする場合（広義の定義）、校長・教頭等の特定の職位を指すものではなく、将来管理職となる者も含め、学校組織の中で、中核的・指導的な役割を果たすことが期待される教員を指す[(3)]。例えば、校長、副校長・教頭、主幹教諭・指導教諭、さらに教務主任、学年主任等がある。一方、スクールリーダーを「**学校管理職**」とする場合、一般的に校長、副校長・教頭を指す。さらに狭義で捉えると、学校経営の最高責任者である校長のみ指す場合もある（図2）。

校長等の管理職の職務について学校教育法で規定されている（表1）。校長の職務は「校務をつかさどり、所属職員を監督する」ことである。ここでいう校務とは、学校の仕事全体を指すものであり、具体的には、①教育課程に基づく教育活動に関するもの、②学校の施設設備、教材等に関するもの、③文書作成処理や人事管理、会計などの内部事務に関するもの、④教育委員会やPTAなどとの連絡調整という渉外に関するもの等がある[(4)]。校長は上記のものをつかさどる**校務掌理権**と学校に所属するすべての**職員の監督権**を有する。副校長の職務は「校長を助け、命を受けて校務をつかさどる」ことであり、校長を補佐することを前提に、一定の範囲で**校務掌理権**を有する。教頭の職務は校長及び副校長を「助け、校務を整理」することであり、**補佐機能**と**校務調整機能**を持つことである。なお、自律的学校経営の実現に向けて、学校の組織マネジメントの導入、校長をサポートする体制の構築が必要とされ、2007年学校教育法の改正により、上記の副校長、またミドル層である主幹教諭・指導教諭の職が導入された。主幹教諭には学校管理職の補佐・教諭の指導職として、管理職と教職員とをつなぎ、一部の校務調整機能を果たすこと、指導教諭にはスーパーティーチャー・教諭の指導職として、他教諭等への指導・助言機能を果たすことが期待される。

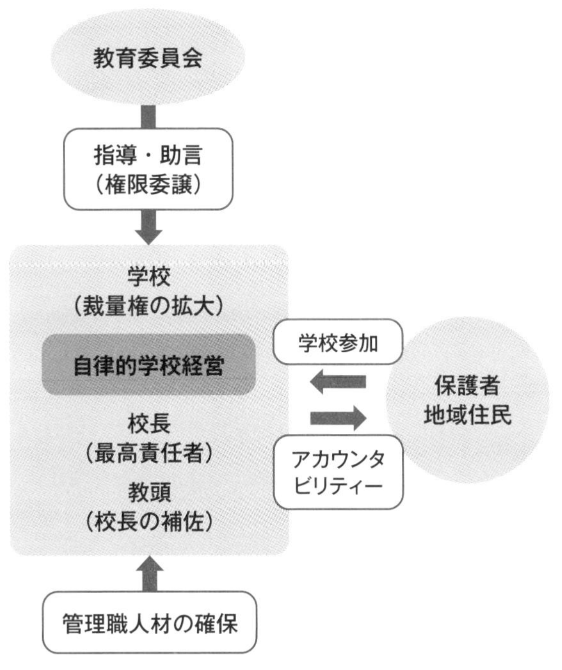


図１　自律的学校経営と管理職

出典：中教審答申（1998）「今後の地方教育行政の在り方について」に基づき、筆者が作成。

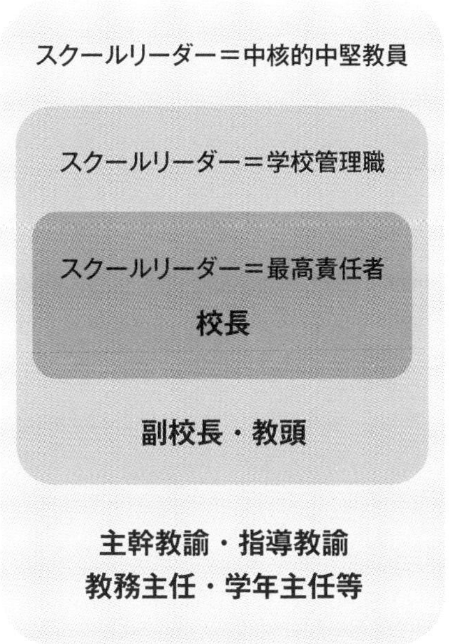


図２　スクールリーダーの定義

出典：中教審答申等に基づき、筆者が作成。

表１　学校管理職等の職務

| | 職務内容 |
|---|---|
| 校長 | ・校長は、校務をつかさどり、所属職員を監督する。【学校教育法37条４項】 |
| 副校長 | ・副校長は、校長を助け、命を受けて校務をつかさどる。【学校教育法37条５項】<br>・副校長は、校長に事故があるときはその職務を代理し、校長が欠けたときはその職務を行う。この場合において、副校長が二人以上あるときは、あらかじめ校長が定めた順序で、その職務を代理し、又は行う。【学校教育法37条６項】 |
| 教頭 | ・教頭は、校長（副校長を置く小学校にあつては、校長及び副校長）を助け、校務を整理し、及び必要に応じ児童の教育をつかさどる。【学校教育法37条７項】<br>・教頭は、校長（副校長を置く小学校にあつては、校長及び副校長）に事故があるときは校長の職務を代理し、校長（副校長を置く小学校にあつては、校長及び副校長）が欠けたときは校長の職務を行う。この場合において、教頭が二人以上あるときは、あらかじめ校長が定めた順序で、校長の職務を代理し、又は行う。【学校教育法37条８項】 |
| 主幹教諭 | ・主幹教諭は、校長（副校長を置く小学校にあつては、校長及び副校長）及び教頭を助け、命を受けて校務の一部を整理し、並びに児童の教育をつかさどる。【学校教育法37条９項】 |
| 指導教諭 | ・指導教諭は、児童の教育をつかさどり、並びに教諭その他の職員に対して、教育指導の改善及び充実のために必要な指導及び助言を行う。【学校教育法37条10項】 |

出典：学校教育法の各規定をもとに筆者が作成。

## 専門職としての校長の役割

日本の校長職をめぐって、「教育者校長」像や、行政機関の末端としての役割など、時代ごとに校長像、求められる役割が変化している[5]。現在、学校を取り巻く社会環境が大きく変わる中、学校の様々な資源をマネジメントし、児童・生徒に必要な学びを実現していくという学校経営の最高責任者である校長の専門性がますます求められる。しかし、これまでの校長職に就く者のキャリアをみると教育者としてのキャリア形成の延長線上で教頭、校長になるパターンが多い。今後は専門職としての校長の力量･役割を示す必要があるとし、「**校長の専門職基準**」の作成が日本教育経営学会によってなされた。2009年に『校長の専門職基準―求められる校長像とその能力―』として公表され、2012年に基準の修正版及び解説書が作成されている。この中では校長は「教育活動の組織化をリードする」ものとし、「学校の共有ビジョンの形成と具現化」をはじめとする七つの基準の実現を図り、児童・生徒のための教育活動の質の改善に努めることとされる（資料１）。

この動きの一方で、政策上では、校長及び教員の計画的かつ効果的な資質の向上を図り、教員等が高度専門職業人として、キャリアステージに応じて身につけるべき資質を明確化する動きが出ている。2016年教育公務員特例法の一部改正により、**校長及び教員としての資質の向上に関する指標の策定に関する指針**に基づき、任命権者（都道府県･政令市教委）による**校長及び教員としての資質の向上に関する指標**の策定が求められた。上記の「指針」[6]では、学校組織のリーダーとしての校長は教育者としての資質のほか、的確な判断力、決断力、交渉力、危機管理を含む組織のマネジメント力が求められるものとし、校長の指標の策定や他の職とは明確に区別できるよう留意することとされている。これにより、任命権者ごとに校長の資質能力の明確化が図られている。

## 学校の諸課題に立ち向かい、未来を展望するスクールリーダー

ここ数年、新学習指導要領の対応、「**チーム学校**」答申（2015）や「**働き方改革**」答申（2019）など新しい施策が次々と示され、校長をはじめとするスクールリーダーは学校改革の担い手として期待されている。**新学習指導要領**[7]では、育成すべき「**資質・能力**」を明確化し、「**主体的・対話的で深い学び**」を通して、「**社会に開かれた教育課程**」を実現することが目指されている。学校の教育課程の編成・実施・評価・改善の課題を明確にし、教職員間での共有・改善を図り、地域との連携等で教育活動の質を向上させる**カリキュラム・マネジメント**を率先して推進していくのは教育課程編成の責任者である校長をはじめとするスクールリーダーの使命である。

また、心理や福祉等の専門スタッフを学校の中に位置付け、教員との間での連携・分担、多職種で組織される「**チーム学校**」[8]を機能させていくために**校長のリーダーシップ**が不可欠である。

さらに、教員の長時間勤務、過労死などの問題の解決を目指す「**働き方改革**」に関しても、教職員の組織管理、時間管理、労働安全衛生管理等のマネジメント能力が校長に期待される[9]。

以上のほか、2021年には「**令和の日本型学校教育**」答申が出され、ICTの活用と少人数によるきめ細かな指導体制の整備による「**個別最適な学び**」と、これまでも重視されてきた、「**協働的な学び**」とを一体的に充実することが目指されている[10]。人生100年時代を迎え、人工知能（AI）などの技術革新による「超スマート社会（Society5.0）」が到来する。この変化の激しい時代の下、日本型学校教育の未来の姿を展望し、さらにそれを具現化していく力が今後のスクールリーダーに求められている。

**資料1　専門職としての校長の資質・能力の構造**

**基準1**「学校の共有ビジョンの形成と具現化」校長は、学校の教職員、児童生徒、保護者、地域住民によって共有・支持されるような学校のビジョンを形成し、その具現化を図る。

**基準2**「教育活動の質を高めるための協力体制と風土づくり」校長は、学校にとって適切な教科指導及び生徒指導等を実現するためのカリキュラム開発を提唱・促進し、教職員が協力してそれを実施する体制づくりと風土醸成を行う。

**基準3**「教職員の職能開発を支える協力体制と風土づくり」校長は、すべての教職員が協力しながら自らの教育実践を省察し、職能成長を続けることを支援するための体制づくりと風土醸成を行う。

**基準4**「諸資源の効果的な活用と危機管理」※校長は、効果的で安全な学習環境を確保するために、学校組織の特徴を踏まえた上で、学校内外の人的・物的・財政的・情報的な資源を効果的・効率的に活用し運用する。

**基準5**「家庭・地域社会との協働・連携」校長は、家庭や地域社会の様々な関係者が抱く多様な関心やニーズを理解し、それらに応えながら協働・連携することを推進する。

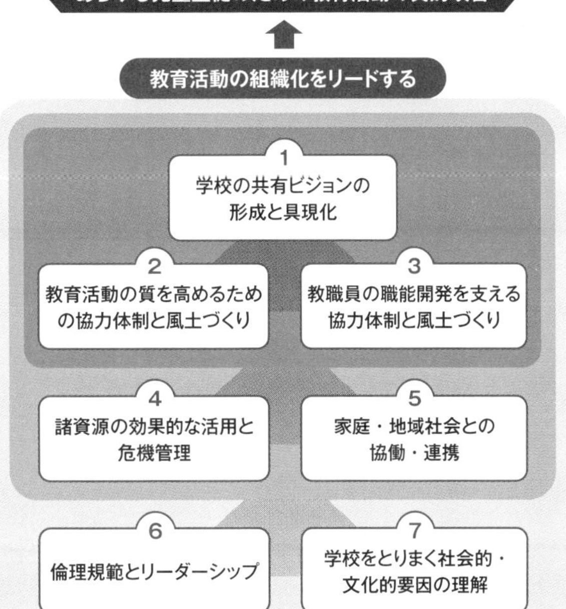


**基準6**「倫理規範とリーダーシップ」校長は、学校の最高責任者として職業倫理の模範を示すとともに、教育の豊かな経験に裏付けられた高い見識をもってリーダーシップを発揮する。

**基準7**「学校をとりまく社会的・文化的要因の理解」校長は、学校教育と社会とが相互に影響し合う存在であることを理解し、広い視野のもとで公教育および学校を取り巻く社会的・文化的要因を把握する。

※筆者註：2012年より「基準4 諸資源の効果的な活用」に「危機管理」の内容が追加された。
出典：日本教育経営学会（2012）『校長の専門職基準2009（一部修正版）』pp.5-10.

## 註

（1）ここでいう「公教育の目的」とは、教育基本法１条に規定する「教育の目的」（教育は、人格の完成を目指し、平和で民主的な国家及び社会の形成者として必要な資質を備えた心身ともに健康な国民の育成を期して行われなければならないこと）を指す.

（2）浜田博文（2018）「教育経営」日本教育経営学会編『講座 現代の教育経営５　教育経営ハンドブック』学文社、pp.2-3

（3）中教審答申（2006）「今後の教員養成・免許制度の在り方について（答申）」による.

（4）文部科学省（2006）「資料５　教員の職務について」https://www.mext.go.jp/b_menu/shingi/chukyo/chukyo3/041/siryo/attach/1417145.htm（最終アクセス日：2021年８月16日）

（5）元兼正浩（2016）「制度として校長の地位の変遷」牛渡淳・元兼正浩編著『専門職としての校長の力量形成』花書院、p.25

（6）文部科学省（2017）「公立の小学校等の校長及び教員としての資質の向上に関する指標の策定に関する指針（素案）」による.

（7）文部科学省（2017）『小学校学習指導要領（平成29年告示）』による.

（8）中教審答申（2015）「チームとしての学校の在り方と今後の改善方策について」による.

（9）中教審答申（2019）「新しい時代の教育に向けた持続可能な学校指導・運営体制の構築のための学校における働き方改革に関する総合的な方策について」による.

（10）中教審答申（2021）「『令和の日本型学校教育』の構築を目指して～全ての子供たちの可能性を引き出す，個別最適な学びと，協働的な学びの実現～（答申）」による.

（楊　川）

# 1 学校の経営
## ②学校教育活動の年間の流れと学校評価 ―学校評価のPDCAサイクル

### 学校教育活動の年間の流れ

学校教育活動の年間の流れは各教科等の種類や内容の配列､授業時数との関連で決められていく。各学校の教育活動の中核として最も重要な役割を担っている**教育課程**は、「学校教育の目的や目標を達成するために、教育内容を児童の心身の発達に応じ、授業時数との関連において総合的に組織した各学校の教育計画」[(1)]である。つまり、各学校の教育課程編成において、教育目標の設定、指導内容の組織及び授業時数の配当などを行うことを通して、教育活動の年間の流れが決められていく。

上記の教育内容については、**学習指導要領**に必要かつ合理的な事項が大綱的に示されており、その指導の具体化については、学校や教師の裁量に基づく多様な創意工夫を前提としている[(2)]。一方、各学校の授業時数については、**学校教育法施行規則**に各教科等の標準授業時数が定められており（資料1）、各学校はそれを踏まえ授業時数を定める必要がある。各学校において学習指導要領等をもとに作成される教育課程及び年間指導計画は、管理職である校長が責任をもち、全教職員で編成されるべきものとされている[(3)]。

### 学校評価とは

教育活動の年間の流れは、各学校の子どもや地域の実態に応じて改善されていかなければならない。そこで新たなマネジメントサイクルとして学校評価を核とした学校経営の在り方が求められている。**学校評価**は、子どもたちがより良い教育を受けることができるよう、その教育活動等の成果を検証し、学校運営の改善と発展を目指すための取組である。学校教育法（42条・43条）及び学校教育法施行規則（66条・67条・68条）では、学校評価に関する根拠となる規定や学校の積極的な情報提供についての規定が設けられている[(4)]。このように学校評価は、学校の裁量が拡大し、各学校の自主性・自律性を高めていくうえで、「教育の質の保証および向上」と「学校外に向けた説明責任」といった目的で行われる。

これにより、学校評価に**【自己評価】**、**【学校関係者評価】**、**【第三者評価】**の３つの形態が導入されるようになった。具体的には、①各学校の教職員による【自己評価】を行いその結果を公表すること、②保護者、地域住民等の学校関係者が自己評価の結果について評価する【学校関係者評価】を行うとともにその結果を公表するよう努めること、③学校とその設置者が実施者となり、学校運営に関する外部の専門家を中心とした評価者により、教育活動その他の学校運営の状況について専門的視点から行う【第三者評価】が必要となる。

学校関係者評価は、管理職との対話、学校行事や授業の参観に加え、学校関係者評価委員によるアンケート結果の分析や管理職以外の教職員や保護者との意見交換も行われている。学校評価の最も基本となるものは教職員による自己評価であり、自己評価を軸にした学校評価が展開されるべきであるとされる（図1）。

### 自己評価を軸とした学校評価のPDCAサイクル

学校評価の軸となる自己評価では重点目標に基づく評価（評価項目の設定)、評価結果に基づく改善方策の立案といった**PDCAサイクル**が重要

## 資料1　小学校における各教科等の標準授業時数

| 区分 | 各教科の授業時数 国語 | 社会 | 算数 | 理科 | 生活 | 音楽 | 図画工作 | 家庭 | 体育 | 外国語 | 特別の教科である道徳の授業時数 | 外国語活動の授業時数 | 総合的な学習の時間の授業時数 | 特別活動の授業時数 | 総授業時数 |
|---|---|---|---|---|---|---|---|---|---|---|---|---|---|---|---|
| 第1学年 | 306 | | 136 | | 102 | 68 | 68 | | 102 | | 34 | | | 34 | 850 |
| 第2学年 | 315 | | 175 | | 105 | 70 | 70 | | 105 | | 35 | | | 35 | 910 |
| 第3学年 | 245 | 70 | 175 | 90 | | 60 | 60 | | 105 | | 35 | 35 | 70 | 35 | 980 |
| 第4学年 | 245 | 90 | 175 | 105 | | 60 | 60 | | 105 | | 35 | 35 | 70 | 35 | 1015 |
| 第5学年 | 175 | 100 | 175 | 105 | | 50 | 50 | 60 | 90 | 70 | 35 | | 70 | 35 | 1015 |
| 第6学年 | 175 | 105 | 175 | 105 | | 50 | 50 | 55 | 90 | 70 | 35 | | 70 | 35 | 1015 |

※学校教育法施行規則別表第一（五十一条関係）より抜粋(5)。

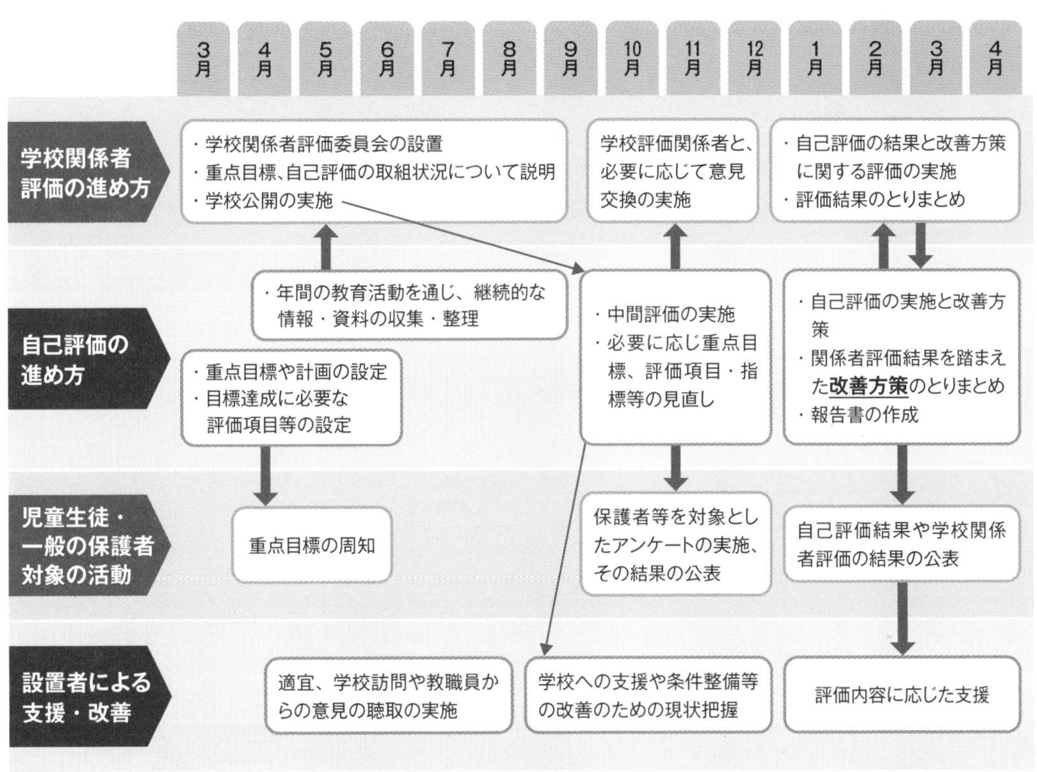


※学校評価ガイドライン［平成28年改訂］p.7を参考に筆者作成。

図1　学校評価の年間の流れ

である。学校が、教育活動その他の学校運営について、**目標（Plan）―実行（Do）―評価（Check）―改善（Action）**というPDCAサイクルに基づき継続的に改善していくためには、まず目標を適切に設定することが重要である。

目標（Plan）段階では、まず**学校教育目標**を実現する上で別の具体的な目標や計画といった重点目標を設定する必要がある。各学校の教育目標にある目指す子ども像や学校経営を通じて目指す理想の姿は普遍的・抽象的な内容であることが多い。そのため、各学校が伸ばそうとする特色や解決を目指す課題に応じて、重点的に取り組むことが必要な短期的・中期的な目標を具体的かつ明確に設定する。そのうえで、重点目標の達成状況を把握するといった"成果"や具体的な取組を把握するといった"取組"に着目したものを、評価項目・指標として示す。またそれについて、全教職員の共通理解が図られなければならない。

具体的にどのような評価項目・指標等を設定するかは各学校が判断すべきことであるが、文部科学省は、参考となる例を12分野ごとに示している。なかでも多くの学校は、学校評価において各教科等の授業の状況や教育課程等の状況を対象とする〈教育課程・学習指導〉の項目を根幹に据えている[6]（図２）。この背景には、カリキュラム・マネジメント理念が重視される昨今の状況が挙げられる。2017（平成29）年３月公示の小学校学習指導要領の総則には、「各学校が行う学校評価については、教育課程の編成、実施、改善が教育活動や学校運営の中核となることを踏まえつつ、カリキュラム・マネジメントと関連付けながら実施するよう留意するものとする」[7]と述べられており、学校評価と教育課程経営を含むカリキュラム・マネジメント理念との接続を図ろうとしていることが確認できる。

実施（Do）段階では、重点目標の達成を目指した取組を進めるため、個々の教職員が学年や学級の児童生徒の実態に合わせ、さらに具体化して取り組んでいく。そして自己評価を行う評価（Check）段階では、評価項目・指標等を用いて、全教職員が参加して組織的に取り組む。その際、児童生徒、保護者、地域住民から寄せられた具体的な意見や要望、児童生徒による授業評価を含む、児童生徒、保護者、地域住民に対するアンケート等（外部アンケート等）の結果を活用する。また、中間評価を実施、その結果に基づき重点目標、評価項目・指標等の見直しや、設置者に対して必要な支援を求めることも考えられる。そして、自己評価の結果及び今後の改善方策について、広く保護者等に公表したり、報告書を設置者に提出したりする必要がある[8]。さらに今後の改善方策に基づき、次年度の重点目標の設定や具体的な取組の改善（Action）を図ることが求められる。

以上から、学校評価を、その結果の報告書の作成自体が目的化するといった「評価のための評価」となることなく、今後の目標設定や取組の改善につなげることにより、学校運営のPDCAサイクルを機能させることが重要である。また、学校の教育活動の年間の流れに対して一面的な評価にならぬよう多方面から学校の状況を評価しようとしていることがみてとれる。近年、学校評価の結果も含めた学校運営に関する情報が学校便りやホームページ等に積極的に公開されており[9]、地域に開かれた学校づくりが目指されている。

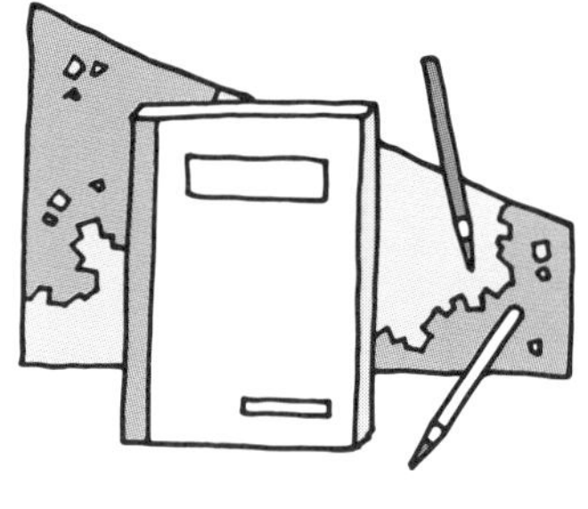

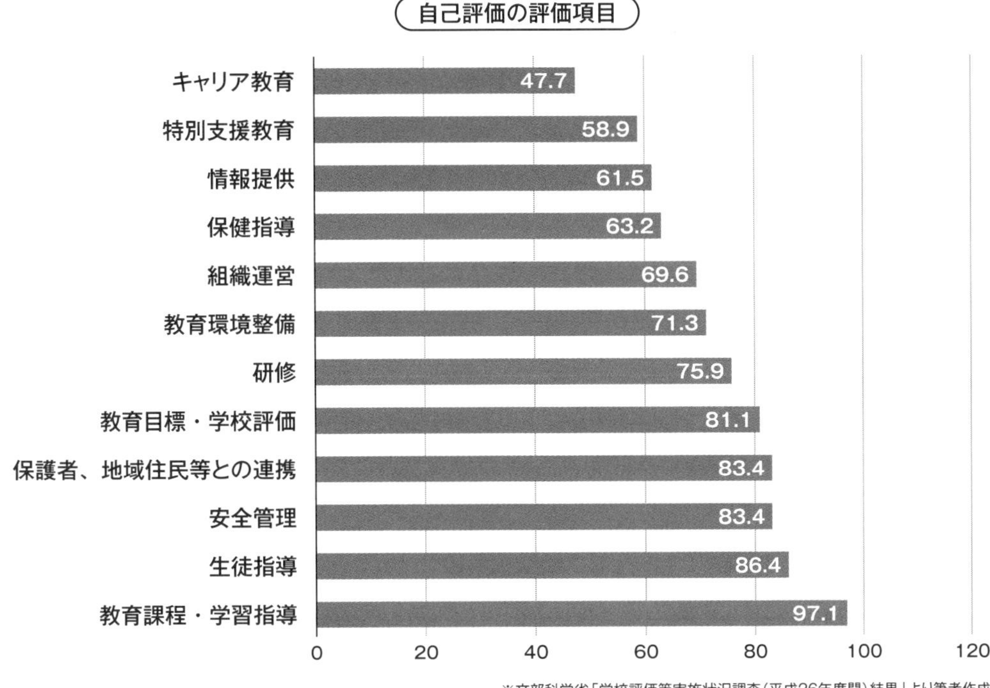


**図2　学校が設定する自己評価の評価項目（国公私立合計値）**

### 註

（1）文部科学省『小学校学習指導要領（平成29年告示）解説 総則編』東洋館 p.11
（2）文部科学省『小学校学習指導要領（平成29年告示）解説 総則編』東洋館 p.13
（3）文部科学省『小学校学習指導要領（平成29年告示）解説 総則編』東洋館 p.17
（4）2007年6月の学校教育法改正によって、学校評価は各学校で行わなければならない義務とされ、その結果を積極的に公表するものとされている。文部科学省（2016）「学校評価ガイドライン」（平成28年改訂）https://www.mext.go.jp/component/a_menu/education/detail/icsFiles/afieldfile/2019/01/30/1323515_021.pdf（最終アクセス日：2021年5月5日）
（5）資料1の授業時数の一単位時間は、45分である。また特別活動の授業時数は、小学校学習指導要領で定める学級活動（学校給食に係るものを除く。）に充てるものとする。「学校教育法施行規則」https://elaws.e-gov.go.jp/search/elawsSearch/elaws_sea rch/lsg0500/detail?lawId080011（最終アクセス日：2021年5月5日）
（6）文部科学省（2016）「学校評価等実施状況調査（平成26年度間 調査結果）」https://www.mext.go.jp/a_menu/shotou/gakko-hyoka/_icsFiles/afieldfile/2018/07/18/1369130_02.pdf（最終アクセス日：2021年5月5日）
（7）文部科学省『小学校学習指導要領（平成29年告示）解説 総則編』東洋館 p.120
（8）自己評価は、各学校・地方公共団体の事情に応じて、教育活動の区切りとなる適切な時期に行うことがふさわしいが、少なくとも1年度間に1回は実施することとされている。
（9）文部科学省（2016）『学校評価等実施状況調査（平成26年度間 調査結果）』p.40

（山内絵美理）

# 学校の経営
## ③校内組織体制
## ―主任・主事、校務分掌、学級編制、教科担任制―

### 教員の職階

2007年の学校教育法改正により、それまでの教員の職階に「**副校長、主幹教諭、指導教諭**」(以下、「**新たな職**」)が追加された。これまで校長・教頭を除いてフラットな単層構造であった教職員の組織がピラミッド状に重層化した組織へと変貌したことで指揮命令系統が明らかになり、自律的で機動的な学校運営の促進が期待されている。

その一方で、教員の階層化が進み、教員の目が「子ども」から「上司」に向けられることへの懸念(解説教育六法 2020)や、「職員のチームワークが乱れること」への不安(浜田 2010)などもある。

「新たな職」は学校や地域の状況を踏まえ、任命権者(都道府県・政令指定都市教育委員会)の判断によって設置される任意の職とされているため、設置状況には地域により多様性が見られる。また、東京都のように主幹教諭の下に「主任教諭」という独自の職階を設けている例もある。

### 主任・主事

学校組織には、先述の校長以下の職階とは別に、「調和のとれた学校運営が行われるために」(学校教育法施行規則43条)、**主任・主事**が置かれる。主任・主事は「指導教諭又は教諭をもって、これに充てる」とされている。ただし、主幹教諭が教務主任をはじめとする各主任・主事の担当する校務を整理する場合は、当該主任・主事を置かないことができる。

学校における主任・主事は、企業や一般行政組織の「部長―課長―係長―主任・主事」のように職階の1つとして位置づけられたものではなく、学校組織内の役割を示した「充て職」である。つまり、職階としては「指導教諭又は教諭」である教員が日常の教科指導や学級指導を担当する一方で、教務、学年、生徒指導、進路指導など校務上の各分野の主担当として、連絡調整及び指導、助言を行うことを定めたものといえる。

主任・主事には、学校教育法施行規則によって配置を規定される「**省令主任**」(表2参照)と、「分校主任」や「研究(研修)主任」などのように各地方自治体の教育委員会によって置かれる主任がある。さらに学校の状況や必要に応じて、各学校独自の主任を置くこともできる(図書主任、生徒会活動主任、人権・同和教育主任など)。この他、**学校図書館法**の規定により12学級以上の学校では「**司書教諭**」(大学等で所定の単位を取得して資格を得る必要がある)を置くものとされる。

省令主任や各地方自治体の教育委員会が定める主任・主事を担当すると**教育業務連絡指導手当**(いわゆる主任手当)が支給される場合(細目は各都道府県・政令指定都市の学校管理規則によって決められる)があるが、給与体系そのものは変化しない。

なお、主任・主事はあくまで校内における役職の1つであるので、校長や教頭、主幹教諭、指導教諭の任用の際に行われるような試験、面接などの選考プロセスはない。

### 校務分掌

学校に所属する全ての教職員には、「調和のとれた学校運営のために」校務上の役割分担が行われる。この仕組みは**校務分掌**と呼ばれ、その監督

**表１ 日本の学校に配置される主な教職員**

| | 小学校 | 中学校 | 高等学校 | 特別支援学校 |
|---|---|---|---|---|
| 法的根拠 | 学校教育法37条 | 学校教育法49条 | 学校教育法60条 | 学校教育法82条 |
| 校長 | ◎ | ◎ | ◎ | ◎ |
| 副校長 | ○ | ○ | ○ | ○ |
| 教頭 | ◎ | ◎ | ◎ | ◎ |
| 主幹教諭 | ○ | ○ | ○ | ○ |
| 指導教諭 | ○ | ○ | ○ | ○ |
| 教諭 | ◎ | ◎ | ◎ | ◎ |
| 助教諭 | △ | △ | △ | △ |
| 講師 | △ | △ | △ | △ |
| 養護教諭 | ◎ | ◎ | ○ | ◎ |
| 養護助教諭 | △ | △ | ○ | △ |
| 事務職員 | ◎ | ◎ | ◎ | ◎ |
| 栄養教諭 | ○ | ○ | ○ | ○ |
| 実習助手 | | | ○ | ○ |
| 技術職員 | | | ○ | ○ |
| 寄宿舎指導員 | | | | ○ |

※◎は学校教育法において「置かなければならない」○は「置くことができる」△は「特別の事情があるとき、教諭または養護教諭に代えて置くことができる」と規定されていることを示す。

※教頭は「置かなければならない」職であるが、副校長を置く場合は置かないことができる。概して副校長の設置率の高い地方自治体は、教頭の設置率が低い傾向が見られる。

※栄養教諭は学校における食育の推進に中核的な役割を担うことを期して制度化され、2005年に施行された比較的新しい職種である。しかしながら、学校給食自体が全ての義務教育諸学校で実施されていないこともあり、その配置については地方公共団体や設置者の判断によるものとされる。

**表２ 学校教育法施行規則によって配置を規定される「省令主任」等一覧**

| | 職務内容 | 法的根拠 | 小 | 中 | 高 | 特支 |
|---|---|---|---|---|---|---|
| 教務主任 | 校長の監督を受け、教育計画の立案その他の教務に関する事項について連絡調整及び指導、助言に当たる。 | 学教則44、79、104、135 | ◎ | ◎ | ◎ | ◎ |
| 学年主任 | 校長の監督を受け、当該学年の教育活動に関する事項について連絡調整及び指導、助言に当たる。 | 学教則44、79、104、135 | ◎ | ◎ | ◎ | ◎ |
| 保健主事 | 校長の監督を受け、学校における保健に関する事項の管理に当たる。 | 学教則45、79、104、135 | ◎ | ◎ | ◎ | ◎ |
| 事務長 | 校長の監督を受け、事務職員その他の職員が行う事務を総括する。 | 学教則46、79、82、135 | ○ | ○ | ◎ | ◎ |
| 事務主任 | 校長の監督を受け、事務に関する事項について連絡調整及び指導、助言に当たる。 | 学教則46、79、104、135 | ○ | ○ | | |
| 生徒指導主事 | 校長の監督を受け、生徒指導に関する事項をつかさどり、当該事項について連絡調整及び指導、助言に当たる。 | 学教則70、104、135 | | ◎ | ◎ | ◎ |
| 進路指導主事 | 校長の監督を受け、生徒の職業選択の指導その他の進路の指導に関する事項をつかさどり、当該事項について連絡調整及び指導、助言に当たる。 | 学教則71、104、135 | | ◎ | ◎ | ◎ |
| 学科主任 | 二以上の学科を置く学校には、専門教育を主とする学科ごとに学科主任を置く。校長の監督を受け、当該学科の教育活動に関する事項について連絡調整及び指導、助言に当たる。 | 学教則81、135 | | | ◎ | ◎ |
| 農場長 | 農業に関する専門教育を主とする学科を置く学校には、農場長を置く。校長の監督を受け、農業に関する実習及び実習施設の運営に関する事項をつかさどる。 | 学教則81、135 | | | ◎ | ◎ |
| 寮務主任 | 寄宿舎を設ける特別支援学校には、寮務主任を置く。校長の監督を受け、寮務に関する事項について連絡調整及び指導、助言に当たる。 | 学教則124 | | | | ◎ |
| 舎監 | 寄宿舎を設ける特別支援学校には、舎監を置く。校長の監督を受け、寄宿舎の管理及び寄宿舎における児童等の教育に当たる。 | 学教則124 | | | | ◎ |
| 主事 | 特別支援学校には、各部（小学部、中学部、高等部）に主事を置くことができる。校長の監督を受け、部に関する校務をつかさどる。 | 学教則125 | | | | ○ |

※◎は学校教育法施行規則（表中「学教則」）において「置くものとする」（必置）、○は「置くことができる」（任意）と規定されていることを示す。

は校長が行う（校務掌理権、学校教育法37条４）。しかしながら、校務分掌の決定は、必ずしも校長の意向に基づくトップダウンで行われるのではなく、各教員の希望や適性を踏まえた上で進められることが多い。

図１は、ある学校における校務分掌一覧の例である。図からもわかるようにＡ～Ｉの９人の教師がそれぞれ複数の校務を分担している。この他、部活動指導やPTA・地域の行事に関する業務のように勤務時間外に及ぶ役割もあり、日本の教員は、日常の授業や学級の指導のみならず、実に多岐にわたる業務を担っている。

## 学級編制

公立小・中学校では**公立義務教育諸学校の学級編制及び教職員定数の標準に関する法律**（以下「**義務標準法**」）によって１クラスの児童・生徒数が定められている。同法の一部改正により、2026年度までに公立小学校の１クラスの上限数がそれまでの**40人から35人に引き下げ**られることになった（文部科学省ホームページ参照）。

1958年に制定された同法は、1959年度からの第１次定数改善計画で１学級の児童・生徒数を50人に、1964年度からの第２次計画で45人に、さらに1980年度からの第５次計画で40人とされた。その後、しばらく学級編制の標準の引き下げは行われなかったが、2011年の改正では公立小学校１年生においてのみ35人に引き下げられていた。

各学年における学級数は、その学年の児童・生徒数を「学級の標準の人数」で除して得た数（１未満の端数切上げ）が当該学年の学級数になるため、義務標準法が示す「学級の標準の人数」は日本の学校における学級編制に対して重要な意義を持つ。さらに、義務標準法では学級数に所定の係数を乗じて算出する「教職員の定数の標準」が定められているため、学級編制は教職員の配置に直接的に作用する（図２参照）。また、教職員の給与額の３分の１を国が、３分の２を都道府県が負担するという制度（**義務教育費国庫負担制度**）の性質上、学級編制と教職員定数をめぐる議論は教育財政上も極めて重要な案件となる。

## 学級担任制と教科担任制

**教育職員免許法**において中・高等学校教員の免許状が教科別に設定されるのに対し、小学校教員の免許状には教科の区別がなく、全教科を包括した形となっている。これを背景に、日本の小学校では**学級担任制**（学級担任がほとんどの教科指導を行う）が、中・高等学校では**教科担任制**（教科指導は教科の担当者が、学級担任は学級活動や日々の生活指導を主に担当する）が中心とされてきた。しかしながら、文部科学省（2020）は「新しい時代の初等中等教育の在り方特別部会」において、小学校高学年における教科担任制導入を言及している。これは、義務教育９年間を見通した教育課程の見直し、**GIGAスクール構想**を背景とした**個別最適化された学び**の実現、教材研究の深化や教師の負担軽減など、昨今の教育を巡る現況を踏まえたものである。しかしながら、先述の学級定員数の引き下げや、ベテラン教員層の大量退職も相まって教員の供給が急務である今、学級担任制よりさらに多くの教職員数を必要とする教科担任制導入がどれほどに可能かは今後の大きな課題と言える。

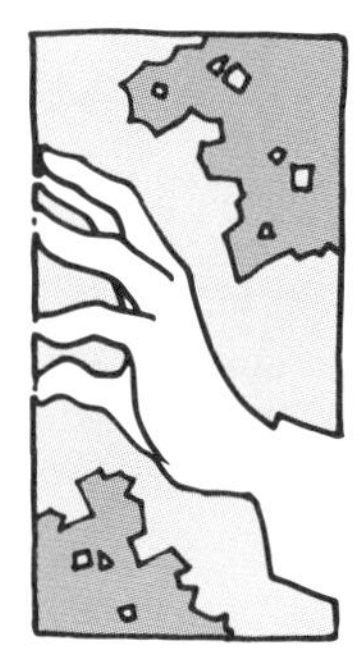

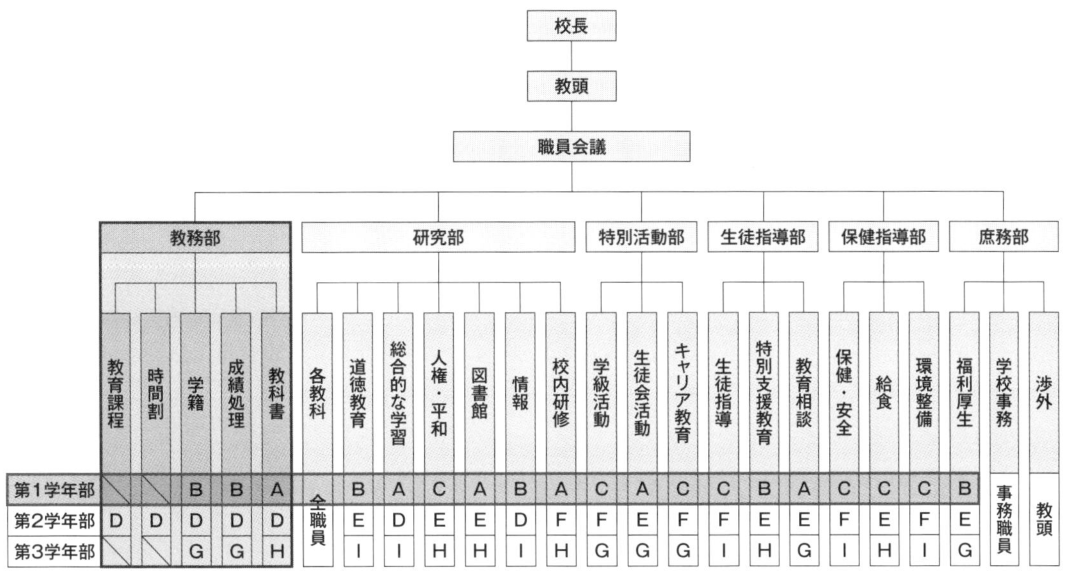


**図１　ある学校における校務分掌**

※例えば教師Ａは「教務部」の一員であり、「第１学年部」の一員でもある。このように学校組織には縦・横に複数の部門が形成され、各々の教師は掛け持ちで多様な業務を担う。

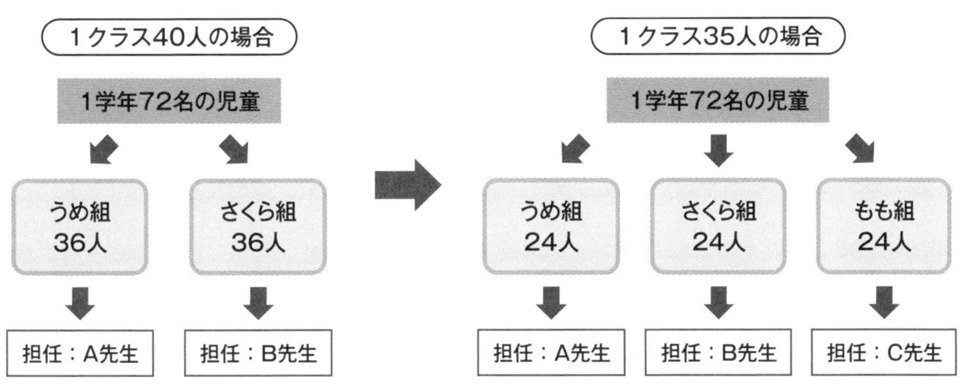


**図２　「35人学級」導入に伴う教員配置の変化の例**

※１クラスの人員が減り少人数指導が可能になるが、クラス数が増えるので教師がより多く必要になる。結果的に、１クラスの定員数が学校に配置される教員の数を規定する。

### 参考文献

・解説教育六法編集委員会（2020）『解説教育六法』三省堂、pp.165-166
・浜田博文（2010）『「新しい職」を生かす校長の学校経営』教育開発研究所、pp.10-15
・文部科学省（2020）「義務教育9年間を見通した教科担任制の在り方に係る論点メモ」
https://www.mext.go.jp/content/20200618-mext_syoto02-000008021_2.pdf（最終閲覧日2021年５月７日）
・文部科学省ホームページ「小学校における35人学級の実現」
https://www.mext.go.jp/b_menu/activity/detail/2021/20210331.html（最終閲覧日2021年５月７日）

（小杉進二）

# 学校の経営
## ④学校外の関係者・関係機関との連携・協働（チーム学校・司法・福祉との連携）

子どもを取り巻く環境の変化（第1章1、2）、学校の自主性・自律性が求められるなかでの重層構造論の再燃（第3章1－③)、「開かれた学校」の推進（第3章2）といった動向のなかで、学校外の関係者・関係機関との連携・協働についても今日その必要性が強調されている。とりわけ、学校の多職種構成化を推し進める誘因となったのが、中央教育審議会答申「チームとしての学校の在り方と今後の改善方針について」(2015年12月21日)（「**チーム学校**」答申）である。

### 「チーム学校」答申の概要と展開

本答申では、(1)新しい時代に求められる資質·能力を育む教育課程を実現するための体制整備、(2）複雑化・多様化した課題を解決するための体制整備、(3）子供と向き合う時間の確保等のための体制整備が「チーム学校」を求める背景にあるとしている。

連携・協力の対象となる関係機関には、警察,消防，保健所，児童相談所等が挙げられている。加えて弁護士会との連携のうえで学校における法律家の活用が進められることも想定されている。また、専門スタッフには、心理（**スクールカウンセラー**、以下**SC**)，福祉（**スクールソーシャルワーカー**、以下**SSW**)，部活動（部活動指導員)，特別支援教育、地域連携（地域連携担当教職員)、授業等（ICT支援員・ALTなど)、に関わるものが挙げられている。そして、このような専門スタッフには、「学校教育に参画」する存在として「子供の教育を共に担っていくチームの一員であるという意識」が求められている（資料1）。

答申が示されて以降、外部専門家の配置に関する法整備も進められており、代表的なものにSC、SSWの法制化（平成28年3月学校教育法施行規則の一部改正)、部活動指導員の制度化（平成29年4月学校教育法施行規則の一部改正）がある（表1)。また、2019年には、2020年4月より**スクールロイヤー**（以下、**SL**）を全国的に配置する方針も示された(1)。

### 教員の「働き方改革」との関係性からみる「チーム学校」政策の特質

上述の「チーム学校」をめぐる動向は、教員の「働き方改革」と両輪の関係性にある【資料2】。始めに述べた通り、学校の多職種構成化は子どもを取り巻く環境の変化を一つの背景としている。

この点について田中（2019）は、「働き方改革」「チーム学校」をめぐる議論では「教育課程のなかでも教科に関する指導は教員が中心となって行う一方で、(中略）専門的知識を持った多職種と(中略）関係機関との連携が求められ、場合によっては教員中心の指導とは異なる専門的な「ケア」の側面を持つようになってきた」と指摘する(2)。すなわち、専門的な多職種・機関との連携・協働を前提とし従来の教師の職務から一定の業務が切り離される一方、「学校」に求められる役割についてはその外延が広がりを見せているということである。

例えば、「子供の貧困対策に関する大綱」(内閣府、2014年）では、学校が**子供の貧困対策のプラットフォーム**と位置付けられている。このような動きに対し、「学校が福祉機関になり、福祉も教職員の責任になる」(3)のではないかという懸念も示されていた。学校の「ケア」的役割を求める

資料1　「チーム学校」のイメージと定義

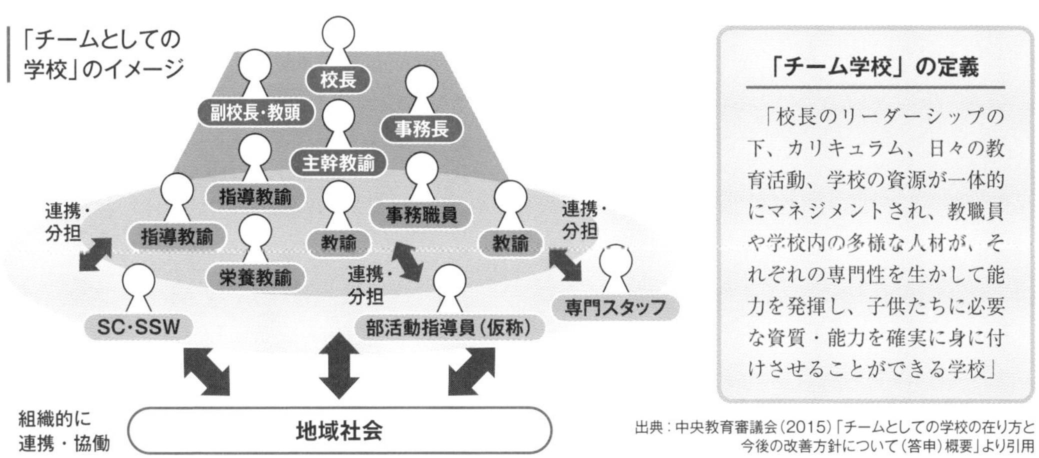


出典：中央教育審議会（2015）「チームとしての学校の在り方と今後の改善方針について（答申）概要」より引用

表1　専門スタッフの配置に関する法的根拠

| 根拠 | 内容 |
|---|---|
| 学校教育法施行規則第65条の2 | **スクールカウンセラー**は、小学校における**児童の心理**に関する支援に従事する |
| 学校教育法施行規則第65条の3 | **スクールソーシャルワーカー**は、小学校における**児童の福祉**に関する支援に従事する |
| 学校教育法施行規則第78条の2 | **部活動指導員**は、中学校における**スポーツ、文化、科学等に関する教育活動（中学校の教育課程として行われるものを除く。）に係る技術的な指導**に従事する。 |

資料2　「チーム学校」の実現による学校の教職員等の役割分担の転換について（イメージ）（作業部会事務局作成）

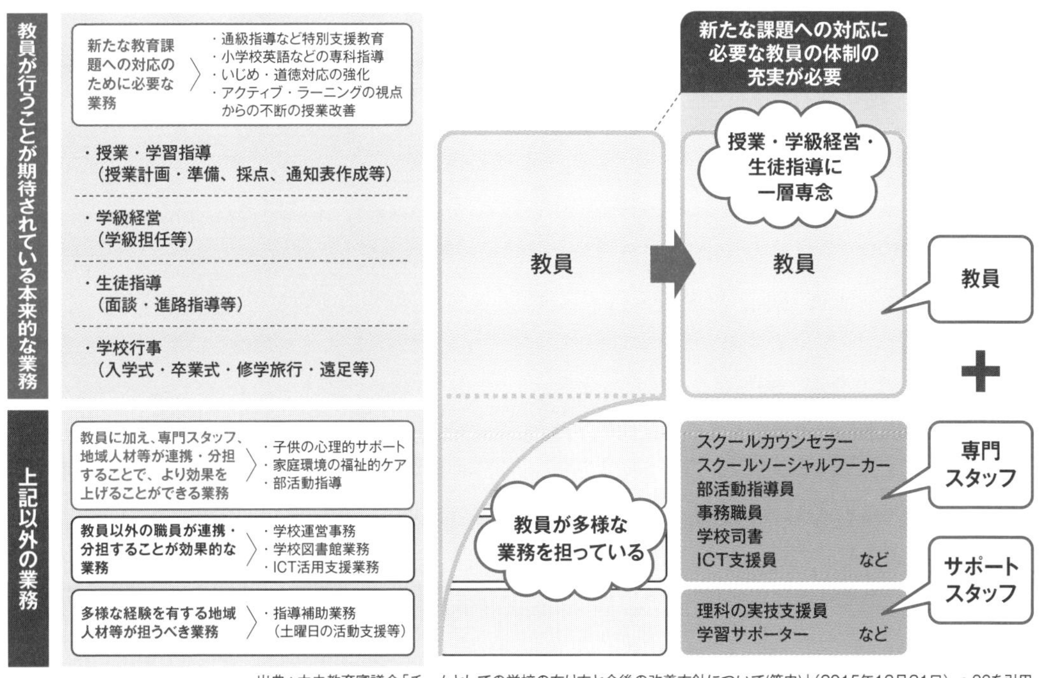


出典：中央教育審議会「チームとしての学校の在り方と今後の改善方針について(答申)」(2015年12月21日)、p.26を引用

声に応え得る専門家の配置と適切な活用、関係機関との円滑な連携は、教員の負担増加の抑止のためにも、喫緊の課題となっている。

## 多職種構成化への期待

多職種構成化により、学校にはどのような効用がもたらされるのだろうか。

SC、SSWは、「チーム学校」答申よりも以前から学校への配置が試みられてきたが、昨今の子どもをめぐる環境の変化を背景とした、いじめ、不登校、暴力行為、児童虐待など生徒指導上の課題に対応し得る外部専門家として、近年一層注目されている。

①**SC**　カウンセリングの専門家（臨床心理士資格を有す者など）であるSCは、早い段階から子どもへの相談体制の充実のため導入が図られてきた。SC導入によって、子どもの心理的なケアの充実は勿論のこと、数多くの教師が子どもを読み取るときの表現力を得たといった見解も示されている[(4)]。心理学的な専門知識が子どもを理解する際の視点を拡大するという点も、教師にとって、また学校現場にとって、期待し得る効用の一つである。

②**SSW**は、上述の課題に対し「社会福祉等の専門的な知識・技術を用いて、児童生徒の置かれた様々な環境に働き掛けて支援を行う」[(5)]ことを求められている。特に近年では家庭環境をめぐる課題が深刻化し、貧困、児童虐待といった福祉領域における問題が学校において顕在化した。そのようななか、SSWには、子どもと家庭の問題を早期に発見し、学校と外部機関、家庭・子どもを適切に「つなぐ」役割が期待されている。例えば児童虐待防止法では、児童虐待を受けたと思われる子どもを発見した場合に市町村や福祉事務所、児童相談所への連絡が義務付けられているが、SSWはその際の連携の架け橋となることが求められている。

③**SL**には、とりわけいじめ対策（予防・発生後の対応）における活躍が期待されている。加えて、SLの全国的配置への試みは、複雑多様化する学校・教師の仕事を、法的な観点から適正化することを展望するものと思われる。ただし、SLの活動は教師や保護者、子どもを法的に断罪したり、特定の個人の利益に寄与することを目的としておらず、あくまで「場の法律家」[(6)]として、問題発生の予防や学校運営への助言を行うものとされる。

## 課題と展望

以上、多職種構成化への期待について述べてきたが、現状ではいずれも、配置・活用にあたって地域間･学校間の差がある。財源及び人材確保や、導入後の円滑な活動を可能にする組織マネジメントが今後の課題と言える。

また、日本の学校教育では、教師が教科指導だけでなく児童生徒の成長発達にも全面的に関わってきたという特質がある。例えば「生徒指導」などの教師が担ってきた職務と専門スタッフの役割の境界については、単なる分業という形ではない、適切な連携の在り方が模索される必要がある。

さらに、①多様な専門家と連携することで連絡・調整が複雑になる、②教育観がぶつかり、力関係や他者からの人物評価に偏りが出ることで実践へのモチベーションが下がる、などの学校経営上の課題も指摘されている[(7)]。

以上から、「チーム学校」は単に多様な教育課題への対応の充実という視点から捉えるのみでなく、教師の職務・役割及び学校経営の在り方という側面からも、その展望を考えていく必要があると言える。

### 表2 スクールカウンセラー等配置箇所数の推移

| | 1995 | 1996 | 1997 | 1998 | 1999 | 2000 | 2001 | 2002 | 2003 | 2004 | 2005 | 2006 | 2007 |
|---|---|---|---|---|---|---|---|---|---|---|---|---|---|
| 配置校（箇所）数 | 154 | 553 | 1065 | 1661 | 2015 | 2250 | 4406 | 6572 | 6941 | 8485 | 9547 | 10158 | 11460 |

| | 2008 | 2009 | 2010 | 2011 | 2012 | 2013 | 2014 | 2015 | 2016 | 2017 | 2018 | 2019 |
|---|---|---|---|---|---|---|---|---|---|---|---|---|
| 配置校（箇所）数 | 12263 | 15461 | 16012 | 15476 | 17621 | 20310 | 22013 | 24254 | 24661 | 26337 | 26160 | 29411 |

出典：文部科学省「スクールカウンセラー等配置箇所数，予算額の推移」
https://www.mext.go.jp/a_menu/shotou/seitoshidou/1328010.htm

### 表3 スクールソーシャルワーカー実人数・対応学校数の推移

| | 2012 | 2013 | 2014 | 2015 | 2016 | 2017 | 2018 | 2019 |
|---|---|---|---|---|---|---|---|---|
| SSW実人数（人） | 784 | 1008 | 1186 | 1399 | 1780 | 2041 | 2377 | 2659 |
| 対応学校数合計（校） | 6507 | 7815 | 8805 | 11392 | 13573 | 15485 | 17050 | 17763 |

出典：文部科学省初等中等教育局児童生徒課「スクールソーシャルワーカー活用事業に関するQ&A」令和3年1月
https://www.mext.go.jp/a_menu/shotou/seitoshidou/1328010.htm

### 資料3 スクールロイヤーの指導・助言が想定されるケース

(日本弁護士連合会「「スクールロイヤー」の整備を求める意見書」(2018年1月18日)より)

（1）子どもの問題行動、親子の問題、その他子供に関わる問題
①触法、非行、暴力、性加害など等の問題行動／②いじめ／③児童虐待／④不登校／⑤少年鑑別所、児童自立支援施設、少年院等から学校に戻る場合／⑥出席停止及び懲戒処分／⑦障害のある児童生徒への対応／⑧重大な少年事件やいじめ、自殺事件等が発生した場合／⑨貧困問題

（2）保護者対応
①保護者の行き過ぎたクレームと教員のストレス／②子供の最善の利益の視点からの指導・助言／③教員の負担軽減と健康管理

（3）体罰、セクハラ、指導上の問題等への対応

（4）学校事故への対応　①学校の予防と法的責任の確認と対応／②事故の調査

（5）学校におけるコンプライアンスの実現と紛争の予防

### 註

（1）萩生田光一文部科学大臣記者会見録、令和元年９月24日（火曜日）
https://www.mext.go.jp/b_menu/daijin/detail/1421558.htm

（2）田中真秀（2019）「「教員の働き方改革」に対する役割分担の一考察―「チーム学校」の議論を踏まえた生徒指導を担う教職員の連携のあり方―」『川崎医療福祉学会誌』Vol.28, No.2、pp.331-337

（3）神林寿幸（2018）「心理や福祉に関するスタッフの専門性をめぐる研究動向―2000年以降の国内論文を中心に―」『日本教育経営学会紀要』第60号、p.187

（4）鈴木庸裕他編著（2016）『子どもへの気づきがつなぐチーム学校―スクールソーシャルワークの視点から』かもがわ出版、pp.13-14

（5）文部科学省「スクールソーシャルワーカー活用事業実施要領」（2020年４月一部改訂）

（6）ストップ！いじめ！ナビ スクールロイヤーチーム編（2019）『スクールロイヤーにできること』日本評論社、p.7

（7）安藤知子（2020）「かけ声だけの「チーム学校」になっていませんか？」『月刊　教職研修』（2020年３月号）、教育開発研究所、pp.19-20

（柴田里彩）

# 2 学校と地域との連携

## ①学校と地域をつなぐ連携・協働のかたち ―学校評議員制度から学校運営協議会制度（コミュニティ・スクール）へ

### 地域との連携・協働による学校づくりへの制度的展開

地域住民や保護者が、学校と連携した教育活動や学校運営に参画する動きは、1990年代後半から展開している。その契機ともいえるのが、1998（平成10）年の**学習指導要領の改訂**による「**生きる力**」の育成や、同年9月の中教審答申「**今後の地方教育行政の在り方について**」、そして2004（平成16）年3月の中教審答申「今後の学校運営の在り方について」などに代表される一連の教育改革である。この時期を大別すると、1987（昭和62）年の臨時教育審議会答申（「教育改革に関する第四次答申（最終答申）」）以降の地域に開かれた学校づくりを「第1段階」とするなら、2000（平成12）年の**学校評議員制度**導入以降の開かれた学校運営の時期が「第2段階」、そして2004（平成16）年の**学校運営協議会**の法制化以降の学校・保護者・地域の三者連携による「**地域とともにある学校**」づくりの時期を「第3段階」と呼ぶことができる**（図1）**。

このように地域との連携・協働による学校づくりに対し、制度面から支えている主なしくみとして**学校評議員制度**と**学校運営協議会制度**が挙げられる。

### 学校評議員制度から学校運営協議会制度へ

学校評議員制度は、学校運営に地域住民が参画するしくみを制度的に位置づけるものとして2000（平成12）年1月の**学校教育法施行規則の改正**により導入され、同年4月に施行された（学校教育法施行規則23条の3等、現49条等）。これは、1998（平成10）年の中教審答申「**今後の地方教育行政の在り方について**」（平成10年9月21日）を踏まえ、校長のリーダーシップの下、地域の実情に応じた学校運営が行われることを目的としたものである。この学校評議員制度の主な特徴は次の3つである。

①設置者の定めるところにより、学校や地域の実情に応じて、学校評議員を置くことができる。
②学校評議員は、校長の求めに応じ、学校運営に関し意見を述べることができる。
③学校外から多様な意見を幅広く求める観点から、学校評議員は、当該学校の職員以外の者で教育に関する理解及び識見を有するもののうちから、校長の推薦により、設置者が委嘱する。

この制度は「学校外から多様な意見を幅広く求める」ことを目的としたしくみであったが、意見の反映は校長の裁量に委ねられていたため、多様なステークホルダーが主体的に学校運営に参画することへの限界も指摘されていた[(1)]。

この課題の克服に向け、2004（平成16）年に「**地方教育行政の組織及び運営に関する法律**」（47条の5）により学校運営協議会制度が導入された。この制度は、学校と地域と保護者の三者が学校運営について協議するという合議制の会議体という特徴をもっている。

また、学校評議員制度と学校運営協議会制度は、諸外国の「学校理事会制度」（イギリス）や「チャーター・スクール」（米国）[(2)]などの事例も参照している。この2つの制度はそれぞれ根拠法が異なることから、その運用や地域とのかかわり方にも違いがみられる**（表1）**。

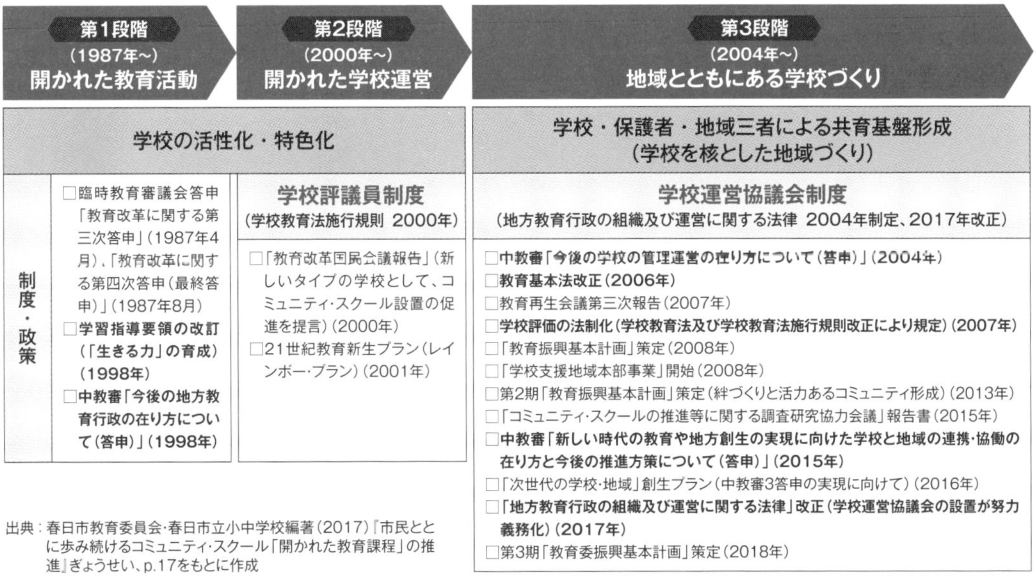

| 第1段階（1987年～）開かれた教育活動 | 第2段階（2000年～）開かれた学校運営 | 第3段階（2004年～）地域とともにある学校づくり |
|---|---|---|
| 学校の活性化・特色化 | | 学校・保護者・地域三者による共育基盤形成（学校を核とした地域づくり） |
| | 学校評議員制度（学校教育法施行規則 2000年） | 学校運営協議会制度（地方教育行政の組織及び運営に関する法律 2004年制定、2017年改正） |
| 制度・政策：□臨時教育審議会答申「教育改革に関する第三次答申」（1987年4月）、「教育改革に関する第四次答申（最終答申）」（1987年8月）<br>□**学習指導要領の改訂（「生きる力」の育成）（1998年）**<br>□**中教審「今後の地方教育行政の在り方について（答申）」（1998年）** | □「教育改革国民会議報告」（新しいタイプの学校として、コミュニティ・スクール設置の促進を提言）（2000年）<br>□21世紀教育新生プラン（レインボー・プラン）（2001年） | □**中教審「今後の学校の管理運営の在り方について（答申）」（2004年）**<br>□**教育基本法改正（2006年）**<br>□教育再生会議第三次報告（2007年）<br>□**学校評価の法制化（学校教育法及び学校教育法施行規則改正により規定）（2007年）**<br>□「教育振興基本計画」策定（2008年）<br>□「学校支援地域本部事業」開始（2008年）<br>□第2期「教育振興基本計画」策定（絆づくりと活力あるコミュニティ形成）（2013年）<br>□「コミュニティ・スクールの推進等に関する調査研究協力会議」報告書（2015年）<br>□**中教審「新しい時代の教育や地方創生の実現に向けた学校と地域の連携・協働の在り方と今後の推進方策について（答申）」（2015年）**<br>□「次世代の学校・地域」創生プラン（中教審3答申の実現に向けて）（2016年）<br>□**「地方教育行政の組織及び運営に関する法律」改正（学校運営協議会の設置が努力義務化）（2017年）**<br>□第3期「教育委興基本計画」策定（2018年） |

出典：春日市教育委員会・春日市立小中学校編著（2017）『市民とともに歩み続けるコミュニティ・スクール「開かれた教育課程」の推進』ぎょうせい、p.17をもとに作成

**図1　地域との連携・協働による学校づくりへの制度的展開**

**表1　学校評議員制度と学校運営協議会制度の比較**

| | 学校評議員制度 | 学校運営協議会制度 |
|---|---|---|
| 法的根拠 | 学校教育法施行規則　49条 | 地方教育行政の組織及び運営に関する法律　47条の5 |
| 施行 | 2000（平成12）年4月 | 2004（平成16）年9月（2017年改正） |
| 任命・委嘱 | 学校評議員は、校長の推薦により、設置者が委嘱する。 | 学校運営協議会を設置する地方公共団体の教育委員会が任命する。 |
| 委員の資格要件等 | 当該学校の職員以外の者で、教育に関する理解及び識見を有するもの | 地域の住民・保護者その他教育委員会が必要と認めるもの |
| 目的 | 開かれた学校づくりを一層推進していくため、保護者や地域住民等の意向を反映し、その協力を得るとともに、学校としての説明責任を果たす。 | 保護者や地域の住民が一定の権限と責任をもって学校運営に参画することにより、そのニーズを迅速かつ的確に学校運営に反映させ、よりよい教育の実現に取り組む。 |
| 位置づけ | 校長が、必要に応じて学校運営に関する保護者や地域の方々の意見を聞くための制度。 | 学校の運営について、教育委員会の下部組織として、一定範囲で法的な効果を持つ意思決定を行う合議制の機関。 |
| 主な内容 | 学校評議員は、校長の求めに応じて、学校運営に関する意見を述べる。<br>学校評議員に意見を求める事項は、校長が判断する。 | 3つの権限付与<br>①校長が作成する学校運営の基本的な方針について承認する<br>②学校運営に関して教育委員会又は校長に対し、意見を述べることができる<br>③教職員等の採用に関して任命権者に意見を述べることができる |
| 継続性 | 校長の異動に左右される | 協議体の設置（校長の運用によらない） |
| 合議体（複数の構成員の合議によって決定する組織体） | なし | あり |
| 組織的活動 | 想定していない | 協議体による組織的な活動の広がり |
| 役割の明確化 | 校長の運用 | 法令等に基づき役割（権限）が明確化 |
| 連携・協働性 | 第三者のかかわり | 主体的参画による連携・協働性の向上 |

出典：文部科学省（2020）「コミュニティ・スクールのつくり方『学校運営協議会』設置の手引き（令和元年改訂版）」文部科学省総合教育政策局地域学習推進課、pp.3-16、文部科学省（2015）「コミュニティ・スクールの推進等に関する調査研究者会議」報告書（参考資料2）をもとに作成

## コミュニティ・スクール（学校運営協議会制度）

学校運営協議会を設置する学校は、一般的に**コミュニティ・スクール**と呼ばれている[3]（以下、コミュニティ・スクールと記す）。コミュニティ・スクールは、2004（平成16）年に制度化されて以後、2015（平成27）年12月21日の中教審答申「新しい時代の教育や地方創生の実現に向けた学校と地域の連携・協働の在り方と今後の推進方策について」において、「**地域とともにある学校**」への転換をさらに見直すことが提言され、2017（平成29）年４月の「**地方教育行政の組織及び運営に関する法律**」改正により、教育委員会に対し学校運営協議会の設置が努力義務として課されるようになった。制度導入当初の2005（平成17）年にはわずか17校にすぎなかったが、2020（令和２）年には9,788校とこの改正以後、顕著な拡大を遂げている。コミュニティ・スクールの概要を示したのが**図２**である。この学校運営協議会には、主な３つの権限を有するという特徴がある。

①学校の運営に関して、教育課程の編成その他教育委員会規則で定める事項について、校長が作成する基本的な方針の承認を行う。

②学校運営に関する事項について、教育委員会又は校長に対して、意見を述べることができる。

③教職員の採用その他の任用に関して教育委員会規則で定める事項について、任命権者に対して意見を述べることができる。

このように学校運営協議会は、学校運営の基盤となる教育課程や教職員配置についても意見を述べることができるため、その責任も大きくなることから委員には守秘義務や行為の制限を設けている自治体もある[4]。さらに「**地域とともにある学校**」を組織的に運営していくために、「①組織的・継続的な体制の構築＝持続可能性」、「②当事者意識・役割分担＝社会総掛かり」、「③目標・ビジョンを共有した『協働』活動」などの連携・協働に関する機能も強化されている（文部科学省2020）。これらの制度が整備されることで、校長や教員の異動が生じても、地域と連携した教育活動や取組みを継続的に構築することが可能となったのである。

## コミュニティ・スクールの効果

コミュニティ・スクールは、学校・地域・保護者の三者が同じ目標に向かってベクトルを共有し、当事者意識を持つことが求められる。それぞれの役割と責任を分担する組織運営を行うことは、学校と地域の双方にとって相乗効果を生み出している。

その効果は、校長に対する成果認識調査結果からも「学校と地域が情報を共有するようになった」、「地域が学校に協力的になった」、「地域と連携した取組みが組織的に行えるようになった」など地域との連携促進だけでなく、「教職員の意識改革が進んだ」、「教育課程の改善・充実が図られた」など学校改善の向上についても報告されている[5]。三者の連携がうまく機能している学校では、多様なステークホルダーの参画による協働のまちづくりという互恵関係、相互作用による重層的な教育プログラム（**図３**）の構築が可能となり、シチズンシップの育成にもつながっている。

### 参考文献


・飯村春華（2018）「学校運営協議会の普及に向けて―地域と学校で子どもを育てる―」『みずほ情報総研レポート』vol.15、pp.1-10
・金子郁容・鈴木寛・渋谷恭子（2000）『コミュニティ・スクール構想―学校を変革するために―』岩波書店
・佐藤晴雄編（2018）『コミュニティ・スクールの全貌―全国調査から実相と成果を探る―』風間書房
・文部科学省（2020）「コミュニティ・スクールのつくり方『学校運営協議会』設置の手引き（令和元年改訂版）」文部科学省総合教育政策局地域学習推進課

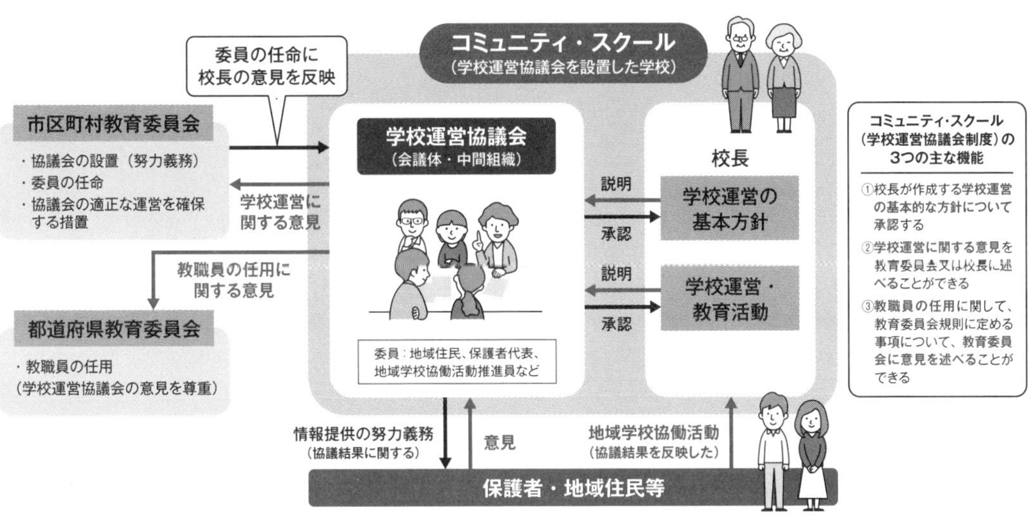


出典：文部科学省（2020）「これからの学校と地域：コミュニティ・スクールと地域学校協働活動（令和2年3月）」p.3をもとに加筆・修正

**図2　コミュニティ・スクールの概要**

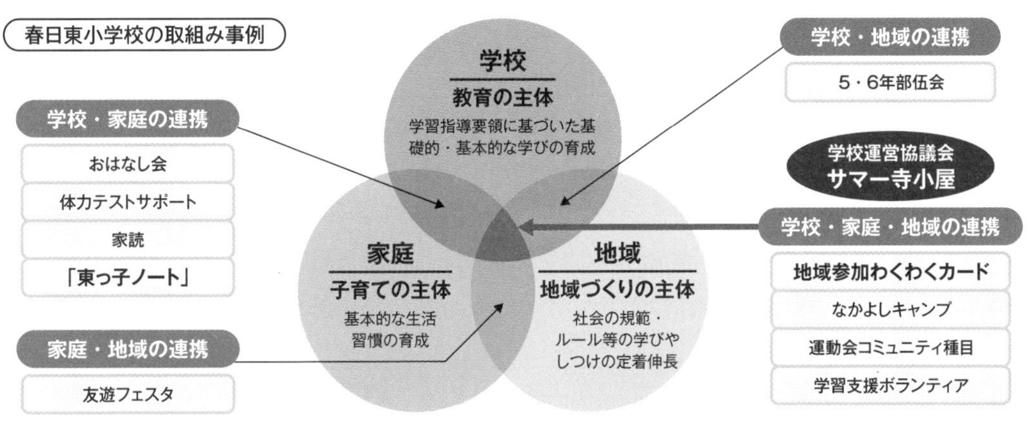


出典：春日市教育委員会（2020）「春日市のコミュニティ・スクール」（令和2年第1回学校運営協議会説明資料）をもとに加筆作成

**図3　学校・家庭・地域が連携した重層的な教育プログラム**

### 註

（1）飯村（2018）は「学校評議員を招聘する頻度は校長の裁量に任されている」と、この制度での連携が機能していないことを指摘している。

（2）イギリスの「学校理事制度」は、地域住民、教員、校長、行政担当者等が学校理事会で学校経営・運営に関して意思決定を行う制度である。米国の「チャーター・スクール（charter school）」は、地域住民や保護者の意見を学校運営に生かすことを目的にした公立学校である（飯村 2018、金子・鈴木・渋谷 2000）。

（3）コミュニティ・スクールという名称は法に基づいた名称ではない（佐藤編 2018）。しかし、近年、文部科学省においてもコミュニティ・スクール（学校運営協議会制度）という表記が主に用いられている。

（4）学校運営協議会委員を非常勤特別職の地方公務員として任命し、「学校運営協議会規則」によって守秘義務や行為の制限を設けている自治体もある。

（5）平成23年度、平成25年度「文部科学省の委託調査」校長への成果認識調査結果より（佐藤編、2018）

（江藤智佐子）

# 2 学校と地域との連携
## ②地域との連携を基とする開かれた学校づくりの経緯—地域学校協働活動、地域学校協働本部

### 学校と地域の連携・協働に関するこれまでの経緯

学校教育分野においては、「**開かれた学校づくり**」のもと、学校が保護者や地域住民の意向を把握し、協力を得て学校運営を行う仕組みの構築に焦点が当てられてきた。具体的には、臨時教育審議会の答申（1986年、1988年）や、中央教育審議会の答申（1998年）による**学校評議員制度**の導入（2000年）、**学校運営協議会制度**の導入（2004年）、**学校評価の法制化**（2007年）といった一連の制度改正が挙げられる。

一方、社会教育分野においては、2002年４月から実施されている**完全学校週５日制**と、それに合せて新しく設けられた「**総合的な学習の時間**」の導入は、学校と地域の連携・協働が広く行われるきっかけとなった。それ以降、「生きる力」の育成の観点から進められた「**新子どもプラン**」(2002年）や、**教育基本法の改正**（2006年）における学校、家庭、地域住民等の相互の連携協力に関する事項の新設（13条）、文部科学省と厚生労働省の連携による「**放課後子どもプラン**」および「**放課後子供教室**」(2007年）等が導入された。

加えて、2008年には教育基本法の改正に伴う社会教育法の改正が行われ、教育委員会の事務として、放課後子供教室を念頭に置きながら「学校の授業の終了後又は休業日において学校、社会教育施設その他適切な施設を利用して行う学習その他の活動の機会を提供する事業の実施並びにその奨励に関すること（５条十三号)」、また学校支援地域本部の活動を視野に入れながら、「社会教育における学習の機会を利用して行った学習の成果を活用して行う教育活動その他の活動の機会の提供等（５条十五号)」が新たに規定された。

また、**学校支援地域本部**の設置（2008年）や「**放課後子供教室**」等の充実化（2013年）、**土曜日の教育活動**（2014年）、「**地域未来塾**」(2015年）による学習支援等といった制度整備が進められた。(資料１)

### 「2015年答申」による新たな取組み

2015年に取りまとめられた「新しい時代の教育や地方創生の実現に向けた学校と地域の連携・協働の在り方と今後の推進方策について(答申)」(以下、「2015年答申」とする）においては、これからの地域と学校の目指すべき連携・協働の方向性を示しながら、**地域学校協働活動の推進、地域学校協働本部の整備、コミュニティ・スクールの推進**の三つについて提言を行っている。

とりわけ、「開かれた学校」から「地域とともにある学校へ」の転換が明確に打ち出され、「地域と学校が協働して未来を担う子どもたちの成長を支えるとともに、持続可能な社会を創っていく取組み」として、地域学校協働活動という概念が新たに提起された。その中で、学校と地域との関係は、一方的に地域が学校・子どもたちを応援・支援するという関係ではなく、子どもの成長を軸として、学校と地域がパートナーとして連携・協働することが強調され、また恒常的、組織的、安定的な運営のために地域学校協働本部を全国的に整備することが提言された。

### 資料1　社会教育分野及び学校教育分野における学校と地域の連携・協働

| | 社会教育分野 | 学校教育分野 |
|---|---|---|
| 1986年 | | 臨時教育審議会第二次答申 |
| 1988年 | | 臨時教育審議会第三次答申 |
| 1998年 | | 中央教育審議会「今後の地方教育行政の在り方について（答申）」 |
| 2000年 | | **学校評議員制度**導入、「教育改革国民会議報告—教育を変える17の提案—」 |
| 2002年 | 「**新子どもプラン**」実施 | **完全学校週５日制**実施 |
| 2004年 | | 中央教育審議会「今後の学校の運営の在り方について（答申）」、**学校運営協議会制度**導入 |
| 2006年 | **教育基本法改正** | |
| 2007年 | 「**放課後子供プラン**」実施 | 学校教育法改正による**学校評価法制化** |
| 2008年 | 教育振興基本計画策定、**社会教育法改正**、**学校支援地域本部**実施 | |
| 2013年 | 第２期教育振興基本計画策定 | |
| 2014年 | **土曜日の教育活動** | コミュニティー・スクールの推進等に関する調査研究協力会議 |
| 2015年 | 「**地域未来塾**」実施 | |

| | |
|---|---|
| 2015年 | 中央教育審議会「新しい時代の教育や地方創生の実現に向けた学校と地域の連携・協働の在り方と今後の推進方策について（答申）（2015年答申）」 |

出典：藤原（2017）p.97

### 資料2　地域学校協働活動の概念図

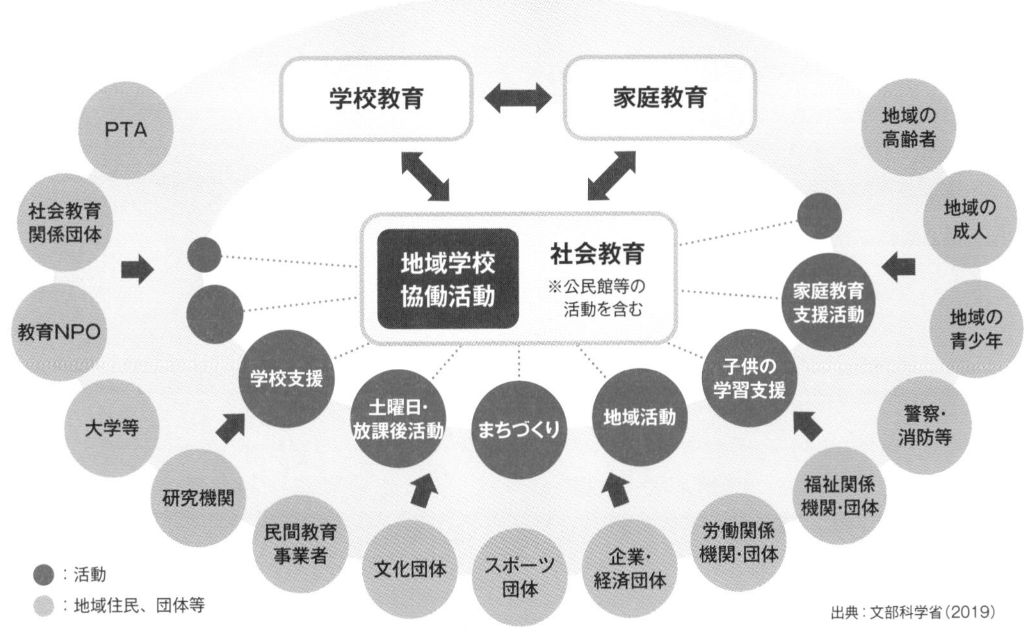


出典：文部科学省（2019）

## 地域学校協働活動および地域学校協働本部

**地域学校協働活動**とは、社会教育法５条に規定される地域住民等が学校と協働して行う様々な活動を指す。すなわち、地域の高齢者、成人、学生、保護者、PTA、NPO、民間企業、団体・機関等の幅広い地域住民等の参画を得て、「**学校を核とした地域づくり**」を目指し、地域と学校がパートナーとして連携・協働して行う様々な活動を意味する。（資料２）

こうした地域学校協働活動が推進された背景には、地域における教育力の低下や、家庭の孤立などの課題、学校を取り巻く問題の複雑化・困難化に対して社会総掛かりで対応することが求められたこと、またそのためには地域と学校がパートナーとして連携・協働するための組織的・継続的な仕組みが必要不可欠であったこと、さらに今次学習指導要領が目指す「社会に開かれた教育課程」の実現に向けて、学校は地域との連携・協働を一層進めていくことが重要であったことが挙げられる。

また、2017年３月の社会教育法の改正により、**教育委員会**は地域学校協働活動の機会を提供する事業を実施する際に、**地域住民と学校との連携協力体制の整備や普及啓蒙活動**などの措置を講じることとなった。このほかに、地域と学校をつなぐコーディネーターとしての役割を果たす者を**地域学校協働活動推進員**として教育委員会が委託できることも規定された（社会教育法９条の７）。

先述のとおり、このような地域学校協働活動の推進には**地域学校協働本部**の整備が有効とされたが、地域学校協働本部はこれまでの学校支援地域本部事業等を基盤としつつ、緩やかなネットワークを形成することにより、**コーディネート機能、多様な活動、継続的な活動**といった特徴をもつものとした。もともと学校支援地域本部は、地域住民等の協力により、授業の補助や部活動支援、学校の環境整備等、学校を支援する体制として、文部科学省によって2008年に導入された取組みであったが、「2015年答申」では地域学校協働本部を従来の**学校支援地域本部等の活動を発展させた取組み**として位置づけたうえで、**地域による学校への「支援」から地域と学校双方向の「連携・協働」へ**、また**「個別の活動」から活動の「総合化・ネットワーク化」**を目指す新たな体制作りが重視された。（資料３）

但し、連携の体制は様々な形態があり得るため、地域学校協働本部についての法律上の規定は設けず、具体的な活動内容についても、地域の実情や特色、同本部の発達段階に応じた活動を踏まえて決定することとした。

その後、第三期教育振興基本計画（2018年閣議決定）においては、全ての小中校区において地域学校協働活動を推進することを目指すとし、2020年現在の実施状況をみると、全国の公立学校で地域学校協働本部がカバーしている学校数は17,066校（60.3％、前年度から2,676校増加）、地域学校協働活動推進員等を配置している学校の割合は83.5％（28,822人、前年度から2,209人増加）となっており、普及が着実に進んでいることがうかがえる。（資料４）

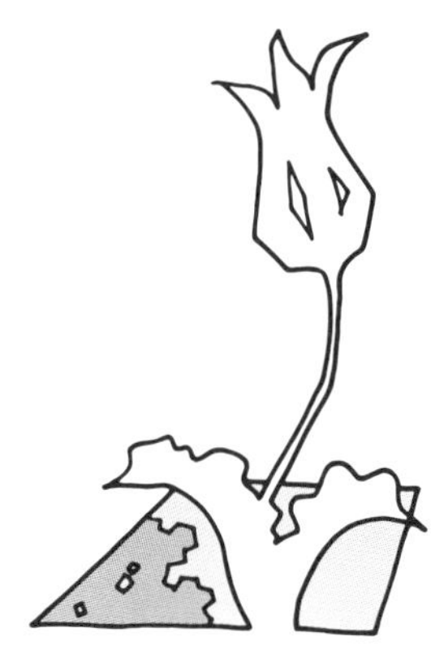

資料３　地域学校協働本部の整備

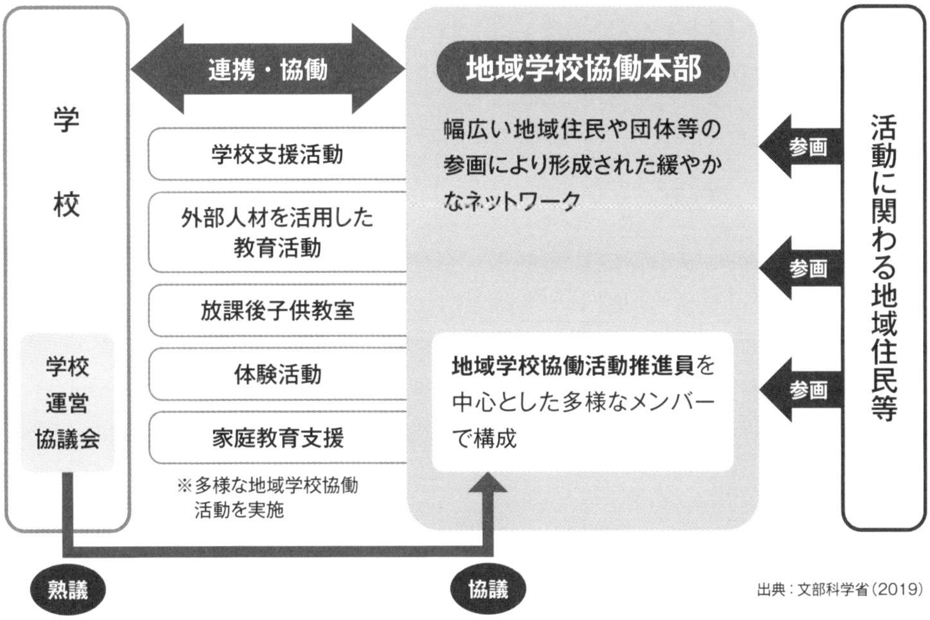

出典：文部科学省（2019）

資料４　2020年度地域学校協働活動の実施状況

|  |  |
|---|---|
| ①全国の**地域学校協働本部数** | 10,828本部（前年度から1,491本部増加） |
| ②全国の公立小学校、中学校、義務教育学校において**地域学校協働本部がカバーしている学校数** | 17,066校（60.3％）（前年度から2,676校増加） |
| ③全国の**地域学校協働活動推進員**等 | 28,822人（前年度から2,209人増加） |
| ④全国の地域学校協働活動推進員等のうち、**学校運営協議会委員**である者 | 4,955人（2020年度からの調査項目） |
| ⑤全国の公立学校設置者のうち、**地域学校協働活動推進員等を配置している割合** | 83.5％（前年度から9.0ポイント増加） |

出典：文部科学省（2020）

## 参考文献


・金子晃之（2017）「『チーム学校』と地域との連携・協働の課題について」『桜花学園大学保育学部研究紀要』（15）、pp.52-57
・藤原文雄（2017）「地域学校協働活動について」『地域コーディネーターと地域連携担当教職員の育成研究ハンドブック』国立教育政策研究所、pp.90-98
・文部科学省（2016）「地域学校協働活動の推進に向けたガイドライン」
・文部科学省（2019）「地域学校協働活動：地域と学校でつくる学びの未来」
・文部科学省（2020）「2020 年度コミュニティ・スクール及び地域学校協働活動実施状況調査について」


（金　美連）

# 学校安全への対応
## ①学校安全と危機管理（学校事故に関わる裁判例など）

### 学校安全の定義と法制度

学校において児童生徒等が活動し安心して学べるようにするためには、「児童・生徒」の安全が確保されていなければならない。そのため、学校にとっては児童・生徒は守るべき対象であり、その安全を確保するだけの法整備が求められる。あくまで「学校」としてだが、これらの法制の中心となっているのが、「学校保健安全法（1958年・旧法「学校保健法」）」である。学校における児童・生徒等及び職員の健康・保持増進、学校安全（学校防災）と幅広い範囲を対象としている。

この学校保健安全法の旧法令名は「学校保健法」である。学校における保健管理に関し必要な事項を定めたもので、戦後の学校制度の発展に伴い増加した学校（生活）において、児童・生徒の健康（診断）・感染症（予防）等の環境衛生の改善を重視した法律として制定された。

しかしその後、同法は学校における教育活動について、子どもが安心して学べる環境という観点から見直され始めていく。1960～1990年代前半の日本の経済成長期において学校に通う児童・生徒数は増加し、様々な学校事故や問題事件が生じていった。その中で、児童・生徒の学校安全（配慮）が求められるようなり、「学校保健法等の一部を改正する法律」（2009）が国会で審議され、2009年4月に「学校保健法」は「学校保健安全法」に改題される。学校における安全管理に関する条項が加えられ（学校安全計画の策定（同法27条）や・危険等発生時対処要領（通称：危機管理マニュアル）の作成（同法29条））、学校における安全管理に関し必要な事項を定め、学校教育の円滑な実施とその成果の確保に資することを目的として成立した。

### 東日本大震災の影響と学校防災

学校保健安全法の改正の後、学校安全の定義に大きく影響を与えたのは「東日本大震災（2011年）」の災害である。わが国でも未曽有の災害となった東日本大震災以降、「学校安全計画」についての再考が教育政策でも議論されていく。特に、学校防災を中心とした防災拠点としての学校が求められ、「東日本大震災を受けた防災教育・防災管理等に関する有識者会議」（平成24年）の設置、同有識者会議による「学校安全の推進に関する計画（第一次）」が提案される。同計画（第1次）の推進において、防災教育の観点が学校に取り入れられ、様々な活動へと展開していった。その後「学校安全の推進に関する計画について（第2次）（2017）」が提案され、5年間（2017～2021年度）の取り組みが終わり、今年度（2021）に「第3次学校安全の推進に関する計画の策定について」が諮問された状況である。

### 防災教育の展開とカリキュラム・マネジメント

このように、現在の学校安全と危機管理の方向性の一つに「学校全体の安全教育・防災教育」という観点が含まれることになった。学校保健の観点からの感染症等の病理・環境衛生対策に加えて、危機災害等の学校安全・学校防災（教育）という取り組みへと展開している。広範囲にわたる危機管理の事前活動が求められるため、各学校ではこれらを教育課程の中に位置づけ、組織的に取り組んでいる。学校安全の推進に関する計画（第2次）では、その方策として、1）安全教育（カリキュ

### 学校保健安全法の構成

第１章　総則（第１条－第３条）
第２章　学校保健　　第１節　学校の管理運営等（第４条－第７条）　　第２節　健康相談等（第８条－第10条）
　第３節　健康診断（第11条－第18条）　　第４節　感染症の予防（第19条－第21条）
　第５節　学校保健技師並びに学校医、学校歯科医及び学校薬剤師（第22条・第23条）
　第６節　地方公共団体の援助及び国の補助（第24条・第25条）
第３章　学校安全（第26条－第30条）　　第４章　雑則（第31条・第32条）　　附則

### 学校保健安全法　第三章　学校安全

（学校安全に関する学校の設置者の責務）
第二十六条　学校の設置者は、児童生徒等の安全の確保を図るため、その設置する学校において、事故、加害行為、災害等（以下この条及び第二十九条第三項において「事故等」という。）により児童生徒等に生ずる危険を防止し、及び事故等により児童生徒等に危険又は危害が現に生じた場合（同条第一項及び第二項において「危険等発生時」という。）において適切に対処することができるよう、当該学校の施設及び設備並びに管理運営体制の整備充実その他の必要な措置を講ずるよう努めるものとする。
（学校安全計画の策定等）
第二十七条　学校においては、児童生徒等の安全の確保を図るため、当該学校の施設及び設備の安全点検、児童生徒等に対する通学を含めた学校生活その他の日常生活における安全に関する指導、職員の研修その他学校における安全に関する事項について計画を策定し、これを実施しなければならない。
（学校環境の安全の確保）
第二十八条　校長は、当該学校の施設又は設備について、児童生徒等の安全の確保を図る上で支障となる事項があると認めた場合には、遅滞なく、その改善を図るために必要な措置を講じ、又は当該措置を講ずることができないときは、当該学校の設置者に対し、その旨を申し出るものとする。
（危険等発生時対処要領の作成等）
第二十九条　学校においては、児童生徒等の安全の確保を図るため、当該学校の実情に応じて、危険等発生時において当該学校の職員がとるべき措置の具体的内容及び手順を定めた対処要領（次項において「危険等発生時対処要領」という。）を作成するものとする。
２　校長は、危険等発生時対処要領の職員に対する周知、訓練の実施その他の危険等発生時において職員が適切に対処するために必要な措置を講ずるものとする。
３　学校においては、事故等により児童生徒等に危害が生じた場合において、当該児童生徒等及び当該事故等により心理的外傷その他の心身の健康に対する影響を受けた児童生徒等その他の関係者の心身の健康を回復させるため、これらの者に対して必要な支援を行うものとする。この場合においては、第十条の規定を準用する。
（地域の関係機関等との連携）
第三十条　学校においては、児童生徒等の安全の確保を図るため、児童生徒等の保護者との連携を図るとともに、当該学校が所在する地域の実情に応じて、当該地域を管轄する警察署その他の関係機関、地域の安全を確保するための活動を行う団体その他の関係団体、当該地域の住民その他の関係者との連携を図るよう努めるものとする。

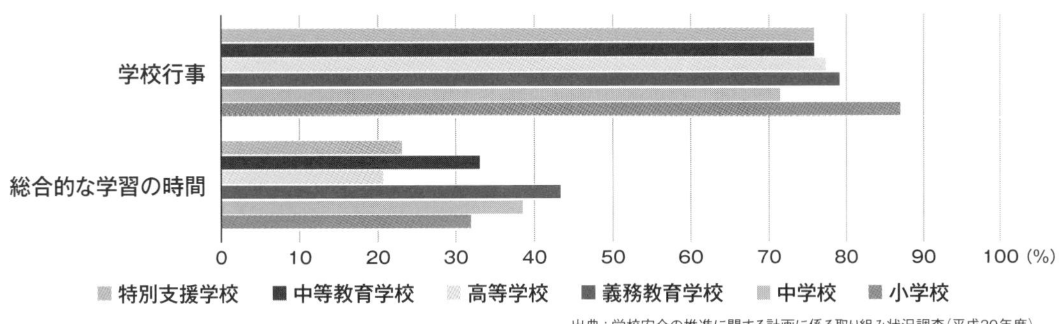


出典：学校安全の推進に関する計画に係る取り組み状況調査（平成30年度）

**図１　教育課程（学校行事・総合的な学習の時間）の学校安全教育実施状況**

ラム・マネジメント）を通じた系統的・体系的な指導の推進(児童･生徒の避難訓練や防災訓練等)、地域（学校・自治体との連携も含む）の防災訓練と連携するなど（図１参照)、多様な教育活動へ展開している。

## 児童・生徒の学校事故と安全配慮義務

前述では「学校」に求められ学校安全に関する法制度について述べたが、次に、学校の管理下において児童・生徒に事件・事故・災害に対して、それらを取り巻く法制度の実情について述べたい。学校において生活する児童・生徒に事件・事故が発生した際に、学校（及び学校設置者である教育委員会）は生命と健康を最優先に、迅速に対応しなければならない。事件・事故後の対応として、発生原因究明や安全対策の検証、精神的なケアや保護者への説明、再発防止などの体制づくりが求められる。児童・生徒や保護者との関係において、これらに疑義が生じた場合（安全配慮に十分な対応が見られないと考えられた場合)、裁判･訴訟等へと発展することがある。

学校事故とは学校教育や学校生活において、児童・生徒が被害者となる場合の事故を指します。当然、加害者側になり得るのは、児童・生徒や学校･教職員等が考えられますが、本項では「学校･教職員」側が法的責任を負う場合を想定して述べたい。学校･教職員側が法的責任を問われるのは、学校や教員が事故防止のための配慮不足､故意(体罰など）又は過失（不注意）がある場合に限定されます（①公立学校：国家賠償法１条１項、②私立学校：民法715条の使用者責任、③教員：民法709条の不法行為、同415条の安全配慮義務違反が関連する法令となる)。この点については、過失の有無を判断するに際して、考慮すべき諸点がある。

過失を判断する要件となるのは、①「**安全配慮義務**」(事前の安全体制づくりができていたか)、②学校事故に対する学校・教職員側の「予見可能性」(事故の発生を予見することが可能かどうか）等が考えられていたか、これらの点である。学校生活において、十分な安全点検が定期的に行われず、教員が事故発生を予測していない場合には大きな問題になり得る。

## 学校事故に関する重要裁判・訴訟

学校事故に関して、学校安全に影響を与えたいくつかの事件を2000年以降に限定して述べたい。まず、①大教大附属池田小事件（2001)：大阪府・不審者の侵入による児童殺傷事件、②石巻市立大川小学校（2011)、③大津市中２いじめ自殺事件（2011)：滋賀県・いじめ対策防止法の制定、④大阪市立桜宮高等学校・部活動－生徒自殺事件（2012）などがある。

上記②の事件は、2001年（平成13年）先述の学校安全における防災対策の重要性に影響を与えたものとして、東日本大震災（2011）によって生じた「宮城県石巻市立大川小学校」が津波災害によって被災した事件の裁判がある（校庭にいた児童78名中74名、教職員13名中（校内在籍11名）10名が死亡)。戦後最大の学校における児童・生徒の大量死亡事故であり、わが国の学校安全における防災教育を根底から考え直す契機となった事件の一つである。

次に、上記④の体罰事件について述べたい。④の事件は教員による児童・生徒への加害行為が生じて発生したものである。「大阪市立桜宮高等学校」の部活動顧問（教員）による体罰・生徒死亡事件（2012）は当時、大きな社会問題としても取り上げられた。中学校・高等学校の部活動（部活動は教育課程においては正課活動には位置づけられておらず正課外活動である）において、部活動顧問教員の指導によって生徒が自殺した事件であり、その後、教員の指導の在り方や部活動そのもの是非について大きな議論となった。

学校事故の特殊性は、被害者（児童・生徒）の心身の発達に配慮しなければならないこと（成人ではないという）、またそれらが学校という閉ざされた環境で生じる点にある。係争中の裁判・訴訟も多数生じているが、学校安全計画を履行していくためには、教員各自が学校安全に関する法制度への理解を深め、学校の組織的・継続的な安全管理体制の見直しに取り組むしかない。

**宮城県石巻市立大川小学校（大川小学校事故検証報告書より抜粋）**

事故の概要（2011年３月）：３月11日（金）14：46分、三陸沖を震源とするマグニチュード9.0の地震が発生した（東日本大震災）。本震発生後およそ50分後の15：36分、新北上川を津波が遡上した。大川小学校では、地震当時在校していた児童・教職員が校庭へ二次避難を行ったが、その後、保護者等への引渡しにより下校した児童27名を除く児童76名、教職員11名が津波に遭遇、児童・教職員が被災した。結果、河口から５kmにある学校・校庭にいた児童74名、教職員10名が死亡する。学校において子どもが犠牲となった事件・事故として戦後最大・最悪の事件となった。

民事訴訟（2014年３月）：犠牲となった児童23人の遺族が宮城県と石巻市に対し、損害賠償を求める民事訴訟を仙台地方裁判所に起こした。仙台地方裁判所（2016年10月）は学校側の過失を認定し、総額14億2658万円の支払いを石巻市と宮城県に命じる。石巻市・宮城県は津波の襲来を予見できなかったと主張したが、仙台地方裁判所は、石巻市の広報車が大川小学校付近で津波の接近を告げていたこと、高台への避難を呼びかけた教員らは津波襲来を予見できたとして過失と結論づけた。

その後、双方が控訴した控訴審：仙台高等裁判所１審判決（2018年４月）でも、学校側が地震発生前の対策を怠ったものとされ、学校側の防災体制の不備を認定した。これに対し石巻市議会は（2018年５月）賛成多数で最高裁判所上告を採択。宮城県と共に上告した。村井嘉浩知事は、「校長らの高度な安全確保義務」の妥当性を争点として争ったが、上告が退けられ２審仙台高等裁判所判決が確定した。宮城県教育委員会によると遅延損害金を合わせると賠償総額は20億円を超える巨額訴訟となった。

(2021/03/01https://www.mext.go.jp/b_menu/shingi/chukyo/chukyo5/012/gijiroku/__icsFiles/afieldfile/2014/08/07/1350542_01.pdf)

**桜宮高校体罰事件（一部抜粋）**

- 2012年12月23日：生徒が自宅で亡くなっているのが発見/市教育委員会が校長に事実確認を行い/家族に宛てた遺書のほか、自殺の数日前にバスケットボール部顧問あてに書いたが実際には手渡せていなかった手紙があった/自殺前日、顧問教諭による当該生徒への体罰があった等を確認
- 2012年12月27日：バスケットボール部員を登校させ、アンケート調査を実施
- 2012年12月29日：バスケットボール部保護者会を実施し、アンケート調査を実施
- 2013年１月８日：事案の公表（事案の概要、顧問教諭の過去の体罰情報等を公表）
- 2013年１月９日：桜宮高校全校保護者説明会
- 2013年１月15日：教育委員会会議（本事案の真相の解明と実態調査の実施、「大阪市教育委員会体罰・暴力行為等対策本部」の設置（本部長：教育長）、桜宮高校のバスケットボール部及びバレーボール部については無期限の活動停止、その他の運動部活動については緊急の実態調査の結果を踏まえて活動再開の可否を判断する等を決定）

（中央教育審議会初等中等教育分科会：第82回配付「大阪市立桜宮高等学校における体罰事案について」: 2021/30/01, https://warp.ndl.go.jp/info:ndljp/pid/11293659/www.mext.go.jp/b_menu/shingi/chukyo/chukyo3/siryo/attach/1331577.htm）

（大竹晋吾）

# 学校安全への対応
## ②学校を取り巻く新たな環境の変化（COVID-19がもたらした影響）

### 学校を取り巻く社会環境の変化

学校も組織の一つである以上、外部環境の変化に適応できないと生き残れない。佐藤学（2021）は教育を取り巻く環境の変化として、①新型コロナ・パンデミックによる社会の変化、②第四次産業革命の進行による変化、③経済のグローバリゼーションのさらなる進行による変化の３つを挙げている(1)。とりわけ、人工知能（AI：Artificial Inteligence）やIOT（Internet of Things）、ビッグデータなどに象徴される②の第四次産業革命にあたり日本は後塵を拝したため、**Society5.0**（内閣府総合科学技術会議・第５期科学技術基本計画で提唱された日本独自の概念）に向けた人材育成の推進をEdtech（Education（教育）とTechnology（技術）を組み合わせた造語）や「未来の教室」（経済産業省）、**GIGAスクール構想**（文科省）、「人づくり革命」（内閣府）等として提唱するが、その未来予想図は必ずしも明るくない。学びの個別最適化や「学習のSTEAM化」は、③のグローバリゼーションと結びつき、教育市場のグローバル化（ビッグ・ビジネス化）を進め、子どもたちの個性が選別されかねないことも懸念されている。そのような状況の下で、既存の「学校」という制度は果たして今のまま生き残れるだろうか。①新型コロナウイルスの感染拡大によって、上記②や③の動きにも拍車がかかった。本節では2020年から2021年にかけてのCOVID-19感染拡大が教育現場にもたらした影響について概観したい。

### 首相の要請による異例の全国一斉休校

2020年の日本は、招致決定から７年いよいよ東京オリンピック・パラリンピックが開催されるという昂揚感で幕が開けた。また、４月より約10年ぶりの**新学習指導要領**が小学校で施行されるなど教育界でも節目の年であった。中国・武漢市で新型コロナウイルスが発生し、猛威をふるっていることが報じられても、当時の政府は「対岸の火事」のような楽観的な受け止めであった。２月初旬に複数の感染者が確認されたダイヤモンド・プリンセス号に対してでさえも、「水際対策」で対処可能という姿勢であったが、２月も後半に入り状況は一変した。２月24日の専門家会議での「１～２週間が瀬戸際」発言を受け、安倍首相は国民に対して大規模イベント等の開催の自粛要請を行った。それでも学校については臨時休校の判断権限はあくまで学校の設置者（地方自治体）にあり、その判断権限が国にないことを文科省も確認していた。ただ、若い知事たちが打ち出す臨時休校などのリーダーシップが「英断」として注目が集まり、他方、国は「後手後手」であるとして批判される雰囲気に焦った首相(2)が27日に突然、**全国一斉休校**を要請することを表明した。

学校閉鎖の弊害（Unesco2020）は一時的なものであっても社会的・経済的に大きなコストを伴い、とりわけ不利な環境の子どもたちやその家族に深刻である。専門家のお墨付きも与えられていない休校要請は「私の責任で」と自らの政治決断を強調するが、結局、預かり先や学習保障など休校で生じる様々な問題点には十分な対処をせず、感染抑制に対する効果も検証されなかった。

その後の「**９月入学**」への以降に向けた唐突な議論も、この全国一斉休校による学習の中断を取り戻すための安易な処方箋として提起され、混乱を招くなど多くの影響を与えた。そして何より、

**資料１　教育界におけるCOVID-19対応（全国一斉休校要請から学校再開まで）**

| 日付 | 主な出来事 | 補足事項 |
|---|---|---|
| 20.2.18 | 児童生徒等に新型コロナウイルス感染症が発生した場合の対応について（文部科学省発出） | 設置者は…必要な臨時休校を行うことができる |
| 20.2.25 | 同上　第二報（文部科学省　発出）　感染者のいない周辺地域の学校でも臨時休校検討せよ | 積極的な臨時休校を行うことも考えられる |
| 20.2.27 | 安倍首相による全国一斉休校要請（３月２日から春休みまで） | 木曜18時21分～　政府対策本部にて　来週月曜から要請 |
| 20.2.28 | 新型コロナウイルス感染症対策のための……一斉臨時休業について（文部科学省　発出） | |
| 20.3.4<br>時点 | 全国の公立小・中・高等学校、特別支援学校の約99％にあたる32,230校が臨時休校を決定 | |
| 20.3.24 | 文科省が「学校再開」に向けたガイドライン（指針）を公表　10項目のチェックリストを用意 | ３月20日の首相の指示に従い指針改定するものの感染拡大 |
| 20.4.7 | 緊急事態宣言の発令（特措法）７都府県対象　再度の休校、入学式の延期や中止など | 対象：東京、埼玉、千葉、神奈川、大阪、兵庫、福岡 |
| 20.4.16 | 緊急事態宣言（特措法）の対象を全国に拡大 | |
| 20.5.14 | 39県を宣言解除　右の８都道府県を除く<br>５月25日　全面的解除 | 対象：北海道、埼玉、千葉、東京、神奈川、京都、大阪、兵庫 |
| 20.5.19 | 「学びの保障」の方向性　文科省初中局長通知<br>首相官邸で次官級協議　「９月入学」２案提示 | １年で移行案・５年で移行案 |
| 20.5−6 | 分散登校などにより＜学校再開＞ | 全国学力学習状況調査は中止 |
| 20.6.5 | 「学びの保障」総合対策パッケージ　通知 | 感染症対策と学びの保障<br>学習活動の重点化 |
| | 夏休み短縮・土曜授業で時数確保 | センバツ・夏の甲子園も中止 |
| 20.8.18 | 次年度以降への授業繰り越しを認める　告示 | 最終学年以外の児童生徒 |

出典：筆者作成

**資料２　全国一斉休校に関する法的根拠**

| 首相 | | なし |
|---|---|---|
| 首長 | 学校休業の要請権限 | インフル特措法45条２項 |
| 教育委員会 | 感染症予防における学校臨時休業の判断主体 | 学校保健安全法20条<br>※校長への委任規定 |
| 同上 | 学校保健、環境衛生に関する職務権限 | 地教行法21条９号・10号 |
| 同上 | 保健業務における保健所との連携 | 地教行法57条・施行令10条 |

出典：筆者作成

教育現場が教育の論理ではなく政治の論理、中央の論理で科学的根拠もなく大きく左右されてしまったことは今後に大きな禍根を残すこととなった。

## COVID-19が学校や教育現場に与えた影響

日本だけでなく、2020年は新型コロナウイルス（COVID-19）に世界が翻弄された一年であった。パンデミックとなったコロナ禍による学校や子どもたちを取り巻く環境の厳しさや影響は日本固有ではないはずだが、それだけに日本の教育システムの問題や学校の改善課題が浮き彫りになった。

**①教育委員会、学校の自律性の脆弱さ**
**②学習指導要領による教育課程の拘束性**
**③学級空間・教育活動の閉鎖性・密室性**
**④規律・訓練型の身体管理**
**⑤権利主体たる子どもの意見表明機会の欠落**
**⑥家庭との役割分担の不明瞭性**
**⑦非正規雇用の拡大に伴う危機対応力の低下**
**⑧「登校」の自明視**
**⑨学校文化・慣習に対する経路依存的愛着**
**⑩教育現場のデジタル化の遅れ**

以上のように枚挙に暇がない。そして現状を見ると、ポストコロナ時代に向け、こうした課題を「いかに変えるか」と学校役割を再考する方向に進まず、「いかに元に戻すか」の方向にドライブがかかっているように見受けられる。一斉休校や〈学校再開〉での経験を特殊な非常事態の出来事と捉えず、学校本来の役割を見直す「棚卸し」の機会として改善につなげる必要がある。

①新型コロナウイルスという未知なる恐怖・不透明性の前に、さきの「全国一斉休校」の要請以降、意思決定は、中央集権型の上意下達、一般行政への従属となる傾向にあり、あらためて教育委員会の自己統治能力が問われている。また、学校の自主性・自律性を発揮するために**ガバナンス**のあり方（職員会議や学校評議員制度、**学校運営協議会**の機能など）も再検討する必要がある。②「学びをとめない」というスローガンは休校期間中の大量な課題作成、そして学校再開後の休み返上での「詰め込み」授業へと転じた。オンライン授業への参加を出席と認めるか否かなど時数の管理も問題となっており、一部に授業の繰り越しを認めた（資料１の末尾参照）とはいえ、**学習指導要領**（ナショナルカリキュラム）に強く拘束されていることに変わりはない。③学級空間自体が「３密」を生みだすことも理由の一つとして、学級定員の上限が40年ぶりに見直され、40人から35人へと段階的に移行することになった（2021年３月　**義務標準法**の改正）。さらに、学校施設について議論する有識者会議（2021年７月16日）では、教室の拡大方針を盛り込んだ中間報告案が示された。条件整備の改善として朗報ではあるが、予算を伴い実現に多くの時間を要するだろう。

④日本の学校教育が富国強兵政策など近代化の道具として利用されてきたことの名残りはいまなお確認できる。規律・訓練型の身体管理は、今回のコロナ対応で示された**「学校の新しい生活様式」**（2021.5.28　一部修正）によってさらに強化されている。子どもたちはコロナ禍の中で手洗いやうがい、給食の食べ方、休み時間の過ごし方など、「３密」対策等の管理の対象となり「躾的指導」を一方的に強いられている(3)。⑤**子どもの権利条約**を批准はしているものの、権利委員会から多くの勧告をうけてきた。今回の休校措置をはじめ学校行事の中止などの意思決定過程において子どもの意見に耳を傾けてきただろうか。⑥突然の休校となって、「受け皿」が課題となったように、学校はすでにケア役割をかなり担っていたことが理解された。他方で、宿題などの課題作成にあたって、家庭のサポートなしには十分に対応できないことも多く、学校と家庭の役割分担のありようが問われた。⑦休校期間中の非常勤講師の雇用などが問題となったが、そもそも非正規教員が構造的に増加している現状は、危機発生時の対応などに課題を残している。

⑧休校期間中は学校に「行かないこと」が公式に求められたが、その反転は長く続かなかった。やむを得ない事由により自宅等で行ったオンラインによる学習は、学校に登校しなければならない日数には含まれず欠席とはならないが、出席でもない。また、そもそも不登校は別の取扱いとなる（資料３）。⑨近年、「**働き方改革**」として学校役割の縮減が求められてきたが、このコロナ禍を経ても十分なリストラクチャリングは進んでいない。とりわけ部活や学校行事は教員の負担の大きな教育活動であることが了解されながらも、それを継続する声は特に外部から喧しい。内部の教員も「子どものため」「これまでやってきたから」という理由で継続しているようだが、それは経路依存になっているだけで思考停止している状態ではないだろうか。⑩最後に、ＩＣＴの活用など**教育の情報化**や**校務の情報化**は以前より進められてきたが、コロナ禍は日本の教育現場がデジタル対応できていないことを露わにした。そのため**GIGAスクール構想**の前倒しにより対応を急いだが、ハード（条件整備）にソフト（意識や法整備）が追い付けていない。勿論、改革ありきではなく、新たな制度を支える原理を批判的に吟味し、アフターコロナとしての発想の転換が求められよう。

### 資料３　登校の取扱いに関するフローチャート

（出典：文部科学省初等中等教育局 初等中等教育企画課 2021年9月10日事務連絡 新型コロナウイルス感染症等により登校できない児童生徒等の出席等の取扱いについて（周知）文書より）

**義務教育段階における登校の取扱いに関するフローチャート**

○家庭や地域の経済的・社会的状況等に関わらず、全ての子供たちに教育の機会均等を確保することは重要であり、**保護者は子供を小学校、中学校に就学させる義務**があります。そのため、**保護者が子供を学校に登校させることが基本**となります。
○一方で、**新型コロナウイルス感染症の学校における感染及びその拡大のリスクを低減することも重要**であり、以下のフローチャートに基づき、**それぞれの子供の状況に応じた適切な対応**をお願いいたします。

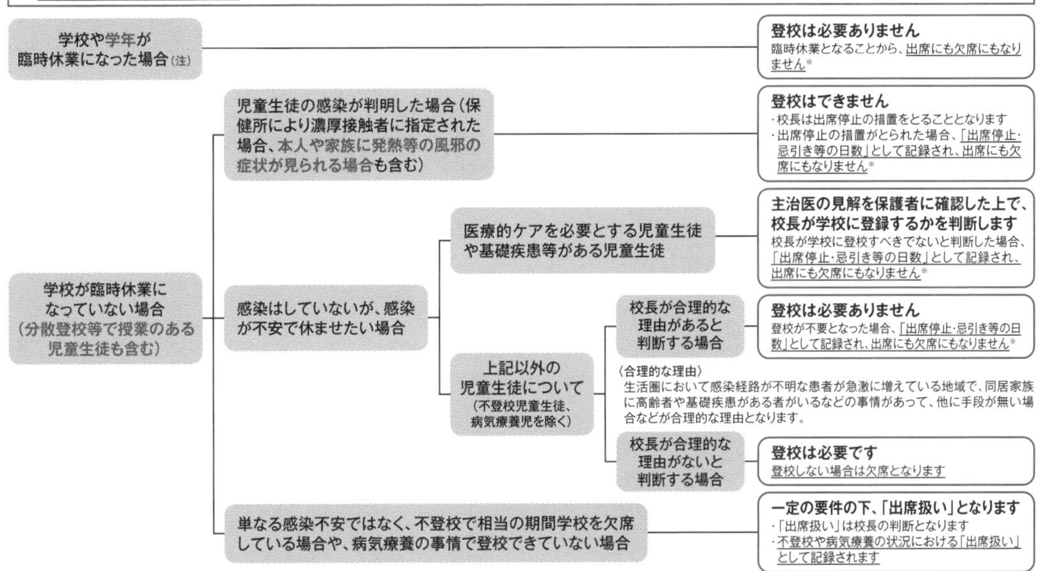


注　分散登校等で学年の一部を休業とした場合に授業のない児童生徒も含まれるが、この場合には「出席停止・忌引き等の日数」として記録され、出席にも欠席にもなりません※
※の場合においては「出席停止・忌引き等の日数」等とされ、出席にも欠席にもなりませんが、児童生徒が、一定の方法によるオンラインを活用した学習の指導を受けたと校長が認める場合には「オンラインを活用した特例の授業」として記録されます。

幼稚園、幼保連携型認定こども園、高等学校、中等教育学校（後期課程）、特別支援学校（幼稚部、高等部）及び専修学校高等課程においても、感染症等が発生した場合における児童生徒等の出席については基本的には同様の対応となりますが、詳細は「新型コロナウイルスに関連した感染症対策に関する対応について」（文部科学省HP）に掲載しているQ&A等をご参照ください。

### 註

（１）佐藤学（2021）『第四次産業革命と教育の未来　ポストコロナ時代のICT教育』岩波ブックレット1045、pp.2-3
（２）例えば、朝日新聞2020年２月29日２面「政権批判　首相に焦り　一斉休校　萩生田氏・菅氏置き去り」など。
（３）数見隆生（2021）「管理の対象化がすすむ命と健康」教育科学研究会編集『教育』４月号、No.903、旬報社

（元兼正浩）

MEMO

# 第2部
# 韓 国 編

# 学校をめぐる近年の環境変化

学校は社会から断絶し孤立した存在あるいは閉鎖体制ではなく、周辺環境と自由に相互作用しながら適切に対応し、体制を維持していく「開放体制」としての特性を持っている。すなわち、学校は内部の教育的変化だけでなく、外部の政治、経済、社会、文化的変化にかなりの影響を受け、そのような変化に積極的に対応していく必要がある。

以下では、韓国の学校が直面している様々な対内、対外の環境変化と、それらが学校に及ぼす影響について簡単に述べる。

## 地方教育自治の活性化及び国家教育委員会の設置・運営（政治）

1991年に「地方教育自治に関する法律」が制定され、「**地方教育自治**」のための法的根拠が設けられた。そして、選挙人団(1)による間接選挙方式を採択したが、1997年から教育委員会委員と**教育監**（教育長）を選出する選挙も始まった。2010年からは、住民の直接選挙によって教育監を選出し始め、その後、教育部から市・道教育庁に多くの教育行政権限が委譲または委任された（ハンら、2019）。

特に、2017年８月に教育部と市・道教育監協議会が共同で「教育自治政策協議会」を発足し、教育部と教育庁、教育専門家、現場教員などが集まり、教育自治の強化および学校の自律化に関する主要案件を審議・調整している（教育部「全国市道教育監協議会」、2017）。教育部と市・道教育庁は対等な協力関係が形成されることで、中央に集中していた権限と事務を配分し、教育庁と学校の自律性及び権限をさらに拡大しようとする試みといえる。

一方、2021年７月に「国家教育委員会設置および運営に関する法律」が制定され、2022年７月に大統領直属の「**国家教育委員会**」が公式に発足する予定である（教育部、2021.7.1.）。総計21人の委員で構成される国家教育委員会は、様々な教育主体が集まった社会的合意機構であり、激しい論争の対象になっている学校制度や教員政策、大学入学政策などと関連した政策方向設定や発展計画の策定、国家教育課程の基準及び内容の策定などの役割を担うことになる。

結果的に、国家教育委員会が社会的合意に基づいた「国家教育発展計画」を策定すれば、教育部はその方向に合わせて具体的な政策を打ち出し、執行していくことになる。また、小・中等教育分野は本格的に市・道教育庁から権限が移譲され、教育部は教育福祉、教育格差、生徒の安全・健康、予算・法律など国家的責務が求められる部分に集中しつつ、特に高等教育や生涯職業教育などと関連する人材養成機能をさらに強化する見通しである。

## 国家財政の拡大と教育財政の変化（経済）

2020年以降COVID-19危機により低成長など経済的危機状況が続いているにもかかわらず、政府は躊躇なく拡張的な財政運用方式を採択したことにより、教育部予算をはじめとする政府予算は増加し続けている（企画財政部、2021.8.27.）。

2022年度の教育部予算は、2021年度の76兆4,645億ウォンに比べ12兆1,773億ウォン増加し88兆6,418億ウォンで編成された。今後、国会の予算審議を経て調整の余地があるものの、COVID-19による

資料１　2022年度教育部予算案（単位：100万ウォン）

| 区分 | 2021年度 | | 2022年度 | 前年比増減 | |
|---|---|---|---|---|---|
| | 本予算(A) | 第２回補正予算 | 予算案(B) | (B-A) | % |
| 【教育分野】 | 70,970,674 | 77,530,641 | 82,915,071 | 11,944,397 | 16.8 |
| ・幼児及び小・中等教育 | 58,637,455 | 65,100,982 | 69,834,946 | 11,197,491 | 19.1 |
| （地方教育財政交付金） | (53,230,001) | (59,595,796) | (64,300,769) | (11,070,768) | (20.8) |
| ・高等教育 | 11,145,520 | 11,212,372 | 11,808,999 | 663,479 | 6.0 |
| ・生涯・職業教育 | 1,053,392 | 1,082,980 | 1,135,303 | 81,911 | 7.8 |
| ・教育一般 | 134,307 | 134,307 | 135,823 | 1,516 | 1.1 |
| 【社会福祉分野】 | 5,493,807 | 5,493,807 | 5,726,735 | 232,928 | 4.2 |
| ・基礎生活保障 | 103,013 | 103,013 | 122,168 | 19,155 | 18.6 |
| ・公的年金 | 5,390,794 | 5,390,794 | 5,604,567 | 213,773 | 4.0 |

出典：教育部(2021.08.31)

資料２　2020年所得分位別の月平均所得及び変化推移

| 所得分位（グループ） | 月平均所得（万ウォン） | | | 前年比増減率（%） | |
|---|---|---|---|---|---|
| | 2018年 | 2019年 | 2020年 | 2019年 | 2020年 |
| １分位 | 131.9 | 158.1 | 160.0 | 19.9% | 1.2% |
| ２分位 | 175.3 | 204.0 | 210.0 | 16.3% | 3.0% |
| ３分位 | 216.4 | 250.4 | 261.4 | 15.7% | 4.4% |
| ４分位 | 272.7 | 313.5 | 332.3 | 14.9% | 6.0% |
| ５分位 | 525.9 | 583.2 | 619.8 | 10.9% | 6.3% |
| ５分位倍率 | 4.0 | 3.7 | 3.9 | — | — |

出典：キム・テファンほか(2021：30)

経済危機の状況であることを考慮すると、かなりの増加と言える。2022年度予算において教育部が重点を置いている部分は、「庶民・中間層世帯に対する大学授業料半額の実現」と「大学の力量強化及び未来人材養成支援」、「教育回復の推進及び低所得層に対する教育機会の保障」、「グリーンスマート未来学校の本格推進」、「生涯教育の底辺拡大及び活性化」などである（教育部、2021.8.31.）。

## COVID-19の拡散と所得格差の深化（社会）

家計の所得格差は持続・深化しており、COVID-19が引き続きまん延していることで格差がさらに広がっていることが分かる。地域別の所得格差を分析した国土研究院の分析結果を見ると（キムら、2021）、人口と経済が集中している首都圏（ソウル、京畿道、仁川）の2019年の地域総所得は非首都圏の1.3倍に相当し、個人が年間経済活動で得た全体所得に課される総合所得税の規模は、首都圏が非首都圏の２倍に達することが分かった。そして、非首都圏の世帯所得は首都圏の約83.2%にとどまっている。

都市と農村間の所得格差はさらに深刻な状況であるが、韓国農村経済研究院の2019年度調査資料によると、2016年基準の農家所得水準は都市労働者世帯所得の63.5%水準にとどまっている。1992年に当該割合が80.2%水準であったことを考慮すると、都市部と農村部の所得格差がさらに広がり、最近の傾向から、この割合はさらに増加するものと予想される。

2020年に突然襲ってきたCOVID-19危機は、所得分位別の月平均所得格差も大きく拡大させた（キムら、2021；統計庁、2021.8.19.）。コロナが発生した2020年一年間の全階層の月平均所得は前年に比べて小幅増加したが、所得増加率が大きく鈍化し、低所得層（所得下位20%）の増加率鈍化が最も大きく表れた。

## 多文化社会の深化（文化）

行政安全部が毎年調査・発表している「外国人住民現況調査」の結果によると、韓国内に居住する外国人住民数は221.7万人で、全人口の約4.3%を占めていることが分かった（行政安全部、2020.10.30.）。OECDは総人口のうち外国人、帰化者など「移住背景人口」の割合が５%を超えれば、多文化・多人種国家に分類するが、韓国も近い将来この基準に到達するものとみられる。

外国人住民数が増加し、多文化家庭や多文化家庭子女の規模も急速に増加している。2019年基準の多文化家庭の規模は34.8万世帯（世帯員106万人）で全体世帯に比べ1.7%（世帯員2.1%）を占め、全出生児に占める多文化家庭の出生児（1.8万人）の割合は、2015年の4.5%から2019年には5.9%に大きく増加した（女性家族部、2021）。多文化家族子女の数も急速に増加しているが、2010年には12.1万人程度だった多文化家族子女は2019年には26.5万人となり、10年間で２倍規模に増加した。

資料3　多文化家庭児童生徒の推移（単位：千人）

| 年度 / 人数 | 2012 | 2013 | 2014 | 2015 | 2016 | 2017 | 2018 | 2019 | 2020 |
|---|---|---|---|---|---|---|---|---|---|
| 多文化児童生徒数（A） | 47.0 | 55.8 | 67.8 | 82.5 | 99.2 | 109.4 | 122.2 | 137.2 | 147.4 |
| 全児童生徒数（B） | 6,730.5 | 6,489.3 | 6,294.1 | 6,097.3 | 5,890.9 | 5,733.1 | 5,592.8 | 5,461.6 | 5,355.8 |
| 多文化児童生徒の割合（A/B＊100） | 0.7% | 0.9% | 1.1% | 1.4% | 1.7% | 1.9% | 2.2% | 2.5% | 2.8% |

出典：女性家族部（http://www.mogef.go.kr/mp/pcd/mp_pcd_s001d.do?mid=plc503&bbtSn=704742）



資料4　多文化家族子女の年齢別現況（単位：千人）

| 年度 | 年齢別現況 | | | | |
|---|---|---|---|---|---|
| | 総計 | 満6歳以下 | 満7～12歳 | 満13～15歳 | 満16～18歳 |
| 2010 | 121.9 | 75.8 | 30.6 | 8.7 | 6.9 |
| 2015 | 197.6 | 116.1 | 61.6 | 12.6 | 7.3 |
| 2016 | 201.3 | 113.5 | 56.8 | 17.5 | 13.6 |
| 2017 | 222.5 | 115.1 | 81.8 | 15.8 | 9.8 |
| 2018 | 237.5 | 114.1 | 92.4 | 19.2 | 11.8 |
| 2019 | 264.6 | 117.0 | 104.1 | 26.5 | 17.0 |

出典：同上

## 註

（1）選挙人団は、選挙に参加する権限を有する集団、候補者を選任する権限を持つ有権者のグループを言う。

## 参考文献


・企画財政部（2021.8.27）「2022年予算案の主な内容：強い経済、民生の支え」
教育部（2021.7.1）「国家教育委員会設置法律案国会本会議通過：2022年7月国家教育委員会発足」報道資料
・教育部（2021.8.31）「2022年度教育部予算案及び基金運用計画案編成」報道資料
・キム・テファン、キム・ウンラン、シン・ヒュソク、リ・ヘミン、パク・ミレ、リ・ヘジン（2021）「地域別の所得格差と不均衡」均衡発展モニタリング&イシュー Brief、第7号（2021年4月）世宗市：国土研究院の国家均衡発展支援センター
・ハン・ウンジョン、チョン・ミギョン、イ・ソンヨン、ユ・ギョンフン、キム・ソンチョン、シン・チョルギュン（2019）「地方教育自治の力量強化方案の研究」忠北：韓国教育開発院
・行政安全部（2020.10.30）「韓国に居住する外国人住民数222万人、総人口比4.3%」報道資料
・女性家族部（2021）「第3次多文化家族政策基本計画（2018～2022）：2021年度施行計画」ソウル市：女性家族部多文化家族課


（キム・フンホ）

# 児童・青少年の学齢人口変化と学校適応

## 概要

韓国社会は急激な出産率低下により学齢人口が減少し、初等・中等学校の運営にも大きな変化が起きている。学齢人口の減少は学校の教育施設、教育課程、教育財政、教師の役割、学級運営等、多方面にわたって膨大な影響を及ぼすことが予測される。

また、学齢期人口の減少は、教育の質的向上に対する社会的要求を増加させている。統計庁・女性家族部の統計（2017）によると、2017年度の学齢期人口は、1970年と比べて半分の水準であり、中学校の生徒数は2017年130万人程度から2040年に120万人程度、2060年には80万人程度と、持続的に減少するとみられる（教育部 2020）。このような生徒数の減少により「**小さな学校**」が増加している。「小さな学校」は、生徒数または学級数が相対的に少ない学校である（全南教育研究情報院 2017）が、「大規模学校」の反対語ではなく、「適正規模学校（optimal size）」に満たない学校を意味する。「適正規模」とは、生徒教育に適切な学校の規模を意味し、その基準は絶対的な数量ではなく、地域内の生徒数と学校の持続可能性の確保、特性化・個別化された教育のための最小規模等、質的概念で再設定される必要がある。従って、質の高い学習権の保障のために学校運営体制の根本的な改革が必要である。

一方で、韓国の児童・青少年の学校生活における幸福指数はOECD加入国の中でも非常に低い水準である（2013）。このような結果は学校教育において教科教育だけでなく、生活教育の領域においても大きな改革が要求されていることを示唆する（イ・ドンガプ 2017）。

## 初等・中等学校の生徒数の変化

出生率の急激な減少は、学齢人口の減少に直接的な影響を及ぼしている。統計庁（2020）による2017－2040年までの学齢人口変化推移をみると、2020年学齢人口が772万人から2040年508万人に減少することが予想される。特に、学齢期の人口比率が2000年17.1%から2065年には7.9%に急減するとみられ、その深刻さは増している（リュ・バンランほか 2019）。（表1を参照）

2035年までに市・道別学齢人口推計を比較すると、市・道別に顕著な差が生じると予想される。特に、基礎自治体単位では地域別に大きな差がみられており、都市と農漁村間の差も拡大していくとみられる（教育部 2020）。（表2を参照）

生徒数の減少は、小規模学校の増加につながっている。2019年**統合運営学校**の現状をみると、統廃合の対象として検討される60名以下の初等学校は全羅南道49%、江原道48%、慶尚南道44%、全羅北道43%であり、忠清北道、忠清南道、慶尚北道35%以上である。また、全羅南道、江原道、慶尚北道地域は60名以下の中学校が全体の40%以上を占めている（表3を参照）。2018年基準、面所在の初等学校数は1,552校（面当たり1.3個）であり、これ以上学校を減らせない限界状況にきていると言える。従来、学齢人口減少に対しては**学校統廃合政策**で対応してきたが、この政策は限界に直面しているため、新たな対策が要求されている（リュ・バンランほか 2019）。

## 初・中等学校生徒の学校生活と適応

2015PISA資料によると、韓国の児童・青少年

### 表1 2017-2040年までの学齢人口の変化推移

（単位：万人、%）

| | | '17 | '20 | '25 | '30 | '35 | '40 |
|---|---|---|---|---|---|---|---|
| 内国民 | | 4,994 | 5,005 | 4,992 | 4,980 | 4,942 | 4,858 |
| 幼少年人口（0-14） | 人口 | 668 | 623 | 544 | 489 | 483 | 489 |
| | 構成比 | 13.4 | 12.4 | 10.9 | 9.8 | 9.8 | 10.1 |
| 学齢人口（6-21） | 計 | 837 | 772 | 679 | 597 | 536 | 508 |
| | 初（6-11） | 271 | 269 | 229 | 175 | 195 | 204 |
| | 中（12-14） | 138 | 135 | 138 | 112 | 84 | 99 |
| | 高（15-17） | 171 | 137 | 135 | 130 | 94 | 89 |
| | 大（18-21） | 258 | 230 | 176 | 179 | 163 | 115 |
| 大学進学対象（18歳） | | 61 | 51 | 45 | 46 | 37 | 28 |

*出典：教育部（2020）

### 表2 2017年対比2035年の市・道別学齢人口の推移比較

（単位：万人、%）

| 区分 | ソウル | 京畿 | 忠南 | 世宗 | 江原 | 全北 | 全南 | 慶北 | 慶南 | 済州 |
|---|---|---|---|---|---|---|---|---|---|---|
| 2017年 | 94 | 156 | 25 | 4 | 17 | 22 | 20 | 29 | 40 | 8 |
| 2035年 | 54 | 117 | 19 | 8 | 10 | 12 | 12 | 17 | 26 | 8 |
| 増減率 | -42.6 | -25.0 | -24.0 | +100 | -41.2 | -45.5 | -40.0 | -41.4 | -35.0 | 0 |

*出典：教育部（2020）「人口構造変化の分析」内部資料

### 表3 統合運営学校の現況

（基準：2019.06.）

| 区分 | ソウル | 釜山 | 仁川 | 大邱 | 大田 | 蔚山 | 京畿 | 江原 | 忠北 | 忠南 | 全北 | 全南 | 慶北 | 慶南 | 済州 | 世宗 | 計 |
|---|---|---|---|---|---|---|---|---|---|---|---|---|---|---|---|---|---|
| 初中 | 1 (1) | | (2) | (1) | | | 5 (3) | 1 (1) | 6 (2) | 6 | 6 | 5 (1) | 9 | 1 (2) | 5 | | 45 (13) |
| 中高 | 1 | 3 | 1 | | 1 | 2 | | 3 | | 14 | 9 | 6 | 7 | 3 | 1 | (1) | 51 (1) |
| 初中高 | | | 4 | | | | 1 | | | | 1 | | | | | | 6 |
| 系 | 2 (1) | 3 | 5 (2) | (1) | 1 | 2 | 6 (3) | 4 (1) | 6 (2) | 20 | 16 | 11 (1) | 16 | 4 (2) | 6 | (1) | 102 (14) |

*括弧内の数字は開校準備中の学校数
*出典：教育部内部資料、全国市道教育監協議会（2019.12）会議資料

たちは学習成就度の側面ではOECD加入国の中で上位水準を見せている反面、幸福指数の面では低い水準を見せている（イ・ドンガプ 2017)。

このように、主観的幸福指数と全般的な学校生活の満足度が大きく落ちていることに対し、学校適応度の向上のために教育部と市道教育庁が多角的に努めている。また、学校生活の幸福度指数が低いだけでなく、校内暴力の問題が定期的・持続的に社会問題として注目されている。全体的にその発生件数は減少しているが、暴力の類型が多様化、陰湿化している。また、「学校暴力実態調査結果（パク・ヒョジョン 2014)」によると、校内暴力を経験した生徒の中で約67.9%が初等科の生徒であることが明らかになっており、「校内暴力の低年齢化」現象が顕著になっている。

教育部は校内暴力に対応するために2004年「校内暴力予防及び対策に関する法律」を制定・施行しており、同法に基づいて毎年「校内暴力予防及び対策5カ年計画」を樹立した。これに伴い、2008年3月、学校安全統合システム（Weeプロジェクト）を構築し、学校不適応等の危機状況にさらされている生徒たちのための体系的な予防及び支援体系を提供した。

**Weeプロジェクト**[1]は、［図1］をみてわかるように、情緒不安、校内暴力、学校不適応及び逸脱行動等の「危機生徒」に対して3段階の安全網（Safe-net）構築事業として（チェ・サングンほか 2011）効率性と運営成果の側面から高い評価を受けている政策事業である。すなわち、1次Safe-netで当該生徒の学校適応力を向上させ、2次Safe-netで単位学校の依頼生徒に対して診断-相談-ヒーリングサービスを提供し、3次Safe-netでは、深刻な危機的状況にいる生徒を対象に寄宿型委嘱教育サービスを提供する。

Weeプロジェクトは、2008年Weeクラス530校、Weeセンター31カ所から開始された。2016年基準、全国にWeeクラスは全6,245校であり、初・中・高等学校の54.2%にWeeクラスが設置された。Weeセンターは2008年31カ所で始まり、2016年204カ所が設置され、Weeスクールは11校で、全17教育庁の中で半分以上の教育庁に設置された。

## 今後の課題

学校不適応と危機的状況にさらされている生徒たちのために体系的な支援体制を提供しようとする目的から始まったWeeプロジェクトの定着と発展のために、今後の課題をまとめると以下の通りである。

第一に、近年、学校不適応の様相は身体的、物理的暴力が減っている一方、サイバー暴力が増加するパターンを見せつつあり、生活指導のパラダイム変化が必要である。

第二に、教育部は**専門相談教師**を大幅に拡充し、予防機能を強化する必要があり、教師が学校不適応に対してより深く理解するとともに、それに対応するために専門的力量を養う必要がある。

第三に、Weeプロジェクトを安定的に運営するための法的・制度的整備と財源の確保方案が要求される。

**註**

（1）WeeはWe＋education＋emotionの略称。

**3次Safe-net**

**Weeスクール**

・深刻な危機状況であり、長期的な治癒・教育が必要な生徒
・学校やWeeセンターで依頼した生徒または学業中断者

・市道教育庁で設置
・長期的に治癒が必要な高リスク群の生徒のための寄宿型の長期委託教育サービス

**2次Safe-net**

**Weeセンター**

・単位学校で指導及び治癒が難しく、学校から依頼された危機的生徒および相談希望の生徒

・地方の教育（支援）庁で設置
・専門家の持続的な管理が必要な生徒のための診断ー相談ー治癒のニーズ型サービス

**1次Safe-net**

**Weeクラス**

・学習不振、学校暴力、対人関係の未熟、メディア中毒、非行等による学校不適応生徒及び危機的生徒

・単位学校で設置
・学校不適応生徒の早期発見、予防及び学校適応力の向上指導

**図1　Weeプロジェクトの流れ**



## 参考文献

・教育部（2020）「人口地形変化による多用な学校体制の設立・運営の支援法案研究」
・教育部·韓国教育開発院（2019）『2018教育統計分析資料集』
・教育部・韓国教育開発院（2016）市・道教育庁Weeプロジェクト業務担当者ワークショップ資料
・教育部（2016）Weeプロジェクト運営支援2016年特別交付金運営計画
・全羅南道教育研究情報院（2017）「小さな学校の日常的な長所」全南教育イシュー政策
・リュ・バンランほか（2019）「人口減少時代、学齢人口減少にどのように対応するか」2019 KEDI Brief.
・パク・ヒョジョン（2014）「学校暴力実態調査の結果報告書」韓国教育開発研究院
・イ・ドンガプ（2017）「Weeプロジェクト政策評価研究ー政策段階別アプローチを中心に」博士学位論文、韓国教員大学校
・チェ・サングンほか（2011）「Weeプロジェクト運営成果分析及び計画樹立研究」受託研究CR 2011-33、韓国教育開発院

（オ・ユンギョン）

# 現行教育政策の動向と展望

## 教育政策の推進方向

教育部は、社会階層の多様化による貧富格差、学歴格差等、階層間の差異から発生する問題を解決し、急激に変化する未来社会に備えるために「ともに成長する包容社会、明日を拓いていく未来教育」を教育政策の方向として設定している。特に、COVID-19に対応するために「学校の日常回復」「遠隔授業の質向上」を、また未来教育を先導するために「未来教育への大転換」「あたたかい希望社会の具現」を核心的な政策として推進している。

## 学校の日常回復

教育部はCOVID-19により、正常な学校活動が難しくなったことに伴い、これを克服し、学校活動が円滑に行われるよう防疫安全網、欠損した学習を補完できる学習－情緒安全網、児童生徒が学校で安全に生活し、手当てを受けられる保育（ドルボム）安全網、高校無償教育、幼児から成人までの生涯段階別に教育費の負担を軽減させる教育福祉及び教育施設の安全網を構築し、負担なく学校生活ができるように努めている。

## 遠隔授業の質向上

COVID-19により遠隔授業を余儀なくされた状況下で、教育の質を上げるために遠隔教育の水準を向上させる努力が必要不可欠である。遠隔授業の質を高めるためにリアルタイム授業を通じて教師と児童生徒間のコミュニケーションを強化し、ｅ学習センター、EBSオンラインクラスを活用し、遠隔教育の質を上げようとしている。このために、規制革新と授業インフラの完備も遂行している。

## 未来学校の本格推進

未来社会の変化に対応するために、柔軟で多様な空間、教授学習の革新のためのスマートな環境、環境にやさしい生態教育環境、学校と地域社会をつなげ、教育の拠点となる学校複合化施設を備え、個々のニーズに応じたオン・オフライン教育を実現できる**グリーンスマート未来学校**を推進している。また、そのために教育課程及び教員養成体系の再編を試みている。

## 共有・協力の高等教育

大学が地域発展を先導し、変化する社会に能動的に対処するためには、共有と協力の新たなパラダイムが必要である。大学に共有と協力のパラダイムを実現させるために、教育資源、教育課程を共有できるような**デジタル革新共有大学**、他の大学とともに開設する共通学科、自治体－大学の協力を基盤とする地域革新プラットフォームを構築する予定である。

## 生涯にわたる職業教育

生涯にわたる持続的な成長のために平生（生涯）学習体制を構築し、個人のニーズに応じた教育が行われるようにし、学習・訓練・履歴が体系的に管理できるよう、汎政府（범정부）オンライン平生学習システムを構築する予定である。

資料1　2021教育部の教育政策の方向

**ビジョン**　ともに成長する包容社会　明日を拓く未来教育

**核心原則**　先制的対応／持続性／包容性／自律性／安全と健康

**COVID-19対応**

| 学校の日常回復 | 遠隔授業の質向上 |
| --- | --- |
| ・防疫安全網で安全な学校づくり<br>・欠損補完のための学習・情緒安全網<br>・信頼できる保育安全網<br>・教育福祉及び教育施設安全網 | ・教師ー学生コミュニケーション強化<br>・遠隔授業を支援する規制革新<br>・遠隔授業の質管理体制の備え<br>・安定的授業のためのインフラ完備 |

**未来教育先導**

未来教育に向けた大転換

| 未来学校の本格推進 | 共有・協力の高等教育 | 生涯にわたる職業教育 |
| --- | --- | --- |
| ・グリーンスマート未来学校<br>・2022改正教育課程<br>・高校単位制の推進<br>・人口知能・環境生態教育<br>・教員養成体制の改編 | ・デジタル革新共有大学<br>・地域革新・発展先導<br>・学術振興生態系の構築<br>・大学改善・私学革新<br>・教育国際化の強化 | ・オンライン平生学習システム<br>・K-MOOCの高度化<br>・マイスター大学の導入<br>・高卒者の就職活性化 |

暖かい希望社会の具現

| | |
| --- | --- |
| ・安全・公正・包容社会具現<br>・社会変化への先制的対応 | ・未来人材養成の基盤備え<br>・政策推進ガバナンスの構築 |

**推進戦略**　現場疎通を通じた政策受容性の向上／連携協力を通じた汎府処の力量集中／先制的法制度の備えによる教育革新加速／ビッグデータ基盤教育行政の知能化

**参考文献**


・教育部（2020）2020業務計画-国民が体感する教育革新 未来を主導する人材養成
・教育部（2021）2021業務計画-ともに成長する包容社会 明日を拓く未来教育


（チェ・ジュンリョル）

教育に関する制度的事項

# 公教育の原理及び理念・歴史

## ①公教育の理念と原理

### 公教育の意味

今日、韓国社会で施行されている公教育制度は厳密に言うと、西洋から導入したもの（ジョン・ゼゴル 2002：7）であり、教育学大辞典では**公教育制度**を「一般的に国家または準国家的自治組織の統制と管理、支援によって国民全体を対象に運営される教育制度」（ソウル大教育研究所編，138）であると説明している。これによると、公教育制度は「国家の管理及び支援」と「国民全体を対象とした**普遍性**と**平等性**」の二つの条件を含んでいる。時々ここには「教育の社会的**効率性**」と「教育内容の**中立性**と普遍性」（教育改革委員会 1997）が加わることもある。

**公教育**は**私教育**と対比される概念である。しかし、公教育に対する一般的な概念定義にもかかわらず、公教育と私教育を明確に区分することは難しい。広い意味の公教育は国公私立の各学校を含む国家管轄の制度教育を意味する。しかし、狭い意味の公教育は国家と公共団体が設立・運営する国公立学校の教育を意味する。すなわち、広義の公教育は制度教育と同一視され、私立学校の教育まで含むのに対して、狭義の公教育は私立学校の教育を除く。西洋で私教育とはほとんど私立学校の教育を意味する。しかし、韓国では**私立学校**に対する国家の支援と規制が強いため、私立学校の教育も公教育に含んできた（キム・ヨンファ 2001：56）。

公教育と私教育は、法規解釈、学歴認定可否、政府規制可否、利潤追求可否、政府の財政支援の可否を基準として区分することができる。まず、法規的側面から**公教育**は教育法令に基づく教育課程、教育水準及び資格等が定められており、このような法令によって政府の統制を受け、学歴を認定し、学位を授与する。公教育機関は特定集団の利益より一般的利益を追求し、これを運営するために政府が財源を負担することを原則とする。一方、**私教育**は教育関連法によって制度化されておらず、学歴が認定されていない。教育事業への参入と退出が自由であり、教育事業に対しても自律的な原則が適用される。また私教育は利益を追求し財源も自ら調達する（キム・ヨンチョル 2000：7－25）。

しかし、公教育と私教育を区分するこのような基準は公教育と私教育の特徴を検討する際に参照できる暫定的基準に過ぎない。当然、韓国の私立中等学校のように学歴が認定され、政府の規制を受ける非営利制度教育があるが、政府の財政支援を受けている場合、これを公教育としてみなすべきか、それとも私教育としてみなすべきか明確でないからである（キム・ヨンファ 2001：57）。厳密に言うと、韓国の私立学校は国家の財政支援と行政的規制を受けている点で公教育の性格を持つと言える。

従って私立学校が国家の財政支援と行政的規制から脱却し、財政と運営の自律性を確保するときに公教育と私教育の概念区分が明確となり、実際の区分も可能になると思われる。換言すると、私立学校が行財政的自律性を確保していくに伴い、公教育の意味もより鮮明になるであろう。

### 公教育の理念

今日、施行されている公教育（制度）が具現しようとする基本理念は何であり、それはいかに実現されているか。

第一に、公教育が具現しようとする理念として**普遍性**を挙げることができる。ここで「普遍的」というのは、それが特定の人を対象とするのではなく、国民であれば、誰でも教育を受けられる意味で理解される。このような点から公教育は特定の人を対象に行われてきた私教育とは確実に区分されると言える。また、教育内容の側面からみても、誰でも知るべき普遍的内容を伝達し、それを通じて国家共同体の統合と発展を図ることに目的を置いている点から、それは公教育が実現しようとする理想でもある。このような点がまさに公教育の存在根拠である。実際に西洋の近代国家だけでなく、韓国の場合も国家の発達過程において学校は共通の知識と規範を伝達し、国民を**統合**しようとする課題を遂行してきた点を否定できない（ナ・ビョンヒョン 2001：144）。

古今東西を問わず、公教育は国家が公的に定める教育課程によって運営されてきた。問題は、これを国家主導で運営することによって公教育が画一化され、硬直化されることである。この過程において学界の声、学習者の要求は正確に反映されてこなかった。また公教育の普遍性が主に知識教育に偏ることによって知識以外の教育が適切に扱われておらず、不均衡の問題も生じた。特に、韓国の場合、政府の干渉と統制によって学校運営と教育課程運営がより硬直し、画一化してきたと言える。そのため、学校に対する不信感が高まり、実際に児童生徒が学校を去っていくことも起きていた。**代案学校**が設立、運営されたことも、公教育が持つこのような画一性と硬直性に由来していると言える。

第二に、公教育が具現しようとする最大の理念は「**平等性**」である。ここで「平等である」ということは、教育機会が均等に配分されなければならないことを意味する。特に、国家が教育を計画、支援、統制する限り、その恩恵の機会が均等に配分されるべきであるということである。歴史的にみると、公教育が成立する以前には教育の機会が特定の階層や人に与えられていた。しかし、公教育が発達する過程において、教育の機会を均等に付与しようとする努力がなされてきた。初期には就学の機会を均等に付与し、同一の教育内容を同一期間に付与しようとする政策的努力があった。すなわち、初等学校完全就学が実現され、それから中学校、高等学校の順に**義務就学**の範囲が広がってきた。このような努力の結果、量的意味での平等はある程度実現してきたし、これは公教育が行った最大の成果であると言える（ナ・ビョンヒョン 2001：145－146）。

しかし、残念ながら実質的意味での平等が実現できたかという質問に対しては肯定的な答えはできない。また公教育が果たして個々人の個性と適性を活かしてきたかという質問に対しても肯定的に応えるのは難しい。公教育の普遍的特性を過度に強調した結果、画一化した教育をもたらした点を考慮すると、公教育制度がむしろ質的平等を妨げてきたのではないかという疑問も起きる。換言すると、平等の理念を実現するために導入された公教育制度が平等教育の実現の障壁になっているということである。近年、議論となっている公教育に対する挑戦はまさにこのような実質的な意味の平等、すなわち「能力と適性に応じて教育を受ける権利」の保障の約束を実現していないという批判と軌を一にすると言える。公教育を民営化し、市場経済の原理に任せなければならないと主張する新自由主義者たちの観点もこのような文脈で提起されたと言える（ナ・ビョンヒョン 2001：147）。

第三に、公教育が具現しようとする中核的な理念は「**義務性**」である。義務教育は公教育の別名とも言われるほど、核心的な理念・原理である。一般的に義務教育とは一定期間の教育をすべての国民に義務として付与することを意味する。義務教育の期間がどれほどかということは各国の事情によって異なるが、ほとんど初等義務教育から中等教育に拡大され、長くなる傾向にある。

歴史的に義務教育は最初、子女を学校に通わせる義務から始まった。このようなアイデアは宗教改革期、ルター（M. Luther）から始まったが、彼は「政府は市民が彼らの子女を就学させることを強制する責任がある」と主張した。このような主張が制度化されたのは19世紀帝国主義の国家が登場してからであると言えるが、これらは国家の利益と繁栄のための方案として義務教育を**制度化**し始めた。20世紀中盤、民主主義体制では国民各自が合理的決定の主体として政治的過程に参加できるような方案として義務教育を付与し、社会主義体制では国民全体を一つのイデオロギーで包摂しようとする意図から単一国民教育体制を整えることとなった。

義務教育で**義務を負う主体**は三つである。第一に、児童・生徒は教育を受ける義務を持ち、第二に父母は子女を教育させる義務を持ち、第三に国家は国民を教育する義務を負う。しかし、一般的に義務教育は義務就学の意味として理解されている。そのため、各国の教育関係法令は一定期間、義務的に学校に通うことを規定しており、これに反する場合は、法的制裁を加えることとなる。しかし、このような義務就学規定が必ずしも公立学校に就学することを意味するわけではなく、在宅教育の例からみられるように、必ずしも学校に行くべきものでもない（ナ・ビョンヒョン 2001：150）。

外国の場合、私立学校を公立学校に対する代案的選択としてみなす。これに対して韓国は私立も公立と同じ教科運営をしなければならず、私立学校の選択が教育の自由を保障できておらず、中等教育の場合、選択の自由もない。初等学校と中学校の生徒たちは学校をやめることもできず、初・中等段階の代案学校での学歴は認定されていない。これは教育の義務を理由に、制度教育が持つ問題点を批判しながら「正しい教育」を探す生徒と保護者の教育権を制限したり、侵害したりすることとして認識される。義務教育は本来、子女教育に無関心の保護者を強制してでも教育させるようにする趣旨から始まったが、現在はむしろ「正しい教育」を求める保護者の権利を制限する要素も作用している。

第四に、公教育が具現しようとする理念は「**無償性**」である。一般的に無償性の原則は国民の権利として、誰もが享有すべき一定期間の普通教育に対する費用は国民の税金で負担しなければならないという原則である。しかし、どこまで無償で提供するのかという点は、社会と時代によって異なる。ただ、初期には施設維持費、教員の給与、授業料を無償とし、その次の段階では教材、教具、通学費用、給食費、生活費などを支給した。無償の対象も拡大してきたが、たとえば、最初は貧困家庭の児童から全児童に、初等から中等・高等まで拡大することによって教育を受ける権利を実質的に財政的に保障してきた。

しかし、公教育無償の原理は、現代の知識基盤社会において大きなジレンマを迎えているように思われる。公教育が初等教育から中等教育に拡大し、高等教育も大衆化したことにより、生涯学習の必要性が高まっているためである。韓国の教育基本法においても「すべての国民は生涯にわたって学習し…国民の生涯教育のためにあらゆる形態の社会教育は奨励されるべきである」と規定しているが、これは国民の生涯教育を国家が公的に支援することを宣明したとも言える。

このような社会的要求が高まり、公教育の範囲が漸進的に拡大している。高等公教育（public higher education）という言葉に違和感を持たないほど、高等教育も国家が支援すべきであるという主張が提起されている。しかし、大学も無償で教育させることには問題もある。フランス、ドイツ、イギリスではかつて大学教育費を公費で負担していたが、これはあくまでも大学教育が大衆化する以前のことであり、イギリスは最近、大学生に学費の一部を負担させ始めており、アメリカの私立大学の場合、50%を負担させている。韓国は75%以上を負担させている。もちろん、義務教育でないので、必ずしも無償でなければならないわけではないが、公教育化させて国民の教育を受ける権利を保障するため、教育費を無償にするという発想は財政的負担の問題だけでなく、教育を国家的に統制するのではないかという疑問も生ずる（ナ・ビョンヒョン，2001：150－151）。

以上のように、今日、韓国社会での公教育は本来、具現しようとした理念と施行されている実際との間ではわずかな溝が存在する。これは今日、公教育の外延が拡大され、公教育と私教育の境界が曖昧になったからである。公教育制度が導入された初期には公教育の概念が比較的に明確であった。国家や公共団体が国民に普通・共通の教育を提供するために公費で学校を設立、運営する制度を意味した。このような意味の公教育は初等義務教育から始まり、普遍性、平等性、義務性、無償性の理念を含み込んでいた。しかし、教育は大衆化され、これより広い意味で使われるようになった。普遍的でもなく、義務でもなく、教育費の相当の部分が私費であるにもかかわらず公教育として認識されている。韓国のように公教育の意味を必要以上に広く使うのは、公費負担の側面を度外視し、統制の側面のみを浮き彫りにさせる恐れがある。公教育の理念と実際の間で乖離が生じ、公教育と私教育の境界が曖昧になるとき、私教育と対比される意味の公教育の概念を規定する要素として最後まで固執するのは「公費による教育」である。

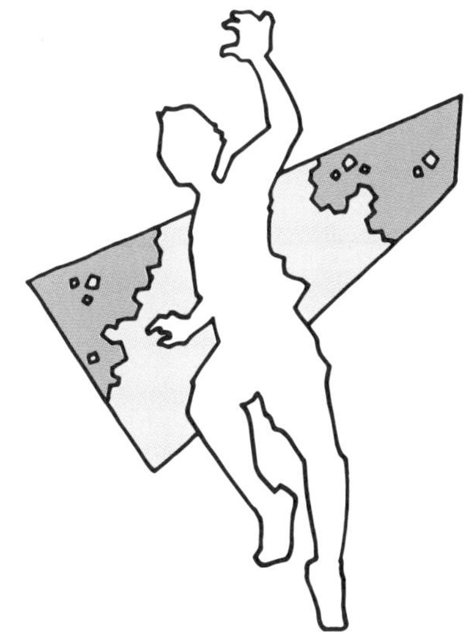



**参考文献**


・教育改革委員会（1997）「世界化、情報化時代を主導する新教育体制樹立のための改革方案（Ⅳ）（第５次大統領報告書参考説明資料）

・キム・ヨンチョル（2000）「公・私教育の位相再定立及び発展方向」韓国教育メディア21C教育研究所主催、〈公教育と私教育の補完的発展方向〉セミナー資料集、pp.7-25

・キム・ヨンファ（2001）「公教育の理念と機能の効率性及び時代的適合性に関する一考察」教育社会学研究11（２）、pp.53-75

・ナ・ビョンヒョン（2001）「韓国教育の危機と公教育理念の再検討」アジア教育研究２（２）、pp.139-159

・ソウル大学校教育研究所編（1998）『教育学大百科事典』ソウル：夏雨

・ジョン・ゼゴル（2002）「韓国公教育の理念」開かれた教育研究10（２）、pp.1-18


（イ・ビョンスン）

# 1 公教育の原理及び理念・歴史

## ②公教育の歴史

### 公教育概念の二つの観点

公教育制度は「国家または準国家的自治組織の統制と管理、支援によって国民全体を対象として運営される制度」を意味するとみなされる。このような定義には、公教育を判断する二つの準拠が含まれている。まず一つは、国家または準国家的団体が主体となり、管理して支援する教育制度、すなわち国家が主体となる教育制度である。もう一つは、国民全体を対象とし、普遍性と平等性を保障する教育制度、つまり全国民の参加が保障される教育制度を意味する。しかし、今日、私たちが一般的に公教育制度について語る際には、平等教育の理念を志向する近代的学校教育制度を指していると言える。このような近代的公教育の歴史は1789年フランス革命議会で立案され、制定された普通教育を志向する教育制度を起点としており、その歴史は約200年程度にすぎない。

### 国家主体の公教育制度

古今東西を問わず、社会が形成され国家形態の統治組織と構造が作用するようになると、その時代の支配集団は彼らの統治体制と秩序持続・拡大に関心を持つ。この点において教育の役割が何より緊要であることに対して、どの時代、どの社会でも異見はなかったように思われる。このような文脈からみると、国家または準国家のような公的主体によって行われる教育制度としての公教育の歴史は古今東西を問わず、人類の歴史の出発とともに始まったともいえる。

韓国の場合、国家主体の公教育に関する記録が確認されるのは、高句麗時代（紀元前１世紀～668年）からである。高句麗以前の扶余と古朝鮮の教育制度に関する明確な記録は発見されていない。三國遺事（高麗後期、僧侶の一然が古朝鮮から後期三国時代までの遺事を集めて1281年に編纂した歴史書）の檀君史實に「**弘益人間**」と「**在世理化**」の理念が記録されているが、これを具体的な制度施行と関連して理解するのは難しい。ただ、「三國志 魏書 東夷傳」と「後漢書 東夷傳」には、箕子が８条の教法で人民を教化したという記録がある。このような外国人の記録からみると、どのような形であれ、教育と関連して何らかの制度が存在していたと考えられる。また、記録がないことと事実がなかったことは別問題としてみなすべき観点からも、高句麗以前の教育に関する歴史的研究は我が国（韓国）の宿願である。

現在までは、三國史記の記録によって高句麗の小獣林王２年（372年）に設立された太學が韓国最初の公教育機関とみなされる。百済には五經博士制度があり、新羅は神文王２年（682年）に國學を設立した。高麗時代（918年～1392年）には中央に國子監と東西學堂または五部學堂があり、地方には郷學が存在した。朝鮮時代（1392年～1910年）には中央に**成均館**と四部學堂があり、地方には一邑一校の原則に従って地方の郡ごとに郷校が設置された。

### 普通教育としての公教育制度

古朝鮮時代から朝鮮時代に至るまで多様な形態で存続されたこのような国家主体の公教育機関は、その教育の対象が少数の特権階級に局限されていた。韓国で近代的意味としての公教育が始まったのは1894年の甲午更張（26代国王である高宗31（1894）年に朝鮮政府が近代的な西洋の法式に学び新国家体制を確立しようとした政策）からである。もちろん、それ以前に磻溪・柳馨遠（朝鮮中期の実学者、1622年～1673年）の「太學-營學-邑學-鄉庠」で構成される４段階の学制論を近代的学校制度の萌芽としてみることもできる。

柳馨遠とほぼ同じ時期に草廬・李惟泰（朝鮮中期の文臣・学者、1607年～1684年）は、己亥封事（史上最古の上訴文）において「蒙齋」の設立を主張した。彼が主張した「**蒙齋**」は、士大夫（上流階層）の子弟から庶孼（庶子）と良民まで入学できる初等教育水準の国家的統制を前提にする官学である。朝鮮時代に初等教育水準の官学が存在しなかったことに鑑みると、「蒙齋」の設立に関する彼の主張は、近代以降に登場する公教育の普通教育の性格と相当似ている点で注目に値する。

1894年、両班（高麗・朝鮮時代の支配階層）官僚社会の象徴ともいえる科挙制度を廃止し、平等教育の実現を宣布した。その後、1895年に教育立国詔書を発表し、小学校と師範学校の設立に関する法規及び各級学校の管制と規則を制定、公布した。

植民地教育が一貫して実施された植民地時代（1910年～1945年）と米軍政期（1945年～1948年）を経て1948年､大韓民国政府が樹立した。政府は、1949年、民主主義を基盤とする平等教育と教育の政治的、宗教的中立を宣言する「**教育法**」を制定した。この教育法を土台として韓国で近代的意味の普通教育としての公教育が本格化したと言える。

もちろん、このように普通教育としての公教育が新たに位置付けられたとはいえるものの、まだ植民地時代の教育的空白がもたらした、韓国固有の教育的伝統との断絶を乗り越えなければならないという課題を抱えていることも事実である。



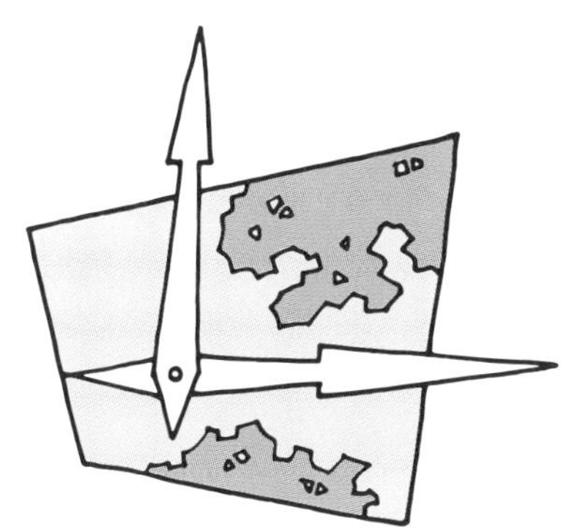

**参考文献**

・キム・セヒ（2021）「フランス国家主義と学校市民教育：国民教育からEMCまで」教育思想研究35（３）、pp.27-50
・キム・テヨン（2011）『磻溪 柳馨遠』ソウル：民俗院
・ナ・ビョンヒョン（2001）「韓国教育の危機と公教育理念の再検討」アジア教育研究２（２）、pp.139-159
・ソウル大学校教育研究所（編）（1998）『教育学大百科事典』ソウル：夏雨
・アン・サンウォン（1965）『新教育史』ソウル：ゼドン文化社
・オ・チョンソク（1964）『韓国新教育史』ソウル：現代教育叢書出版社
・イ・ダル（2020）「普通教育の観点からみた蒙齋、草廬・李惟泰」７月の公州歴史人物学術セミナー資料集
・イ・ユンミ（2013）「コンドルセの自由主義的公教育改革論の示唆点」韓国教育史学36（３）、pp.153-182
・Brubacher, J. S.（1966）*A history of the problems of education*, New York: McGraw-Hill Book Company.

（イ・ダル）

# 2 教育の法的基礎

## 教育の法体系

教育は憲法、教育基本法、幼児教育法、初・中等教育法、高等教育法、平生教育法、その他各種法規に基づいて行われる。憲法は、大韓民国国民の権利と義務を規定する最高法律であり、教育に関しては、第31条に規定している。憲法精神を教育的に具現するため、教育基本法及び学校関連の法律を当該領域別に規定している。

## 憲法

憲法は、全130条で構成されており、教育に関する条文は第31条である。同条の各項は「①すべての国民は能力に応じて均等に教育を受ける権利を有する。②すべての国民はその保護する子女に少なくとも初等教育と法律に定める教育を受けさせる義務を負う。③義務教育は無償とする。④教育の自主性・専門性・政治的中立性及び大学の自律性は法律の定めるところにより保障される。⑤国家は平生教育を振興させなければならない。⑥学校教育及び平生教育を含む教育制度とその運営、教育財政及び教員の地位に関する基本的な事項は法律に定める」としており、教育の機会均等、義務教育、無償教育、教育の自主性、専門性、政治的中立性、平生教育、**教育の法律主義**を規定している。

## 教育基本法

教育基本法は、教育に関する国民の権利・義務及び国家・地方自治団体の責任を定め、教育制度と運営に関する基本的事項を規定している。教育基本法は1997年12月13日に制定され、1998年３月１日より施行された。それ以前は1949年12月31日に制定された教育法に教育基本法、初・中等教育法、高等教育法等、教育に関するすべての法律が含まれていた。1997年に教育基本法が制定されたことにより教育の基本理念に関する事項は教育基本法に、学校に関連する事項は各学校種別に法律で制定した。その他、平生教育に関する法律、私立学校に関する法律、教育公務員に関する法律等、各領域別に法律が制定された。

教育基本法は３章、全29条で構成されている。第１章では、目的、教育理念、学習権、教育の機会均等、教育の自主性、教育の中立性、教育財政、義務教育、学校教育、社会教育、学校の設立を、第２章では学習者、保護者、教員、教員団体、学校等の設立者・経営者、国家及び地方自治団体を、第３章では男女平等教育の推進、学習倫理、健康な性意識、安全管理、平和的な統一、特殊教育、英才教育、幼児教育、職業教育、科学技術教育、教育の情報化、学校及び教育行政機関業務の電子化、生徒情報保護、学術文化の振興、私立学校の育成、評価及び認証制度、教育関連情報の公開、統計調査、保健及び福祉の増進、奨学制度、国際教育を規定している。

## 幼児教育法

同法は幼児教育機関の設立運営に関する内容を規定した法律で2004年１月29日に制定された。初・中等教育、高等教育関連法案が1949年12月31日に制定され運営されてきたこととは異なる。これは、幼児教育が拡大され正規の教育課程として国家の管理が必要となってきたことにより法令が制定さ

**資料1　教育基本法の主要条文**

| | |
|---|---|
| **第1条（目的）** | この法は、教育に関する国民の権利・義務及び国家・地方自治団体の責任を定め、教育制度とその運営に関する基本的事項を規定することを目的とする。 |
| **第2条（教育理念）** | 教育は、弘益人間の理念のもと、すべての国民の人格を陶冶し、自主的生活能力と民主市民として必要な資質を備えさせ、人間らしい人生を営為させ、民主国家の発展と人類共栄の理想を実現することに寄与することを目的とする。 |
| **第3条（学習権）** | すべての国民は、平生にかけて学習し、能力と適正に応じて教育を受ける権利を有する。 |
| **第4条（教育の機会均等）** | ①すべての国民は性別、宗教、信念、人種、社会的身分、経済的地位又は身体的条件等を理由に教育において差別を受けない。<br>②国家及び地方自治団体は学習者が平等に教育を受けられるよう、地域間の教員受給等、教育与件の格差を最小化させる施策を備え施行しなければならない。 |
| **第5条（教育の自主性等）** | ①国家及び地方自治団体は、教育の自主性と専門性を保証しなければならず、地域の実情に合う教育の実施のための施策を樹立・実施しなければならない。<br>②学校運営の自律性は尊重され、教職員・生徒・学父母及び地域住民等は法令の定めるところにより学校運営に参加することができる。 |
| **第6条（教育の中立性）** | ①教育は、教育本来の目的によって、その機能を果たすように運営されなければならず、政治的・党派的又は個人的偏見の伝播のための方便に利用されてはならない。<br>②国家及び地方自治団体が設立した学校においては、特定の宗教のための宗教教育をしてはならない。 |
| **第8条（義務教育）** | ①義務教育は、6年の初等教育及び3年の中等教育とする。<br>②すべての国民は、第1項の規定による義務教育を受ける権利を有する。 |
| **第9条（学校教育）** | ①幼児教育・初等教育・中等教育及び高等教育を実施するために学校を設置する。<br>②学校は公共性を持ち、生徒の教育お他に学術及び文化的伝統の維持・発展と住民の平生教育のために努力しなければならない。<br>③学校教育は、生徒の創造力啓発及び人性の涵養を含む全人的教育を重視して行われなければならない。<br>④学校の種類と学校の設立・経営等、学校教育に関する基本的事項は、別に法律で定める。 |
| **第10条（社会教育）** | ①国民の平生教育のためのあらゆる形態の社会教育は、奨励されなければならない。<br>②社会教育の履修は法令で定めるところにより、それに相応する学校教育の履修として認定することができる。<br>③社会教育施設の種類と設立・経営等、社会教育に関する基本的事項は、別に法律で定める。 |
| **第12条（学習者）** | ①生徒を含む学習者の基本的人権は、学校教育又は社会教育の過程において尊重され、保護される。<br>②教育内容・教育方法・教材及び教育施設は、学習者の人格を尊重して個性を重視し、学習者の能力が最大限に発揮されるように講究されなければならない。<br>③生徒は、学習者としての倫理意識を確立し、学校の規則を遵守しなければならず、教員の教育・研究活動を妨害したり、学内の秩序を乱してはならない。 |

れたためである。同法は、総則、幼稚園の設立、教職員、費用で構成されている。

## 初・中等教育法

同法は、初等学校と中学校、高等学校の設立と運営に関する事項を規定している。内容は、総則、義務教育、生徒と教職員、学校で構成されている。

## 高等教育法

同法は、大学、産業大学、教育大学、専門大学、放送大学・通信大学・放送通信大学及びサイバー大学、技術大学、各種学校の設立と運営に関する事項を規定している。内容は総則、生徒と教職員、学校で構成されている。

## 平生教育法

同法は、平生教育の振興に対する国家及び地方自治団体の責任と平生教育制度とその運営に関する事項を定めるために制定した法律である。1982年12月31日に社会教育法として制定され、1999年８月31日に平生教育法に全面改正された。法の主要内容は総則、平生教育振興の基本計画、平生教育士、平生教育機関、文解教育（右頁第２条３項の定義を参照)、平生学習結果の管理・認定で構成されている。

同法は、平生教育が追求する正規教育課程以外の学力補完教育、成人識字教育、職業能力向上教育、人文教養教育、文化芸術教育、市民参与教育等を体系的に運営できるように規定している。

## 私立学校法

同法は、私立学校の特殊性を考慮し、私立学校の自主性と公共性を高め、私立学校の健全な発達を図るために制定された。総則、学校法人、私立学校の経営者、私立学校教員で構成されている。私学が独自に財源を調達し、執行しているため、法人の項目を別途に規定しており、私立学校の特殊性を考慮し、私立学校経営者と教員の機能及び役割を体系的に規定している。

## 地方教育自治に関する法律

同法は、**地方教育自治**が住民の選挙によって施行された1991年３月８日に制定され、同年６月20日より施行された。教育の自主性及び専門性と地方教育の特殊性を活かすため、地方自治団体の教育・学芸・技術・体育その他の学芸に関する事務を管轄する機関の設置とその組織及び運営に関する事項を規定することによって地方教育の発展に寄与するために制定された。総則、教育監、教育財政、地方教育に関する協議、教育監選挙で構成されている。

## 教育公務員法

同法は、教育を通じて国民全体に奉仕する教育公務員の職務と責任の特殊性に照らし合わせ、その資格・任用・報酬・研修及び身分保障に関して教育公務員に適用する「国家公務員法」及び「地方公務員法」における特例を規定している。教育公務員は学校で児童生徒を指導する校長（園長)、教監（園監)、教師、教育行政機関で勤務する奨学官（研究官)、奨学士（研究士）を意味する。行政業務を担当する公務員とは異なる機能と役割を要求されているため、資格・任用・報酬・研修・身分保障を別途規定している。

**資料２　平生教育法の主要条文**

| | |
|---|---|
| 第１条（目的） | この法は、「憲法」と「教育基本法」に規定された平生教育の振興に対する国家及び地方自治団体の責任、平生教育制度とその運営に関する基本的事項を定めることを目的とする。 |
| 第２条（定義） | この法で用いる用語の定義は次の通りである。<br>1.「平生教育」とは、学校の正規教育課程を除く学力補完教育、成人文字解得教育、職業能力向上教育、人文教養教育、文化芸術教育、市民参与教育等を含むあらゆる形態の組織的教育活動をいう。<br>2.「平生教育機関」とは、次の各項目のいずれに該当する施設・法人又は団体をいう。<br>ア．この法により認可・登録・申告された施設・法人又は団体<br>イ．「学園の設立・運営及び課外教習に関する法律」に基づく学園の中、学校教科教習学園を除く平生職業教育を実施する学園<br>ウ．その他、別の法令により平生教育を主な目的とする施設・法人又は団体<br>3.「文字解得教育」（以下、「文解教育」）とは、日常生活を営為するにあたって文字解得能力を含む社会的・文化的に要請される基礎生活能力等を備えられるよう、組織化された教育プログラムをいう。 |
| 第３条（平生教育の理念） | ①すべての国民は、平生教育の機会を均等に保障される。<br>②平生教育は、学習者の自由な参加と自発的学習を基本として行われなければならない。<br>③平生教育は、政治的・個人的偏見の宣伝のための方便として利用されてはならない。<br>④一定の平生教育課程を理由したものには、それに相応する資格及び学歴認定等、社会的待遇を付与しなければならない。 |

**資料３　教育公務員法の主要条文**

| | |
|---|---|
| 第１条（目的） | この法は、教育を通じて国民全体に奉仕する教育公務員の職務と責任の特殊性に照らし合わせ、その資格・任用・報酬・研修及び身分保障等に関して教育公務員に適用される「国家公務員法」及び「地方公務員法」に対する特例を規定することを目的とする。 |
| 第10条（任用の原則） | ①教育公務員の任用は、その資格、再教育成績、勤務成績、そのほか実際に証明される能力に応じて行う。<br>②教育公務員の任用は、教員としての資格を備え、任用を求めるすべての人に能力に応じた均等な任用の機会が保障されなければならない。 |
| 第43条<br>（教権の尊重と身分保障） | ①教権は尊重されなければならず、教員はその専門的地位や身分に影響される不当な干渉を受けない。<br>②教育公務員は刑の宣告や懲戒処分又はこの法で定める事由によるものを除き、本人の意思に反する降任・休職又は免職を受けない。<br>③教育公務員は勧告による辞職を受けない。 |

（チェ・ジュンリョル）

第2章 教育に関する制度的事項

# 3 教育制度を支える教育行政の理念と仕組み

## ①中央教育行政のしくみ—教育部と市道教育庁の関係

### 概要

**地方自治制**は1948年７月17日の制憲憲法96, 97条にその根拠を持ち、これを具体的に実施するための「地方自治法」が1949年８月15日に施行されたことによって実施されるようになった。一方で、**地方教育自治**は、1949年12月31日「教育法」と1952年４月23日「教育法施行令」の施行によって実施され、その後1991年６月20日に施行された「地方教育自治に関する法律」５条の規定により、基礎自治体の議会が推薦した２人の中で広域議会において無記名で教育委員を選出する方式で実施された。また、1997年12月17日に「**地方教育自治に関する法律**」が改正され、選挙人団による教育委員・教育監の間接選挙制度に変更された。

2006年12月20日に同法が改正され、2010年７月１日より教育委員及び教育監を住民の直接選挙で選出する一方で、地方議会とは別途に構成・運営された教育委員会を広域議会の常任委員会に統合した。

### 教育監の直接選挙制度

韓国で導入した教育自治制度の一つである**教育監**の直選制は、教育需要者・主体である保護者と地域住民が当該地域の教育政策立案の代表者を直接選出して地域の特性に合う教育政策を樹立・施行することで、教育の質向上という意味を持つ。同制度は、2006年に導入され、教育監は「地方教育自治に関する法律」20条によって市・道の教育・学芸に関する事務を遂行する。その後、2010年６月２日、**市・道教育監直選制**の実施によって当選した教育監は、中央政府で決定された教育政策を単純に執行する機能を持つのではなく、以前より独立的な形態を見せている。

### 今後の課題

教育部と市・道教育庁間の関係を規定する「教育基本法」では、国家（教育部長官）と地方自治団体（教育監）の共同主語（主体）が象徴するように両者の事務と権限の境界があいまいで、「初・中等教育法」もまた同じ課題をかかえている。教育部長官に包括的な権限を付与することによって教育監固有の事務と権限が明確でなくなっている。また、「政府組織法」の場合、変化している地方教育、政治－行政の現実を反映できておらず、教育部長官に教育監に対する一方的な指揮・監督権を付与したたままでいる。

「地方教育自治に関する法律」上の教育監の事務と権限も基本的に旧教育法の枠組みを踏襲する程度で制定され、また制度をめぐる環境変化を反映し、適時に改正されていない状態である。韓国の「政府組織法」は中央行政機関の自治団体に対する指揮監督権を認めているが、まずは権限範囲に関する議論を先行し、法令の整備をし直す必要がある。

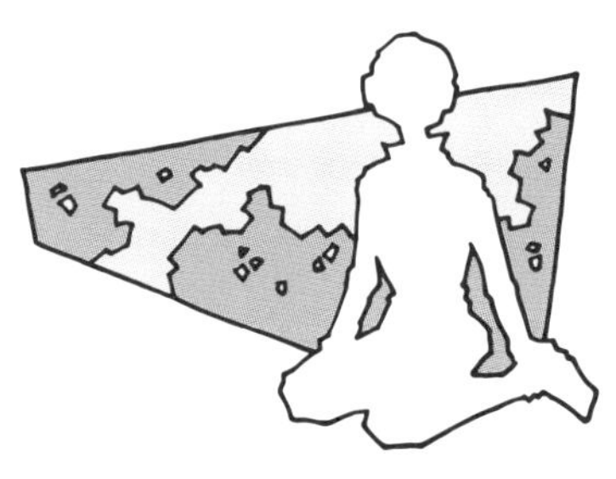

〈資料〉関連法令

**□教育基本法**

第１条（目的）この法は、教育に関する国民の権利・義務及び国家・地方自治団体の責任を定め、教育制度とその運営に関する基本的事項を規定することを目的とする。

第７条（教育財政）

①国家及び地方自治団体は、教育財政を安定的に確保するために必要な施策を樹立・実施しなければならない。

②教育財政を安定的に確保するために、地方教育財政交付金等に関する必要な事項は、別に法律で定める。

**□政府組織法**

第28条（教育部）

①教育部長官は、人的資源開発政策、学校教育・平生教育、学術に関する事務を管掌する。

**□初・中等教育法**

第30条の４（教育情報システムの構築・運営など）

①教育部長官及び教育監は、学校と教育行政機関の業務を電子的に処理できるよう、教育情報システム（以下、「情報システム」とする）を構築・運営することができる。

②教育部長官及び教育監は、情報システムの運営と支援のために、情報システム運営センターを設置・運営し、情報システムの効率的運営のために必要と認定すれば、情報システムの運営及び支援業務を、教育の情報化を支援する法人や機関に委託することができる。

③情報システムの構築・運営・接続方法と第２項による情報システム運営センターの設置・運営に必要な事項は、教育部令で定める。

第30条の５（情報システムを利用した業務処理）

①教育部長官及び教育監は、所管業務の全部又は一部を、情報システムを利用して処理しなければならない。

**□地方教育行政機関の行政機構と定員基準等に関する規定**

第４条（総額人件費制の運営）

①地方教育行政機関は、機構と定員を総額人件費に基づき、自律性と責任性が調和できるよう運営しなければならない。

②教育部長官は、地方教育行政機関の行政需要、人件費等を考慮し、毎年、総額人件費を算定して前年度12月31日までに当該教育監に通告しなければならない。

③第２項の総額人件費の構成要素、算定方法等、総額人件費の算定に関する具体的な事項は教育部長官が定めるところによる。

④教育部長官は、地方教育行政機関の運営について分析し、その結果を翌年の総額人件費に反映するなど、必要な措置をとることができる。

（イ・ビョンド）

教育に関する制度的事項

# 教育制度を支える教育行政の理念と仕組み

## ②地方教育行政のしくみ―教育自治と一般自治の関係

### 概要

教育自治と一般自治の法域的関係が究極的に志向するのは分離と統合である。すなわち、教育自治の理想論者たちは両者の完全分離を好み、地方自治の現実論者たちは両者の完全統合を主張する。これは、歴史的に教育自治と一般自治の関係が制度的に完全分離と完全統合を繰り返してきたことからも見えてくる。

現在の地方自治制度が1991年に成立して以来、教育自治と一般自治は議決機構の連結型分離、執行機構の分離という分離志向の関係であったが、2014年より教育委員会及び教育委員制度が廃止されたことによって議決機構が統合され、執行機構は分離される中道的な状態の関係が当分維持されている。

### 教育自治と一般自治の関係

教育自治と一般自治の関係は、構造的には議決機関が統合され、執行機関は分離された形を持つ。すなわち、議決機関は教育自治の教育委員会が一般自治の地方議会の常任委員会として設置されており、外形的には統合されている。しかし、執行機関は地方自治団体長と教育監が住民の直接選挙により選出されるが、地方行政と地方教育行政は法律的にその機能が分離される構造を持つ。「**地方教育自治に関する法律**」41条に基づき、両機関長は協議して地方教育行政協議会を設置・運営できるようになっており、教育自治と一般自治の連携・協力を図るために各部署を設置し、教育協力管制の運営を通して多様な協力事業を推進している。財政的にも一般自治団体は教育自治団体に対して「地方教育財政交付金法」により法定・非法定転入金を、条例によって各種補助金を支援できるようになっている。

### 争点

教育自治と一般自治は、制度的にその執行機関は分離されているものの、行財政的な側面では連携・協力できるよう、法規的根拠が整っている。しかし、両者間で教育的協力が行われており、外見上の関係は健全のように見えるが、実際には両者間のコミュニケーションが円滑でなく、首長が消極的な場合、実効性を期待するのは難しい。特に、教育監の直選制をめぐる選挙方式の問題点、制度導入後に増加している教育監の不正の増加、一般自治体の教育自治に対しての一方的な財政支援構造に対する不満などによって教育自治と一般自治の間では葛藤が増している。

さらに、地方教育自治の効率性のために教育監の直選制度を首長ランニングメート（running-mate）制または任命制にしようとする意見もあり、教育自治を一般自治に統合しようとする主張が続いている。このように、行財政的に両者は連携・協力しているが、依然として教育自治を実現するための両者間分離と効率性増進のための統合をめぐる葛藤は制度内に内在していると言える。

〈資料〉関連法令

□地方自治法

第１条（目的）この法は、地方自治団体の種類と組織及び運営に関する事項を定め、国家及び地方自治団体間の基本的関係を規定するとともに地方自治行政を民主的で能率的に遂行し、地方を均衡に発展させ、大韓民国を民主的に発展させることを目的とする。

第２条（地方自治団体の種類）

①地方自治団体は次の二つの種類に区分する。

1．特別市、広域市、特別自治市、道、特別自治道

2．市、郡、区

第３条（地方自治団体の法人格と管轄）

①地方自治団体は法人とする。

②特別市、広域市、特別自治市、道、特別自治道（以下、「市・道」とする）は、政府の直轄に置き、市は道の管轄区域内に、郡は広域市、特別自治市は道や管轄区域内に置き、自治区は特別市と広域市、特別自治市の管轄区域内に置く。

③特別市・広域市及び特別自治市ではない人口50万以上の市には、自治区ではない区を置くことができ、郡には邑・面を置き、市と区（自治区を含む）には洞を、邑・面には里を置く。

④第７条第２項により設置された市には、都市の形態を持つ地域には洞を、その他の地域には邑・面を置くが、自治区ではない区を置く場合には、当該区に邑・面・洞を置くことができる。

□地方教育自治に関する法律

第１条（目的）この法は、教育の自主性及び専門性と地方教育の特殊性を生かすために地方自治団体の教育・科学・技術・体育、その他の学芸に関する事務を管掌する機関の設置とその組織及び運営等に関する事項を規定することにより、地方教育の発展に寄与することを目的とする。

第２条（教育・学芸事務の管掌）地方自治団体の教育・科学・技術・体育その他の学芸（以下、「教育・学芸」とする）に関する事務は、特別市・広域市及び道（以下、「市・道」とする）の事務とする。

第３条（「地方自治法」との関係）地方自治団体の教育・学芸に関する事務を管掌する機関の設置とその組織及び運営等に関してこの法で規定する事項を除いては、その性質に反しない限り「地方自治法」の関連規定を準用する。この場合、「地方自治団体の長」または「市・道知事」は「教育監」に、「地方自治団体の事務」は「地方自治団体の教育・学芸に関する事務」に、「自治事務」は「教育・学芸に関する自治事務」に、「行政安全部長官」・「主務部長官」及び「中央行政機関の長」は「教育部長官」とみなす。

（イ・ビョンド）

# 教育制度を支える教育行政の理念と仕組み
## ③教育財政の構造

### 教育財政の構造

教育活動のために支援される予算構造をみると、中央政府の教育財政、地方政府の教育財政、学校の財政に区分できる。

### 中央政府の教育財政

中央政府の教育財政は、教育部及び直属機関の財政として国立大学の財政もこれに含まれる。教育部は教育に必要な予算を編成し、国会の承認を得て執行するが、教育部本部の予算、教育部直属機関の予算、大学予算、教育庁予算を含む。教育庁予算は他の予算のように予算編成して国会の承認を得ることはない。教育庁の**自律性**を保つため、法律に定める一定比率の予算を確保し、市・道教育庁に交付すると、市・道教育庁が教育庁の条件に応じて自律的に予算を編成し、地方議会の承認を得て執行するようにしている。2021年現在、国税の20.79%を地方教育財政のために確保できるようにしている。

### 地方政府の教育財政

教育活動のための地方政府は市・道教育庁である。市・道教育庁は教育部で地方教育のために交付した財源（地方教育財政交付金－国税の20.79%）、一般自治団体である市・道庁で転入した転入金（市・道税の3.6%－10%）、独自の**受益金**を財源として予算を編成し財政を運営する。教育部の交付金、地方自治団体の転入金、受益金はすべて総括予算に交付されるため、教育庁で自律的に予算を編成し執行することができる。この際、予算を審議し議決できる権限は市・道議会にある。市・道教育庁は地方自治団体である市・道庁と分離されているため、市長や知事の影響を受けずに独自に予算を編成して執行する。

### 学校財政

学校の教育活動のために執行される予算を学校予算という。教育庁は学校の特性に応じて自律的に予算を編成し執行できるよう学校運営費を総額で配分する。学校は自ら予算を編成・執行し、決算できるように**学校運営委員会**を置く。学校運営委員会は学校の教師、保護者、地域社会の代表などで構成される議会のような機構であり、ここで学校の予算と決算を審議し執行している。学校が独自に予算を編成、執行し、決算できる体制を構築していることによって学校の事情に応じて予算運営ができ、残りの予算を繰り越して使用することによって予算の浪費を防ぐことが可能である。

学校で教員が直接参加し、予算を編成、執行することで、教育活動と直結する予算運営が可能となり、執行する過程において生じる問題を次年度に改善できるようにし、予算の効率性を高めることができる。

参考文献


・教育部（2020）2021年教育部所管予算及び基金運営計画の概要
・バン・サンジンほか（2014）『教育財政学』ソウル：学知社
・ソウル特別市教育庁（2019）2020学年度学校会計予算編成基本指針

## 資料１　中央教育財政（税出）

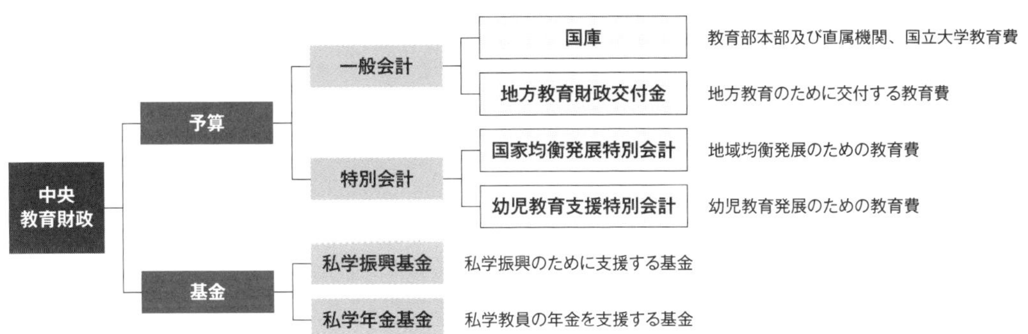


## 資料２　地方教育財政（税入）

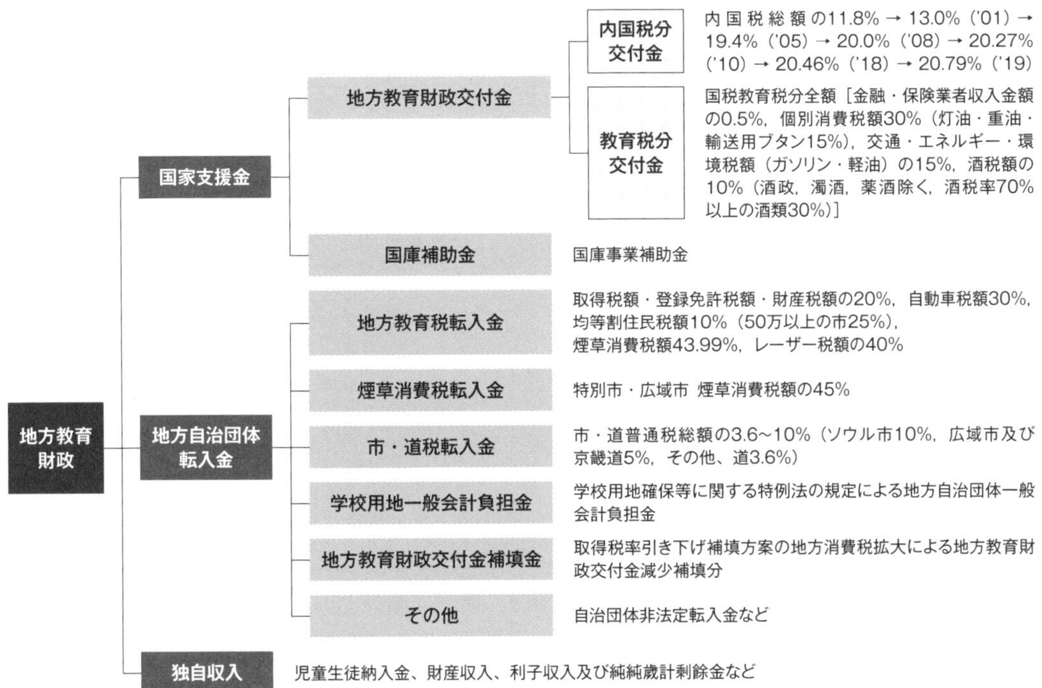


## 資料３　公立学校財政（税入）

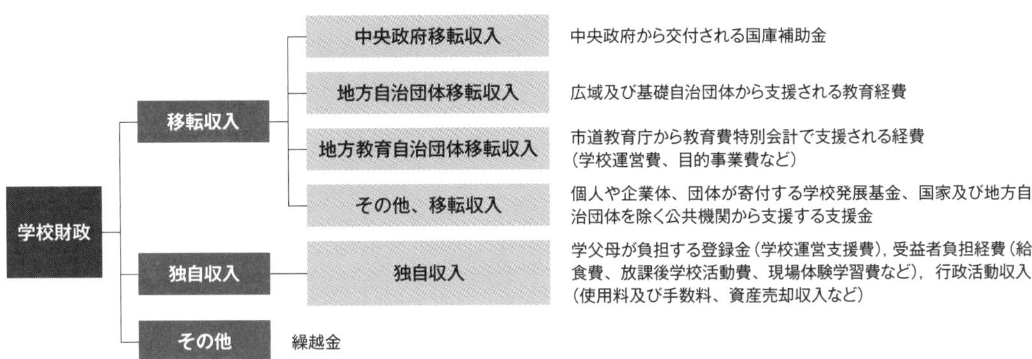


（チェ・ジュンリョル）

# 教育制度を支える教育行政の理念と仕組み

## ④-a 教育課程の構造と内容

### 国家教育課程の法的根拠と性格

韓国の**国家教育課程**は「初・中等教育法」23条２項に依拠しており、教育部長官が公表する「告示」形態の行政規則文書である。国家教育課程は、初等学校と中等学校の教育目的を達成するために初・中等学校で編成・運営すべき学校教育課程の共通的・一般的な基準を提示している。その性格に関して、政府の告示には次のように示されている（教育部 2015）。

・国家水準の共通性と地域、学校、個人レベルの多様性を同時に追求する教育課程である。
・学習者の自律性と創意性を伸長させるための生徒中心教育課程である。
・学校と教育庁、地域社会、教育・生徒・保護者がともに実現していく教育課程である。
・学校教育体制を教育課程中心に具現させるための教育課程である。
・学校教育の質を管理・改善するための教育課程である。

### 国家教育課程の構成

韓国の国家教育課程は、初・中等学校の教育目的、目標、内容、方法、評価、運営に関する共通的・一般的基準を定めている。それは大きく総論と各論で構成されるが、「総論」は教育課程構成の方向、学校級別教育課程の編成・運営の基準、学校教育課程の編成・運営指針、学校教育課程の支援事項を提示する。「各論」は個別教科の性格、目標、教科内容の体系及び到達基準、教授・学習及び評価の方向を定めている。

「総論」における学校級別の教育課程の編成・運営基準には初・中等学校で学ぶべき学習領域を教科と創意的体験活動（教科外教育課程）に区分している。

まず、初等学校で扱われる教科及び創意的体験活動は、教育課程の編成・運営基準に〈表１〉のように明示されている。初等学校１～２年生では、基礎学習と関連する国語、数学は個別教科として編成され、その他の教科は、正しい生活、賢い生活、楽しい生活という統合教科で構成される。３～６年生は、国語、社会/道徳、数学、科学/実科、体育、芸術、英語のように教科（群）の形で学習するようになっている。教科外教育課程である創意的体験活動は、初等学校全学年にわたって自律活動、クラブ活動、ボランティア活動、進路活動として実施され、１～２年生だけ「安全な生活教育」が提供される。

中学校の教育課程も〈表２〉のように基本的には教科及び**創意的体験活動**として編成されている。ただし、中学校の段階から生徒たちは選択教科（漢文、環境、生活外国語、保健、進路と職業等）の科目を学習することができる。一方、高等学校は選択中心の教育課程で編成される〈表３〉。選択中心教育課程の教科は、基礎、探求、体育・芸術、生活･教養の全４種の教科領域で区分される。また、教科は生徒たちの基礎学習教科のための共通教科と、生徒たちの進路と適性に応じた多様な選択教科で編成されている。さらに、選択教科は一般選択と進路選択に区分される。

表１　2015初等学校教育課程編成

| 区分 | １～２年生 | ３～６年生 |
|---|---|---|
| **教科** | 国語<br>数学<br>正しい生活<br>賢い生活<br>楽しい生活 | 国語<br>社会／道徳<br>数学<br>科学／実科<br>体育<br>芸術（音楽／美術）<br>英語 |
| **創意的体験活動** | 自律活動　クラブ活動<br>奉仕活動　進路活動<br>（安全な生活を含む） | 自律活動<br>クラブ活動　奉仕活動　進路活動 |

表２　2015中学校教育課程編成

| 区分 | １～３年生 |
|---|---|
| **教科** | 国語<br>社会（歴史含む）／道徳<br>数学<br>科学／技術・家庭／情報<br>体育<br>芸術（音楽／美術）<br>英語<br>＊選択教科 |
| **創意的体験活動** | 自律活動　クラブ活動<br>奉仕活動　進路活動 |

表３　2015高等学校教育課程編成

| 区分 | | １～３年生 | |
|---|---|---|---|
| **教科** | **教科領域** | **教科（共通）** | **選択教科** |
| | **基礎** | 国語 | 一般選択<br>進路選択 |
| | | 数学 | |
| | | 英語 | |
| | | 韓国史 | |
| | **探求** | 社会（歴史／道徳含む） | |
| | | 科学 | |
| | **体育・芸術** | 体育 | |
| | | 芸術 | |
| | **生活・教養** | 技術・家庭／第２外国語<br>漢文／教養 | |
| **創意的体験活動** | | 自律活動<br>クラブ活動<br>奉仕活動<br>進路活動 | |

## 国家教育課程の変遷

国家教育課程は、憲法制定を起点として1954～2015年までに数回改正された。それは、政権交代の時期に行われる場合が多く、中央政府で教育課程の主要な改正方向とフレームを決定し、公表する方式で実行されている。

### ○第１次教育課程（1954～1963）

第１次教育課程は、1954年に公布された「教育課程の時間配当基準例」と1955年に公布された「教科課程」を指す。アメリカ教育課程の影響から第１次教育課程は、教科学習とともに児童の経験を重視しようとする観点が一部含まれた。このため、「**特別活動**」という教科活動以外の学習領域が新設されるなどの特徴がみられる。

### ○第２次教育課程（1963～1973）

第２次教育課程は、教科活動だけでなく、学校教育全般の活動（生活）を包括する意味から、初めて「教育課程」という名称が公表された。主要な特徴は、教科活動、特別活動とは別に「**反共・道徳**」が教育課程の主要活動に含まれた点である。また、高校の教育課程に時数制ではなく、単位制が施行され、コース（track）が導入されるとともに高校２年生から進路に応じて人文課程、自然課程、職業課程、芸能課程に分けて指導できるようにした。

### ○第３次教育課程（1973～1981）

第３次教育課程は、1968年に頒布された「**国民教育憲章**」の政治的理念と1950～60年代にアメリカで流行した**学問中心教育課程**の原理を適用して改正された。教科の基礎を学問の基本概念と原理におき、学年が上がるたびにこれを進化させる螺旋型教育課程の形態が強調された。主な特徴は「反共・道徳」が道徳という新たな教科として誕生し、国史も独立教科として新設された点である。また、高校では自由選択教科目を提示できるようにし、学校で教科選択ができる自律権が与えられた。

### ○第４次教育課程（1981～1987）

第４次教育課程は、第３次教育課程が難しすぎるという批判から改正されたものである。そのため、人間中心の教育課程が強調された。主な特徴は、小学校１～２年で統合教科が初めて導入された点である。これは、低学年児童の統合的な思考発達を考慮し、分化された教育組織から脱皮し、総体的な教科学習が可能になるような措置であった。また、中学校では、生徒の希望に応じて教育内容を選定できるよう、**自由選択科目**が新設された。

### ○第５次教育課程（1987～1992）

教育課程の改正が中央政府を中心として行われたことに対し、第５次教育課程は、地域教育庁と学校で個別状況を反映した教育課程の運営権限が一部与えられた。たとえば、初等学校４年生の社会科の場合、地域教育庁に教科書開発の権限が委任され、地域最初の社会科教科書を開発した。高校では、自由選択が教養選択に変更され、教養選択には、教育学、論理学、心理学、哲学、経済、宗教などの教科を学校長の裁量によって開設することが可能となった。

### ○第６次教育課程（1992～1997）

第６次教育課程は、地域化がより強調された。中央から画一的にすべての指針を決定するより、地域教育庁で個別事情を反映し、開発できるよう、地方分権型の教育課程が求められた。教育課程の構成においても**学校裁量時間**が追加され、地域と学校の状況を反映できる余地を置く特徴がみられる。また、1997年に初等学校３年生から英語科が導入されたことも特筆できる。

### ○第７次教育課程（1997～2007）

第７次教育課程は、画一的な方式から脱皮し、学校の多様性を保障することを目指した。初１年～高１年までを国民共通基本教育課程として編成し、高２～３年は、選択中心の教育課程で運営された。この時期には、生徒の学習水準と興味に応じて**水準別教育課程**が導入された。また、学校で生徒の自己主導学習を促進し、教育課程運営の自律性と生徒の選択を保障するために裁量活動を導入した。これによって教育課程は、教科と裁量活動の２領域で構成された。

### ○2007改訂教育課程（2007～2009）

教育課程の告示年度が、その名称になる最初の教育課程である。それまでの全面的な改正方式とは違って随時改正の体制を導入することによって教育課程の一部を随時改正できるようにした。

### ○2009改訂教育課程（2009～2015）

2009教育課程は、初１～中３年生までを共通教育課程として設定し、高校は選択教育課程に再設定された。教育目的の近接性を考慮し、類似教科を括って教科群として提示し、生徒の学習負担を軽減させるために一学期の履修科目数を８つに制限した。教科別授業時数も学校の裁量によって増減できるよう、自律性を与えた。また、２～３学年を括る学年群という概念を導入し、教科外教育課程として創意的体験活動を導入した。

### ○2015改訂教育課程（2015～現在）

2015教育課程は、６つの核心力量である自己管理、知識情報処理、創意的思考、審美的感性、意思疎通、共同体を学校教育のすべての過程において育てるべきことを強調した。また、人文、社会、科学技術に基づく基礎素養教育を強化、高校では文科と理科の融合的教育が実行できるようにし、統合社会と統合科学などのような統合教科が新設された。さらに、学校が自律的に教育課程を運営できるようにその権限を拡大した。たとえば、中学校では「**自由学期**」制度を導入し、生徒たちが自ら多様な夢と適性を探索できるよう、ゆとりある教育課程を求めている。高校では、生徒の適性と進路を考慮した教科運営のために教科目自律編成時間（単位）も拡大された。

（パク・ナシル）

# 教育制度を支える教育行政の理念と仕組み

## ④-b 教科用図書

### 教科用図書の概念及び使用義務

初・中等教育法29条では、教科用図書について「学校では、国家が著作権を持つもの、教育部長官が検定または認可した教科用図書を使用しなければならない」と規定しており、これに基づいて発行制度による教科用図書の概念と学校現場での**使用義務**（強行規定）を定めている。その他の教科用図書と関連する範囲・著作・検定・認定・発行・供給・選定及び価格査定などに必要な事項は大統領令（**教科用図書に関する規定**）に定めるようにしている。

### 教科用図書の区分及び発行制度

教科用図書に関する規定２条によると、教科用図書は「教科書」と「指導書」を指すが、教科書は生徒の教育のために使用される生徒用の書籍・レコード・映像及び電子著作物等を、指導書は学校で生徒の教育のために使用される教師用の書籍・レコード・映像及び電子著作物等をいう。初・中等教育法に言及されている区分、つまり発行制度によっては国家（教育部）が直接編纂・普及させる「国定図書」､民間が開発して国家が審議（審査）して普及させる「検定図書」、教育部長官の権限を委任し､市道教育庁が審議（審査）する「認定図書」として教科用図書を区分することができる。認定図書の場合は民間で開発するが、これを教育庁で直接主導することができ、最近は自由発行適用認定図書まで､多様な類型が含まれている。

### 教科用図書の修正及び改正

教科用図書の内容に修正が必要な場合、教育部長官は国定図書の場合は直接修正を、検定図書の場合は著作者または発行者に修正を命じることができる。認定図書の場合、当該認定図書の著作者に修正を要請することができる。ここでいう「修正」とは、教科用図書の文言・文章・統計・挿画等を校正・増減・変更することであり、全頁数の２分の１を超える場合は「改編」と定義する（教科用図書に関する規定２条)。

### 教科用図書の選定

教科用図書に関する規定３条によると、学校で使用する教科用図書は学校長が学校運営委員会の審議(私立学校は諮問)を経て選定するようになっている。まず、教育部が選定マニュアル及び計画を案内し、市・道教育庁はそれに基づいて公正性確保の方案を整え（初・中学校の場合は、さらに教育支援庁から案内を受けて)、各学校が最終選定する。

具体的に、学校長は所属教員の意見を収集し、選定審議案を作成する。作成した審議案を学校運営委員会に上程すると、学校運営委員会は選定手続き、基準などを審議し、その結果を学校長に送付する。最終的に学校長は選定図書を確定する。

### デジタル教科書

現**2015改訂教育課程**では、初・中学校の社会・科学・英語と高校の英語科の一部の科目でデジタル教科書が開発・使用されている。デジタル教科書の発行制度は同一学校種・同一科目の書籍型教科書と同等の法的地位が付与される。たとえば、書籍教科書が検定図書に該当する中学校社会科ではデジタル教科書を学校現場で使用するためには、検定審査に合格しなければならない。デジタル教科書の法的根拠は教科用図書に関する規定２条に記述されている「電子著作物」である。



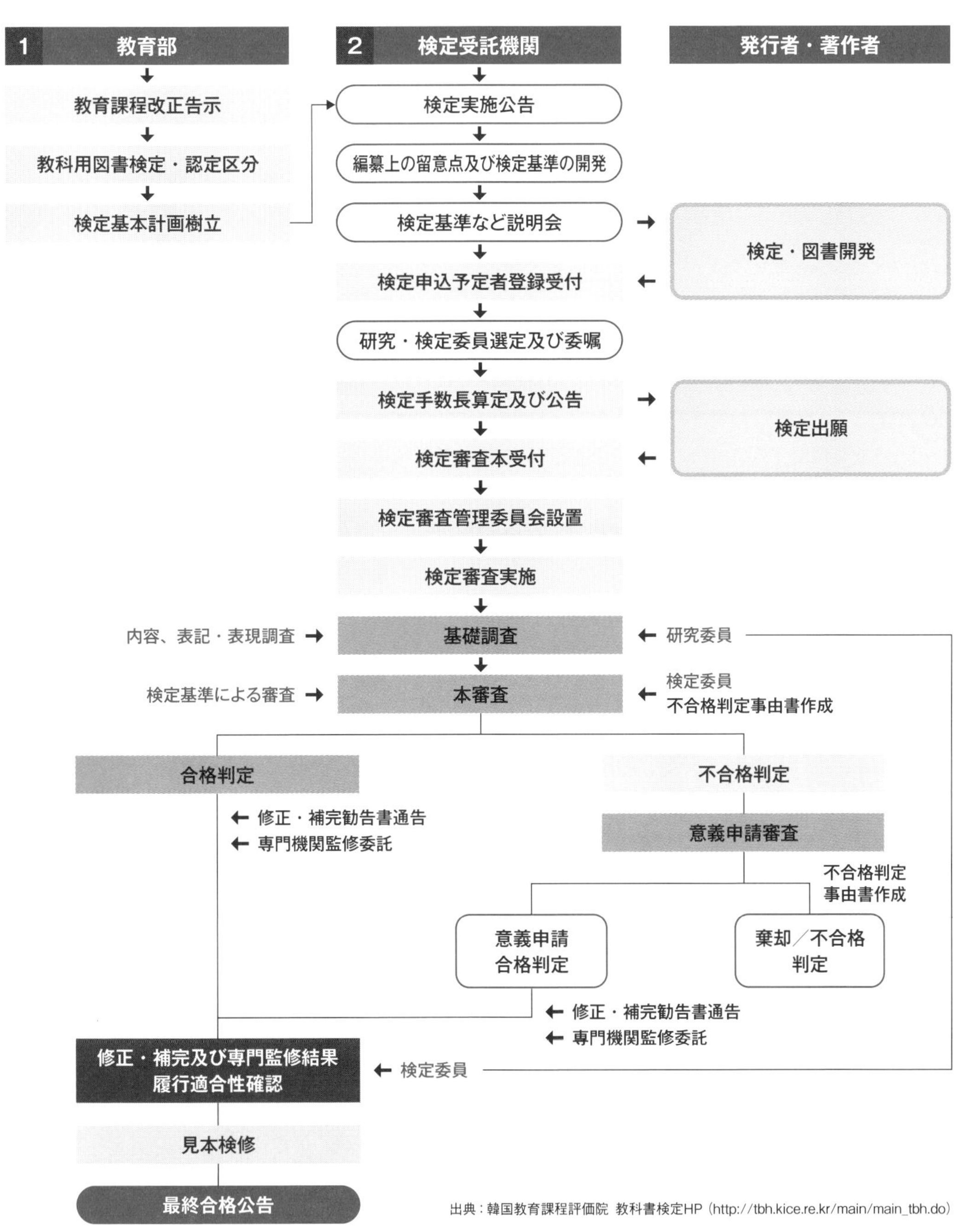

出典：韓国教育課程評価院 教科書検定HP（http://tbh.kice.re.kr/main/main_tbh.do）

図１　教科用図書の検定審査手続き

（アン・ジョンウク）

# 3 教育制度を支える教育行政の理念と仕組み

## ⑤教員人事行政の構造

### 教員人事関連法令

憲法31条は教育に関する国の責務のみならず、個人の権利と義務も規定している。特に、同条6項は「**教育制度法定主義**」、すなわち「学校教育及び生涯教育を含む教育制度並びにその運営、教育財政及び教員の地位に関する基本的な事項を法律で定める」ことによって、教育を受ける権利について実効性をもって保障することとしているが、教員の地位や人事、処遇等に関する事項もこれに含まれる。憲法に規定している教員の地位や任用、処遇等に関する事項は「初中等教育法」と同法施行令、「教育公務員法」および「教育公務員任用令」、「教員資格検定令」、「公務員報酬規定」、「教員等の研修に関する規定」、「教育公務員昇進規定」、「教育公務員懲戒令」等に具体的に示されている。

### 教員の資格

初・中等教育法19条により、小学校及び中学校、高校、特殊学校等には、校長、教頭、首席教師、教師を置く。ただし、生徒数が100人以下の学校や学級数が5学級以下の学校には教頭を置かないこともある。それにもかかわらず、教育長が教育人材や教育財政等を考慮して必要と認める場合、教頭1人を置くことができるが、この場合には、必ず教頭も授業を担当しなければならない（初中教育法施行令36条の2第2項）。

まず、教師は資格によって正教師（1級、2級）、準教師、専門相談教師（1級、2級）、司書教諭（1級、2級）、実技教諭、保健教諭（1級、2級）、栄養教諭（1級、2級）に区分できる（初・中等教育法21条）。**教師資格（2級正教師）**を取得するための方法は大きく3つに分けることができる。

一つ目の方法は教師養成専門機関である**教育大学**及び一般大学初等教育科（小学校）、師範大学（中等）及び師範系学科（師範大学未設置大学の教育科）で正教師2級資格証を取得することである。小学校教師になる方法は、教育大学および一般大学の初等教育科（梨花女子大学、済州大学、韓国教員大学）で小学校教師の資格を取得する方法が唯一である。そして、残りの二つの方法は中等教師資格を取得できる方法に該当する。

二つ目の方法は「一般大学の教職課程」を履修することで、大学や産業大学に設置された教職科において単位を取得することができる。主に師範大学にない専攻領域に該当するが、農業系列、工業系列、芸能系列などの一般学科の学生が在学中に一定の教職の単位を取得する場合、中等学校2級正教師資格証が付与される。

三つ目の方法は、大学院課程を通じて教師資格を取得することで、教育大学院（養成課程）または教育部長官が指定する大学院教育科で修士号を取得する方法である。

その他にも専門大学を卒業した人で実科系（農業系、工業系、商業系、水産・海運系等）の教師資格課程を修了すると「実技教師」資格を取得することができ、当該実技教師資格を持って5年以上の教育経歴及び関連分野の学士学位を取得するか、教育部長官が指定する大学（専門大学を除く）の工業、水産、海洋及び農工系学科を卒業した者は「準教師」資格を取得することができる。しかし、4年制大学で2級正教師の資格を取得した後、教職に入る人が大半を占めるようになり、実技教

**表１　教員人事関連主要法令**

| 法令 | 主要内容 |
|---|---|
| 「初・中等教育法」 | －３章「児童生徒と教職員」の第２節「教職員」領域に関連条文を含む<br>－関連条文：19条（教職員の区分）、19条の２（専門相談教師の配置等）、20条（教員の任務）、21条の２（教師資格取得の欠格事由）、21条の３（罰金刑の分離宣告）、21条の４（教員資格証貸与・斡旋禁止）、21条の５（資格取消等）、22条（産学兼任教師等） |
| 初・中等教育法施行令 | －３章「児童生徒及び教職員」の第２節「教職員」領域に関連条文を含む<br>－関連条文：36条の２（教頭の未配置）、36条の５（学級担当教員）、40条（特殊学校等の教員）、40条の２（専門相談巡回教師の配置基準）、41条（教員の資格）、42条（産学兼任教師等） |
| 教育公務員法 | －教育公務員の職務と責任の特殊性に照らして資格・任用・報酬・研修及び身分保障などに関して教育公務員に適用する「国家公務員法」及び「地方公務員法」に対する特例規定<br>－主要内容：１章（総則）、２章（教育公務員人事委員会）、３章（資格）、４章（任用）、５章（報酬）、６章（研修）、７章（身分保障・懲戒・訴請）、８章（公立大学の教育公務員）、９章（教育監所属教育専門職員）、10章（罰則） |
| 教員資格検定令 | －教員の資格検定に関する事項等を規定する<br>－主要内容：１章（総則）、２章（教員養成委員会）、３章（無試験検定）、４章（試験検定） |
| 教育公務員任用令 | －教育公務員の任用に関しては、他の法令に特別な規定がある場合を除き、この令が定めるところによる<br>－主要内容：１章（総則）、２章（新規採用）、２章の２（大学長の任用推薦）、２章の３（高校以下の学級学校からの校長等の公募及び教員の招聘）、３章（期間制教員の任用）、３章の２（転職及び転補）、第４章（昇進及び降任）、第４章の２（休職及び時間選択制勤務） |
| 教育公務員昇進規定 | －「教育公務員法」13条及び14条に関連する教育公務員の経歴、勤務成績及び研修成績等の評定と昇進候補者名簿の作成に関する規定<br>－主要内容：１章（総則）、２章（経歴評定）、３章（勤務成績評定等）、４章（研修成績の評定）、５章（昇進候補者名簿） |
| 公務員報酬規定 | －教育公務員を含む全体国家公務員の報酬に関する事項規定<br>－主要内容：１章（総則）、２章（給料）、３章（号俸画定及び昇級）、４章（報酬支給）、５章（手当）<br>－[別表11]「幼稚園・小学校・中学校・高校教員等の俸給表」を含む |
| 教員等の研修に関する規定 | －教員の資格取得に必要な研修、教員の能力培養のための研修などのための研修機関の設置・運営及び研修対象等の事項規定<br>－主要内容１章（総則）、２章（研修院での研修）、３章（特別研修）、４章（教員能力開発評価） |
| 教育公務員懲戒令 | －「教育公務員法」50条及び51条に関連する教育公務員の懲戒に必要な事項（懲戒委員会設置及び運営、手続き、懲戒基準等）規定<br>－主要内容：１章（総則）、２章（教育公務員の懲戒）、３章（公立大学教育工員の懲戒） |

師や准教師はほぼ見当たらない。

次に、**首席教師**は専門化した教師が求められる時代の要請に応えるため、2011年に導入された制度で、15年以上の教育経歴（教師および教育専門職員）を持つ教員のうち、教授（teaching）および研究に優れた資質と能力を持つ者を対象に研修を実施し、その結果を審査して資格を与える。首席教師は同僚教師の授業と研究を支援し、児童生徒の生活指導や奨学コンサルティングなど追加的な役割をするため、教師の一般的な週当たりの授業時間の50%程度の８時間程度の授業を担当し、毎月40万ウォン程度の研究活動費の支援を受ける（教育公務員任用令９条の８）。ただ、首席教師は最初任用された時から４年ごとに業績評価及び研修実績等を反映した再審査を受けなければならず、任期中には校長（園長）や教頭（園監）資格を取得できないだけでなく、教育専門職（奨学士、研究士）に転職することもできない（教育公務員法29条の４、教育公務員昇進規定２条）。

最後に、学校には業務を統括し、所属教職員を指導・監督する「校長」と、校長を補佐して校務を管理し、生徒を教育する「教頭」を配置する。まず、**教頭**は正教師１級資格証を持って３年（正教師２級資格証の場合、６年）以上の教育経歴と一定の再教育（教頭資格研修）を受けた者の中から業績評価と研修成績を合算して選抜する。**校長**は教頭資格証を持って３年以上の教育経歴と一定の再教育（校長資格研修）を受けた者、あるいは当該学校の公募校長審査委員会で公募校長に選抜された後、校長の職務遂行に必要な研修課程（教養および教職）を履修した者を資格条件として提示している。

## 教師の採用

教師の新規採用は、国・公立学校の長がその選考を当該学校が所在する市・道の教育長（教育監）に委託して実施することができる（教育公務員法11条３項）。

私立学校については、「私立学校法」53条の２により当該学校法人又は私立学校経営者が任用するものの、同法施行令21条により、当該学校の所在する教育長（教育監）にその選考を委託して実施することができるものとしている。

すべて公開選考を原則とする。そして、「教育公務員任用令」３条５項では教頭・園監と首席教師、教師の任用が本来教育部長官の権限であるが、当該地域の教育監に任用権限を委任できるようにしている。つまり、公立学校の教師は国家公務員の身分を持つが、任用に関する事項は市・道教育監の事務と規定されているのである。

高校以下の国・公立学校（幼稚園を含む）の教員を選抜するための公開選考（教育公務員任用候補者選定競争試験）は各市・道教育庁別に実施するが、試験問題の出題と採点等は政府出資研究機関である**韓国教育課程評価院**に委託して実施している。

## 教員の教育専門職への転職

教育部や教育庁、教育研究機関などには一般行政職のみならず、**奨学士**や奨学官、教育研究士や教育研究官などの「教育専門職員[1]」がともに配置される。

**教育公務員法**９条により、５年以上の教育経歴を持つ教員は教育部または市・道教育庁の公開競争試験を経て奨学士または教育研究士に転職することができる。試験は基本素養に関する評価と器量評価を含み、基本素養評価は客観式筆記評価以外の方法（例:政策企画案作成、主題討論等）で実施することになっている（教育公務員人事管理規程14条）。

教育専門職員は再び教員に転職することができるが、教員から教育専門職員に転職する当時の職位に転職することを原則とする（教育公務員人事管理規程15条）。ただし、教師から教育専門職員

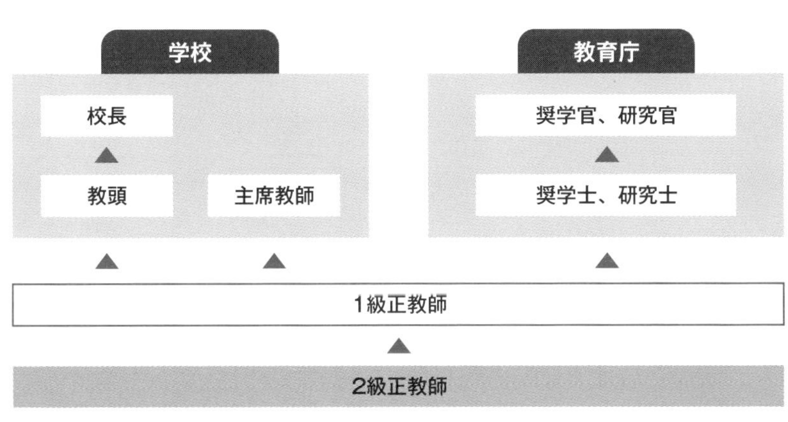


図１　教師資格制度

表２　新規教師任用試験

| 区分 | １次試験 | ２次試験 |
|---|---|---|
| 幼稚園教師<br>初等教師 | －教職論述（20点）、教育課程（80点）<br>－「教育課程」試験は教育内容と方法を一緒に評価<br>－韓国史能力試験は検定試験で代替 | －教職適性の深層面接<br>－教授･学習指導案作成<br>－授業実演<br>－英語面接と英語授業実演（初等） |
| 中等教師 | －教職論述（20点）、専攻（80点）<br>－「専攻」試験は教科内容学（知識、25～35%）と教科教育学（教授法、75～65%）を含む<br>－韓国史能力試験は検定試験で代替 | －教職適性の深層面接<br>－教授･学習指導案作成<br>－授業能力評価（授業実演、実技・実験） |

※1次試験合格者に限り2次試験の受験機会を付与
出典：韓国教育課程評価院　国家試験（https://www.kice.re.kr/sub/info.do?m=010601&s=kice）

表３　教員評価の現状

| 区分 | 教員業績評価 | 教員能力開発評価 |
|---|---|---|
| 目的 | 昇進など人事に反映 | 教員の専門性向上 |
| 導入 | 1964年 | 2010年 |
| 根拠 | 「教育公務員昇進規定」 | 「教員等の研修に関する規定」 |
| 性格 | 相対評価 | 絶対評価 |
| 対象 | 教頭、教師 | 校長、教頭、教師 |
| 評価者 | 校長（40%）、教頭（20%）、同僚教師（多面評価40%） | 教員（校長、教頭、教師）、児童生徒及び保護者 |
| 評価時期 | 12月 | ９月～11月 |
| 評価方法 | 評価項目別配点による評価（総点100点） | 評価指標別チェックリスト、自由叙述式 |
| 問題点 | －昇進対象者以外、フィードバック効果なし<br>－優秀な教師より昇進に迫った教員が高い結果を受ける傾向 | －同僚教員の思いやりの評価、生徒及び保護者の客観性の欠如、評価制としての実効性不足など |

出典：教育部（2015.09.03:5）

に転職した場合は５年以上、教頭から教育専門職員に転職した場合は２年以上勤続した者は、任用権者の定める基準に従い、教頭又は校長に転職することができる。

## 教員の評価および昇進

教育部は教員の評価負担感を解消し、結果の信頼性を高めるため、2016年に教員評価制度を大幅に改善した。

「勤務成績評定」と「成果賞与金評価」を「教員業績評価」に統合し、学校評価の廃止に伴い、自然にその結果による「学校成果給」制度も同時に廃止された。**教員業績評価**は、勤務成績評定（管理者評価）と多面評価（同僚教師評価）から構成され、その結果を合算して人事（昇進）に反映する。また、多面評価の結果は個人成果給の支給にもう一度活用される（教育公務員昇進規定16条〜28条の９）。ただし、多面評価は定性評価と定量評価を並行することにより、これまで指摘されてきた定量指標中心の評価を改善しようとした。

一方、教員能力開発評価は、教員たちの専門性の向上及び生徒・保護者の学校教育への満足度の向上のために2010年に導入された制度で、各学校は毎年、個別教師及び担任教師を対象に生徒満足度調査と保護者満足度調査、同僚評価を実施し、その結果を当該教師に通知する。評価結果が人事に反映されるわけではないが、評価点数の低い教員は最大６カ月間、**能力向上研修**を履修しなければならない。

## 教員の研修及び専門性の開発

教員の専門性を高めるための研修は大きく「資格研修」と「職務研修」に区分できる（教員等の研修に関する規定６条）。

**職務研修**は、教育の理論及び方法の研究や職務の遂行に必要な能力を養うために行う研修であるといえる。教員業績評価や昇進審査過程で職務研修履修実績と評価結果が反映されてはいるが、義務的に履修しなければならない職務研修履修時間は規定されていない。ただし、教員能力開発評価の結果、職務遂行能力の向上が必要と認められる教員（低評価者）は例外的に一定水準以上の職務研修を必ず履修することになっている。

**資格研修**は１級正教師や首席教師、教頭（園監）、校長（園長）資格を備えるために必ず履修しなければならない研修課程に該当する。１級正教師や首席教師、教頭（園監）の資格研修は15日（90時間）以上、校長や園長の資格研修は25日（180時間）以上の研修を履修する規定になっている。

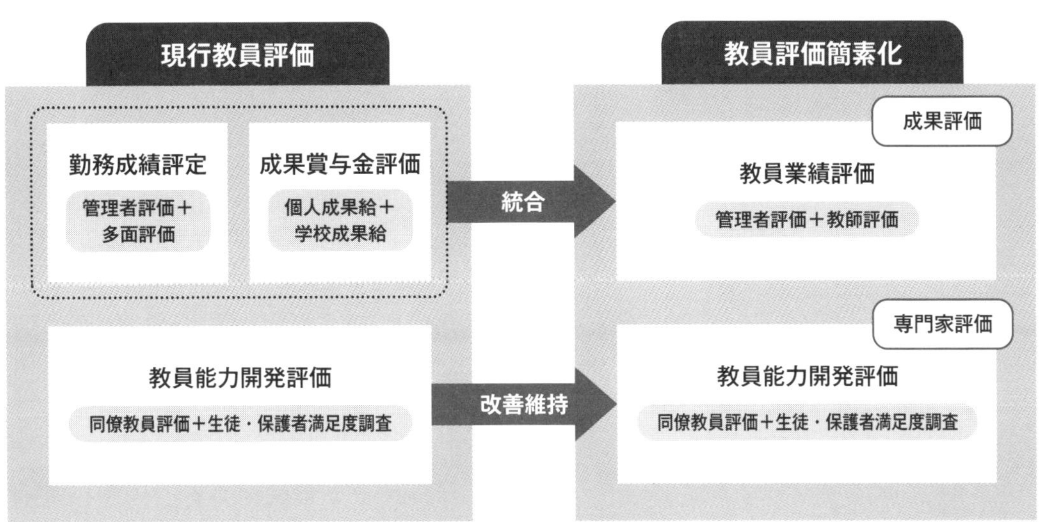


図２　教育評価制度の改訂

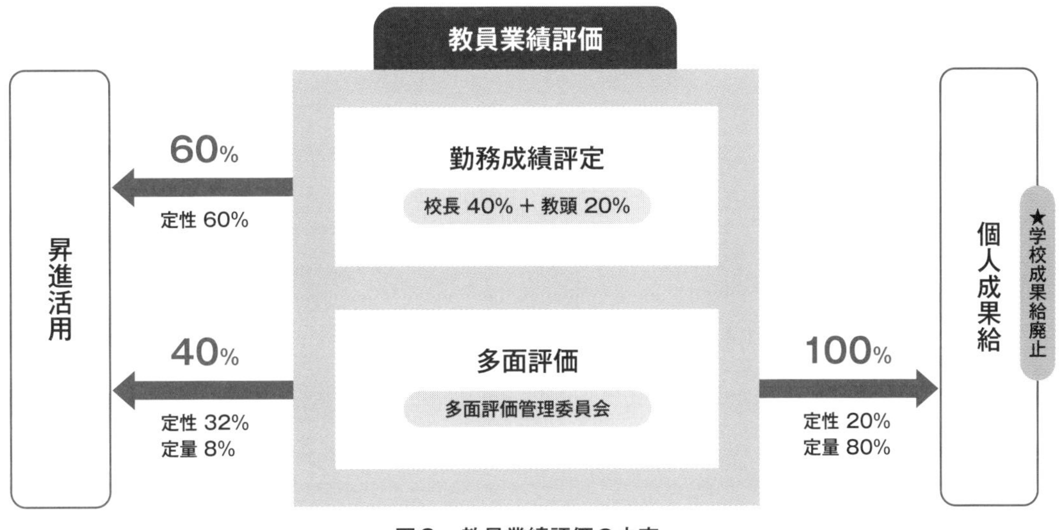


図３　教員業績評価の内実

註

（1）奨学士は教育庁、教育支援庁等で教育行政業務を担当し、教育研究士は教育部及び教育部傘下機関、教育庁教育研修院や研究情報院等で研究及び研修業務を担当する。

参考文献

・教育部（2015.09.03.）「教員評価制度改善方案の発表」教育部の報道資料

（キム・フンホ）

# 4 教育制度の体系と諸課題
## ①学校制度体系の展開と課題

### 学校制度及び関連法令

韓国の教育は、大きく幼児教育、初等教育、中等教育、高等教育、生涯教育の段階に分けられており、憲法31条２項及び教育基本法８条に基づき、初等教育と中等教育は義務教育（９年）に該当する。基本的に学校制度（以下、学制）は、「６－３－３－４制」であり、すべての生徒が同一の学校系統を踏むことができる**単線型**の学校制度である。つまり、小学校６年、中学校３年、高校３年、大学（高等教育）４年の学校段階ごとに多様な**学校類型**が存在するが、これらは一つの系統につながり、各学校段階内では学校類型間の生徒の移動に制限がない。入学可能人数に制限があるので選抜過程はあるが、資格そのものが制限されるわけではない。

### 幼児教育ヌリ課程の導入

政府は保育園と幼稚園に通う満３～５歳の乳幼児の公平な教育機会及び保育機会を保障し、保護者の教育費及び保育費の負担を減らして少子化問題を共に解決しようと、2012年から国が「**標準教育課程**」を設けて提供するが、親の所得水準に関係なくすべての階層の幼児に学費と保育料を支援している。特に、生涯段階別に同じ投資費用を算定する場合、乳幼児期の人的資源投資に対する回収率が最も高いという最近の研究結果も考慮された。

このため政府は2012年３月から満５歳児を対象に「**ヌリ課程**」を導入して推進し、2013年には対象が満３～４歳に拡大された。その結果、幼稚園に在学している満３～５歳の乳児の場合、保育園に通っている幼児と同様、毎月最大26万ウォン（国公立幼稚園は８万ウォン）の「教育課程支援金」が幼稚園に支援され、私立幼稚園に通う法定低所得層（基礎生活受給者、次上位階層、一人親家庭）幼児には10万ウォンの「低所得層幼児学費支援金」が追加支援される。放課後教育プログラムへ参加のため、最大７万ウォン（国公立幼稚園は５万ウォン）の「放課後課程への支援金」が追加で支援される。

### 高校無償教育導入

韓国はこれまで高校進学率が99.7%に達するほど高校教育が普遍化しているにもかかわらず、OECD加盟36カ国の中で唯一高等学校**無償教育**を実施していない国であった（企画財政部、2019. 04. 09）。そこで政府は、2019年２学期から高校３年生を対象に無償教育を開始し、2020年には２年生と３年生にまで対象を拡大して2021年から１年生まで全面施行する段階的導入方式を選択した。

高校無償教育が実施され、これまで生徒たちが負担してきた入学金や授業料、学校運営支援費、教科書代金など、生徒１人当たり年間約158.2万ウォン程度の教育費を国が負担している。

このような高校無償教育政策が成功裏に推進されるためには、安定的な財源確保法案の調達が何よりも重要であるが、そのために政府は2019年12月に「初・中等教育法」と「地方教育財政交付金法」を改正し、高校無償教育財源を安定的に支援するための法的根拠を設けた。法律が改正される前に集めなければならない2019年２学期、高校３年生対象の予算はやむを得ず市・道教育庁が独自の予算で編成・推進したが、2020年から2024年ま

表1 学校制度関連主要法令

| 法令 | 主要内容 |
|---|---|
| 憲法 | −31条2項<br>②全ての国民はその保護する子どもに少なくとも初等教育と法律の定める教育を受けさせる義務を負う。<br>③義務教育は無償で行う。 |
| 教育基本法 | −8条（義務教育）<br>①義務教育は6年の初等教育と3年の中等教育とする。<br>②全ての国民は第1項の規定による義務教育を受ける権利を有する。 |
| 幼児教育法 | −2条（定義）1.「幼児」とは、満3歳から小学校就学前までの子どもをいう。<br>−11条（入学）①幼稚園に入学できる者は幼児とする。<br>−24条（無償教育）<br>①小学校就学直前3年の幼児教育は無償で実施し、無償の内容及び範囲は大統領令で定める。<br>②第1項の規定により無償で実施する幼児教育に要する費用は、国及び地方自治体が負担し、幼児の保護者に対して支援することを原則とする。 |
| 初中等教育法 | −2条（学校の種類）小・中等教育を実施するため、次の各号の学校を置く。<br>1．小学校、2．中学校・高等公民学校、3．高校・高等技術学校、4．特殊学校、5．各種学校<br>−39条（修業年限）小学校の修業年限は6年とする。<br>−42条（修業年限）中学校の修業年限は3年とする。<br>−46条（修業年限）高校の修業年限は3年とする。ただし、49条による時間制及び通信制課程の修業年限は4年とする。<br>−10条の2（高校等の無償教育）<br>①2条3号による高校・高等技術学校及びこれに準ずる各種学校の教育に必要な、次の各号の費用は無償とする。<br>1．入学金、2．授業料、3．学校運営支援費、4．教科用図書購入費<br>②第1項各号の費用は国家及び地方自治体が負担し、学校の設立者・経営者は児童生徒と保護者からこれを受けることができない。 |
| 高等教育法 | −2条（学校の種類）高等教育を実施するため、次の各号の学校を置く。<br>1．大学、2．産業大学、3．教育大学、4．専門大学、5．放送大学・通信大学・放送通信大学及びサイバー大学（以下遠隔大学）、6．技術大学、7．各種学校<br>−31条（修業年限）<br>①大学及び大学院の修業年限は次の各号のとおりである。<br>1．学士学位課程：4年以上6年以下にするが、修業年限を6年にする場合は、大統領令で定める。<br>2．学士学位課程及び修士学位課程の統合課程：6年以上とするが、学士学位課程及び修士学位課程の修業年限を合わせた年限以上とする。<br>3．修士学位課程及び博士学位課程：それぞれ2年以上<br>4．修士学位課程と博士学位課程の統合課程：4年以上とするが、修士学位課程と博士学位課程の修業年限を合わせた年限以上とする。 |

での５年間の無償教育予算は、国が47.5%、教育庁が47.5%、地方自治体が5.0%の責任を負うことになった。ただし、高校無償教育の財源調達のために新設された「地方教育財政交付金法」14条の条項は24年12月まで有効の期限付き条項で、2025年以降の高校無償教育の予算調達をめぐり、政府と教育庁、地方自治体間で葛藤が生じる余地が残っている状況である。

## 高校類型単純化

政府は、序列化された高等学校体制により、小学校と中学校の段階で**自律型私立高校**（以下、自私高）や**特殊目的高校**（以下、特目高）への進学のための**私教育**が過熱化し、生徒のストレスが誘発され、一般高の教育力が低下するなどの問題が生じているとした（教育部、2019. 11）。

このため、政府は2019年11月に「高校序列化の解消および**一般高**教育力量強化方案」を発表し、2025年の**高校単位制**導入時点と連携して、自私高と特目高（外国語高、国際高）を一般高へ一括転換する方案を提示した。2025年以降、一般高校に転換される自私高と特目高は、他の一般高と同様に生徒を選抜（**平準化**地域：教育監（教育長）選考、非平準化地域：学校長選考）し、**無償教育**の支援対象になる。

## 学制改編に対する多様な要求

最近では、様々な学制改編の要求が提起されている。まず、学齢人口の急速な減少に伴い、小規模の学校が急速に増加していることを考慮し、小学校と中学校、中学校と高校、小学校・中学校・高校を統合した「新たな学校類型」の新設の必要性が提起されている（チョンら、2020）。現在も初・中等教育法30条及び同法施行令56条（学校の統合・運営）によって、小学校、中学校、高校を統合・運営することはできるが、統合的な教育課程の運営や行・財政の統合・運営につながらないまま、単に異なる学校級の学校を一つの空間に配置したレベルにとどまっている。したがって今後、初・中等教育法２条（学校の種類）に「**統合学校**」を新たな学校類型として追加し、別途の行・財政的支援と管理システムの構築、教育課程の編成および運営指針の構築、教員養成および配置基準の改善などの制度的措置を推進する必要があることを指摘している。

その他にも、幼児教育の拡大及び無償教育支援政策に合わせて、就学前１年（満５歳）の幼児教育段階を学制化する代わりに、小学校の授業年限を６年から５年に短縮する案（キム・パク、2019）、**就学年齢**を満６歳から満５歳に下方修正する案（チョンら、2017）、現行の３月新学期制を他の先進国と同様に９月新学期制に変更する案なども継続的に議論及び検討されている。

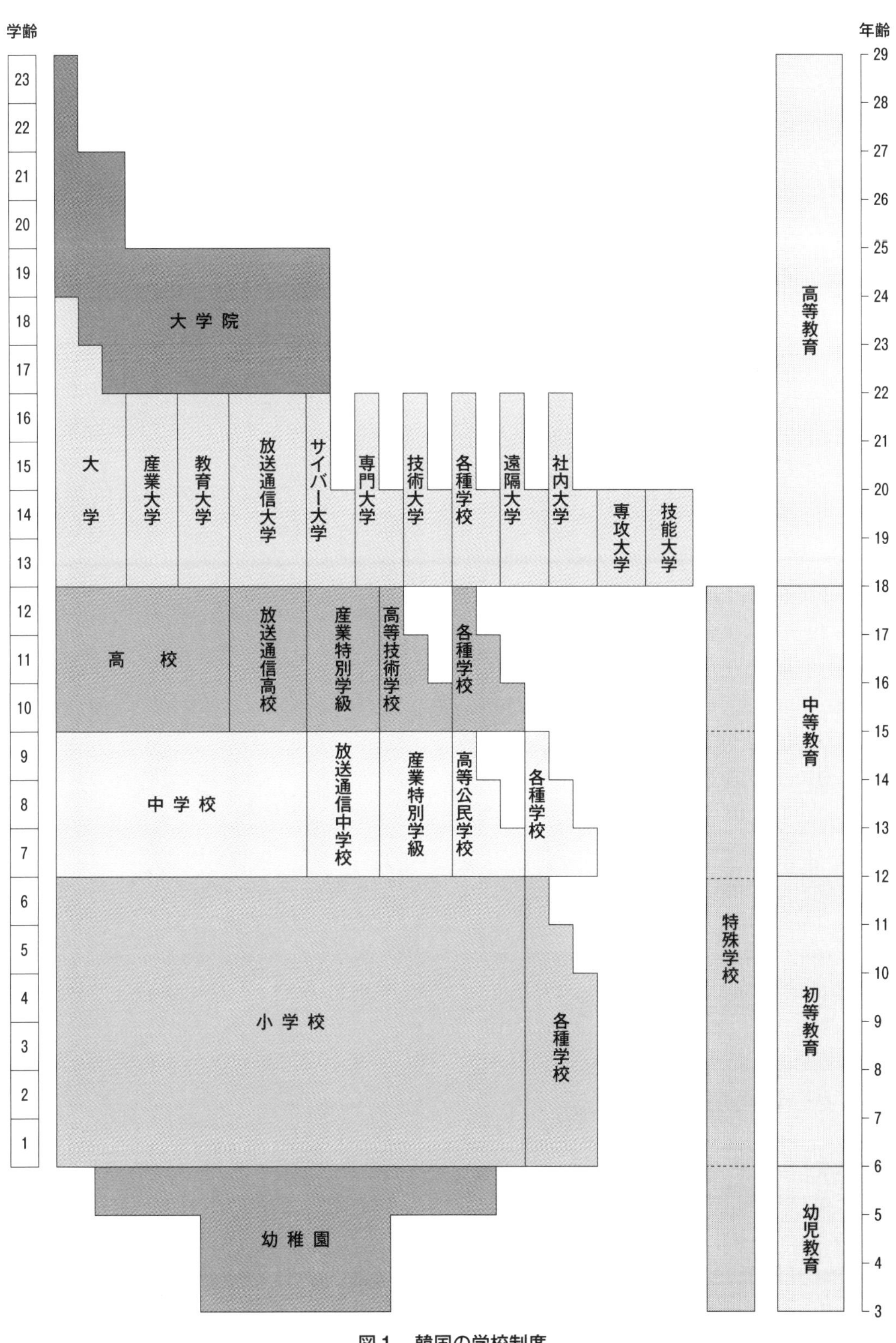


図１　韓国の学校制度

（キム・フンホ）

# 4 教育制度の体系と諸課題
## ②識字・基礎教育に関する制度の展開と課題

### 戦後の取組みと政策の不在[1]

韓国は、1945年の解放当時、非識字率が78％に至り、識字・基礎教育は重要な社会課題の１つであった。この課題を解決するために、国文講習会を開催し、社会教育機関である公民学校を運営するとともに、民間団体によっても識字教育活動が行われた。1953年には当時の文教部が「文盲（ママ）５カ年計画」を樹立、1958年には非識字率を4.1％にまで下げるという成果を挙げていた。こうした識字教育への取組みと就学率の上昇を受け、文教部は、1960年代に識字問題に対して「完全に解決された」とし、それ以降、識字問題はそのまま長らく放置されるようになった。

政策が不在であるまま、識字問題は民間に任され、夜学活動や民衆運動、地域運動の一環として識字教育活動は展開されていった。民主化運動をしていた人々が地域で非識字者の女性たちに出あう中で、自然と識字教育実践に取り組み、1990年の国際識字年の前後に、識字教育関連団体の設立－韓国文解教育協会（1989年）、全国夜学協議会連帯（1997年、現在 全国夜学協議会）、全国文解・成人基礎教育協議会（1999年、現在 全国文解・基礎教育協議会）－が相次いだ。そして、これらの団体を中心に、識字教育の制度化に取り掛かり、2003年から情報通信部が非識字者を対象にハングルと情報化教育を合わせた「非識字者情報化教育支援事業」を開始、さらに、2006年からは「成人識字教育支援事業」が始まる。

このような変化は、関連団体と研究者などによる働きかけ以外に、「社会教育法」が1999年に「平生教育法」へと全面改正され、社会教育政策が本格化したことが背景の１つとして指摘できる。2001年からの「疎外階層生涯教育支援事業」では、事業の一部に識字教育プログラムを選定し支援していたが、2006年に当時の教育人的資源部が「成人識字教育活性化計画」を発表すると同時に、「成人識字教育支援事業」を通じて178の識字教育機関の識字教育プログラムに財政的な支援を開始した。やっと始まった制度的支援は、2007年の「平生教育法」改正で拍車がかかる。この改正で、国レベルの平生教育振興院が設置され、識字教育が重要な社会教育政策の１つと位置づけられるようになる。

### 2007年以降の識字教育の制度化

長らく不在であった識字教育政策が制度化へと本格的に動き出すのは、2007年の「平生教育法」改正で平生教育の定義の中に識字が含まれ、識字教育に関する条文が新設されたからである。第２条に、平生教育が「学校の正規教育課程を除いた学歴補完教育、成人基礎・文字解得教育、職業能力向上教育、人文教養教育、文化芸術教育、市民参与教育等を含むすべての形態の組織的な教育活動」であるとされ、第３項に文字解得教育の定義が定められるようになった。また、第39条には、国及び地方自治団体が文字解得教育に財政的支援ができる法的根拠が規定された。この時は**文解教育**（識字教育）が分かりにくいという意見もあり、文字解得教育として条文化されていた。そして、2016年には国家平生教育振興院に国家文解教育センターが設立され、広域自治体にも文解教育センターを置くようになり、識字教育を支援する行政体制の整備がさらに拡大していき、識字教育関連条例を独自に制定する自治体も増えていった。

### 資料１　「平生教育法」における識字教育関連条文（2021年6月現在）

第２条（定義）この法で使用する用語の定義は次のようである。
　1.「平生教育」とは学校の正規教育課程を除いた学歴補完教育、成人文字解得教育、職業能力向上教育、人文教養教育、文化芸術教育、市民参与教育等を含むすべての形態の組織的な教育活動をいう。
　3.「文字解得教育」（以下、「識字教育」とする）とは、日常生活を営為するにあたって必要な文字解得能力を含む社会的・文化的に要請される基礎生活能力等を備えるようにする組織化された教育プログラムをいう。
　第６章　識字教育
第39条（識字教育の実施等）①国及び地方自治団体は成人の社会生活に必要な文字解得能力等基礎能力を高めるために努めなければならない。
　②教育監は大統領令に定めるところにより管轄区域内にある小・中学校に成人のための識字教育プログラムを設置・運営するか、地方自治団体・法人等が運営する識字教育プログラムを指定することができる。
　③国及び地方自治団体は識字教育プログラムのために大統領令の定めるところにより優先して財政的支援をすることができる。
第39条の２（文解教育センターの設置等）①国家は識字教育の活性化のために振興院に国家文解教育センターを置く。
　②市・道教育監及び市・道知事は市・道文解教育センターを設置するか指定・運営することができる。
　③国家文解教育センター及び市・道文解教育センターの構成、機能及び運営、その他に必要な事項は大統領令で定める。
第40条（識字教育プログラムの教育課程等）第39条に基づき設置又は指定された識字教育プログラムを履修した者についてはそれにふさわしい学歴を認めるが、教育課程編成及び学歴認定の手続き等に必要な事項は大統領令で定める。
第40条の２（識字教育総合情報システムの構築・運営等）①教育部長官は識字教育の効率的な支援のために識字教育総合情報システムを構築・運営することができる。
　②教育部長官は識字教育総合情報システムの運営業務を国家文解教育センターに委託することができる。
　③第１項に基づく識字教育情報システムの構築・運営と第２項に基づく識字教育情報システム運営業務の委託等に必要な事項は大統領令で定める。

出典：韓国法制処国家法令情報センターホームページ（https://www.law.go.kr/lsSc.do?section=&menuId=1&subMenuId=15&tabMenuId=81&eventGubun=060101&query=평생교육법#undefined、2021年6月21日閲覧）より

### 資料２　年度別の識字教育支援実績及び支援現況

| | 国庫支援額（百万ウォン） | 自治体対応投資額（百万ウォン） | 国庫支援自治体（件） | 識字教育機関（件） | 学習者（人） |
|---|---|---|---|---|---|
| 2006 | 1,375 | 828 | 61 | 178 | 14,668 |
| 2011 | 1,800 | 2,068 | 129 | 360 | 20,135 |
| 2016 | 2,436 | 4,978 | 162 | 384 | 36,039 |
| 2017 | 2,436 | 5,862 | 165 | 377 | 39,732 |
| 2018 | 2,960 | 6,628 | 160 | 389 | 51,901 |
| 2019 | 3,190 | 6,843 | 165 | 407 | 63,201 |

出典：韓国国家文解教育センターホームページ（https://le.or.kr/contentView.do、2021年6月21日閲覧）より抜粋作成

**註**

（1）本稿における文解は識字に、平生教育は生涯教育に該当する概念である。

このような識字教育の制度化に伴い、実態調査も開始され、「**成人文解能力調査**」が2014年から３年ごとに行われている。識字調査は、1966年と1970年に統計庁の「人口総調査」の一部として非識字率調査が実施された以外に、文教部（1958年）や中央教育研究所（1959年）などが12歳以上の非識字者調査を行っていた。それ以降は、研究者などによる識字調査があったものの、国レベルでの識字調査が実施されるのは2014年からである。「**成人文解能力調査**」は、調査のために開発された調査ツールを用いた面接調査で行われ、問題は散文識字と文書識字、数理識字の３つの領域、公共生活や家庭生活など５つの生活領域に関するもので構成される。調査結果は、レベル１からレベル４以上の４つに区分され、識字教育はレベル１から３までが対象となる。2017年調査によると、読み書き計算のできない非識字率は7.2％で、識字教育が必要ないレベル４以上は77.6％であることが分かった。識字レベルの判定においては、４つのレベル区分に加え、個人の識字能力を判断する診断ツールの機能をも兼ねている。このような識字調査を実施することで、識字教育へのニーズを把握するとともに、政策の効果もみえてくるようになるであろう。

## 学歴認定制度の実施

また、韓国の識字教育において特記すべき制度として、**学歴認定制度**がある。識字教室における学びを小学校・中学校の学歴として認める**学歴認定制度**は、2007年の法改正で始まったものであり、第40条（文字解得教育プログラムの教育課程等）はその導入の根拠となる条文である。

この条文新設によって、18歳以上の成人学習者が文字解得教育審議会で定める教育課程を履修し申請すれば、小学校又は中学校の学歴認定書を受け取れるようになった。小学校及び中学校学歴認定教育課程はそれぞれ３段階で構成され、すべての段階において授業時数の三分の二以上出席することが必要である。授業単位の１時間は45分で、小学校の場合は総合教科で、中学校は国語と社会、科学、数学、英語が必須で選択１科目が加わる。ほかに、創意的体験活動としてボランティア活動や自治活動などがあり、最後の３段階まで履修すれば卒業資格が取得可能となる。

2011年に小学校学歴認定が、2013年から中学校の学歴認定が始まったが、制度実施にあたって教材の編纂・開発や識字教員向けの研修などが整備され、各現場に任されていた識字教育の内容が一定程度「底上げ」することにつながったといえる。学歴認定の評価に関しては、教育監（教育長）に任され、施行令75条４項に評価制度を樹立・実施できるとされている。例えば、ソウル市の場合はソウル市教育庁が評価指針を定めており、学びを総括的にみられるように「ポートフォリオ」を使った評価を行っている。2011年から2019年までに**学歴認定制度**を使って小学校・中学校の学歴が認められた人々は、全国的に13,835人（小学校12,024人、中学校1,811人）である。識字教育現場は、非学歴認定課程と学歴認定課程の２つで運営され、学歴認定課程が終わった後に非学歴認定課程に移って学び続けるといった学習者も多い。

## 課題

識字教育の制度化が進む中で識字問題に対する社会的認識は高まり、学びの場としての環境整備も改善されてきている。しかしながら、識字教育に対する国からの充分な財政的支援がなされているとはいえず、その分自治体からの予算支援に頼る部分も生まれている。長らく識字教育を担ってきた民間の識字教育現場においては、依然として支援が不充分であるという課題も残っている。どのように持続可能な識字教育のあり方を創っていくのかが問われてきている。

**資料３　2017年の「成人文解能力調査」の調査結果**

| 区分 | レベル定義 | 比率（%） | 推定人口（人） |
|---|---|---|---|
| レベル１ | 日常生活に必要な基本的な読み書き計算が不可能なレベル（小学校１～２年生の学習が必要な水準） | 7.2 | 3,111,378 |
| レベル２ | 基本的な読み書き計算は可能であるが、日常生活を営為するには不十分なレベル（小学校３～６年生の学習が必要な水準） | 5.1 | 2,173,402 |
| レベル３ | 家庭生活と余暇生活など、単純な日常生活の問題を解決する程度の識字力はあるが、公共生活と経済生活など、複雑な日常生活の問題解決には不十分なレベル（中学校１～３年生の学習が必要な水準） | 10.1 | 4,328,127 |
| レベル４以上 | 日常生活を営為するのに十分な識字力を備えているレベル（中学校学歴以上の水準） | 77.6 | 33,365,908 |
| 全体 | | 100.0 | 42,978,815 |

出典：韓国国家平生教育振興院『2017年成人文解能力調査』2018年、p.8

**資料４　小学校及び中学校学歴認定教育課程**

| 教育課程 | 小学校学歴認定教育課程 | | 中学校学歴認定教育課程 | |
|---|---|---|---|---|
| | 授業時数 | 総履修時間 | 授業時数 | 総履修時間 |
| 1段階 | 週２回以上、6時間 | 年40週、総240時間 | 週３日以上、週あたり10時間以上 | 年40週、総450時間 |
| 2段階 | 週３回、6時間 | 年40週、総240時間 | 週３日以上、週あたり10時間以上 | 年40週、総450時間 |
| 3段階 | 週３回、6時間 | 年40週、総240時間 | 週３日以上、週あたり10時間以上 | 年40週、総450時間 |
| 合計 | 120週、総720時間（教科：600時間、創意的体験活動120時間） | | 120週、総1,350時間（教科：1,230時間、創意的体験活動：120時間） | |

出典：韓国教育部『初等･中学文解教育教育課程』（教育部告示第2018-157号）より

## 参考文献


・李智恵（2017）「成人文解教育支援政策の現況」梁炳贊・李正連・小田切督剛・金侖貞編著『躍動する韓国の社会教育・生涯学習』エイデル研究所、pp.207-233

・金侖貞・新矢麻紀子（2020）「韓国の識字教育における学歴認定制度の評価仕組みの運用と課題」『基礎教育保障学研究』第4号、pp.90-106

・金侖貞（2021）「韓国で識字能力はどのように測られてきているのか─識字調査を中心に─」『人文学報』No517-5、東京都立大学、pp.1-32

・尹福南（2006）「文解（識字）教育の展開─文字を学ぶ人たち─」黄宗建・小林文人・伊藤長和編著『韓国の社会教育・生涯学習』エイデル研究所、pp.180-195


（キム・ユンジョン）

# 4 教育制度の体系と諸課題
## ③教員養成制度の現状と課題

### 教員養成制度と教員養成機関

教員養成制度は一次的に「幼児教育法」22条及び「初・中等教育法」21条に従い、教員の資格検定に関する事項を規定する「教員資格検定令」に基づいている。一般教員の資格検定の無試験検定で①教育大学または師範大学を卒業した者、②教育大学院または教育部長官が定めた大学院教育で修士学位を取得した者、③教員養成特別課程を履修した者などが一定基準を満たした場合、資格を取得することができる。そのため、教員養成制度に関する議論は主に教育大学、師範大学、教育大学院、そして一般大学の教職課程を含む主要教員養成機関及びプログラムの運営を中心に行われている。

主要教員養成機関の目的と目標は「高等教育法」に基づく。**教育大学**は初等学校教員を、**師範大学**は中等学校教員を養成することを目的とし、総合教員養成大学は教育大学と師範大学の目的を同時に遂行できる大学である。その他、特別に必要がある場合、大統領令の定めに従い、教員養成を目的とする教育科を置くことができるよう規定している。44条は教育大学、師範大学、総合教員養成大学及び教育科の教育の目標を①教育者としての確固たる価値観と健全な教職倫理の確立、②教育の理念とその具体的な実践方法の体得、③教育者としての資質と力量を生涯にわたって自ら発展させていけるような基礎の確立を規定している。

### 教員養成機関の教育課程の運営

教員養成機関の教育課程は、基本的に「**教員資格検定令施行規則**」12条に明示されている教員資格取得に必要な専攻科目及び教職科目の履修基準と単位等についての事項に基づいて運営される。教育大学及び師範大学の場合、専攻科目50単位以上、教職科目22単位以上を履修するよう定めている。その中で専攻の基本履修科目と教職科目は「幼稚園及び初等・中等・特殊学校等の教師資格取得のための細部基準」(教育部告示 第2020-240号)に明示されており、任意で科目名を変更し運営できないように制限している。その中で教職科目は教職理論、教職素養、教育実習の3領域に区分される(表1を参考)。一方で、連携専攻及び複数専攻の履修者の単位重複認定規定(第11条)を通じて2科目以上を教えられる教員の要請を部分的に図っている。

一方、予備教師たちは専攻及び教職科目の履修と成績基準以外にも、非教科教育課程の履修基準を満たす必要がある。主に国家・社会の懸案が発生するたびに追加される教員の役割に関する事項を部分的に受容したものであり、教職適性及び適性検査基準、児童生徒安全のための応急処置及び心肺蘇生法の実習基準、性認知教育の履修基準を含む。

### 教員養成機関の力量診断

教員養成教育の質管理に対する要求が高まり、1996年第3次教育改革方案(1996.8.20.)に「**教員養成機関評価**」が提案されて以降、1998年に初めて教員養成機関評価が施行された。その後、教員養成機関に対しては類型別に3年、5年または7年ごとに評価が行われてきたが、2020年からは「教員養成機関力量診断」という名称に変更し、非評価機関に対するフィードバック資料機能が強

表1　教員資格取得のための教職科目の細部履修基準

| 教職理論<br>（12単位以上、6科目以上） | 教職素養<br>（6単位以上） | 教育実習<br>（4単位以上） |
|---|---|---|
| ・教育学概論<br>・教育哲学及び教育史<br>・教育課程<br>・教育評価<br>・教育方法及び教育工学<br>・教育心理<br>・教育社会<br>・教育行政及び教育経営<br>・生活指導及び相談<br>・その他の教職理論に関する科目 | ・特殊教育学概論<br>・教職実務<br>・学校暴力予防及び児童生徒の理解<br>※生活指導及び相談科目で代替認定可能 | ・学校現場実習<br>・教育ボランティア活動 |

表2　5年ごとの教員養成機関の力量診断指標（師範大学、一般大学教育科基準）

| 領域 | 項目 | 準拠 | 指標 | 区分 | 配点 |
|---|---|---|---|---|---|
| 教育条件 | 発展計画 | 発展計画の適合性 | 発展計画（特性化を含む） | 定性 | 40 |
| | 教員 | 教員確保の適切性 | 専攻科目の専任教員確保率 | 定量 | 180 |
| | | | 教科教育科目の専任教員確保率 | | |
| | | | 教科教育科目の教授者専攻一致度 | | |
| | | | 教職理論科目の専任教員確保率 | | |
| | | | 教職理論科目の教授者専攻一致度 | | |
| | | 専任教員活動の適切性 | 専任教員の研究実績最低基準充足率 | 定量及び定性 | 70 |
| | | | 講義満足度及び講義評価運営の適切性 | | |
| | 行・財政 | 行・財政運営の適切性 | 教育費（奨学金等）還元率 | 定量及び定性 | 50 |
| | | | 行政支援の充実性 | | |
| | 授業環境 | 授業環境の適切性 | 施設活用の適切性 | 定量及び定性 | 10 |
| | | | 障害児童生徒の選抜比率及び障害児童生徒に対する支援努力 | | |

化された。

教員養成機関の力量診断は、教員養成機関が未来力量を備えた予備教員を養成するのに適合しているかどうかを総合的に診断するためのものである。これを通じて教員養成機関の法的責任を確保し、教員養成体制改編の参考資料を提供するとともに、教職希望者及び市道教育庁、学校等に関連情報を提供することを目標とする。診断領域は大きく①教育条件（発展計画、教員、行・財政、授業環境)、②教育課程（教育課程、授業、児童生徒、教育実習)、③成果（定員充足率、教員任用及び就職成果、教育満足度、還流努力）の三領域に区分され、細部診断指標と配点は表２の通りである。５年ごとの診断では、特に予備教師の教育現場に対する理解度、未来教育環境の変化に対する適応力を強化するための教育課程を体系的に編成・運営しているかを重点的に診断している。診断結果によって個別教員養成機関及びプログラムはA～E等級に区分されるが、C等級及びD等級の機関は、養成定員を各30%、50%程度に減縮する一方、E等級機関は廃止する後続措置が計画された。2020年現在、２つの教育大学院と３つの一般大学教職課程がE等級評価を受け、廃止される予定である。

## 教員養成制度の懸案と課題

2021年７月、教育部は「初・中等教員養成体制発展方案（試案)」において未来教育環境の変化に伴う教員の役割を協力者、企画者、疎通・仲裁者、革新家に定義し、現行教員養成体制の改編方向と課題を提案した。以下では、ここで明示されている政策課題を中心に、教員養成制度の懸案と課題を紹介する。

第一に、教員養成教育課程の**実践性**と**現場性**の強化である。まず、遠隔教育、AI・ビッグデータ、気候・環境危機等の未来素養を教員養成教育課程に反映することが提案された。また、児童・生徒に対する理解と保護者との疎通、教師間協力等の現場適応支援のために、教員養成機関が所属している地域を中心に学校現場連携教育課程の運営を拡大する案も示された。その他、教育実習の内実化と実習学期制の導入等も検討される予定である。

第二に、中等教員養成体制の場合、養成規模－任用規模の不均衡問題を解消するために養成規模を適正化する方案が提案された。過去20年間、任用試験の志望者数に対して合格者比率は平均10%水準で不均衡問題が深刻であった。そのため主要教科目の教員養成は師範大学に集中させ、一般大学の教職課程では専門教科や非教科目担当教員養成に制限し、教育大学院は再教育中心に再編する方案が検討される予定である。

第三に、初等教員養成体制の場合、教育課程の多様性と選択権を拡大する方案が示されている。初等教員養成機関である教育大学は過去10年間、持続的に内部調整を通じて目的型体制を維持してきた。その結果、大学規模が縮小され、予備教師たちに多様で幅広い教育課程履修や多様な集団との交流経験を提供するのには限界がある。そのため、圏域別教育大学間または拠点国立大学との統合を推進し、予備教師たちの養成教育環境を改善する案が提案されている。

| 領域 | 項目 | 準拠 | 指標 | 区分 | 配点 |
|---|---|---|---|---|---|
| 教育課程 | 教育課程 | 教育課程<br>編成・運営の適切性 | 教員資格取得者の検定基準充足 | 定量及び定性 | 160 |
| | | | 教科教育課程の運営実績及び改善計画 | | |
| | 授業 | 授業の充実性 | 授業規模の適切性 | 定量及び定性 | 200 |
| | | | 授業運営の現場性 | | |
| | | | 授業力量向上の努力 | | |
| | | | 教授者力量開発の充実性 | 定性 | 60 |
| | 児童生徒 | 児童生徒選抜及び指導の適切性 | 児童生徒指導体制構築及び運営実績 | 定性 | 70 |
| | | | 児童生徒セクハラ予防教育の実績 | | |
| | 教育実習 | 教育実習運営の体系性 | 教育実習体系運営実績及び改善努力 | 定性 | 70 |
| 成果領域 | 運営成果 | 児童生徒維持成果 | 新入生充足率及び中途脱落児童生徒の比率 | 定量 | 30 |
| | 教育成果 | 教員任用及び就職成果 | 教員任用率及び関連分野就職率 | 定量 | 70 |
| | | 教育満足度 | 在学児童生徒の満足度 | 定量 | 40 |
| | 還流成果 | 還流努力 | 還流努力 | 定性 | 10 |


**参考文献**

・国家教育会議報道資料（2020.12.15）「未来学校と教育課程に適合した教員養成体制発展方向」政策集中熟議結果及び勧告案発表
・教育部（2019）「５年ルーティン教員養成機関力量診断'19－'20年施行計画」
・教育部（2020）「現場性と未来対応力向上のための初・中等教員養成体制発展方案：試案」
・教育部・韓国教育開発院（2019）『2019－2020年５年ルーティン教員養成機関力量診断便覧』
・教育部報道資料（2021.2.22）「2020年教員養成機関力量診断結果発表」

**参照URL**

・国家法令情報センター「教員資格検定令」
https://www.law.go.kr/%EB%B2%95%EB%A0%B9/%EA%B5%90%EC%9B%90%EC%9E%90%EA%B2%A9%EA%B2%80%EC%A0%95%EB%A0%B9
・韓国教育開発院教員養成機関力量診断　https://necte.kedi.re.kr


（ハム・ウネ）

# 教育制度の体系と諸課題
## ④平生教育機関の設置・運営の現状と課題

### 平生教育機関の概念及び分類体系

韓国で平生教育機関とは、平生教育機能を遂行、または平生教育を目的と定めている組織や団体を指す（ヒョン・ヨンソプ 2019：81)。近年は平生学習空間を媒体として住民の学習が強化され、拡張的な解釈が試みられている。固定的な場所及び機能を中心に平生教育機関を理解する思考から脱出し、住民の生活課題と結合して住民自らが創っていく自由な平生学習空間までをも含むのである。

一般に平生教育機関はその設置方式及び主体によって次のように区分される。第一に国家の平生教育体系化作業の一環として設置された平生教育専担機関である。1999年「**平生教育法**」の制定を通して平生教育施設の設置及び支援の法的根拠が整い、2007年と2014年の改正により「国家平生教育振興院－市・道平生教育振興院－市・郡・区平生教育学習館－邑・面・洞平生学習センター」につながる平生教育の伝達体系が完成され、これに基づいて施設が指定･設置された(資料１を参照)。

第二に「平生教育法」によって設置・運営される一般平生教育機関がある。この機関は主に地域住民のための平生教育プログラムを企画・運営する役割を担っており、これはまた次の三つの類型に区分される。まず、平生教育法によって認可・登録・申告される施設・法人または団体である。学校附設の平生教育施設、事業長附設の平生教育施設、市民社会団体附設の平生教育施設等が含まれる。2016年には法改正により、障害者平生教育施設の条項が追加された。次に、「学園の設立・運営及び課外教習に関する法律」による平生職業教育を実施する学園がある。学校教科目を扱う補習学園を除いて平生教育及び職業教育を目的に運営される学園を指す。最後にその他の法律により、平生教育を主な目的とする施設・法人または団体がある。市･郡･区の住民自治センター、図書館、博物館、青少年修練館、女性会館等を言う。

第三に、地域で住民が自ら作った平生学習の空間がある。これは**小さな図書館**、**マウル（町）学校**等で、地域住民のコミュニティー施設、地域カフェ等が活用されている。このような空間で注目する学習活動は住民の生活と密接な結合を志向している。そのため、住民の主体性や町の変化可能性を念頭に置いた実践的学習が行われうるという特徴を持つ。住民の生活圏内で新たな平生学習空間を創造しようとする近年の動向は住民学習への支援に対する条件整備的観点が自由な学習空間の醸成に拡大していく傾向がある（金銀慶，2016)。

### 平生教育機関の設置現状[1]

韓国の平生教育機関の設置現状は、教育部と韓国教育開発院が実施する「平生教育統計調査」によって調査・共有されている。2019年時点で「平生教育法」により設置された平生教育機関は計4,296機関である（教育部・韓国教育開発院，2019)。2015年の4,144より152機関増えた。類型別にみる

**註**

(1) 韓国で平生教育機関の設置現況は「平生教育法」により実施・運営される機関に限定して調査されている。これにより、その他の用例により設置された機関や住民主導の平生学習空間の設置現況は含まれていない。

### 資料１ 「平生教育法」改正による平生教育の伝達体系の変化

| 区分 | 1999年平生教育法 | | 2007年、2014年改正 |
|---|---|---|---|
| 国家 | 平生教育センター | | 国家平生教育振興院 |
| 市・道<br>広域自治団体 | 地域平生教育情報センター | 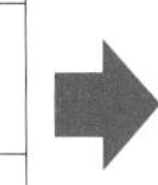 | 市・道 平生教育振興院 |
| 市・郡・区<br>基礎自治団体 | 平生学習館 | | 市・郡・区 平生学習館 |
| 邑・面・洞 | — | | 邑・面・洞 平生学習センター |

※出典：金銀慶(2016)

### 資料２ 平生教育機関の分類及び現況

| | 関連法律 | 施設区分 | 累計 | 現況<br>(2019基準) |
|---|---|---|---|---|
| 「平生教育法」 | 第19条～21条 | 国家及び市・道<br>平生教育振興院、<br>市・郡・区平生学習館 | | 振興院 18<br>学習館 471 |
| | 第31条 | 学校形態の平生教育施設中、<br>学歴認定施設<br>(教育監指定) | 各種学校、<br>技術学校等 | 7 |
| | 第32条 | 社内大学形態の平生教育施設 | 社内大学 | — |
| | 第33条<br>施行令 第48条 | 遠隔大学形態の平生教育施設 | 遠隔大学、<br>遠隔教育形態 | 1,041 |
| | 第35条 | 事業長附設<br>平生教育施設 | 産業体、百貨店の文化<br>センター等 | 415 |
| | 第36条 | 市民社会団体附設<br>平生教育施設 | 法人、<br>主務官庁登録、<br>会員300人以上の市民<br>団体を指す | 492 |
| | 第30条 | 学校（大学）附設<br>平生教育施設 | 大学／専門大学附設<br>平生（社会）教育院等 | 415 |
| | 第37条<br>施行令 第65条 | 言論機関附設<br>平生教育施設 | 新聞、<br>放送等の言論機関 | 842 |
| | 第38条 | 知識・人力開発事業関連<br>平生教育施設 | 産業教育機関、<br>学校実習期間 | 595 |
| 計 | | | | 4,296 |

と、国家平生教育振興院が１、17市・道別平生教育振興院が各１（計17)、226の市・郡・区内471の平生学習館が設置されている。

各種学校等、学校形態の平生教育施設の中、学歴認定施設は７、遠隔教育施設1,041、事業長附設平生教育施設415、市民社会団体附設平生教育施設492、学校附設平生教育施設415、言論機関附設平生教育施設842、知識・人力開発事業関連の平生教育施設が595ある（資料２を参照)。

一方で、邑・面・洞の平生学習センターは「平生教育法」に明示された平生教育伝達体系の一つであるが、条項自体が「設置または指定し、運営することができる」と明記されており、実際に設置及び指定による法的実効性は低い状態である。そのため、市・郡・区の地域条件によって自律的に設置及び指定可否を決めており、全体的な設置現状は調査されていない。障害者の平生教育施設の場合、2020年に初めて「障害者平生教育現状調査」が実施されたが、まだその結果は発表されていない。

## 今後の課題

韓国の平生教育機関設置及び運営に関する今後の課題は次の通りである。

第一に地域によって平生教育機関の分布に格差があることである。

平生教育機関の地域別分布をみると、首都圏（ソウル、京畿道）に全体の58.8％が設置されており、郡の場合、行政区域上、「洞」地域に比較的、多数の平生教育機関が設置されている。個人の平生学習参与決定に影響を及ぼす要因の一つが居住地近隣の平生教育機関の設置可否（チェ・ウンシル 2006）である。これは、地域間平生教育機関設置の格差が住民の平生教育機会の格差に影響する可能性があることを示唆する。したがって、すべての国民の均等な平生教育機会の提供のために基本的な土台を備え、地域別に均等な機関設置法案が模索されるべきである。

第二に、その他の法令によって設置・運営されている機関（図書館、青少年修練館等）のアイデンティティの問題である。

多様な法令によって設置された機関が地域で住民を対象に平生教育プログラムを運営し、平生教育機関として機能しているものの、実際に当該機関が平生教育機関としてのアイデンティティを持ち、専門的な人材を配置するケースは非常に少ない。そのため、地域平生教育政策の推進過程においてその他の法令によって平生教育機関の適切な参加と役割分担を期待するには難しい実情がある。住民の平生教育支援機能を遂行している多様な機関が教育を通じて住民の成長を支援するアイデンティティを共有し、機能連携を具体化する法案が工夫される必要がある。

第三に、住民主導の公的平生学習空間を創っていく過程に対する支援が必要である。

「空間」とは、そこを構成して活用する人々の交流が、各自をどのような世界に導いていくかによって異なる意味を持つ。つまり、小さな図書館やマウル学校等の空間は、そこを利用する人々が、学習を通じて公的な世界に入ろうと工夫して実践した結果、住民の生活圏内に住民主導の公的な平生学習空間として誕生したのである。このような観点から、平生学習の空間を構成しようと試みる住民たちが、知識を共有することに集中するよりは、マウルの公共イシューと知識を連携して学習し、実践する過程を通じて住民活力化（empowerment）（キム・ソンヨ 2000）の経験を生産できるよう、支援する必要がある。

### 資料２　平生教育機関の分類及び現況（つづき）

| | 関連法律 | | 施設区分 | 累計 | 現況（2019基準） |
|---|---|---|---|---|---|
| その他法令による施設 | 「学園の設立・運営及び課外教習に関する法律」 | | 平生職業教育学園（学校教科教習学園除く） | | |
| | 「単位認定等に関する法律」 | | 単位銀行評価認定機関 | 単位銀行制運営機関 | |
| | 「地方自治法」 | | 市・郡・区の住民自治センター | 住民自治センター | |
| | 「図書館法」第２条 | | 図書館の中、平生教育を運営する施設 | 国立中央図書館等 | |
| | 「博物館」及び「美術館振興法」第３条 | | 国公立博物館、国公立美術館の中、平生教育プログラムを運営する施設 | 国立中央博物館等 | |
| | 「青少年基本法」第３条 | | 青少年施設の中、平生教育プログラムを運営する施設 | 青少年修練館<br>青少年文化の家等 | |
| | 「女性発展基本法」第３条 | | 女性関連施設の中、平生教育プログラムを運営する施設 | 女性会館 | |
| | 社会福祉施設 | 「社会福祉事業法」第２条 | 社会福祉施設の中、平生教育プログラムを運営する施設 | 社会福祉館 | |
| | | 「老人福祉法」第31条 | 老人福祉施設の中、平生教育プログラムを運営する施設 | 老人福祉館 | |
| | | 「障がい者福祉法」第58条 | 障がい者福祉施設の中、平生教育プログラムを運営する施設 | 障がい者福祉館 | |
| | | 「児童福祉法」第２条 | 児童福祉施設の中、平生教育プログラムを運営する施設 | 児童保護施設 | |
| | 職業訓練施設 | 「勤労者職業能力開発法」第２条 | 職業能力訓練施設 | | |
| | | 「職業教育訓練促進法」第２条 | 職業教育訓練機関 | | |
| | その他 | | 文化芸術関連機関及び施設 | 伝授会館、文化院、文化の家、国楽院等 | |

※出典：1）教育部･国家平生教育振興院（2019）『2018 平生教育白書』 2）教育部･韓国教育開発院（2019）『2018 教育統計分析資料集』

#### 参考文献

・キム・ソンヨ（2000）「社会正義のための学問としての地域社会開発学と社会教育学」ジョン・ジウン編、地域社会開発と社会教育、ソウル：教育科学社
・チェ・ウンシル（2006）「韓国成人学習者の平生教育参与特性および関連要因の分析」平生学習社会２(1)、pp.1-35
・ヒョン・ヨンソプ（2019）「平成教育機関」国家平生教育振興院編、2018 平生教育白書
・金銀慶（2016）「韓国における生活圏平生学習空間の拡張過程」TOAFAEC21、pp.37-48

（キム・ウンギョン）

# 4 教育制度の体系と諸課題
## ⑤社会教育関連職員制度の現在と課題

### 概要

韓国は**平生教育法**24条に基づき**平生教育（生涯学習）**を振興するための専門人材として平生教育の企画、進行、分析、評価及び教授業務を遂行する**平生教育士**（Lifelong educator）を養成している。また、平生教育士の配置、研修等に関する事項も法令で規定している。

1999年「社会教育法」が「平生教育法」に全面改正されたことに伴い、専門人材の資格名称が「社会教育専門要員」から「平生教育士」に変更され、１・２・３等級の資格体系が整った。また、2007年に再び全面改正が行われ、養成課程の履修単位が２単位から３単位に拡大、平生教育実習が単位化されるとともに、平生教育士１級の資格は昇級課程を通してのみ取得可能となった。

「平生教育法」によって養成された平生教育士は平生教育機関に配置されることが義務づけられている。国家及び市道平生教育振興院、市郡区平生学習館、学歴認定平生教育施設を除く障害者平生施設及び「平生教育法」に基づく平生教育施設、**単位銀行**[(1)]機関、その他の法令に従い、平生教育を主な目的とする施設・法人または団体には平生教育士を義務として配置しなければならない。法律で規定されている平生教育機関の他にも市道教育庁及び地域教育支援庁、市道庁及び市郡区庁、邑面洞平生学習センターの平生教育専担組織においても平生教育の振興のために平生教育士の配置を漸次拡大している。

### 平生教育士の養成

（専門）大学、大学院、単位銀行機関等の養成機関で運営する関連科目を一定単位以上履修すると、平生教育士２級または３級の資格を取得することができる。また、昇級課程は一定の資格要件を満たした平生教育士資格証所持者が上位等級の資格を取得するための研修課程である（図１を参照）。

平生教育士の現況をみると、2019年12月現在、全137,067名が養成された。等級別の養成現況は、１級が全体の0.6%の856名、２級が93.9%の128,644名、３級が5.5%の7,567名であり、ほとんどの平生教育士が２級の資格を持っている。

### 平生教育士の配置

前述したように、「平生教育法」16条は、平生教育士を平生教育機関に義務配置するよう規定している。しかし、2019年現在、全体4,295個の平生教育機関の中、79.6%の3,419機関にだけ平生教育士が配置されていることが明らかになった（教育部・韓国教育開発院 2019）。市道平生教育振興院（100%）、事業長附設平生教育施設（97.6%）、単位銀行機関（97.7%）はほとんど平生教育士を配置しているが、その他の機関は80%未満の配置割合である。また、平生教育機関に配置されている平生教育士の現況をみると、全4,295の平生教育機関に5,419名が配置されており、１機関あたりに平均1.3名の平生教育士が配置されていると言える（教育部・韓国教育開発院 2019）。17市道平生教育振興院では166名の平生教育士が配置されており、１機関あたり9.8名と最も多く、市郡区平生学習館の場合、471機関に864名が配置され

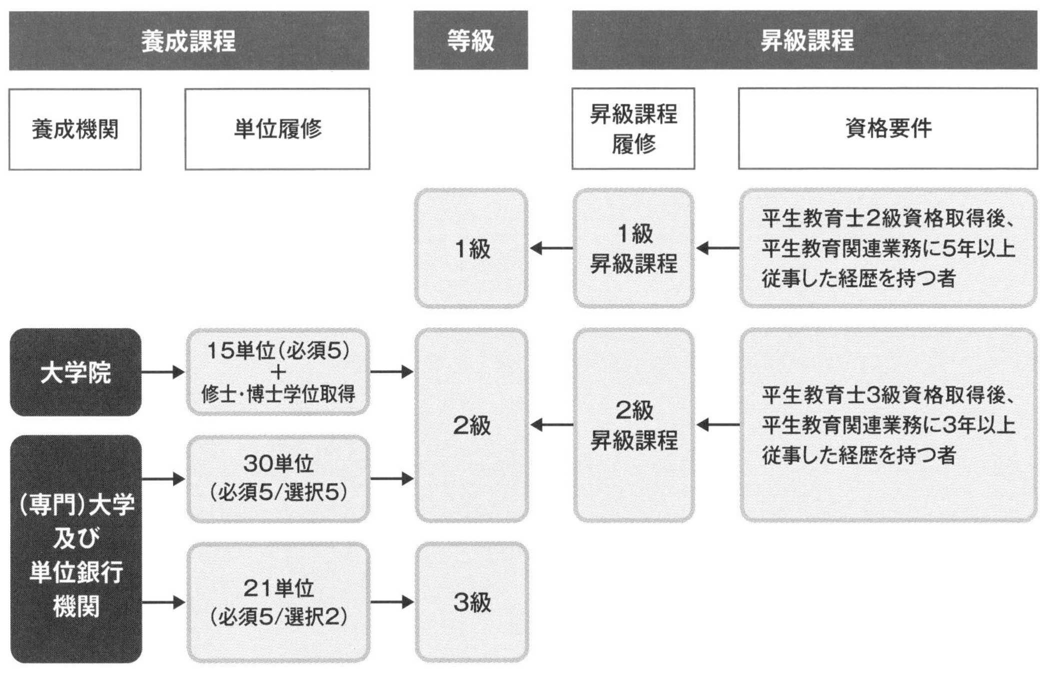


図１　平生教育士履修課程

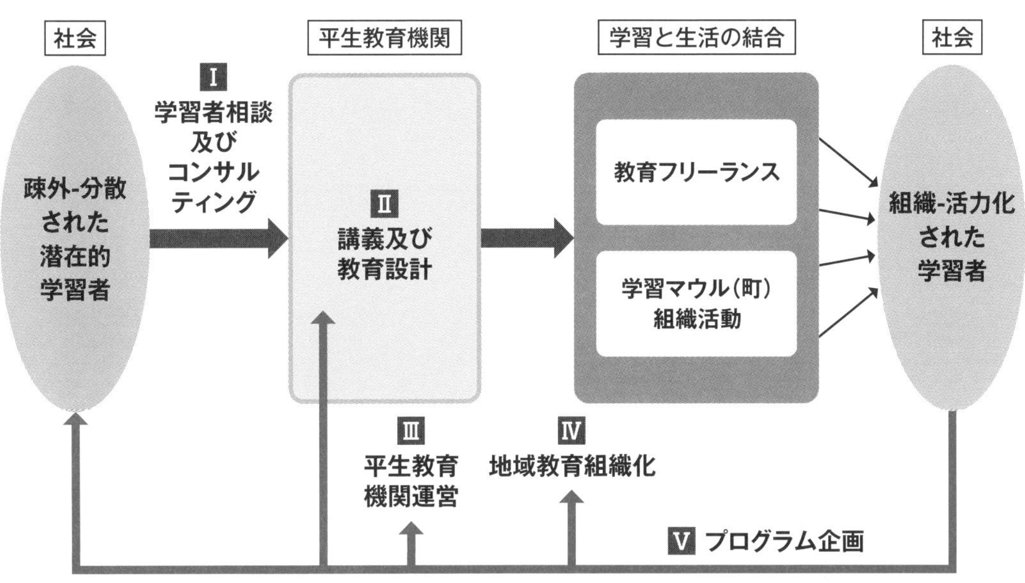


図２　平生教育士の専門化領域

ている。平生教育士の資格等級別にみると１級は314名、２級は5,940名、３級は213名が配置されている。

## 平生教育士の研修

**国家平生教育振興院**では平生教育士の研修を昇級課程と一般研修課程に分けて実施している。昇級課程は平生教育士１級と２級で運営しているが、１級昇級課程は、平生教育機関の経営者及び平生教育政策専門家として養成し、２級昇級課程は、平生教育プログラム専門家として養成する方向で運営している。だが、2019年は、２級昇級課程の需要がなかったため閉講、１級昇級課程だけが実施された。2019年１級昇級課程は67名を選抜し、２班に分け、31科目（総105時間）の教育課程が運営された。

一般研修課程は、2019年国家平生教育振興院と４市道平生教育振興院が連携して運営し、計297名の平生教育士が参加した。平生教育機関管理者課程、障害平生教育特性化課程、平生教育機関実務者課程、平生教育統合課程等、済州（４月）、大邱（７月）、大田（９月）、ソウル（11月）の４地域で６課程が運営された。

## 今後の課題

韓国で社会教育法が制定されて以降、約40年間、数回の法改正と政策的努力を通じて平生教育士制度が定着し、成長してきた。しかし、依然として平生教育士の養成、配置、研修と関連した課題は残っている。このような課題は、結局のところ、平生教育士の専門性向上及び専門職化と直結すると言える。平生教育士は、この間、専門性向上及び専門職として成長してきたとはいえ、変化する社会的状況の中で持続的に専門性を認められ、専門職としての地位を認定されなければならない課題を抱えている。以下では、今後の平生教育士の専門性向上及び専門職化のために克服すべき課題をいくつか提示しておきたい。

第一に、平生教育士の職務領域別の専門性開発のための養成及び研修が進展していく必要がある。ジョン・ミンスン他（2010）の研究では、平生教育士の実際の業務に基づいて職務領域を分析し、平生教育士の領域別の多様化を提案し、図２のように専門化力量を提示している。平生教育士の資格取得後、自身の専門領域を開発できるようにしながら、各領域別の専門力量が再び養成課程に反映されるようにしていく必要がある。このような職務領域別の細分化及び専門化された力量を開発することによって平生教育士の専門職化を促進することができるだろう。

第二に、平生教育士の専門性開発とともに専門職として平生教育士に対する社会的共感を得ることが必要である。多様なメディアを活用し、平生教育士に対する社会的認知度を高めるために努力すべきである。平生教育士協会、韓国平生教育総連合会、国家平生教育振興院、17市道平生教育振興院等が専門職としての平生教育士の社会的地位を高めるために努力し続けていく必要がある。それが実現していけば、平生教育機関が法規定によってではなく、自発的に平生教育士の配置を拡大していくだろう。

第三に、平生教育士の自律的・主体的な努力が必要である。すなわち、平生教育士の持続的な専門性開発及び専門職化を導く行為の主体が国や公共機関ではなく、平生教育士でなければならない。養成及び研修課程において平生教育士が現場で形成し発展させてきた専門知識と力量が適用され、使用されるべきである。従来、国家主導で平生教育士の養成、配置、研修、そして専門性向上の努力が行われてきたが、これからはその中心が実践主体である平生教育士集団にならなければならない。現在、平生教育士協会が地域別に組織される等、その活動が活性化されているが、このような動きから今後、平生教育士はその専門性向上の主体として努力していく必要がある。

最後に、平生教育士の専門性が社会に認められるためには、その専門性の内容はまさに「教育者」または「教育専門家」でなければならない。平生教育士は現場で直接、教授活動をしない場合が多いが、その職務は結局のところ、学習者の学習に介入し、彼（女）らの学習を支援し促進する教育者としての役割である。むしろ、学校教師より広い領域にわたって教育者の役割を果たしていると言える。そして平生教育士は、個人だけでなく、個人が所属している共同体または地域社会の変化と学習を追求し、この二つを分離せず、統合的に認識して活動する。すなわち、個人の学習結果が社会変化につながり、社会変化に主体的に参加することによってその中で個人と集団がともに学習できるように教育者としての「管轄圏域」を持っている。このような教育者としての平生教育士の専門性をより発展させていく努力が必要である。

## 註

（1）単位銀行制度：学校の外で行われる多様な形態の学習と資格を単位として認定し、一定基準を満たすと、学位取得が可能な制度

## 参考文献


・教育部・国家平生教育振興院（2020）『2019平生教育白書』
・パク・サンオク（2012）「韓国平生教育士の専門職化のための主体的活動と教育者としてのアイデンティティの確立」『東アジア社会教育研究17』pp.24-39
・ジョン・ミンスンほか（2010）『平生教育士領域別職務力量開発研究』平生教育振興院
・ジョン・ミンスン（2011）「平生教育士の領域別多様化戦略」『第11次平生教育政策フォーラム（100歳時代の平生教育士のミッションと力量）資料集』pp.35-50


（パク・サンオク）

# 教育制度の体系と諸課題

## ⑥就学前教育制度の現在と課題

### 就学前教育制度

現在、韓国の就学前教育制度は、保育園（**オリニジップ** 어린이집）標準保育課程と**ヌリ課程**で構成されており、保育園の標準教育課程は乳幼児保健法、ヌリ課程は幼児教育法に依拠している。「第４次標準保育課程」（保健福祉部告示第2020-75号）によると、「保育園標準保育課程（以下、「標準保育課程」とする）は、０～５歳の乳幼児のための国家水準の保育課程であり、０～１歳の保育課程、３～５歳の保育課程（ヌリ課程）で構成する」と定義している。「幼稚園教育課程」（教育部告示第2019-189号）によると、「ヌリ課程は３～５歳幼児のための国家水準の共通教育課程である」と定義している。

### 標準保育課程

保育園の**標準保育課程**は、2004年の乳幼児保育法の改正により、その開発・普及の法的根拠が整備された。2007年には女性家族部において保育園の「標準保育課程」を告示し、2008年より適用され、2011年には就学前教育と保育に関する国家の責任を強化するため「満５歳共通課程」の導入が発表された（2011年５月）。これにより、2012年には５歳ヌリ課程の導入を発表、満５歳標準保育課程を除いて０～４歳の標準保育課程内容を補完し、「第２次標準保育課程」を告示した（2012年２月）。2012年、二元化された幼稚園教育課程と保育園標準保育課程を「５歳ヌリ課程」に統合して告示、制定及び施行され、すべての幼稚園及び保育園の満５歳幼児に同一に適用されるようになった（2012年３月）。2013年には既存の５歳ヌリ課程に続き「３～４歳のヌリ課程導入計画」の発表によって標準保育課程が追加改訂され、「第３次標準保育課程」が告示（2013年１月）、「３～５歳年齢別ヌリ課程」も告示及び施行された（2013年３月）。2020年には「第３次標準保育課程」の現場適用の結果と「2019改訂ヌリ課程」に対する改善要求を反映させ「第４次標準保育課程」が告示された（2020年３月12日）。

イ・ミファ（2020）は、第４次標準保育課程の改訂における特徴を次の７つに整理している。①総論はヌリ課程の改訂方向と趣旨を受容する一方で、母乳保育のアイデンティティの維持及び乳幼児保育の特性を反映させている。②各領域別の内容は第３次保育園標準教育課程に基づいて乳幼児保育の特性を反映させている。③既存の年齢体系を維持し、０～１歳の保育課程、２歳の保育課程に提示している。④０～１歳は４水準、２歳は２水準の細部内容を統合させている。⑤基本生活、身体運動、意思疎通、社会関係、芸術経験、自然探求の６つの領域を維持しながら内容を簡略化させている。⑥乳幼児中心、遊び中心の教育を追求している。⑦乳幼児の基本権利の個別保障を重視し、個別特性を持つ固有の存在として尊重されなければならないことを強調している（イ・ミファ 2020：18）。

### ヌリ課程

キム・ウンヨン（2019）は、「**2019改訂ヌリ課程**」の特徴を次の６つに整理している。①ヌリ課程の性格を「国家水準で告示した共通の教育課程」として明示している。それまで幼稚園教育課程と保育園教育課程における用語の二元化によっ

### 資料1　乳幼児保育法 第29条（保育課程）

①保育課程は、乳幼児の身体・情緒・言語・社会性及び認知的発達を図る内容を含まなければならない。
②保健福祉部長官は標準保育課程を開発・普及させなければならず、必要に応じてその内容を検討し、修正・補完すべきである。
③保育園の園長は第２項の標準保育課程に基づいて乳幼児を保育するよう努めなければならない。
④保育園の園長は保護者の同意を得て一定年齢以上の乳幼児に保健福祉部令で定める特定時間帯に限定し、保育課程外で行われる特別活動プログラム（以下、特別活動とする）を実施することができる。この場合、保育園園長は特別活動に参加しない乳幼児のために特別活動を代替できるプログラムを備えなければならに。
⑤第１項による保育課程、第４項による特別活動の対象乳幼児の年齢及び特別活動の内容等に必要な事項は保健福祉部令で定める。

### 資料2　幼児教育法 第13条（教育課程等）

①幼稚園は教育課程を運営しなければならず、教育課程の運営以降は放課後課程を運営することができる。
②教育部長官は第１項による教育課程及び放課後課程の基準と内容に関する基本的事項を定め、教育監は教育部長官が定める教育課程及び放課後課程の範囲内で地域実情に適合した基準と内容を定めることができる。
③教育部長官は幼稚園の教育課程及び放課後課程運営のためのプログラム及び教材を開発し普及することができる。

### 資料3　乳幼児保育法施行令 第22条（無償保育の内容及び範囲等）

①法律第34条第１項に基づく乳幼児（乳幼児である障害児及び「多文化家族支援法」第２条第１号に基づく多文化家族の子女の中、乳幼児を含む）無償保育は次の各号の乳幼児を対象に実施する。
　1．毎年１月１日現在、満３歳以上の乳幼児：保育園で法律第29条による保育課程の中、保健福祉部長官と教育部長官が協議して定める共通の保育・教育課程（以下、共通課程とする）を提供される場合、ただし、１月２日から３月１日までの期間中に万３歳になった乳幼児として保育園で共通課程を提供される場合を含む。
　2．毎年１月１日現在、満３歳未満の乳幼児：保育園で法律第29条による保育課程（共通課程を除く）を提供される場合
②第１項にもかかわらず法律第34条第２項に基づき、障害児は保育園で法律第29条による保育課程を提供される場合、満12歳までに無償保育を実施することができる。
③第１項及び第２項で規定している事項のほかに無償保育の実施に必要な事項は保健福祉部長官が定める。

て生じた問題点を最小化させようとしており、保育園と幼稚園に通う３～５歳の幼児を対象に格差を解消し、質の高い教育課程を提供しようとする努力が反映された。②ヌリ課程の性格とその追求する人間像を小中高の教育課程における人間像との連携性を考慮して明示したことからヌリ課程の教育課程としての構成体系を確立しようとしている。③既存の「３～５歳の年齢別ヌリ課程」の構成方向と体系を維持しつつ、身体運動・健康、意思疎通、社会関係、芸術経験、自然探求の５つの領域の内容を既存の年齢別構成から「幼児が経験すべき内容」に年齢の区分なく包括的に提起・簡略化した。④幼児中心・遊び中心の教育課程を再定立しようとしている。⑤用語の整理、５つの領域内容の簡略化、経験及び遊びを通しての協調等を通じて現場の教師が自律権を持ち、円滑に教育課程を実行できるよう、ヌリ課程の実行力と現場の自律性を強調している。⑥評価の簡略化を通じて教師の負担を軽減し、幼児に対する理解、教育課程運営の改善のための現場中心の自律的な評価が可能となるよう支援している、以上の６点である（キム・ウンヨン 2019：9－10）。

## 今後の課題

学習者である幼児の遊び中心教育を提供するために政府は、近年、標準教育課程とヌリ課程を改訂し、保育課程のウェブサイトとヌリ課程のポータルサイトを通じて告示、研修資料、解説書、遊び理解資料、保護者支援資料等、標準保育課程とヌリ課程の理解・実行を支援するための多様な努力によって、意欲的に取り組んでいる。現標準保育課程とヌリ課程は現場の声を反映した改訂教育課程ではあるが、依然として保育園と幼稚園の現場ではそれを十分に理解し、教育に反映させるのが難しい状況である。

幼児中心、遊び中心の保育及び教育課程を通じた自律性及び創意性の伸長という目的を達成するためには現場における実践が何より重要である。保育園と幼稚園現場の声により耳を傾け、現場への適用性を高められる支援事業、資料等を開発して提供するなど、就学前教育の質向上のための努力が引き続き求められている。

### 参考文献


・教育部（2019.7.18.）2019改訂ヌリ課程の確定・発表「幼児が中心となり遊びが生まれる３～５歳共通教育課程」報道資料
・教育部告示第2019-189号「揚越智園教育課程」
・キム・ウンヨン（2019）「ヌリ課程改訂の背景と改訂内容」育児政策フォーラム、2019冬(62)、育児政策研究所、pp.6-15.
・保健福祉部（2020.3.12.）「よく遊ぶ子がよく育つ」遊び中心標準保育課程の改訂、報道参考資料.
・保健福祉部告示第2020-75号「第４次保育園標準保育課程」
・イ・ミファ（2020）「よく遊ぶ子がよく育つ」遊び中心標準保育課程、育児政策フォーラム、育児政策研究所、pp.15-22.
・ヌリ課程ウェブサイト https://www.i-nuri.go.kr/main/index.do


（イム・ダミ）

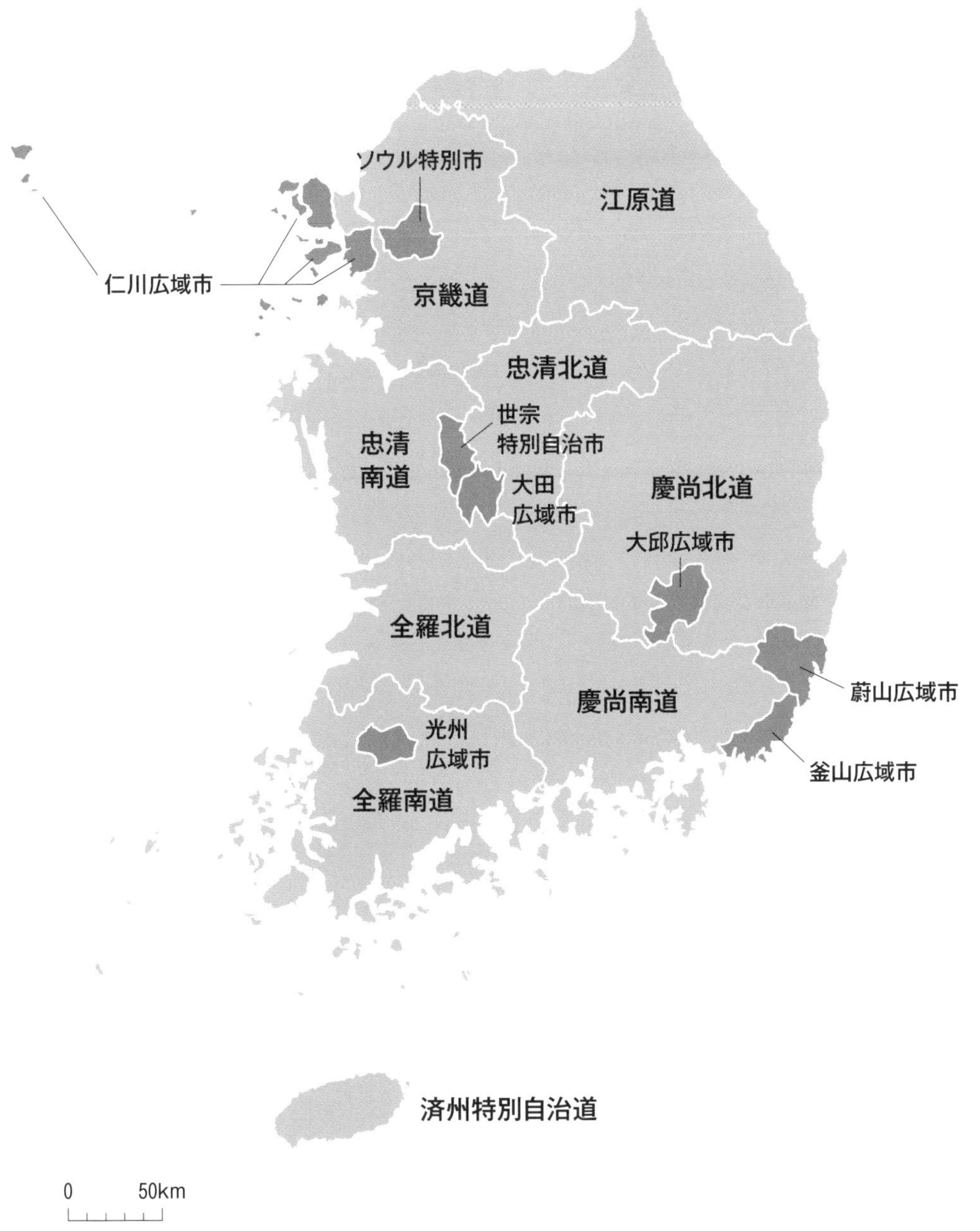
ソウル特別市
江原道
仁川広域市
京畿道
忠清北道
世宗
特別自治市
忠清
南道
大田
広域市
慶尚北道
大邱広域市
全羅北道
蔚山広域市
慶尚南道
光州
広域市
釜山広域市
全羅南道
済州特別自治道
0
50km

参考図　韓国道区分地図

# 4 教育制度の体系と諸課題
## ⑦特殊教育制度の展開と課題

### 特殊教育の定義

韓国の「**障害者等に対する特殊教育法**」では、「特殊教育」を「特殊教育対象者の教育的ニーズを満たすために特性に適合した教育課程及び特殊教育の関連サービスの提供を通じて行われる教育」と定義する。ここで言う「特殊教育対象者」は同法で規定する特殊教育対象者の選定基準に該当する特殊教育を必要とする生徒を意味し（表1を参照)、「特殊教育関連サービスは特殊教育対象者の教育を効率的に実施するために必要な人的・物的資源を提供するサービスとして相談支援・家族支援・治療支援・補助人力支援・補助工学機器支援・学習補助機器支援・通学支援及び情報接近支援等」をいう。

### 特殊教育の歴史

韓国で近代的意味の特殊教育が始まったのは、アメリカ人の女性宣教師Hallが1894年、視覚障害児を指導し始めたことがきっかけと言われており、植民地時代の1913年に済生院盲児部という公教育機関が設立された。1948年教育法の制定時には、障害を持つ生徒のための特殊学校の設立と一般学校内の特殊学級の設置及び配置可能な障害類型が規定された。また、1962年までに10の盲学校と聾学校が認可された。1962年「盲聾児のための特殊学校設置に対する指示」が示達され、1963年から特殊学校がない市道には少なくとも1つ以上の特殊学校を設置するようにし、設置される特殊学校の運営費及び私立特殊学校のための補助金が義務教育予算に反映されるようになった。

### 特殊教育の関連法令

特殊教育は、憲法、教育基本法、幼児教育法、初・中等教育法、障害者等に関する特殊教育法、障害者福祉法、障害者雇用促進及び職業リハビリテーション法、障害者差別禁止及び権利救済等に関する法律、平生教育法等が定める規程によって行われている（表2を参照)。

### 特殊教育発展５カ年計画（１～５次）

韓国の特殊教育の発展過程は、特殊教育発展5カ年計画の樹立とそれによる成果に要約できる。1997年開始された「第1次特殊教育発展5カ年計画（'97～'01)」は、教育部の「教育福祉総合対策」の中で「特殊教育発展方案」という小テーマで特殊教育の受恵範囲の拡大と需要者希望を考慮した多様な配置モデルを提示した。

「第2次特殊教育発展5カ年計画（'03～'07)」は、「一般教育と特殊教育の責務性共有によるすべての生徒の教育成果の最大化」をビジョンとして設定した。第1次計画が教育部の担当計画であったのに対し、第2次計画は文化部、労働部、福祉部、教育人的資源部等、中央の合同計画として国務総理室が主管し、福祉部が実務を担当した「障害者政策発展5カ年計画」と軌を一にすることとなった。

「第3次特殊教育発展5カ年計画（'08～'12)」は「障害の類型と程度を考慮した教育支援としてすべての障害者の自己実現と社会統合に寄与」することをビジョンに設定し、2008年5月26日より「障害者等に関する特殊教育法」の施行に伴い、障害者の生涯周期別の教育支援体系の構築、学齢

表１　「障害者等に対する特殊教育法」の主要特徴と特殊教育対象者の選定

| 「障害者等に対する特殊教育法」の主要特徴 | |
|---|---|
| 1．特殊教育対象者に対する義務教育年限の拡大<br>2．障害の早期発見体制の構築及び障害幼児の無償教育実施<br>3．特殊教育支援センターの設置・運営の法的根拠整備<br>4．統合教育の強化のための法的根拠の提示<br>5．学級設置及び教師配置基準の上向き調整を通じた教育の質向上<br>6．特殊教育関連サービスの強化<br>7．障害者に対する高等教育及び平生教育の支援強化 | |
| **第15条<br>（特殊教育対象者の選定）** | ①教育長又は教区監は、次の各号のいずれに該当する人の中、特殊教育を必要とする人と診断・評価された人を特殊教育対象者に選定する。<br>1．視覚障害　2．聴覚障害　3．知的障害　4．肢体障害<br>5．情緒・行動障害　6．自閉症障害（これと関連する障害を含む）<br>7．意思疎通障害　8．学習障害　9．健康障害　10．発達障害<br>11．その他、大統領令で定める障害 |

表２　特殊教育関連の法令（教育部 2020）

| 法令 | 関連条項 |
|---|---|
| **大韓民国憲法** | 第31条 |
| **教育基本法** | 第３条（学習権）、第４条（教育の機会均等）、第８条（義務教育）、第18条（特殊教育） |
| **幼児教育法** | 第15条（特殊学校等） |
| **幼児教育法施行令** | 第25条（特殊学校の教職員） |
| **初・中等教育法** | 第２条（学校の種類）、第12条（義務教育）、第19条（教職員の区分）、第21条（教員の資格）、第55条（特殊学校）、第56条（特殊学級）、第58条（学歴の認定）、第59条（統合教育） |
| **初・中等教育法施行令** | 第11条（評価の対象区分）、第14条（委託時の協議）、第40条（特殊学校等の教員）、第43条（教科）、第44条（学期）、第45条（授業日数）、第57条（分校長）、第58条（国・公立学校の運営委員会構成）、第63条（私立学校の運営委員会） |
| **障害者等に対する特殊教育法／施行令／施行規則** | 全体 |
| **特殊学校施設・設備基準例** | 全体 |
| **障害者福祉法** | 第20条（教育）、第25条（社会的認識の改善） |
| **障害者福祉法施行令** | 第16条（障害認識改善の教育） |
| **障害者差別禁止及び権利救済等に関する法律** | 第２章第２節（教育） |

期児童の統合教育の内実化、特殊教育支援の強化といった3領域の15の細部推進課題を定めた。

「第4次特殊教育発展5カ年計画（'13～'17）」は、「夢と才能を育てるニーズ型特殊教育で障害を持つ生徒の能動的社会参加の実現」をビジョンに設定し、特殊教育の教育力及び成果向上、特殊教育支援の高度化、障害を持つ生徒の人権親和的な雰囲気醸成、障害を持つ生徒の能動的社会参加の力量強化の4分野にわたる11個の重点課題を選定した。この時期は特に教育課程の内実化、障害を持つ生徒の人権問題、特殊学校の学校企業事業、統合型職業教育の拠点学校事業等の成果が注目された。

現在進行中の「第5次特殊教育発展5カ年計画（'18～'22）」では、「生涯段階別の個に応じたニーズ型教育として特殊教育対象者の成功した社会統合の実現」というビジョンの下で、4大推進課題（均等で公正な教育機会の保障、統合教育及び特殊教育支援の内実化、進路及び高等・平生教育の支援強化、障害共感文化及び支援体制の強化）と13の細部課題を推進している。

## 特殊教育の教育課程

特殊教育の教育課程は初・中等学校の教育課程（または一般教育課程）を根幹として特殊教育対象生徒の教育的ニーズの普遍性と特性を反映し、関連した教育課程であり、その類型は大きく幼稚園教育課程（満3～5歳）、共通教育課程（初1～中3）、選択中心教育課程（高1～3）、基本教育課程（初1～高3）で構成される。基本教育課程は、共通教育課程及び選択中心教育課程を適用するのが難しい児童生徒のために編成・運営する教育課程である。国立特殊教育院は特殊教育対象生徒のための「2015改正特殊教育 教育課程」を開発し、障害の特性を反映させ、関連する教科書及び指導書等、教科用図書を開発し、特殊学校（学級）に普及させている。

## 特殊教育の現況

2020年現在、特殊教育対象者は計95,420名、特殊学校は182校、特殊学級は11,661、特殊教育教員は22,145名である。全95,420名中、一般学校に在籍する生徒は68,805名で全体の72.1%が統合教育環境に在籍している。障害領域別には、知的障害50,593名（53.0%）、自閉症13,917名（14.6%）、肢体障害9,928名（10.4%）、発達障害8,434名（8.8%）の順である。巡回教育対象の生徒は4,041名であり、特殊教育支援センターは計197カ所が運営されている。高等学校及び専攻科卒業者の進路現況は全体9,699名中に進学3,755名（38.7%）、就職1,849名（19.1%）である。

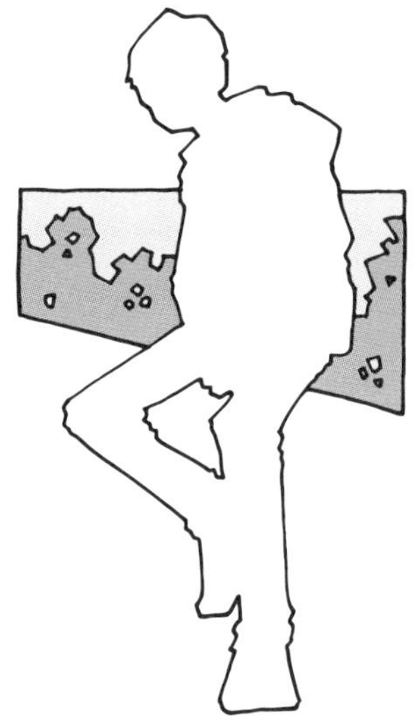

| 法令 | 関連条項 |
|---|---|
| 障害者・老人・妊産婦等の便宜増進保障に関する法律 | 第８条（便宜施設の設置基準） |
| 障害者雇用促進及び職業リハビリテーション法 | 第３条（便宜施設設置の基本原則）、第８条（教育部及び保健福祉部との連携） |
| 進路教育法施行令 | 第４条（進路専担教師） |
| 学校暴力予防及び対策に関する法律 | 第16条の２（障害児童生徒の保護） |
| 平生教育法 | 第５条（国家及び地方自治団体の任務）、第９条（平生教育振興基本計画の樹立）、第12条（市道平生教育協議会）、第14条（市郡自治区平生教育協議会）、第19条の２（国家障害者平生教育振興センター）、第20条の２（障害者平生教育施設等の設置）、第21条の２（障害者平生教育課程） |
| 平生教育法施行令 | 第５条（振興委員会の構成・運営）、第11条の２（国家障害者平生教育振興センター）、第12条の２（障害者平生教育施設の登録）、第12条の３（障害者平生教育施設に対する運営費支援） |
| 平生教育法施行規則 | 第２条の３（障害者平生教育施設の登録） |

（イム・ギョンウォン）

# 学校の経営

## ①公教育の目的を実現するためのスクール・リーダーの役割

### 学校経営と管理者

韓国で公教育の目的を達成するための学校経営と管理は、主に学校の校長と校監（教頭）、行政室長の責任の下で行われる。校長は、校務を統括し、児童生徒を教育（初中等教育法20条１項【資料１】参照）する法的行為者として実質的、法律的に学校経営の全体責任を負う。校監は、法律（初中等教育法20条２項【資料１】参照）に基づき、教育課程の運営と生活指導､教員の人事事務を担当し、行政室長または校長の命に従い、施設と予算、一般行政、行政職員の人事事務も担当する。すべての教育と行政行為は、学校長の決裁文書として執行されるのが原則であり、緊急事態が発生した場合、口頭協議の後、実行されたとしても即時に文書に記録、決裁し、行政行為の要件を満たさなければならない。

### 学校長等、管理職の学校内経営

学校長は、学年度（毎年３月１日より翌年２月末日まで）末に学年と学級を構成し、児童生徒を配置し各学級に担任の教師を配置する。公立学校の教師は上級機関である**市郡区教育支援庁**（初・中学校管轄）と市道教育庁（高等学校管轄）から学級当たり教師配置指針によって人事発令される。私立学校は学校の設立主体である学校法人の代表者として理事長が市道教育庁の教師定員指針に従って教師を採用する。学校長は校監と協議して児童生徒増減による教師定員を確保し、児童生徒の授業に支障のないようにする。

校監は、学校の人事諮問委員会を構成し代表を担い、配当または採用された教師を中心に人事諮問委員会で議論された学級担任、部長教師、業務担当の教師配置案に基づき学校長の文書決済を通じて当該学年度の担任教師と部長教師、業務担当教師を任命、配置する。

また、校監は国家教育課程の指針に従い、学校教職員全体の協議を通じて各学年の教科別時数配分と履修基準、評価計画等、年間学事日程を含む学校教育課程を確定する。このプロセスで児童生徒たちの生活指導と創意的体験活動等、非教科教育課程、教育活動支援事項、関連指針と前年度の学校経営評価を含む学校教育課程運営計画を作成し、年間指針書として活用する。

校監は教育（支援）庁の指針に従い、毎年教員たちの人事評定を行い、研修、号俸昇級、表彰や懲戒等、賞罰を記録し、昇進または異動の根拠として活用できるようにし、保護者、住民たちの教育活動関連のクレーム事項を処理する。また、教師たちに配分される行政業務の処理過程において教員を支援し、学校を管轄する市道教育庁（または市郡区教育支援庁）とコミュニケーションをとりながら、協調を図りつつ業務にあたる。**行政室長**は、学校に配分される予算運営計画を作成し、施設を管理する。また、給食、奨学金等、児童生徒福利、教職員の勤務環境改善など教職員福利のための諸事項、安全と保安関連の責任を負い、運営する。また、行政職員の人事評定、業務配分、研修、賞罰、人事と転補に関する行政事務、卒業生と住民のクレーム事項を管轄、処理する。

さらに、行政室長は**学校運営委員会**を通じて学校構成員の代表が学校経営の公正性と透明性、自律性を確保できるよう、学校運営委員会を構成し運営する実務責任を遂行する。学校運営委員会は、学校別に義務として設置され、学校の予算と決算、

### 資料１　学校管理職の役割に関する法令

**初・中等教育法　［全文改正 2012. 3. 21.］**

第20条（教職員の任務）

①校長は校務を統括し、所属教職員を指導・監督し、児童生徒を教育する。

②校監は校長を補佐し、校務を管理し、児童生徒を教育するとともに、校長が諸事情により職務を遂行するのができない際には、校長の職務を代行する。ただし、校監がいない学校においては、校長が予め指名した教師（主席教師を含む）が校長の職務を代行する。

③主席教師は教師の教授・研究活動を支援し、児童生徒を教育する。

④教師は法令に定めるところにより児童生徒を教育する。

⑤行政職員などの職員は、法令に定めるところにより学校の行政事務とその他の事務を担当する。

### 資料２　民主的な学校経営を強調する京畿道教育庁の革新学校運営体制

暖かい学び、幸せな成長

**創意的教育課程**
- 教育公共性の具現
- 教育課程運営の多様化
- 児童生徒の調和的な成長を志向する教育課程

**倫理的な生活共同体**
- 尊重と配慮の学校文化
- 安全で平和な学校
- 実践中心の民主市民教育

**公共性**
民主性／倫理性
専門性／創意性

**専門的な学習共同体**
- 学校組織の学習組織化
- 共同研究、共同実績
- 授業開放と省察

**民主的な学校運営体制**
- ビジョンの共有と責務性
- 教育活動中心の学校システム
- 疎通と参与の学校文化
- 学校・地域社会の協力体系

地域革新教育の生態系構築

出典：京畿道教育庁（2021）「2021革新（共感）学校運営基本計画」p.2.

学校教育課程の運営、教育政策事業の施行、保護者負担の教育活動の運営を審議し、学校発展基金（寄付金等）の出納を管轄する。

校長は法令、条例、指針に従い校監と行政室長が教育活動、行政業務を円滑に処理し、学校教育の目的を達成できるよう、指導力と最終的な決定権を発揮する。校長のこのような行為は、教育行政情報システムNEIS（National Education Information System）上の行政電子文書で記録、決済、施行される。

## 学校長の学外での役割

学校長は学内の責任だけでなく、卒業生で構成される同窓会、保護者と地域住民、私立学校の場合は理事会等､学校法人に関連する業務も遂行し、学校機関を代表して地域社会機関、団体、住民たちとの協力業務を行う。また、学校を管轄する基礎市郡区の教育支援庁、広域市も教育庁との行政的関係のもとで学校の評価、人事、特別教育政策事業を実施する。そして法的に配布される予算以外に施設の拡充、児童生徒と教職員の福利、地域平生教育と関連する必要予算を確保するために教育（支援）庁の担当者、地方自治団体、または議会議員との交流と交渉を担当する。

学校の信頼を高めるために学校と地域社会間の密接な連携教育課程を運営し、学校の教育的成果を広報するとともに、安定的な新入生確保、また円滑な教育課程運営のための対内外交渉、調停の役割も果たしている。

## 学校経営管理者の民主的リーダーシップ

近年、韓国では民主的な学校運営体制を確立するため、多様な努力がなされている。学校管理者の民主的リーダーシップは2009年以降展開されている韓国の学校教育革新と関連する**革新学校**の政策で具体化されている。革新学校政策では、それまでの学校経営が行政中心の学校経営であったことの反省から、教育活動を中心とする学校経営体制に転換することが必要であるとされる。教育活動中心の学校経営体制とは、児童生徒たちの体験学習を含む学習活動と生活教育を学校教育活動の中心に置き、教師の行政業務負担を減らし教育本来の活動に復帰できるようにすることである。現在、韓国の教師たちは教科学習指導と生活教育以外に各種行政文書の対応、教育政策事業の遂行と研究、保護者や地域社会との連携活動等の過重な業務負担を抱えており、これによって学習指導と生活教育が不足しているとの批判が内部から提起されている。

特に、革新学校の政策を推進する全国の市道教育庁では、民主的な学校経営体制を構築するために校長を含む学校管理者が過度な成果中心の教育活動より配慮に基づく児童生徒の成長と教師の専門性の伸長、保護者とのコミュニケーションに力を入れるように強調する。

学校長、校監、行政室長等の管理者たちが教師の自発性を引き出し、保護者と地域社会との協力を通じて多様な教育課程を運営するためには既存の行政中心的な学校経営体制を革新すべきであり、権威主義的な姿勢ではなく、民主的なリーダーシップを発揮し、児童生徒と教師、保護者と地域社会を含む教育共同体の教育的力量を増進しなければならないことが重視されている（イム・ヨンギほか，2018：155－161）。

**参考文献**


・京畿道教育庁（2021）「2021革新（共感）学校運営基本計画」京畿道教育庁内部文書
・イム・ヨンギほか（2018）『教職実務』ソウル：図書出版共同体


（ミン・ビョンソン）

## コラム① 国家教育委員会の設置及び運営について

2020年7月1日、韓国では「国家教育委員会の設置及び運営に関する法律案」が可決された。国家教育委員会は、超党派的な機構を目指し、韓国社会で根強く問題視されてきた政権交代のたびに変更される教育政策の弊害をなくし、社会的合意に基づく中長期的な教育政策の形成・実施を目的とする。同機構の設置は、文在寅大統領（2021年現在）の代表的な選挙公約であったが、その設置をめぐっては以下のような議論が繰り返された。

まず、政治的中立性の問題である。国家教育委員会は「大統領直属の合議制行政機構」であり、教育に関連する各利益集団を代表する委員で構成される。委員は、国会推薦9名、大統領指名5名、教育部次官、教育監協議体の代表者、教員団体推薦2名、韓国大学教育協議会推薦1名、韓国専門大学教育協議会推薦1名、市・道知事協議体推薦1名など、計21名となる。各代表者が推薦団体の利益を代弁することになりかねず、「社会的」合意を求めるには限界がある。特に、大統領自身も特定の理念と価値を持っているため、大統領直属の国家教育委員会が完全な政治的中立性を保つことは困難であると言われる。

次に、教育部や教育庁との関係をめぐる問題である。同機構の設置は、ときの政権によって教育が振り回されたことに対し、教育部の役割に期待できないという国民の不満から「教育部解体論」の延長線上で議論されてきた。法律上では、今後、国家教育委員会は教育政策の審議・議決を、教育部はその執行を担当するよう二元化される。従来、教育部が果たしてきた国家教育課程の議論・樹立の役割を国家教育委員会が持つようになる。問題は、国家教育委員会が法的拘束力を持つことによって教育部や教育庁が従属関係になる恐れがある点である。同法第13条は、委員会が「特定の教育政策に対して審議・議決することができ、その結果を受けて関係機関の長は、特別な事情がない限り従わなければならない」と規定している。従来、韓国では「教育自治」のもと、教育部に対する教育庁の独立性と権限がある程度保たれてきたと言えるが、今後は、教育庁の政策が国家教育委員会の「干渉の対象」になりうる。全国教職員労働組合等の教員団体と関連市民団体は、国家教育委員会が「第二の教育部」になりかねないと批判し、政治から完全に独立した教育機関にするためには、学校の実態を忠実に反映するとともに、教師や市民の参加を保障すること等を主張している。

国家教育委員会の設置については現在も委員構成の政治的中立性の担保のための方策等が出されており、今後も議論は続くと予想される。その帰結を注視する必要がある。

**関連資料　国家教育委員会の設置及び運営に関する法律（2021.7.20制定 2022.7.21施行）**

| 第1章　総則 | |
|---|---|
| 第1条（目的） | この法律は、国家教育委員会を設置し、教育政策が社会的合意に基づき、安定的に一貫して推進されるようにすることで、教育の自主性・専門性及び政治的中立性を確保し、教育の発展に寄与することを目的とする。 |
| 第2章　国家教育委員会の設置と運営 | |
| 第2条（国家教育委員会の設置） | ①社会的合意に基づく教育ビジョン、中長期的な政策方向及び教育制度の改善等に関する国家教育発展計画の樹立、教育政策に対する国民意見の収斂・調整等に関する業務を遂行するために大統領所属の国家教育委員会（以下、「委員会」とする）を置く。<br>②委員会は所管の業務を独立して遂行する。 |
| 以下、省略 | |

（ジョン・スヨン）

# 学校の経営
## ②学校教育活動の年間計画と学校評価

### 学年度と学期の区分

韓国の学校教育活動は毎年３月１日から翌年２月末までを学年度として行われる。学年度は３月１日から学校の授業日数・休業日及び教育課程運営を考慮して学校長が定めた日まで、第２学期は第１学期終了日の翌日から翌年の２月末日までとする。

ほとんどの学校では、８月の夏休みが終わる日までを１学期、再開日から翌年の２月末日までを２学期として運営している。授業日数は学期別に区分せず、初等・中等・高等学校いずれも同一に年間190日を履修基準として定めている。授業日数は天災等、教育課程の運営上、必要な場合、10%の範囲内で減縮することができる。一般的に学校では、学期当たり17週を基準として学校教育課程を運営している。

### 学校教育課程の運営計画の樹立

学校教育課程は、学期末の１月～２月の間、教員の人事発令が確定されてから本格的に議論される。前年度学期末までに行われた学校教育課運営の自己評価会での議論の結果、及び児童生徒、教職員、保護者の学校評価の結果、そして学級と児童生徒数、新任教師の状況を反映した校内人事案等に基づいて学校別教育課程の編成週間を弾力的に運営し、新たな学年度の学校教育課程運営計画の樹立を議論し、確定する。

学校によっては新しく赴任した教師たちと学校が目指す方向性、当該学校教師が共同で実践しようとする志向目標と哲学的価値観等を共有する研修を実施することもある。この研修では、地域社会と児童生徒、保護者の特性の紹介、授業改善のための専門家講義、学校で計画・実践中である教育政策事業の議論、新年度の重点的な生徒指導事項、教科運営計画等が含まれる。

年間学事日程は次の通りである。

１学期は３月１日基準、開学と入学式、保護者会の構成、学校運営委員会の構成、修練活動、現場体験活動、中間試験、体育行事、期末試験、夏休み等で構成される。２学期は、８月を開学基準とし、現場体験、中間試験、体育行事、学校祭、期末試験、上級学校の進学応募と試験、新入生募集と学校広報、教師評価、学校プログラムの満足度評価等で進行される。もちろんこの過程で教科とクラブ活動（部活動）、生徒自治活動、教職員研修等の力量教科活動も基本的に同時進行される。

### 学校教育活動の実行

韓国の初等・中等学校では、学校教育課程の運営計画を確定し、月別計画に沿って教科授業と校内外の体験活動教育課程、生徒自治活動、生活指導活動等の領域別教育活動が行われており、定期的に**教職員会議**を通じて課題を補完する。

児童生徒の成績評価は、筆記評価と遂行評価に区分し、施行されており、その結果を総合して学期別に算出、記録する。筆記評価は学期あたり１～２回実施し、教科によっては行わない場合もある。初等学校は、教育課程指針に従い、担任が自律的に評価し、学校生活記録簿に記述式で評価を記録する。中高等学校は上級学校への進学のための内申成績の算出のために教科別評価と点数化した非教科評価を基準に等級またはパーセンテージで付ける。

学校教育活動の実行過程において初等学校の場合、学年別に担任間の協力を通じて教科と体験教育活動の均衡及び教育効果を高めるように工夫する。中・高校もまた担任間の協力に基づき学年の特性を反映する学年運営が重要である。たとえば、中学校１年では、自由学期制または自由学年制を運営するための教師間協力体系が推奨されている。高等学校の中で就職を準備する専門系特性化高等学校は、開設されている募集学科別の教科プログラムの運営過程において所属教師たちの協力が強調される。

学校教育課程の運営は大きく教科と非教科の体験活動、生活教育、保護者・地域社会の連携活動に区分されており、教職員の業務部署別に関連業務を実行している。

## 学校教育課程の運営評価と教員評価

学校教育課程の運営評価は学校の年間教育課程の運営に対する児童生徒と保護者の満足度評価に



**資料１　韓国の中学校教育課程の月別運営内容（例）**

| 月 | 運営内容 | 月 | 運営内容 |
|---|---|---|---|
| 3 | ◎新任教師の赴任<br>◎１学期開学式、入学式、新入生学校生活の案内<br>◎１学期学級会役員の選出<br>◎学校運営委員会の構成<br>◎診断評価<br>◎学校教育課程説明会、保護者総会 | 9 | ・２学期放課後教室運営<br>・学校教育課程 保護者説明会<br>・２学期相談週間<br>・現場体験学習（修学旅行）<br>・学年別教育体験学習の日 |
| 4 | ◎家庭訪問、１学期相談週間<br>◎新任学校運営委員の任期スタート<br>◎特殊進路体験学習<br>◎障害理解教育週間<br>◎科学の日　関連行事<br>◎１学期放課後学校の運営（４月～６月） | 10 | ・学校授業公開の日運営<br>・校内体育大会<br>・学年別現場体験学習<br>・卒業アルバム団体写真撮影<br>◎学校祭 |
| 5 | ・校内体育大会<br>・学校教育課程・授業の公開日運営<br>・先生の日 関連行事（５月15日）<br>・卒業アルバム写真撮影<br>・現場体験学習 | 11 | ・作家との出会い（招聘講演）<br>・校内パソコン活用能力大会<br>・３学年期末試験及び成績締切り<br>◎教員能力開発評価 |
| 6 | ・歴史文化体験学習<br>・稲作田植え体験行事<br>・学年別修練活動<br>・全校生徒会議 | 12 | ・３学年高等学校入学願書提出<br>・１、２学年２学期期末試験<br>・卒業旅行、学級別ミュージカル発表<br>◎公立学校教師他校転出内申<br>◎生徒会役員選出 |
| 7 | ・１学期期末試験<br>◎１学期教育課程運営評価<br>・夏休み式<br>・夏休み中読書キャンプ | 1 | ・２学期教育課程運営評価<br>◎学年末学校経営自己評価<br>・卒業式、冬休み式<br>・冬休み基礎学習支援 |
| 8 | ・２学期開学式（８月下旬）<br>・２学期学級会役員選出 | 2 | ◎転出転入教職員人事<br>◎教育課程樹立教職員研修週間 |

基づいて教師たちの討議と討論を経て、学校教育目標の達成と教育活動の適合度について学年末に深く議論し、翌年、教育課程運営計画書にその改善点を反映する。学校別に自律的に遂行される教育課程運営評価は学年別、業務部署別に進められており、教職員の研鑽会を通じて総合評価される。

教員評価は業績評価と専門性評価に区分される。教員の昇進任用に関する条項である教育公務員法12条と13条に基づいて成果を評価する業績評価と、教育部訓令である「教員能力開発評価の実施に関する訓令」に基づいて専門性を評価する教員能力開発評価がある。教員の業績評価は、教員の勤務成績評定と成果賞与金評価を統合した評価であり、昇進対象者の順位決定及び成果剰余金の支給に活用され、校長・教頭が付与する勤務成績評定点数と同僚教員が付与する多面評価の点数を合算し、算定される。教員の専門性評価は、**教員能力開発評価**といい、児童生徒・保護者の満足度調査と同僚教員評価で構成される（ジョン・ゼサン, 2020)。

だが、関連文書の取り扱い、教育政策事業の遂行と研究、保護者・地域社会との連携活動等で教員は過重な業務負担を抱えており、これによって学習指導と生活教育に十分な時間を費やすことができないという批判が内部で提起されている。

児童生徒・保護者満足度調査の項目は、教科授業、学校教育課程の運営満足度、学校長リーダーシップ等の項目が含まれる道教育庁の提示評価項目を基準とし、学校の実情に応じて自己評価委員会において設問を変更して提示し、児童生徒と保護者がオンライン上で評価できるようにしている。

## 学校教育課程の評価結果の反映

韓国の市道教育庁は学年末に国公立の初等・中等・高等学校の教師たちに対して定期人事を行う。これによって新しい学校に配置された教師たちは3月1日の赴任前の2月に新しい赴任先である学校に集まって学年度教育課程の運営計画作成に参加する。この際、新年度の学級担任、教科・学年、業務分野等を決定し、学校の現状と志向、新年度における重点活動計画について細部事項を定める。また、教育活動の遂行に必要な政策や授業関連の研修も受ける。その前に評価した学校教育課程運営の満足度調査の結果を反映した新年度教育課程の運営計画を作成する。学校によっては学校教育課程の運営評価を学期ごとに施行し、その結果は次期の教育課程運営に反映し、教育活動が終わってから、その活動に対する成果と問題点を整理し、次の教育課程の運営の参考にしている。

## 議論

韓国の学校で教師に行政業務を担わせることは、ここ数年問題となっている。近年は、校務行政士を別途採用し、行政業務を専担するようにしているが、これだけでは、解決できない教師間の業務配分による葛藤、生活指導の難しさのために生活指導の業務担当教師を忌避する現象をはじめ、様々な問題が起きている。近年、全国の市道教育庁は行政業務の革新、行政業務の最適化等を主要政策として掲げており、現在も学校現場における行政業務過重による教科授業への集中力低下の問題が提起されている。

また、最近、韓国の教員団体を中心として教員評価や学校評価が成果主義に基づいて成果給に影響していると批判し、評価に対して反発する動きがみられる。実際に教員能力開発評価は、評価に参加しない教師に対して別途制裁を加えていない。そして毎年評価項目に対する改善要求、満足度調査等、自己評価の信頼性問題も提起されており、評価の規定力が弱まっている。これの代案として一部学校では、生徒、保護者、教師たちが一緒に評価する教育共同体合同評価の導入を試みている。

学校教育課程の年間教育課程に対する全般的な企画とデザインは国家水準の教育課程と市道教育

庁の教育課程の編成運営指針に基づいて学校の特性を反映し、地域社会とともに実行できるよう学校の校務委員会で実務を担当している。しかし、地域社会や保護者の要求が教育課程にどのように反映されるかは、学校長のリーダーシップによって大きな差が生じる。学校ごとに異なる教師文化や風土によって教育課程の運営計画の樹立、実行過程の相互協力的な雰囲気、生徒自治活動の水準等が違ってくるため、学校長と教頭、教師と教師、教師と保護者の間の葛藤を調停することを最優先して関心を持ち、努力している。



**資料2　韓国の教員能力開発評価設問項目（例）**
**2020 中学校一般教師（教科）生徒満足度調査設問項目（例）**

| | 設問項目 | とてもそう思う | そう思う | 普通 | そうでないと思う | 決してそうでない |
|---|---|---|---|---|---|---|
| | | 5 | 4 | 3 | 2 | 1 |
| 1 | 先生は、私たちが授業に興味を持つように努力されている。（学習環境醸成） | | | | | |
| 2 | 先生は授業中に褒めたり励ましたりしてくださる。（教師・児童生徒相互作用） | | | | | |
| 3 | 先生は私たちが学習した内容をしっかり理解しているか確認されている。（評価内容及び方法） | | | | | |
| 4 | 先生は私たちの進路進学に役立つ情報を提供してくださる。（進路・進学指導） | | | | | |
| 5 | 先生は私たちが健康で安全な学校生活を送るよう指導されている。（健康・安全指導） | | | | | |
| 6 | 先生は私たちが他人を配慮する生活態度を持つよう指導されている。（基本生活習慣指導） | | | | | |
| 自由記述式項目 | | | | | | |
| ●先生の良いところ： | | | | | | |
| ●先生に望むこと： | | | | | | |

## 参考文献

・教育部（2015）「中学校教育課程（教育部告示第2015-80号［別冊３］）
・法制処国家法令情報センター（2020）「初・中等教育法施行令」
・https://www.law.go.kr/LSW/lsSc.do?subMenuId=15&menuId=1&query=%EC%B4%88%EC%A4%91%EB%93%B1%EA%B5%90%EC%9C%A1%EB%B2%95#J10296835（2020. 11. 25. 最終確認）
・イム・ヨンギ他（2018）『教職実務』ソウル：図書出版共同体
・ジョン・ゼサン（2020）「教員評価システム運営実態比較分析」『韓国教員教育研究』37（1）pp.211-232
・忠清南道教育庁（2020）「2020忠南教員能力開発評価運営計画」内部資料
・A中学校（2019）「教育課程運営計画書」

（ミン・ビョンソン）

# 1 学校の経営
## ③学校経営組織

### 概念

学校の経営組織とは、教育機関において教育目標を達成するために人的・物的資源を整備・確立し、教育活動を展開できるようにする単位組織である。学校の組織は、初・中等教育法19条と20条によって校務組織と行政組織で構成される。校務組織は教育目標を達成するために教育課程、教授学習活動、生徒指導に専門性を発揮する組織として、校長－教監（教頭）－補職教師－（担任）教師でつながるライン組織と校務会議、各種委員会等のようなスタッフ組織になっており、教育活動のための業務を遂行する。行政組織は、学校の教育活動において教員が担当する業務と教授学習活動外の各種学校教育の支援活動及び学校運営に必要な教育行政業務を遂行する。

### 現況

校務組織の部署は初・中等教育法２条に基づいて学校の種類と規模を考慮し、校務部、研究部、生徒部等、教育課程の運営のために細部の部署で組織化されている。市・道教育監は、初・中等教育法施行令51条を根拠に学級編制基準を設定し、それに基づき学校は学級を編成、担任を配置し、学年部署を運営する。初・中等教育法施行令43条を根拠に初等学校は全教科またはほとんどの教科授業を担任が持つ学級組織（学級担任制）で運営している。中・高等学校は教育課程で規定する教科を教師が直接教える教科組織（教科担任制）で運営している。初・中等教育法39条、42条、46条に依拠し、初等学校は１年～６年まで、中・高校は１年～３年までの学年中心で学校を運営する。

行政組織は初・中等教育法19条に依拠し、学校行政室に行政職員を置くことができる。学校別配置基準は地方教育行政機関の行政機構と定員基準等に関する規定13条に基づいて各市・道教育庁の条例、行政規則に定める。行政室は一般行政、施設管理、給食等、業務の特性別に組織化されており、文書管理、人事管理、予算及び会計管理、施設管理、物品管理、財産管理等の業務を遂行する。

### 争点

2015改訂教育課程では、学校行政中心の教員組織を「**教育課程運営中心**」に転換するように推奨しているが、現学校組織は教育活動より行政業務の処理に効率的な組織となっている。教科部署、学年部署、行政業務部署等、複雑に区分されており教員たちは初・中等教育法20条と初・中等教育法施行令36条５による授業、担任業務（相談活動、生活指導）外の行政業務を同時に担当し、その中で行政業務部署が根幹をなしている。学校の各種委員会は学校運営に関する計画を諮問・審議する機構である。法律に基づく法定機構には**学校運営委員会**と**学校暴力専担機構**があり、個別法規に根拠を持つ法定委員会と指針により設置されている非法定委員会がある。各種委員会の類似機能を整備・統合し、委員会の専門性を高め、教員の業務を軽減するとともに、働き方を改善し、業務の効率性を高めることが求められている。

### 資料１　学校経営組織に関する法律

- **初・中等教育法**
  第２条（学校の種類）
  第19条（教職員の区分）
  第20条（教職員の任務）
  第39条、第42条、第46条（授業年限）
- **初・中等教育法施行令**
  第43条（教科）
  第36条の５（学級担当教員）
  第51条（学級数、児童生徒数）
- **地方教育行政機関の行政機構の定員基準等に関する規定**
  第13条（定員策定の一般基準）

### 資料２　学校経営組織図（例）

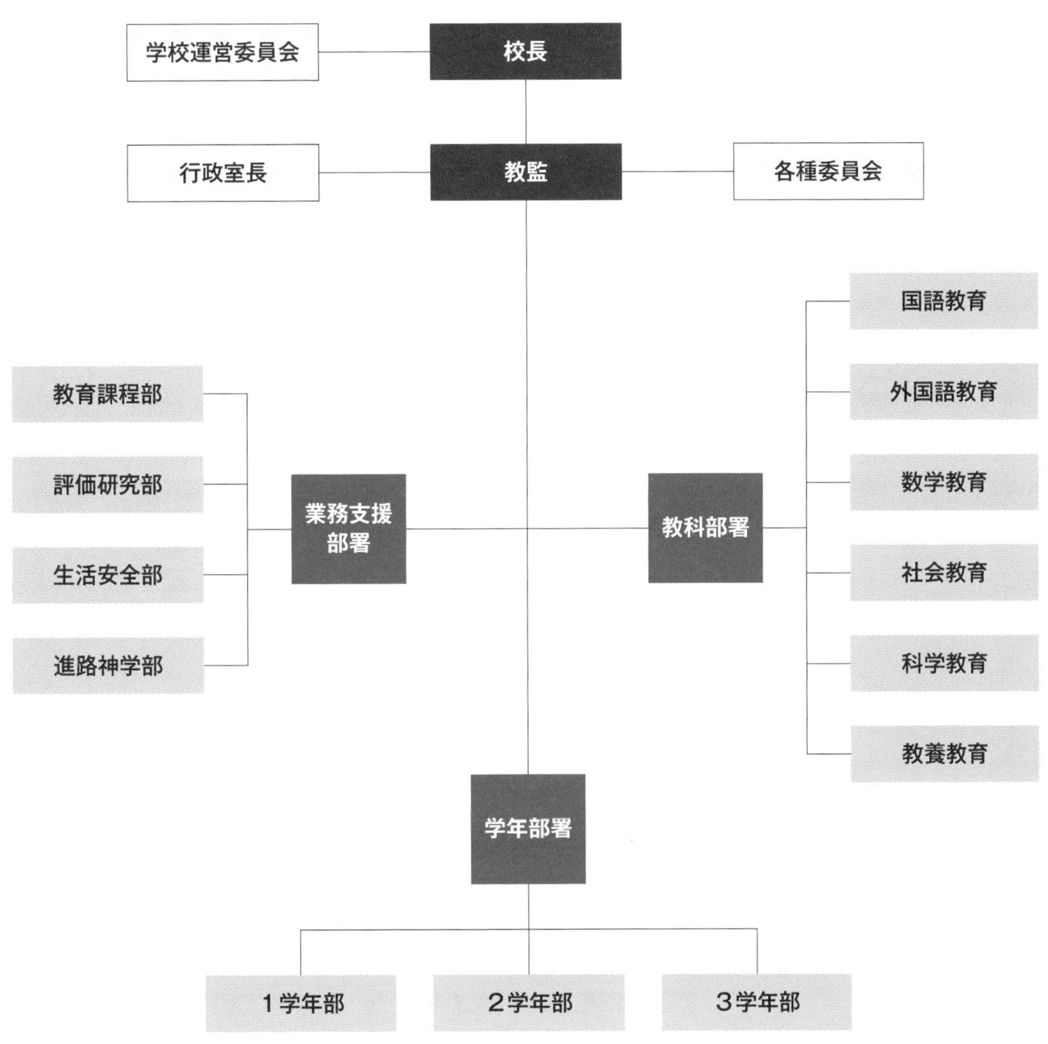

**資料３　学校各種委員会**

| 区分 | 委員会 | 法的根拠 |
|---|---|---|
| 法定委員会 | 学校運営委員会 | 「初・中等教育法」第31条 |
| | 学校暴力専担機構 | 「学校暴力予防及び対策に関する法律」第14条 |
| | 教員人事諮問委員会 | 「教育公務員人事管理規定」第34条 |
| | 早期進級、卒業、進学評価委員会 | 「早期進級等に関する規定」第５条 |
| | 学校教権保護委員会 | 「教員の地位向上及び教育活動保護のための特別法施行令」第６条 |
| | 勤務成績評定調整委員会 | 「教育公務員昇進規定」第23条 |
| | 多面評価管理委員会 | 「教育公務員昇進規定」第28条の４ |
| | 情報公開審議会 | 「公共機関の情報公開に関する法律施行令」第11条 |
| | 学校給食小委員会 | 「初・中等教育法施行令」第60条の２ |
| | 個別化教育支援チーム | 「障害者等に対する特殊教育法」第22条<br>「同法施行規則」第４条 |
| | 学校図書館運営委員会 | 「学校図書館振興法」第10条 |
| | 英才教育対象者選定審査委員会 | 「英才教育振興法施行令」第16条 |
| | 学校学力審議委員会 | 「初・中等教育法施行令」第98条の２ |
| | 義務教育管理委員会 | 「初・中等教育法施行令」第25条の２ |
| 非法定委員会（例示） | 学校教育課程委員会、学校成績管理委員会、教育情報化機器選定委員会、教材教具選定委員会、科学教具選定委員会、児童生徒先導協議会、校内自律奨学委員会、児童生徒福祉審査委員会、褒章及び卒業査定審議委員会、児童生徒選手保護委員会、制服選定委員会、放課後学校推進委員会、奉仕活動推進委員会、奨学生選定委員会、図書選定委員会、生活先導委員会、入試推薦審議委員会、進路指導委員会、学校体育小委員会、学校図書館運営委員会等 | |

**参考文献**


・教育部（2015）2015改正教育課程総論
・教育部（2017）2015改正教育課程総論解説（中学校）
・教育部（2017）2015改正教育課程総論解説（高等学校）
・キム・サンドン、キム・ヒョンジン（2012）『初・中等教職実務』ソウル：学知社
・パク・ビョンリャン、ジュ・チョルアン（2012）『教育行政及び教育経営』ソウル：学知社
・パク・ジョンリョル、キム・スンナム（2001）『学校単位責任経営の理論と実際』ソウル：ウォンミ社
・パク・ジョンリョルほか（2010）『学校経営論』ソウル：教育科学社
・安岩教育行政学研究会（2018）『学校中心の教育行政及び教育経営』ソウル：パクヨンストーリー
・ジュ・サムファンほか（2009）『教育行政及び教育経営』ソウル：学知社
・チン・ドンソプほか（2011）『教育行政及び学校経営の理解』教育科学社
・忠清南道教育庁HP www.cne.go.kr


（キム・ジョンシク）

## コラム② 自由学期制について

自由学期制は、中学校での一つの学期または二つの学期の期間、知識・競争中心の試験を実施せずに170時間以上の進路探索時間を持たせる制度である。朴槿恵政権の教育公約の一つとして2016年度よりすべての中学校で実施されている。その後、初・中等教育法施行令が改正され、2018年度よりその期間を１年に延長することが可能となり、現在は多くの学校が自由学年制で運営している。教育部は、同政策を「授業運営を討論、実習等、生徒参加型に改善し、進路探索活動等、多様な体験活動が可能となるよう教育課程を柔軟に運営する制度」として位置付けている。また、自由学期の間の活動に対する評価は、教育行政情報システム（NEIS）を通じて生徒生活記録簿に記載される。

| 区分 | 主要内容 |
|---|---|
| 教育課程の編成・運営方案 | ・生徒の体系的な進路探索機会の拡大<br>・生徒の関心・興味をもたらす体験・参加型プログラムの強化<br>・生徒の参加と活動を中心とする教授・学習方法の多様化<br>・学校の自律性を尊重する柔軟な教育課程の編成・運営<br>・自由学期制の趣旨に沿った評価方法の工夫 |
| 体験インフラの構築及び支援方案 | ・中央政府の役割：協業及びMOU、支援ネットワークの構築、インフラ支援システム運営、プログラムの評価、体験型教育の偏差緩和、教育課程編成・運営の支援、コンサルティング、研修・ワークショップ<br>・市道教育庁の役割：自治体との協力のためのMOU、インフラマッチングシステムの運営、へき地との教育偏差の緩和、学力格差の解消<br>・教育支援庁及び学校の役割：学力格差の解消、学校安全 |
| 期待効果 | ・適性に合う自己開発　・満足度の高い幸せな学校生活<br>・公教育の信頼回復及び正常化 |

出典：パク・ギュンリョルほか（2014）「公教育の内実化のための自由学期制政策の方向と課題」『教育行政学研究』第32巻第1号、韓国教育行政学会、pp.29-30

だが、このような自由学期（学年）制が学力格差を助長しているという指摘もある。保護者の間では、試験を実施しないことに対して学力が低下するのではないかという不安もあり、むしろ私教育が拡大してしまう結果をもたらすとの指摘も存在する。また、学校財政の側面から各分野の専門家による活動の実施が必ずしも十分に行われているとは言えず、体験活動を実施することが生徒の進路探索にいかに役立つか、その実効性についての議論も続いている。このような指摘を受け、教育部は2025年より、一つの学期に102時間だけ自由学期を運営することとし、従来の主題選択・進路探索・芸術体育・クラブ活動等４つの領域を主題選択・進路探索の２つの領域に縮小（統合）させる方針を明らかにした。

（ジョン・スヨン）

# 1 学校の経営
## ④学校内外が連携する教育福祉の支援体系

### 教育福祉概念と志向

未来教育において学校は児童青少年のための総合的サービスの核心であり、実際に「学校と地域社会の連携領域」はますます拡大されている。教育福祉事業も学校と地域社会の連携・協力を基本とする事業の一つである。**教育福祉**はその対象範囲によって広義の概念と狭義の概念に区分される。前者は、「社会のすべての構成員に対する教育的ニーズ欲求を充足させるもの」であり、後者の教育福祉は「教育疎外階層・脆弱集団に対して教育機会を拡充させるもの」である。広義の教育福祉は、**普遍福祉主義**に基づいており、狭義の教育福祉は**選別福祉主義**に基づく。

制度としての教育福祉事業は、2003年ソウル地域のモデル事業として始まった。政府は、2005年「教育福祉投資優先地域支援事業」を開始し、政策ビジョンとして「地域教育共同体具現のための脆弱階層の暮らしの質の向上」を提示し、政策目標に①低所得層の幼児及び生徒の教育・文化的欠損の予防と治癒を通じた学力の増進、②低所得層生徒及び青少年の健康な身体及び情緒発達と多様な文化的ニーズの充足、③教育・文化・福祉の水準向上のための家庭－学校－地域社会次元の支援網構築を発表した。2011年には、「教育福祉優先支援事業」に名称を変更して運営し、「学校が中心となる地域教育共同体の構築」というビジョンを発表するとともに、「学校の役割拡大」及び「学校と地域社会との連携強化」を強調した。教育福祉事業は、「学校と地域の協力」を前提として設計された（図１を参照）。

### 教育福祉事業の根拠法律と政策遂行過程

2003年一部地域のモデル事業として始まった教育福祉事業は次のような段階を経て全国に拡大された。教育福祉事業は、2011年より**初・中等教育法施行令**に事業の根拠を置き、**地方教育財政交付金法施行令**に交付基準を明示するなど、法的根拠を備え、教育福祉システムの安定性を一部強化した。

しかし、2020年現在も別途の「教育福祉基本法」は制定されず、初・中等教育法28条（学習不振児等に対する教育）と初・中等教育法施行令54条（学習不振児等に対する教育及び施策）、教育部訓令332号教育福祉優先支援事業の管理・運営（2020年改訂）に依存して教育福祉政策及び事業が推進されている。地域単位の教育福祉政策は、各地域の地方条例として規定しているが、2020年現在、仁川、大邱、釜山、全羅北道にはまだ教育福祉関連の条例が制定されていない。教育福祉関連の地方条例の中で「学校と地域連携」について規定している地域は、ソウル市、京畿道、忠清北道、忠清南道である。その他の地域の関連条例では地域との協力体制に関する規定が含まれていない。

### 教育福祉事業における学校内外との協力体系の構築現状

2019年、全国17市道教育庁で教育福祉事業を遂行している学校は、表１の通り初等1,925校、中等1,265校、高等179校、特殊５校である（イ・グンヨンほか2019：23）。この中で、教育福祉士が配置されている学校は、48.6％である。

表１ 全国教育福祉優先支援事業、自治体支援学校社会福祉事業現況（2019）

| 地域 | 初等 | 中等 | 高校 | 特殊 | 系 | 備考 |
|---|---|---|---|---|---|---|
| ソウル | 509(161) | 365(132) | 78(0) | — | 952(293) | 教育福祉優先支援 |
| | — | — | 9(9) | — | 9(9) | 自治体支援 |
| 釜山 | 282(75) | 167(70) | — | — | 449(145) | 教育福祉優先支援 |
| 大邱 | 223(90) | 126(52) | — | — | 349(142) | 教育福祉優先支援 |
| 仁川 | 123(66) | 82(45) | 3(3) | — | 208(114) | 教育福祉優先支援 |
| 光州 | 61(53) | 40(35) | — | 4(2) | 105(90) | 教育福祉優先支援 |
| 大田 | 28(28) | 19(19) | 6(6) | — | 53(53) | 教育福祉優先支援 |
| 蔚山 | 9(9) | 8(8) | — | — | 17(17) | 教育福祉優先支援 |
| 世宗 | 13(5) | 8(3) | — | — | 21(8) | 教育福祉優先支援 |
| 京畿道 | 120(51) | 101(61) | 46(5) | — | 267(117) | 教育福祉優先支援 |
| | 78(79) | 31(33) | 3(3) | 1(1) | 113(116) | 自治体支援 |
| 江原 | 45(40) | 45(37) | 11(10) | — | 101(87) | 教育福祉優先支援 |
| 忠北 | 49(12) | 42(19) | 5(0) | — | 96(31) | 教育福祉優先支援 |
| 忠南 | 34(34) | 31(31) | 13(4) | — | 78(69) | 教育福祉優先支援 |
| 全北 | 112(66) | 81(54) | 5(5) | — | 198(125) | 教育福祉優先支援 |
| 全南 | 50(48) | 39(35) | — | — | 89(83) | 教育福祉優先支援 |
| 慶北 | 44(40) | 41(37) | — | — | 85(77) | 教育福祉優先支援 |
| 慶南 | 64(26) | 39(20) | — | — | 103(46) | 教育福祉優先支援 |
| 済州 | 81(15) | — | — | — | 81(15) | 教育福祉優先支援 |
| 合計 | 1,925(898) | 1,265(691) | 179(45) | 5(3) | 3,386(1,646) | |

出典：イ・グンヨンほか(2019)「教育福祉士の法制化推進法案研究」京畿道教育研究院、p.23

教育福祉学校として指定された学校の半分以上が「学校中心の地域教育共同体的アプローチ」という戦略を実現するのが難しい状況である。このような状況の中で、地域社会が主導して形成した２つの地域における「学校－地域社会連携の教育福祉安全網」の事例を検討したい。

### ○民官学ガバナンス、ノウォン教育福祉センター

ソウル・ノウォン区の貧困地域で住民の自活と教育活動を行うノウォンナヌムの家が1986年設立されて以来、地域の核心的な教育実践家たちを中心に地域団体と連携しながら、地域の児童青少年を支援するための自生的民間ネットワークを形成した。2003年に中央政府が提示した**教育福祉投資優先地域事業**に地域実践家たちが関わるようになり、民と官の接点が形成され、民官協力の基盤が作られた。現在は、教育福祉ネットワーク、ドルボムネットワーク、進路ネットワーク、危機青少年への支援ネットワーク等、領域別に専門化され、地域の児童青少年を支援している。このようなネットワークが分節化、破片化しないように統合、調整する役割を「ノウォン児童青少年ネットワーク」が担っている。

### ○児童青少年の生活圏中心、洞別教育福祉協議会の構成「地域教育ネットワーク・ハウォルジュ（화월주）」

2009年、地域社会の教育福祉安全網を作るために活動を始めた「地域教育ネットワーク・ハウォルジュ」は、この地域９洞で洞別に教育福祉協議会を運営してきた。「ハウォルジュ」とは、ハジョン洞、ウォルサン洞、ジュウォル洞の三つの洞の頭文字で作られた言葉である。各教育福祉協議会は、学校の教育福祉士、教育福祉部長、地域児童センター長、青少年施設放課後アカデミー担当者、住民センター福祉担当者、地域社会保障協議体委員長、保護者などで構成される。毎月、定例会で集まる洞別教育福祉協議会の役割は、①危機児童青少年の発掘及び支援、放課後ドルボム等を通じたマウル安全網の形成、②マウル教育及び遊び支援、③共同体性の強化を通じたマウル教育共同体の形成等である。

## 今後の課題

### ○「教育福祉基本法」の制定

2017年３月、教育部は教育福祉政策を発表し、「需要者中心の総合的、体系的な支援基盤の構築」を政策課題の一つとして提示し、その下位課題の一つに「安定的な支援のための法令･制度の整備」を設定していた。教育福祉政策が地域偏差を減らし、普遍性、安全性、体系性を維持するためには、教育福祉基本法を制定し、教育福祉推進における国家・地方・学校の義務規定、推進体系及び支援/運営方式、政府の教育福祉協力体系の構築、学校と地域社会間の連携・協力のための地域単位協議体の構成・運営、教育福祉の専担スタッフの配置等に関する法的規定を整備する必要がある。

### ○生徒中心のニーズ型統合教育福祉支援体系への転換

教育福祉政策において生徒中心のニーズ型支援が必要であり、このために教育福祉事業の断絶性を乗り越え、教育福祉統合支援体制に改めて構造化させる必要がある。このためには、教育庁、教育支援庁、各単位学校の支援体系を統合・調整しなければならない。このプロセスの中でマウル教育共同体事業、革新教育地区事業、放課後学校、放課後ドルボム（保育）事業等、学校と地域共同の教育事業の連携・協力もまた考慮する必要がある。

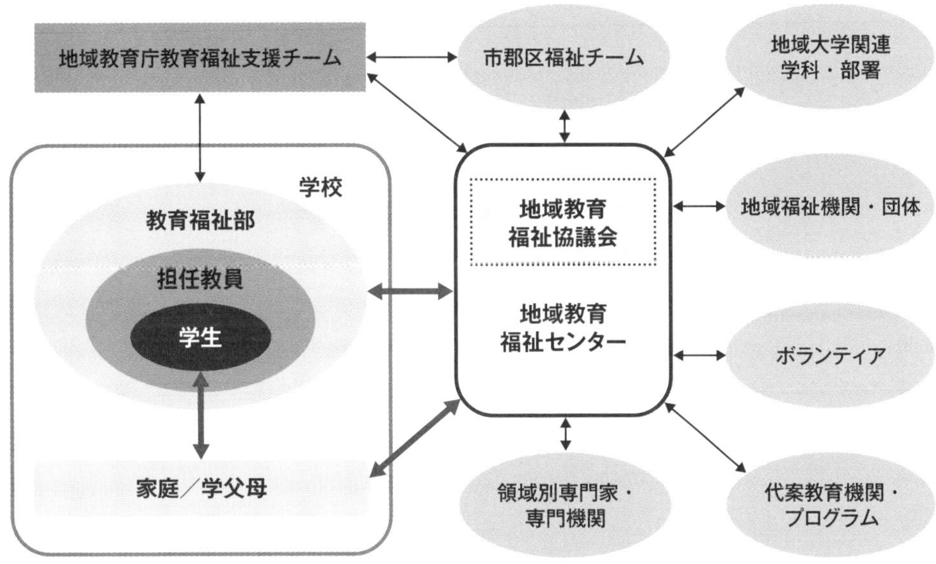


出典：キム・インヒ（2011）「学校教育福祉共同体の観点考察」教育政治学研究18（4）、p.45

図１ 学校－家庭－地域間教育福祉協力モデル

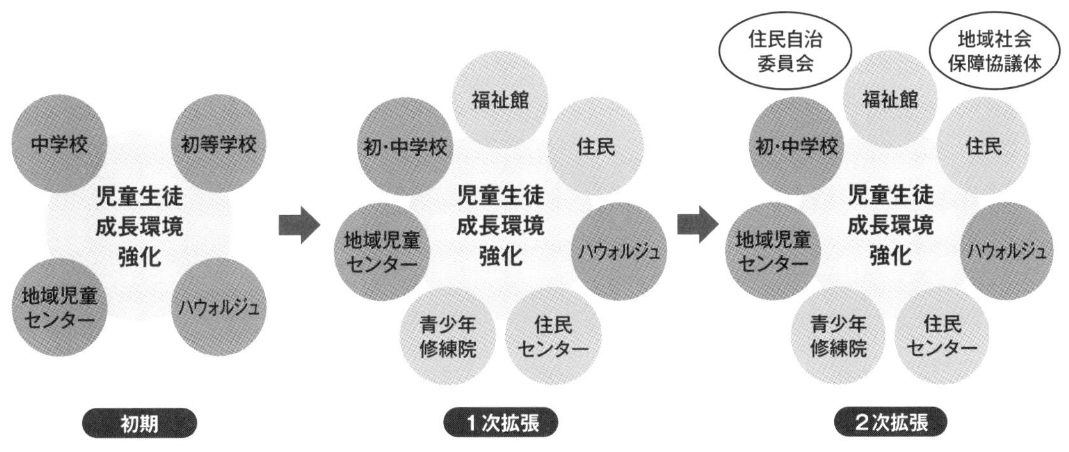


図２ 地域教育ネットワーク・ハウォルジュ洞別教育福祉協議会の構成段階

参考文献

・イ・ヘヨンほか（2005）「教育福祉投資優先地域支援事業効果分析と発展方案」韓国教育開発院
・韓国教育開発院（2012）「教育福祉優先支援事業マニュアル」
・リュ・バンラン（2013）「教育共同体を志向する教育福祉の発展課題」韓国教育開発院
・イ・グンヨンほか（2018）「京畿道教育福祉政策分析及び発展方案」京畿道教育研究院
・チェ・インジェ（2019）「地域社会ネットワークを活用した青少年成長支援の政策推進体制構築方案研究Ⅰ」韓国青少年政策研究院

（ソル・サンスク）

# 2 学校と地域との連携

## ①地域との連携・協働による学校教育活動の意義・方法（学校運営委員会・地域社会学校）

### 地域と学校の連携の概念

良い教育は学校と地域の多様な主体間の連携と協力を通じて行われる。しかし、伝統的に強力な校長の権限と不完全な学校自治、学父母（保護者）の消極的な参加のため、学校と地域の間には高い壁があった。学校と地域の連携・協力は長い間、課題であったが、二つの方向で大きな流れが存在する。一つは、学校内の意思決定過程に保護者と地域住民の参加が保障された学校運営委員会制度の成立、もう一つは学校を地域に開き、お互いの資源の連携と協力事業を拡大していこうとした**地域社会学校活動**である。

### 学校運営委員会

韓国の場合、学校自治と関連して学校運営委員会が設置・運営され、保護者と地域住民の教育参加が公的に保障されている。その具体的なきっかけは、1995年５月31日、大統領諮問機関であった教育改革委員会が「初・中等教育の自律的運営のための学校共同体の構築」の課題として「学校運営委員会の設置・運営」を提案したことである。そこから、教育基本法（５条 教育の自主性等）と初・中等教育法（32条 学校運営委員会）等に学校運営の自律性尊重のための法的根拠を備え、今日に至っている。同委員会では、学校の運営に保護者、教員、地域住民が参加することによって学校政策決定の民主性及び透明性を確保し、地域の実情と学校の特性に応じた多様な教育を創意的に実施できるよう審議・諮問する。

その委員構成は、保護者が40～50%、教員委員30～40%、地域委員10～30%となっており、学校の重要な事務に保護者と教員、地域委員が同等な関係から参加し、案件を審議・決定する組織である。審議案件は、学校憲章・学則をはじめ、学校の予算、教育課程の運営方法、教科書と教育資料の選定、公募校長の評価及び招聘教員の推薦、学校運営支援費の助成・運営、学校発展基金、学校給食、学校運営の提案・建議事項等、学校の重要決定事項の全般にわたって審議・諮問を行う。はじめに、国公立学校（審議機構）は義務的に設置し、私立には勧告していたが、1997年、私立学校にも必須諮問機関として公的に適用し、すべての学校に拡大された。

### 地域社会学校

学校と地域の連携は、学校運営委員会のように学校の意思決定構造の問題だけでなく、実際に生徒と教師、住民（保護者を含む）間の良好な関係と協力による具体的な活動が保障されなければならない。長い間、繰り返されてきた地域と学校の断絶を克服し、教育問題を学校と家庭、地域社会が共に協力しながら解決していく必要がある。これは「地域社会学校」という名で展開されてきた。

地域社会学校のために学校開放は必須要素であるが、教育基本法９条２項は「学校は公共性を持ち、児童生徒教育の他、学術及び文化的伝統の維持・発展と住民の平生教育のために努力しなければならない」と規定し、伝統的な児童生徒教育活動の他に、地域住民のために学校を開かなければならない法的根拠を提示する。また、初・中等教育法11条（学校施設等の利用）が規定しているように「すべての国民は学校教育に支障がない範囲内でその学校長の決定により、国立学校の施設等

**表１　学校運営委員会構成の流れ**

|  |  |
|---|---|
| 学校運営委員会<br>規程の点検 | ◎毎年３月１日付 児童生徒数基準運営委員会の定数及び構成比率の確認<br>◎必要に応じて学校運営委員会審議（諮問）を通じた学校運営委員会の規程改正 |
|  | |
| 学校運営委員会<br>構成計画の樹立及び<br>選挙公報 | ◎学校運営委員会の構成計画樹立<br>◎家庭通信文、掲示板、学校HP等を通じた選挙広報 |
|  | |
| 選出管理委員会の<br>構成 | ◎道立学校運営委員会の設置・運営に関する条例及び各学校の学校運営委員会規程による選出管理委員会の構成<br>※学父母委員選出管理委員会と教員委員選出管理委員会を統合して運営可能ただし、各学校運営員会の改正が必要 |
|  | |
| 選挙公告及び広報、<br>入候補 | ◎家庭通信文、掲示板、学校HP等を通じた選挙公告及び広報<br>◎候補者登録のための十分な期間確保 |
|  | |
| 学父母委員及び<br>教員委員の選出 | ◎選出方法<br>・(学父母委員) 学父母全体会議で直接選出、全体会議開催まで家庭通信文の回答、郵便投票等、委員会規程の方法及び手続に従い、候補者に投票可能<br>・(教員委員) 教職員全体会議にて匿名投票で選出 |
| ↓ | |
| 地域委員の選出 | ◎学父母委員及び教員委員の推薦を受け、学父母委員及び教員委員が匿名投票で選出 |
|  | |
| 委員長及び<br>副委員長の選出 | ◎教員委員でない委員の中で匿名投票で選出 |
| ↓ | |
| 選挙結果の広報 | ◎家庭通信文、掲示板、学校HP等を通じた選挙結果の広報 |

を利用することができ、公立・私立学校の施設等は市道教育規則の定めるところにより利用することができる」。

地域社会学校政策は〈表３〉の通り、導入段階から多様な展開を見せてきた。まず、1930年代アメリカの地域社会学校（community school）の概念から出発した学校と地域社会関係運動は全世界に拡散し、韓国もその影響を受けた。1953年ユネスコ韓国派遣教育計画視察団（UNESCO-UNKRA）は、「地域社会学校」を勧告した。これは、学校の人的・物的資源が地域に開放されなければならないという学校開放を強調していた（黄宗建 1964：13)。このように、学校と地域社会が不可分の関係にあることは繰り返し強調され、特に地域住民のための学校開放が「郷土学校」「セマウル（新たな村）学校」等の名称で施策として作られ、1970年代まで官主導の事業として進められたが、その後「韓国地域社会学校後援会（現在の「韓国地域社会教育協議会」）という団体が設置され、個別学校単位で民間主導の地域社会教育運動形態で推進された。

2000年代以降は、教育部の施策である「学校平生教育モデル校」事業等で展開、2007年～2009年まで「**地域とともにある学校**」事業として学校の平生学習を通じて成長する住民（保護者を含む）が学校と児童生徒のために教育及び支援活動を展開する構造をもって拡散された。その後、引き続き2010年「学父母教育支援」事業に予算配置が転換され、現在まで運営されている。近年は、地方政府や教育庁別にマウル学校事業等、いわゆる**マウル教育共同体事業**（次節を参照）等が展開され多様化している。

## 住民と学校の信頼関係形成

学校開放と関連した政策が施行される過程で、教職員の業務過重問題をはじめ、設備の問題、事故対策に対する不安等、学校経営者には歓迎されなかった側面もある。しかし、住民たちが地域の学校と教育に多くの関心を持つようになり、学校と地域が相互信頼関係を形成し、地域住民までもが教育主体になれるという意味で大きな意義があると言える。顕著に低下している地域社会の教育力を回復し、地域社会を活性化するために学校と地域の連携は一層強く求められている。


### 参考文献

・教育改革委員会（1995）『新教育体制樹立のための教育改革方案』第2次大統領報告書
・教育科学技術部（2010）「学校運営委員会先進化のための学校運営委員会制度改善方案」2010.08
・金信一（1998）「教育共同体形成と社会教育」韓国地域社会教育協議会『第16次社会教育シンポジウム資料集』pp.7-16.
・金宗西・朱晟閔（1987）『韓国地域社会学校』ソウル：教育科学社
・梁炳贊・朱晟閔・崔云實・李希洙・金得永・全道根（2003）「健康な地域教育共同体醸成のための地域社会学校運営方案に関する研究」公州大教育研究所
・黄宗建（1964）「郷土学校建設の問題点：郷土学校の基礎理論とその活動に関する研究」ソウル：培英社.
・韓国教育開発院（2010）「学校運営委員会の運営成果と改善課題」公開討論会資料集

**表2 学校運営委員会委員の資格要件(初・中等教育法施行令58条)**

| 区 分 | 資格要件 |
|---|---|
| **学父母委員** | ◎当該学校に子女が在籍している保護者 |
| **教員委員** | ◎当該学校に勤めている教員 |
| **地域委員** | ◎当該学校地域を生活根拠とする者で予算・会計・監査・法律等の専門化、教育行政に関する業務を遂行する公務員<br>◎当該学校地域を事業の活動地とする事業者<br>◎当該学校を卒業した者<br>◎その他、学校運営に貢献しようとする者 |



**表3 韓国の地域社会学校政策の歴史**

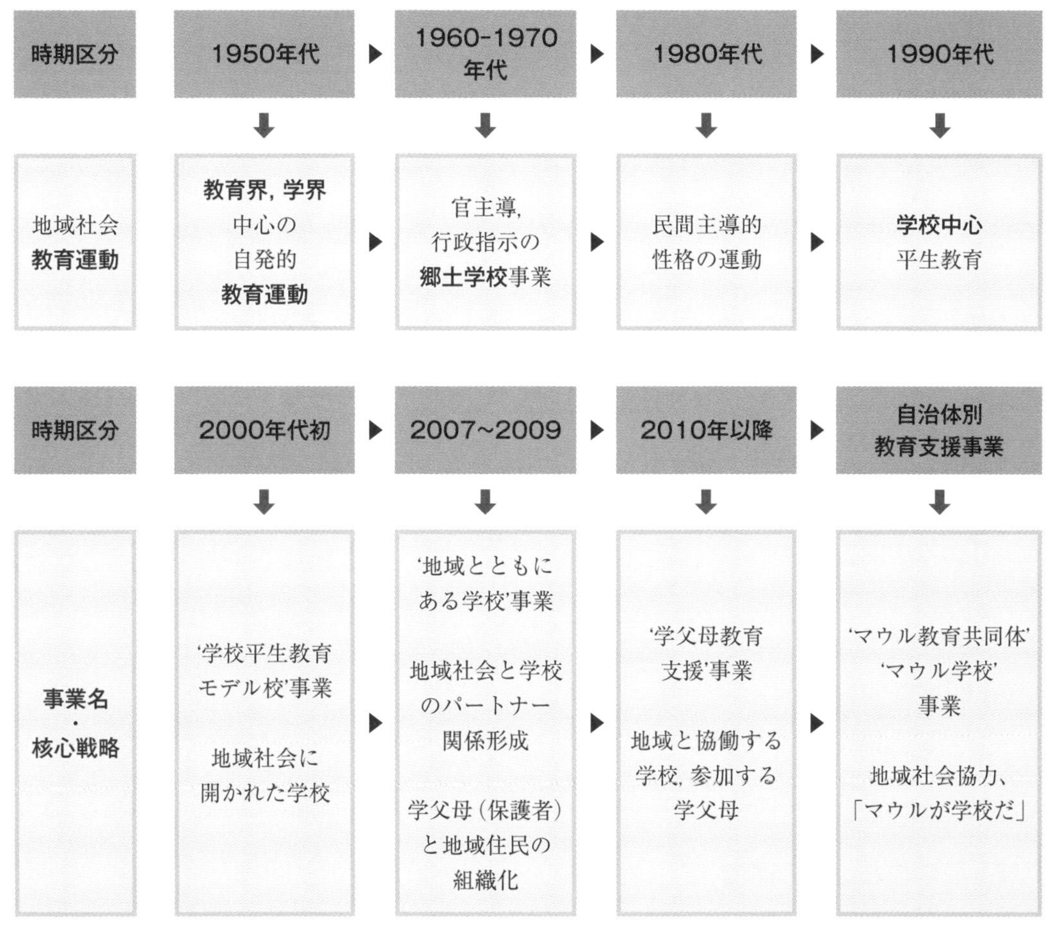

| 時期区分 | 1950年代 | 1960-1970年代 | 1980年代 | 1990年代 |
|---|---|---|---|---|
| 地域社会**教育運動** | **教育界, 学界**中心の自発的**教育運動** | 官主導, 行政指示の**郷土学校**事業 | 民間主導的性格の運動 | **学校中心**平生教育 |

| 時期区分 | 2000年代初 | 2007~2009 | 2010年以降 | 自治体別教育支援事業 |
|---|---|---|---|---|
| **事業名・核心戦略** | '学校平生教育モデル校'事業<br>地域社会に開かれた学校 | '地域とともにある学校'事業<br>地域社会と学校のパートナー関係形成<br>学父母(保護者)と地域住民の組織化 | '学父母教育支援'事業<br>地域と協働する学校, 参加する学父母 | 'マウル教育共同体''マウル学校'事業<br>地域社会協力、「マウルが学校だ」 |

(ヤン・ビョンチャン)

# 2 学校と地域との連携
## ②地域との連携に基づいた開かれた学校づくりの経緯（マウル教育共同体）

### 教育庁と自治団体の協力：革新教育地区

伝統的に教育とケアは地域社会が責任を負っていた。しかし、近代学校の誕生に伴い、学校に教育の責任が移転し、その後、急激な産業化と都市化により生じた共同体の崩壊は学校とマウル（村）を分離させた。暮らしと分離された学校教育により様々な教育問題に直面し、この危機を克服するために前節で言及された学校と地域連携（地域社会学校）が進められるようになった。最近の動きとして基礎自治団体と教育庁の協力を基盤に推進される革新教育地区事業があり、この事業の内容を補完するマウル教育共同体活動が全国的に普及している。

「**革新教育地区**」事業は、学校と地域社会が積極的に疎通し、協力する地域教育共同体の構築のために、広域教育庁と基礎地方自治団体が協約を結び、共同事業を推進する地域（都市）を指す。革新教育地区は、一般行政と教育行政の協力を通して都市全体の教育的支援システムを再構築することを基本としている。この事業は2011年京畿道革新教育地区６都市から始まり、その後、2013年には全羅南道で「ムジゲ（虹）教育地区」が選定され、2015年にはソウル、仁川、江原、全北、忠南等の地域に、さらに現在は全国的に広がり、226基礎自治団体の中、190地区で運営されている。

### 韓国型学校と地域の連携：マウル教育共同体活動

当初、革新教育地区事業は主に教育経費の支援にその重点が置かれたが、漸次的に成熟し、一般自治団体と教育庁間の教育的理解を共有し、地域の教育インフラを開発し、学校と地域社会の連携を模索する教育協力事業として進化している。革新教育地区事業の目的は、①地方自治団体との協力教育システムの構築、②地域社会基盤のマウル教育共同体の醸成、③地域社会と連携した教育課程の多様化・特色化、④公教育革新を通じた地域住民の公教育に対する信頼感の向上等である。

以上の事業目的の中で特に注目したいのは、②地域社会と協力し疎通する地域社会基盤の「**マウル教育共同体**」の醸成であり、住民の教育参加を促進させようとする試みである。革新教育地区が全国に広がり、事業が活発に勧められたにもかかわらず、一般自治体と教育行政間の協力の難しさは慣習的に続いている。依然として法的境界線による行財政の二元化や働き方の差異等は、両行政機関の協力を妨げる壁であった。

行政協力の限界を乗り越えるために住民自治的レベルでの教育ガバナンスを工夫する動きが生まれるようになった。自身の暮らしにおいて重要課題である地域の教育に、主体的に関与し、決定するような主体的決定権を持つようになったのである。これにより、近年、順天市や始興市等、先進的な自治体を中心に新たな教育協力モデルを構築し、地域と協力する学校を一般化させると同時に、地域単位の**草の根の教育自治基盤**を構築しようとする努力が注がれている。

教育部も2010年より、革新教育地区事業を普及させるために、「**未来型教育自治地区事業**」を公募し、支援を加えている。この事業は、教育協力センターとマウル教育自治会、教育部内部の事業間の連携、他の中央政府の関連事業を連携させて進めている（図１を参照）。この中で、教育協力

**教育協力センター構築支援**

**教育（支援庁）―自治体共同協力センター設置**

※教育協力センターを通じて統合的管理・支援（ハーブ役割）

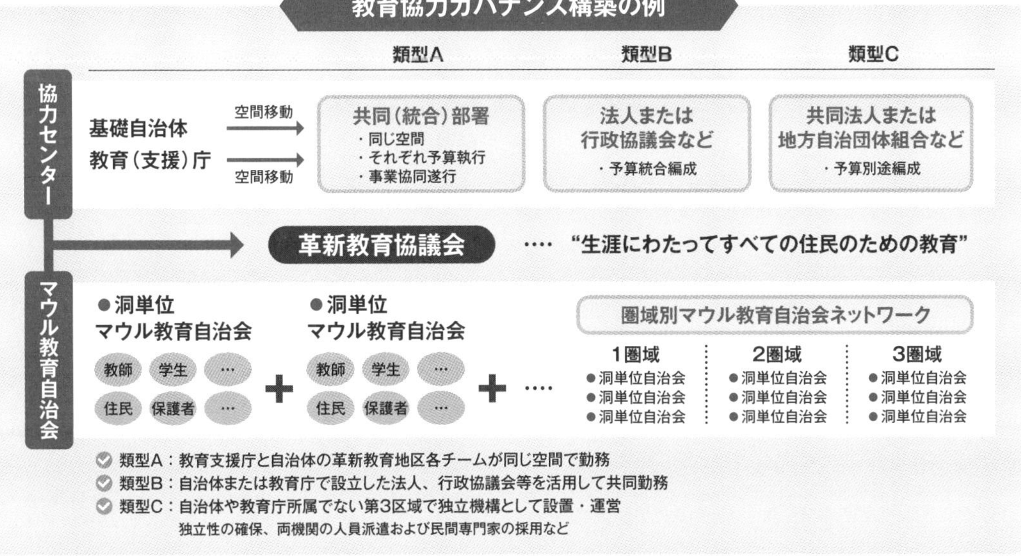


**マウル教育自治会の構築支援**

**邑面洞単位の住民自治会内マウル教育自治分科の設置**

**共同協力センターの役割と機能（例）**

**マウル・自治体―学校・教育庁の連携のための教育資源を統合運営・管理する役割**

**革新教育協議会**　市長（区庁長）、教育長、センター長、マウル教育自治会代表、保護者、教師など

**マウル・自治体**
- 学校外ケア
- 進路支援センター、青少年施設 文化芸術、マウル学校
- 平生教育、マウル講師の養成（ボランティアセンター）
- マウル教育自治会
- 危機支援センター

**教育協力センター**
統合運営管理（連携）

マウル学校／学校／図書館／教育庁教育センター／青少年施設／地域児童センター

自治体（マウル）　教育庁（学校）

**学校・教育庁**
- 学校内ケア
- 自由学期制 高校単位制進路教育
- 保護者教育（教育寄付）
- 教員研修、地域連携 教育課程
- 多文化WEEセンター

図1　教育協力ガバナンスの構築

センターは基礎自治団体と教育支援庁の協力事務所としての役割を果たすセンターとして、事業全般の連携構造を構築しており、マウル教育自治会は、邑面洞単位で住民と保護者、学校構成員たちの協力的な意思決定会議の役割を果たしている。学校運営委員会のような法定団体ではないが、学校と地域の協力を議論する場を作ることによって実際の協力構造を構築できるようにしている。

## マウル教育共同体運動の可能性

マウル教育共同体運動は、新たな関係性を作っている。学校とマウルの出会い、保護者と住民が教育主体としてともにする活動、学校教育と平生教育の出会い、マウル教育活動家が住民自治委員として結合するなど、教育主体間の多様な出会いが進められている。この中での核心は、「住民」が多様な領域で教育の主体として成長し始めていることであり、ここに教育自治の力量を成長させる学－民－官の協業体系と活動家たちの意識的な努力が促進剤として作用しているのである。地域の特性を学校教育課程に反映したり、学校外の教育プログラムを運営したりするマウル教育課程の創造過程においても地域に根差している多様なマウル共同体活動家たちの力量が高まり、住民が教育主体として成長し、地域の教育力を回復させる方向で発展している。

2020年、世界はコロナの影響で社会全般が危機的状況に陥っている。中央政府により学校が閉鎖され、公共サービスが停止された状況下で、子どもたちは危険に晒されている。空間中心、プログラム中心に運営された地域社会の児童・青少年への支援体系は、この危機的状況においてうまく作動しなかった。地域の教育力を回復させるマウル教育共同体運動は、このような危険な状況の中で、子どもたちにより近いところできめ細かい安全網になれるような代案として位置付けられるだろう。

順天市は、マウル教育共同体事業で〈地域教育力回復実践共同体〉という教育問題を議論する公論の構造を作り、学－民－官が教育課題について月１回、一堂に会して討論する「情談會」という教育民会（非公式的な意思議論構造）を運営している。それとともに、民間教育活動家たちが主導する第３セクター方式の中間支援組織である草の根教育自治協力センター（図２を参照）、多様な事案に対して協業することを提案しながら、一般自治と教育自治の新たな関係を図る行政協力、教師と環境運動家、マウル活動家たちの協同的教育課程の開発（東江マウル教育課程）、地域教育資源（教育経費など）の効率的活用のための地域協議過程、直面した懸案の共同対応（コロナ危機をマウルとともに克服）などにつながり、実践と学びをともにする住民たちと児童・青少年たちの成長を支援する教育生態系を構築している。

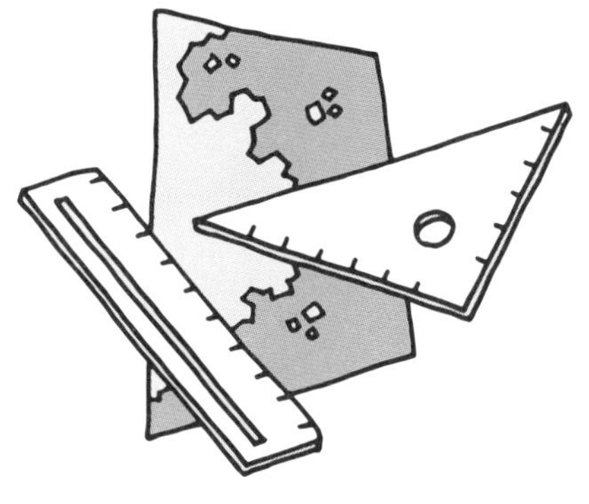

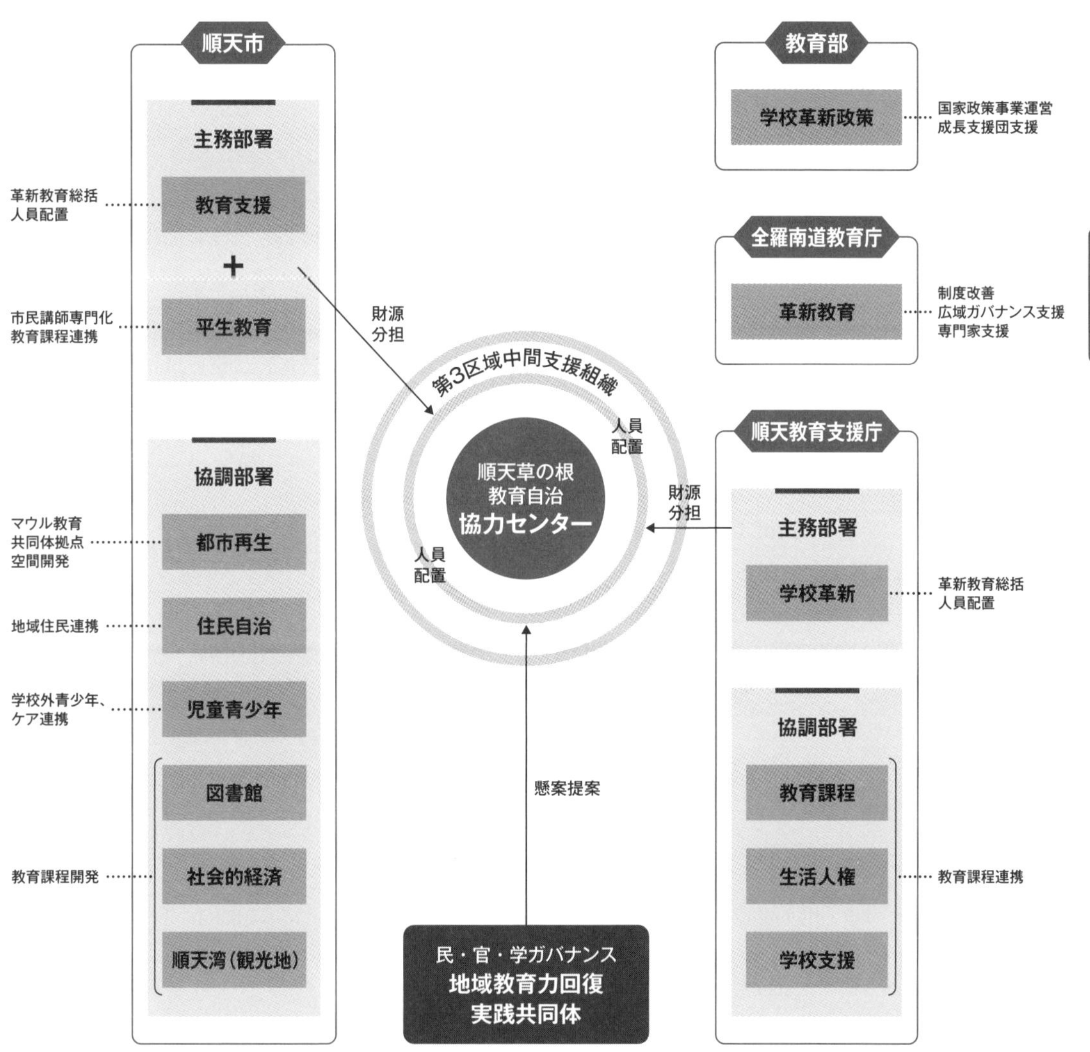


図２　順天草の根教育自治協力センター



## 参考文献


・キム・ヨンリョン（2019）『マウル教育共同体 生態的意味と実践』ソウル：サリムト
・ソ・ヨンソンほか（2016）『マウル教育共同体とは何か』ソウル：サリムト
・梁炳贊（2018）「韓国マウル教育共同体運動と政策の相互作用-学校と地域の関係再構築の観点から」平生教育学研究24（3）、pp.125-152.
・梁炳贊ほか（2019）『平生教育地区事例分析を通じたマウル教育共同体体制の構築方案研究』世宗：教育部
・梁炳贊，林京煥，金現珠，申元燮（2021）.「韓国地域教育ガバナンスの過程における市民の学び―順天市マウル教育共同体の実践を中心に―」『東アジア社会教育研究』No.26、pp.51-64


（ソン・ギジョン、ハン・ヘジョン）

# 学校安全への対応
## ①学校安全と危機管理

### 学校安全の概念

2014年の「セウォル号惨事」以降、韓国では、学校安全に関する制度が強化されてきた。学校安全とは、学校に危険の原因が存在しない、または危険の原因があってもそこから児童生徒に危害が及ばないように対策を立てて確認する状態を意味する（キム・テファン 2010）。2020年に教育部は「**学校安全事故管理支援方案**」を発表し、個別学校のニーズ型安全事故予防強化と学校安全事故の対象及び保障範囲の拡大など、学校安全のための持続的な努力を続けている（教育部 2020）。

### 学校安全教育の施行

教育部は学校安全控除中央会・学校安全情報センターを構築し、安全教育7大標準案（生活・交通・暴力予防及び見回り保護・薬物やサイバー中毒の予防・災害・職業・応急処置）に従い、学校級別の安全教育関連情報とコンテンツを総合的に提供し、学校安全教育が体系的に行われるよう支援している。

また「学校安全事故予防及び補償に関する法律施行規則」２条１項に基づき７大安全教育を表１の通りに学校級別に区分し、計画・施行している。教職員は同法２条３号に従い３年以内に安全教育を15時間以上履修しなければならない。契約職員（３年未満）の安全教育は６カ月ごとに２時間以上履修しなければならず、同法２条５号に基づき、学校長は教育活動者の安全教育計画を樹立し、年間１回以上実施しなければならない（教育部 2016）。

近年、教育部は学校安全事故予防のために日常生活の多様な危険要因を認知し、危険な状況における対処能力を養う生徒の体験中心の教育を拡大し、教師の教授能力を高めるための研修を開発する計画を提示した。また、生徒自らが学校周辺の危険要素と改善方案を見つける「学校安全マッピング活動支援事業」を拡大していく予定である。

### 学校安全事故の概念と統計

学校安全事故とは、「教育活動の中で発生した事故で、生徒・教職員または教育活動参加者の生命、身体に被害を与えるすべての事故及び学校給食等、学校長の管理・監督に属する業務が直接の原因になり児童生徒・教職員または教育活動者に発生する傷害や疾病」を意味する（「**学校安全事故予防及び補償に関する法律**（以下、学校安全法）」２条６項）。ここで教育活動とは、「学校の教育課程または学校長が定める教育計画及び教育方針に従い、学校内外において学校長の管理・監督の下で行われる授業・特別活動・裁量活動・課外活動・修練活動・修学旅行等の現場体験活動または体育大会等の活動、登下校及び学校長が認める各種行事または大会等に参加して行う活動」を意味する（「学校安全法」２条４項）。表２の通り、学校安全事故件数は2015年から2019年までに毎年、初等学校、中学校、高等学校、幼稚園の順で多く発生している。安全事故は校内すべての場所で発生し得るが、初等・中・高等学校の場合、毎年、運動場での事故発生件数が最も多く、これは体育授業と関連している（教育部 2020）。事故の形態は学校規模や種類と関係なく、物理的露出、転倒、人との衝突、滑落、落下の順で多く発生している。

### 表1　学校種別の児童生徒安全教育時間及び回数

（単位：単位活動、時間）

| | 生活安全教育 | 交通安全教育 | 暴力予防身体保護教育 | 薬物及びサイバー中毒予防教育 | 災難安全教育 | 職業安全教育 | 応急処置教育 |
|---|---|---|---|---|---|---|---|
| 幼稚園 | 13 | 10 | 8 | 10 | 6 | 2 | 2 |
| 初等学校 | 12 | 11 | 8 | 10 | 6 | 2 | 2 |
| 中学校 | 10 | 10 | 10 | 10 | 6 | 3 | 2 |
| 高等学校 | 10 | 10 | 10 | 10 | 6 | 3 | 2 |
| 教育回数 | 1学期<br>2回以上 | 1学期<br>3回以上 | 1学期<br>2回以上 | 1学期<br>2回以上 | 1学期<br>2回以上 | 1学期<br>1回以上 | 1学期<br>1回以上 |

出典：ソウル特別市教育庁（2020）「2020年学校安全教育改革（案）」

### 表2　学校種別安全事故の場所及び事故形態

（単位：件）

| 年度 | 学校種 | 事故場所 | | | | | 事故形態 | | | | | | 全体 |
|---|---|---|---|---|---|---|---|---|---|---|---|---|---|
| | | 教室 | 運動場 | 通路 | 郊外活動 | 附属施設 | 人との衝突 | 物理的露出 | 転び | 滑り | 落下 | その他 | |
| 2019 | 幼 | 4,471 | 1,601 | 784 | 536 | 1,376 | 1,033 | 3,715 | 2,005 | 463 | 314 | 1,238 | 8,768 |
| | 初 | 10,988 | 16,496 | 10,649 | 1,905 | 13,735 | 7,513 | 21,116 | 14,828 | 4,148 | 2,753 | 3,415 | 53,773 |
| | 中 | 5,423 | 18,698 | 6,001 | 1,644 | 11,862 | 6,096 | 18,769 | 10,506 | 3,636 | 1,262 | 3,359 | 43,628 |
| | 高 | 3,290 | 13,664 | 3,118 | 1,589 | 10,041 | 4,637 | 10,972 | 8,442 | 3,533 | 1,050 | 3,068 | 31,702 |
| 2018 | 幼 | 3,926 | 1,211 | 713 | 445 | 1,189 | 917 | 3,172 | 1,751 | 416 | 217 | 1,011 | 7,484 |
| | 初 | 9,607 | 13,087 | 9,259 | 1,790 | 11,682 | 6,083 | 17,710 | 12,700 | 3,688 | 2,080 | 3,164 | 45,425 |
| | 中 | 5,030 | 15,984 | 5,472 | 1,622 | 10,698 | 5,382 | 16,248 | 9,581 | 3,418 | 1,097 | 3,080 | 38,806 |
| | 高 | 3,220 | 13,030 | 3,062 | 1,618 | 9,099 | 4,336 | 10,687 | 7,833 | 3,464 | 962 | 2,747 | 30,029 |
| 2017 | 幼 | 3,846 | 1,486 | 746 | 484 | 1,145 | 956 | 3,208 | 1,827 | 422 | 272 | 1,022 | 7,707 |
| | 初 | 8,305 | 13,618 | 8,327 | 1,703 | 9,708 | 5,298 | 16,243 | 11,907 | 3,383 | 2,191 | 2,639 | 41,661 |
| | 中 | 4,878 | 16,032 | 5,292 | 1,693 | 8,842 | 5,337 | 15,216 | 9,225 | 3,173 | 1,147 | 2,639 | 36,737 |
| | 高 | 3,187 | 13,635 | 3,188 | 1,742 | 8,017 | 4,380 | 10,337 | 7,992 | 3,396 | 1,025 | 2,639 | 29,769 |
| 2016 | 幼 | 3,813 | 1,494 | 737 | 502 | 1,064 | 842 | 3,261 | 1,818 | 401 | 269 | 1,028 | 7,619 |
| | 初 | 7,332 | 12,843 | 7,696 | 1,583 | 9,070 | 4,939 | 14,976 | 11,098 | 3,175 | 2,050 | 2,310 | 38,548 |
| | 中 | 4,473 | 17,306 | 5,440 | 1,594 | 8,319 | 5,495 | 15,165 | 9,743 | 3,185 | 1,049 | 2,522 | 37,159 |
| | 高 | 3,163 | 15,312 | 3,687 | 1,650 | 8,074 | 4,818 | 10,759 | 8,938 | 3,656 | 1,106 | 2,666 | 31,943 |
| 2015 | 幼 | 3,907 | 1,549 | 769 | 432 | 1,047 | 918 | 3,332 | 1,83 | 401 | 264 | 924 | 5,839 |
| | 初 | 7,065 | 13,450 | 7,468 | 1,518 | 8,477 | 4,656 | 14,919 | 10,870 | 3,224 | 2,169 | 2,173 | 38,011 |
| | 中 | 4,824 | 19,238 | 5,667 | 1,743 | 8,304 | 5,978 | 16,024 | 10,625 | 3,584 | 1,196 | 2,447 | 39,854 |
| | 高 | 3,117 | 17,149 | 3,676 | 1,844 | 7,834 | 5,362 | 11,650 | 9,104 | 3,745 | 1,138 | 2,705 | 33,704 |

出典：学校安全控除中央会統計資料（2015～2019）

## 学校安全事故の法的責任

学校安全事故に対する法的責任はより深い議論が必要であるが、簡単に検討すると、教員、児童生徒、保護者、学校の設置・経営者の責任に区分できる（ヤン・ヒサン等 2014）。教師の場合、民法755条２項に基づき児童生徒の管理責任を負うとみなされ、予測・予防が可能であると判断された事故について教師の職務上の怠慢が認められる（キム・サンチャン等 2010）。また、民法750条「故意または過失による違法行為で他人に損害を与えた者はその損害を賠償する責任を持つ」に従って教師が保護・監督と注意義務を怠っていたかを判断し、損害賠償責任を問うことができる。表３のレイルバイク事例は修学旅行の引率教師の児童生徒保護・監督義務違反に対する責任を認めた判例である。

安全事故の加害者が児童生徒の場合、民法750条に基づいて損害賠償をしなければならない。ただし、児童生徒が満14歳未満の場合、同法753条「未成年者が他人に損害を与えた場合、その行為の責任を問われる知能がない場合には賠償の責任を負わない」とみなし、同法755条により法定監督者や代理監督者が原則的に責任を負う（キム・サンチャン、チョ・デゥファン 2010）。父母は児童生徒の親権者として指導と家庭教育を怠った過失から同法750条に基づいて不法行為に対する責任がある。満14歳以上の児童生徒の場合も一般的に経済的能力がないとみなされ、子女の監督者として父母が責任を負担するよう民法では規定している（ヤン・ヒサン他 2014）。また、「国家賠償法」５条と民法758条に基づき、学校の設置経営者に学校の施設物の設置、管理及び所有者としての損害賠償責任を問うことができる（同上 2014）。

## 学校安全事故の対応

教育部は「学校安全法」28条に基づき児童生徒、教職員及び教育活動参加者の安全事故による被害を迅速かつ適正に補償するために学校安全事故控除事業を行っている。学校安全保険中央会は、教育部長官が2007年に設立した法人として、学校安全制度の改善、学校安全事故の予防事業、控除会の運営支援及び在外韓国人学校等の控除事業を展開している（学校安全保険中央会 2020）。学校安全事故による治療、障害、死亡等に対して図１のような手続きに従って補償（控除給与）を受けることができる。すなわち、学校安全事故が発生すると、学校は控除会に通知を出し、被害者の保護者や学校が控除給与を請求、関連書類を控除会に提出すると、14日以内に控除給与の支給可否が決定される。控除給与決定への不服時には再審査を請求することができる。また、学校安全保険中央会では学校安全事故被害児童生徒、教職員、教育活動参加者の配偶者や兄弟、家族に心理的安定と適応のための相談を支援している。

### 参考文献


・教育部（2016）『学校安全教育７大標準案　初等学校３～４学年用』教育部学校安全総括課
・キム・サンチャン、ゾ・デゥファン（2010）「学校安全事故による損害賠償責任の法理」『法と政策』16（1）、pp.19-44
・キム・テファン、カン・ギョンス、キム・テボク、ホン・ウンソン（2010）「学校安全事故予防事業の遂行方案に関する研究」学校安全保険中央会
・ソウル特別市教育庁（2020）「2020年学校安全教育計画（案）」ソウル特別市教育庁政策・安全企画課
・ヤン・ヒサン、ジョン・ムウォン、キム・グァングク（2014）『学校安全事故予防及び補償に関する法律解説書』学校安全保険中央会

**表３　学校安全事故関連判例**

| 法院 | 事件番号 | 判決要旨 |
|---|---|---|
| ソウル中央地方法院 | 2018ナ71368 | 野球授業を終えて帰り道に生徒Aが急に振ったバットに歩いていた生徒Bが当たり、歯が抜ける事故が発生した。生徒Aの父母が加入している日常生活賠償保険会社が生徒Bに賠償した後、野球監督に求償金を請求した。法院は授業終了後の解散した状況で起きた事故であり、野球監督の管理・監督の義務範囲に含まれないと判断し、損害賠償責任を認めなかった。（ソウル中央地方法院判決文；ゾ・ソクフン，2020，195より再引用） |
| | 2017ガダン5135023 | C高校の修学旅行でレイルバイク体験活動中に第1バイクが下り道で急に止まり、後ろの第2バイクが急停止しながら衝突、生徒Aがレイルの上に落下した。この場面を目撃した第3バイクが急停止したが、生徒Aと衝突し、障害が残った。事故に対してレイルバイク企業の保険会社が生徒Aに優先補償をし、学校設立者である＊＊広域市に求償金を請求した。これに対し、法院は引率教師たちが学校活動の一部である修学旅行中に生徒を事故より保護する義務を怠っていたと判断し、＊＊広域市は所属校務員の教師たちの職務上過失により被害者が負った損害を賠償する責任があるとみた。ただし、レイルバイク業者の安全教育と安全措置の不足等を考慮し、＊＊広域市の責任を30%にすると判示した。（ソウル中央地方法院判決文；ゾ・ソクフン，2020，202より再引用） |

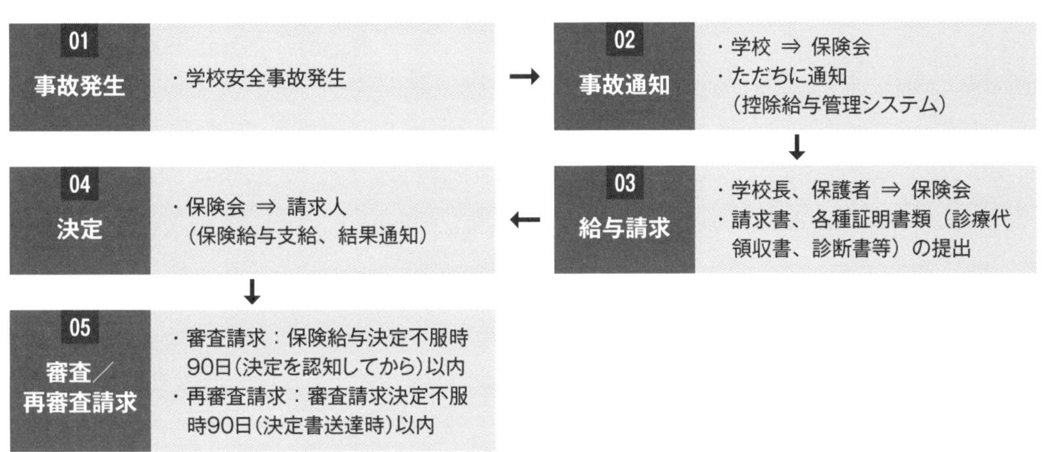


出典：学校安全保険中央会（2020）https://www.ssif.or.kr/safety/business

**図１　学校安全事故補償控除事業の業務処理手続き**

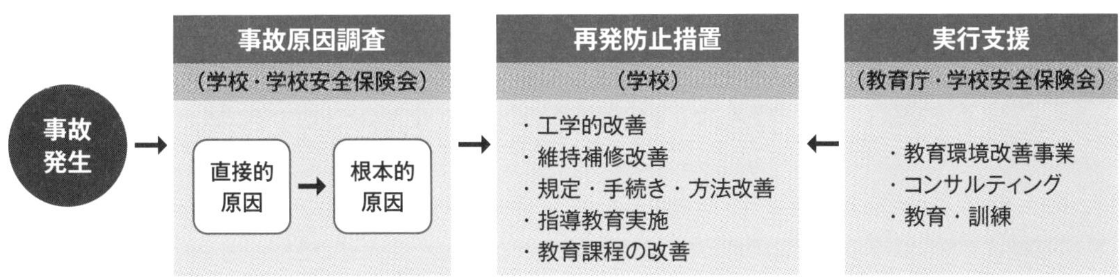


出典：教育部（2020）「学校安全事故管理支援改善方案」p.8

**図２　学校現場の自己原因調査及び再発防止措置の業務流れ**

（イン・ヒョヨン、イ・ジョンシン）

# 3 学校安全への対応
## ②ポストコロナ時代の学校をめぐる新たな課題

### はじめに

2020年２月からCOVID-19が韓国でも本格的に拡散し、４回の学校再開延期を経て４月より順次、オンライン開学が施行された。このような変化の中で、学校現場は遠隔授業の影響によって生じうる児童生徒間学習格差の防止、感染病及び心理的危機予防と対応、保育支援等、新たな課題に直面することになった。教育部と全国市道教育監協議会（2020）は、「**すべての生徒のための教育安全網強化方案**」を整備し、防疫、学習、保育安全網に関する教育部の所管部署を指定した（表１）。本章では、COVID-19以降、浮き彫りになっている学校の諸課題、とりわけ児童生徒心理支援（心理安全網）と学習支援（学習安全網）を中心に整理することとする。

### 心理支援の必要性と対応現状

COVID-19以降、児童生徒の心理支援、さらに教職員と保護者等、学校共同体構成員の心理支援に対する学校の役割がより重要になっている。感染病の流行と遠隔授業といった急激な変化は、不安、憂鬱、孤立感など、心理的な不安定をもたらしかねない（教育部・学生精神健康支援センター 2020）。実際に、COVID-19が急速に拡散した大邱地域の中高生たちは、COVID-19以前よりストレスや憂鬱、不安等をより多く経験したことが明らかになっている（大邱市教育庁 2020）。教育部は、このような心理的苦痛を予防し、治癒するために「感染病対応学校心理防疫案内書」を制作し、各学校に配布した。案内書には、感染病流行の心理的影響と学校の心理防疫の必要性、生徒、教師、保護者のための教育内容、陽性者発生の学校に対する応急心理支援方法、教師の自己管理等の内容を含んでいる（教育部・学生精神健康支援センター 2020）。

学校は、対面だけでなく、多様な非対面方式を活用し、児童生徒の危機水準と感染病拡散程度等による心理支援体系を構築する必要がある。教育部は、COVID-19発生以降、図１のような学校心理防疫体系を構築し、一般児童生徒、自己隔離者・陽性者、高齢者や基礎疾患を持つ人々など、対象によって異なる心理支援を実施している（教育部・全国市道教育監協議会 2020）。すべての児童生徒を対象とする相談及び生活指導等を通じて心理的危機の予防に努め、登校中止の期間中には、電話やオンラインを利用し、児童生徒たちの心理的健康状態を確認する。また必要に応じて、**Weeクラス**や**Weeセンター**の専門相談教師が非対面相談を実施した。

さらに、学級会議やクラブ活動等を非対面で運営し、児童生徒間コミュニケーションと参加が持続できるように促した。心理支援団とは、教育部・学生精神健康支援センターを中心に、約60名程度の精神科専門医で構成される心理相談ホットラインである。リスクの高い児童生徒、つまり自己隔離や陽性者児童生徒の中でもストレスが高い、または家庭の支持資源が脆弱な児童生徒、自殺の可能性がある児童生徒等に対しては、病院治療が必要な場合、心理支援団の専門医が非対面相談を行い、生命保険社会貢献財団基金を財源として薬物治療費を支援した。

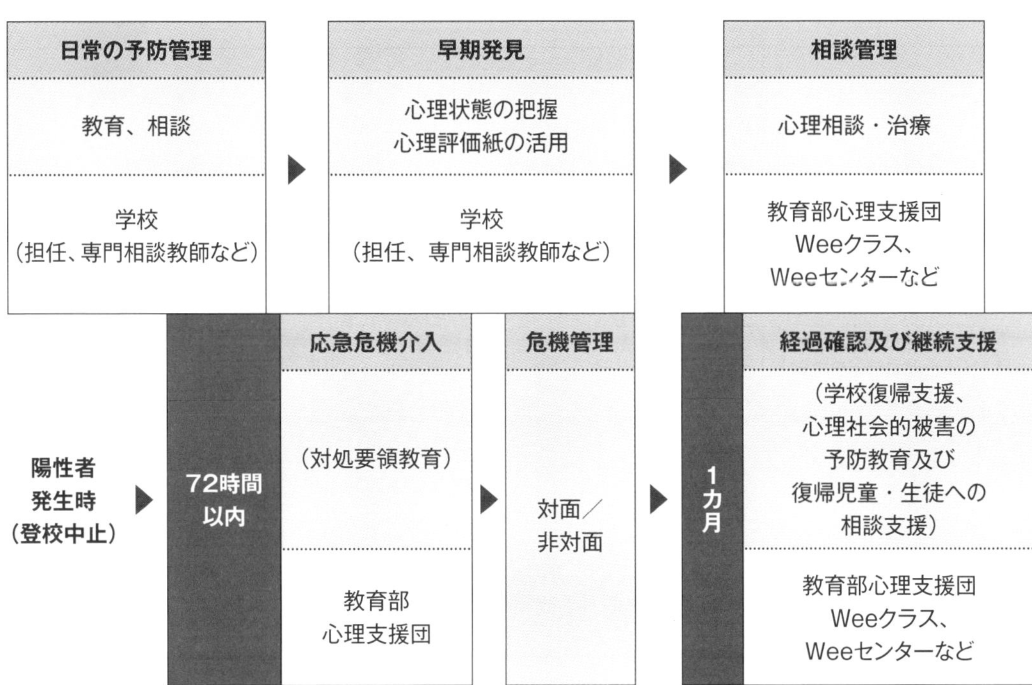


出典：教育部·全国市道教育監協議会（2020.8.11）、p.8

図１　学校心理防疫体制の強化

## 心理支援の今後の課題

教育部（2020.10.5.）は、児童生徒の心理・情緒支援のために各学校に配置される専門相談教師の定員を増やす方針である（2020年 2,508名→2025年 6,008名）。学校構成員に対する心理支援の役割を強化するためには、学校相談スタッフの量的増加だけではなく、予防教育から感染病等の危機発生時の段階別対応に至る学校の心理支援体系構築とその持続的な実行が必要である。

COVID-19以降の遠隔教育拡大とそれに伴う学校－家庭間協力の必要性の高まりに対し、学校の非対面相談体系と環境の構築、専門相談教師の非対面相談の力量強化、教師と保護者、児童生徒間の非対面コミュニケーションと協力体系の活性化等、ポストコロナ時代の教育環境に適合した変化が求められる。

## 学習支援の必要性と対応現状

児童生徒たちの学習権保障に対する懸念とこれに対する教育部・市道教育庁の対策整備が多面的に行われてきた。コロナ禍における教育の質維持・向上のために優先的デジタル格差事前予防に努めた。特に、低所得層の児童生徒を対象とするスマート機器、モバイルデータ支援を推進し、EBSオンラインクラスを安定化するとともにリアルタイムの双方向オンライン会議が可能となるよう、段階的に機能改善を推進した（教育部、全国市道教育監協議会 2020.8.11.）。初めて導入されたオンライン開学に備え、遠隔授業の運営を支援するために、教育部は「学校生活記録簿の作成及び管理指針」（教育部訓令）を改正し、「遠隔授業の出欠・評価・記録ガイドライン」を作成し、配布した。既存の遠隔授業における出欠・学籍・評価に対しては、具体的な処理基準が整備されていなかったが、コロナ禍に伴うオンライン開学に対応するため学校現場のニーズを反映しながら、全国共通の指針を作成し配布したのである。

これに基づいて各市道教育庁は、遠隔授業運営の細部指針を作成、各学校は教育部と教育庁の指針を学校の遠隔授業の運営計画に反映して実施した（教育部 2020.4.6.）。教育部は、遠隔授業の質向上のために「COVID-19予防と児童生徒ニーズ型支援のための遠隔授業運営手引き」を配布し、学校授業に活用できるように支援してきた。また、授業研究、教員研修及び支援サービスも強化した。遠隔授業による学習欠損及び学習格差解消のためのニーズ型支援の一環として、初等学校１～２学年を対象に、AIを適用した修学プログラムを普及させ、エデュテック・メンタリング事業を新設し、脆弱階層の児童生徒の学習を支援し、教育庁単位で設置されている学習総合クリニックを通じた学習指導も実施した。教育脆弱階層ニーズ型支援のために、障害をもつ児童生徒のオンライン学習ルームを設置し、視覚・聴覚障害、肢体障害、発達障害の児童生徒のための授業を支援し、多文化児童生徒には、韓国語遠隔授業の映像資料を３カ国語で提供するとともに小グループ指導を行った。

## 学習支援の今後の課題

教育部はCOVID-19以降にも、オン・オフライン教育を活性化させるための支援及び管理方案を整備する計画を発表した。遠隔授業、登校－遠隔授業を並行する際に、児童生徒・教師間のコミュニケーション強化のためにEBSオンラインクラスに双方向授業サービスを提供し、「**遠隔教育基本法**」の制定を推進、教育現場の改善を促進する計画である。教員の遠隔授業力量を高めるために、教員養成の大学に未来教育センターを拡大し、各種教員研修に遠隔授業の内容を反映するなど、具体的な計画を提示した。遠隔授業インフラの持続的な拡充のために学校教室内GIGA級の無線網の構築、教員の授業資料制作のためのプラットフォームの提供、国立大学に共有型デジタル装備及び高速電子網の拡充、大学遠隔教育支援センターを通じて自力的な基盤が足りない大学までも支援する計画を発表した（教育部 2021.1.26.）。ポストコロナ時代の未来教育の課題は、第一に、持続的なインフラ安定化をもとに多様な授業環境に能動的に対応することのできる教員の力量開発支援、第二に、個別化されたニーズ型学習を提供することができるプラットフォーム及びサービスの開発、第三に、学校級、教科目、学習者類型による新たな技術、環境に活用可能な教授学習方法の研究、最後に、変化する教授学習形態に適合した学習環境の研究及び改善のための体系的・総合的な努力と支援が求められる。

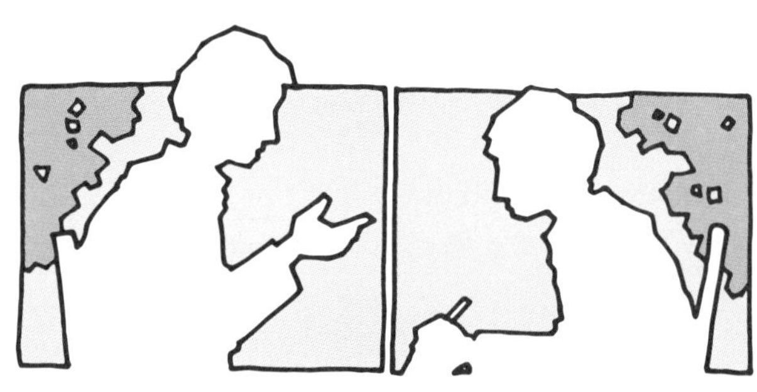

### 表１　３大教育安全網強化法案　教育部所管部署

| 領域 | 推進課題 | 方案 | 所管部署 |
|---|---|---|---|
| 防疫安全網 | ・防疫体系補完及び持続的な防疫支援<br>・学校心理防疫体制の強化 | 学校防疫、心理防疫 | 児童生徒健康政策課 |
| | | 学園防疫 | 平生学習政策課 |
| | | 防疫人力支援 | 放課後保育政策課 |
| | | 自己診断アプリ | 教育情報化課 |
| | | 児童生徒相談 | 学校生活文化課 |
| 学習安全網 | ・AI等で個別ニーズに応じた支援<br>・学校授業の質向上<br>・デジタル格差の予防<br>・教育脆弱階層の支援 | 教育課程総括<br>AI英語 | 教育課程政策課 |
| | | 登校授業等 | 教授学習評価課 |
| | | AI数学・国語<br>オンライン教科書 | 教科書政策課 |
| | | 高校生支援 | 高校教育革新課 |
| | | 基礎学力向上<br>多文化教育<br>学業中断危機児童生徒 | 教育機会保障課 |
| | | 幼児教育 | 幼児教育政策課 |
| | | 特殊教育 | 特殊教育政策課 |
| | | エデュ・テクメンタリング<br>遠隔インフラ | コロナ19対応遠隔教育<br>インフラ構築課 |
| | | 著作権改善<br>公共プラットフォーム | e-learning課 |
| | | 教員自律研修 | 教員養成研修課 |
| 保育安全網 | ・保育サービス拡大及び質向上<br>・児童生徒安全の強化 | 自治体－学校協力 | 終日保育体制現場支援団 |
| | | 幼・初等 保育 | 幼児教育政策課<br>放課後保育政策課 |
| | | 児童虐待防止 | 教育福祉政策課 |
| | | 登下校安全 | 学校安全総括課 |
| | | 学校施設改善 | 教育施設課 |
| | | 災害被害の最小化 | 教育施設課<br>学校安全総括課 |

### 資料１　学校生活記録作成及び管理指針（教育部訓令）

**【学校生活記録作成及び管理指針（教育部訓令）［別表８］（出欠状況管理など）】**

４．所属学校で実施した遠隔授業（情報通信媒体を利用した授業）受講児童生徒の処理

ア．**学校長**が教育上の必要に応じて所属児童生徒を対象に教科（目）及び創意的体験活動内容の一部又は全部を「初・中等教育法施行令」第48条第４項の**遠隔授業**で実施した場合、**学籍、出欠及び評価等の処理方法**は**教育部長官が定める範囲内で教育監が決める。**

（イン・ヒョヨン、イム・ダミ）

MEMO

# 第3部
# 中国編

# 近年の環境変化による学校の現在

## 社会経済的環境の変化による学校の現在

中国は1978年に「改革開放」政策が実施され、40年以上にわたって顕著な経済的発展を果たしてきた。しかし、不平等な富の分配ゆえに、都市—農村間、そして都市における内部格差により所得格差が広がった。所得格差による教育機会および教育の質の格差が顕在化するなか、質の高い教育を受ける機会の平等が求められ、それは21世紀初期の中国の義務教育改革の中心になった。**教育格差の是正**を目的にした、全国的に最も大きな影響を及ぼした義務教育の学校に関する改革は次の三点である。

### （1）農村における「撤点併校」（少人数学校の撤廃・合弁）の実施及び中止

20世紀90年代から「一村一校」を目指して小中学校が農村に広く設置され、農村における義務教育が普及した。しかし、都市移住による農村人口の減少や農村—都市間の経済格差の拡大に伴い、（児童）生徒数の減少や教育財政の困難が生じ、教育環境の劣化や教師の質保証などの課題が浮き彫りになった。それら農村における義務教育が直面した課題を解決するために、2001年に国務院が『基礎教育改革及び発展に関する決定』[1]を発表した。これにより、教育資源分配の最適化の原則に基づいて、農村の義務教育改革が行われた。その結果、既存の小規模の小中学校及び教学点（学校の規模に至らない教育を行う場）が撤廃・合弁され、（児童）生徒を最寄りの都市部の学校へと通わせることになった。2000－2011の10年間に全国の農村の小学校数は半減、中学校数は四分の三となった[2]。改革の結果、農村から通学するための交通費や下宿などによる親の経済的負担が増加し、都市部の学校では生徒数増加などの問題が生じた。2012年に国務院が『農村義務教育学校布局調整に関する意見』[3]を発表し、実質的に「撤点併校」政策は中止されたが、農村における小中学校数の減少は止まらない状況になっている[4]。

### （2）都市における「民辦学校」（民営学校）の発展[5]

2003年に『中華人民共和国民辦教育促進法』が実施されて以来、義務教育段階では「民辦学校」が公立学校の補助として位置づけられ、2003－2018の15年間に民営小学校数は8.9%、在校生は221.8%、民営中学校数は49.6%、在校生は148%の増加となった[6]。全国的にみると民営学校は少数であるが（2018年現在、民営小学校数は全国の小学校数の3.82%、民営中学校数は全国の中学校数の10.5%）、異なる背景と目的で民営学校は３つの地域で特に発展してきた。それらは３類型できる（表１）。

### （3）「集団化辦学」（学校集団化）の展開

都市—農村の間、そして都市内部の教育格差が顕在化するなか、質の高い義務教育をより多くの生徒に施すため、学校集団化という学校の組織的取り組みが、20世紀90年代に杭州市で始まり、その後全国にも展開した。この取り組みは、都市にある質的に優れた学校がリーダー校となり、教育資源が不足する同都市あるいは近郊の農村の学校とグループを組んで行われる。組織の再編と資源の再配置により、グループ全校が共に教育の質を上げることが目的とされている。集団化の形式

**表１　民営学校が特に発展した地域と民営学校の役割**

| 地域類型 | 民営学校の役割 | 代表例 |
|---|---|---|
| 経済が発展した省 | 経済の発展に伴い国内各地からの移住者増加により、政府が提供する公立学校での教育には限界が見られた。そのため、民営学校は多くの国内移民に義務教育を提供する役目を果たしている。また、経済が発展した地域は民営経済も盛んであり、教育を経営する資金と意欲を持つ企業家もいる。 | 広東省 |
| 人口が多い省 | 就学年齢の学生数が多く、政府が提供できる公立の学校教育には限界があるため、民営学校は義務教育の重要な柱となる。 | 河南省 |
| 教育資源が豊かな省 | 教育資源が集中し、公立学校と民営学校の競争が激しい。多くの民営学校は淘汰されるが、公立学校を抜いて競争に生き残った民営学校があり、「公退民進」の現象が起きている。 | 上海、浙江省 |

出典：呉晶・郅庭瑾（2020）「促進義務教育階段民辦学校與公辦學校協同發展：現狀分析與對策建議」『人民教育』9、pp.30-31により筆者作成。

**表２　学校集団化の形式**

| 集団化の形式 | | 特徴 | 例 |
|---|---|---|---|
| 構成校 | 同層同質型 | 集団内の学校は同じ教育段階である。 | 成都市青羊区は石室聯合中学、樹徳実験中学、青羊実験中学の三校がリーダー校である中等教育集団を立ち上げ、全区の中等教育を引っ張る。 |
| | 異層異質型 | 集団内の学校は異なる教育段階の学校である。 | 上海市黄浦格致教育集団は高校一校、中学校二校、囲碁学校一校、小学校一校、合わせて五つの学校で構成される。 |
| | 混合型 | 集団内は学校以外に社会団体もある。 | 北京市豊台区方荘教育集群はリーダー校である北京市第十八中学（校）と、高校、中学校、小学校、幼稚園、塾など計27の教育機関で構成される。 |
| 運営方式 | 一体型 | 単一法人により集団化され、リーダー校が主体になり、ほかのグループ校に校長が配置される。教育理念と運営制度は集団内に統一される。 | 北京市史家教育集団はリーダー校である史家小学校と小学校五校、小中一貫校一校が構成される。史家小学校の教育理念のもとで、各校は各自の特色をもっており、学校の財政、人事、教務、総務は集団の管理委員会が統一的に運営し、管理委員は法人校長、書記、ほかのグループ校校長が共同で担当。 |
| | 協力型 | リーダー校は教育理念、管理体制と人的資源をほかのグループ校に提供し、ほかのグループ校は人事、財政などにおいて自主権がある。 | 杭州市安吉路教育集団では安吉路実験学校は景成実験学校に人的資源とブランドを提供し、景成実験学校は独立法人で、独立で学校を運営する。 |
| | 混合型 | 一体型と協力型の混合 | 成都市成華区双林教育集団に属する双林小学校南北キャンパスと樹徳小学校は一つの法人でハード・ソフト両資源を共有する。一方、集団内の双慶小学校、北新実験小学校、龍潭小学校とは教育理念、運営方式、学校ブランドのみを統一し、その他はそれぞれ独立して運営する。 |

出典：範勇・田漢族（2017）「基礎教育集団化辦学熱的冷思考～基于成本與風險視角」『教育科学研究』6、p.33により筆者作成。

は構成校と運営方式によってそれぞれ三つに分けられる（表2）。

## 政治的環境の（不）変化による学校の現在

中国は1978年の「改革開放」政策により社会経済的に大きく変化した一方、1949年に政権を獲得した中国共産党が政治的支配を維持し続けている。2018年に開催した全国教育大会で確認されたように、教育は依然として「社会主義の建設者と後継者の育成」のためであると位置づけられている[(7)]。21世紀初期の中国において、**政治的イデオロギー**である社会主義の継承を教育の目的にすることは変わらないが、その目的を果たすためのアプローチには三つの特徴が見られる。

一つ目は政治的イデオロギーの法による推進。1990年代に「依法治国」（法により国を治める）を謳い始めた共産党政権は1990年代から2000年代にかけて一連の教育に関する全国的法律を制定・改正した：教師法（1993年制定）、教育法（1995年制定）、職業教育法（1996年制定）、高等教育法（1998年制定）、民営教育促進法（2002年制定）、義務教育法（1986年制定、2006年改正）。それらの法律の共通点は、社会主義の建設者と後継者を育成することが明記されたことにより、政治的イデオロギーが法に変身し、法の名目で推進されることになったことである。また、2004年に教育部（文部科学省相当）により公布された『中小学生守則』の第一条は祖国、人民、中国共産党を熱愛することが明記されている。

二つ目は政治的イデオロギーの統制の強化。2012年以降中国は指導者の交代によって政治的イデオロギーの統制がよりいっそう強化された[(8)]。義務教育は義務教育法に定められている「教科書審定制度」により出版社が国家課程標準（学習指導要領相当）に基づいて出版し、教育部が審査・認定した教科書が使用される。地域によって使用される教科書が異なることがある。しかし、2012年に政治的イデオロギーに直接的に関わる小中学校の「国語」、「歴史」、「道徳と法治」の三科目の教科書は教育部が排他的に作成、教育部所属の人民教育出版社が出版し、唯一の教科書として全国で使用することが決定した。その統一された教科書は2017年に小中学校の第一学年、2019年から全ての学年で使用されることになった。

三つ目は社会主義プロパガンダへ民主主義的用語の使用。2012年に開催した中国共産党第18回全国代表大会で「社会主義核心価値観」が発表された（表3）。その中に、1989年の天安門事件以来、公式な場では積極的に言及されてこなかった「自由」と「民主」という言葉が明言されている。これらの民主主義的用語を社会主義のプロパガンダに起用し、国家社会主義的に再解釈することで、民主主義側の言説に対抗し、民主主義との区別を曖昧にする目的があると考えられる。2014年に教育部が「社会主義核心価値観」を小中学校に推進させる方針を発表し、「社会主義核心価値観」が小中学校の道徳教育の一部となった。しかし、「社会主義核心価値観」を反映する目的で2015年に改訂された最新版の『中小学生守則』には、「自由」と「民主」の単語は含まれていない。政治的プロパガンダと学校現場の教育目的の間にズレがあると見られる（表4）。

**表3 「社会主義核心価値観」**

| | |
|---|---|
| **国家レベル** | 富強、民主、文明、和諧 |
| **社会レベル** | 自由、平等、公正、法治 |
| **市民レベル** | 愛国、敬業、誠信、友善 |

表４　『中小学生守則』（最新版、2015年改訂）

| | |
|---|---|
| 1 | 党を愛し、国を愛し、人民を愛すること。共産党の歴史と国情を理解すること、国家の名誉を重んじること、祖国を愛すること、人民を愛すること、中国共産党を愛すること。（愛党愛国愛人民。了解党史国情、珍視国家栄誉、熱愛祖国、熱愛人民、熱愛中国共産党。） |
| 2 | 積極的に学ぶこと。しっかり授業を聞くこと、積極的に発表すること、楽しく科学を探究すること、読書の習慣を身に付けること。（好学多問肯鑽研。上課専心聴講、積極発表見解、楽于科学探索、養成閲読習慣。） |
| 3 | 献身的によく働くこと。自分のことは自分ですること、家事は積極的に分担すること、労働実習に参加すること、ボランティアをすること。（勤労篤行楽奉献。自己事自己做、主動分担家務、参与労働実践、熱心志願服務。） |
| 4 | 法律を守り美徳を語ること。国の法律と校則を守ること、礼儀正しく列に並ぶこと、公共美化に努めること、公共のものを大切にすること。（明礼守法講美徳。遵守国法校紀、自覚礼譲排隊、保持公共衛生、愛護公共財物。） |
| 5 | 親孝行をし、教師を敬い、他者へ優しさを持って接すること。親と教師を敬うこと、集団を愛し同級生を助けること、批判を謙虚に受け入れること、協力し合うことを学ぶこと。（孝親尊師待人。孝父母敬師長、愛集体助同学、虚心接受批評、学会合作共処。） |
| 6 | 正直で信頼できる人であること。言葉と行動を一致させること、嘘をついたり誤魔化したりしないこと、借りたものは約束通りに返すこと、間違いに気付いたら改めること。（誠実守信有担当。保持言行一致、不説謊不作弊、借東西及時還、做到知錯就改。） |
| 7 | 自分を律して健康でいること。運動を続けること、楽観的で陽気でいること、タバコを吸わずお酒を飲まないこと、インターネットの使い方に注意すること。（自強自律健身心。堅持鍛錬身体、楽観開朗向上、不吸煙不喝酒、文明緑色上網。） |
| 8 | 命を大切に安全に過ごすこと。赤信号では止まり、青信号で進むこと、水没に注意し火遊びはしないこと、自分を守り助けを求める方法を知っていること、決して薬物に近づかないこと。（珍愛生命保安全。紅燈停緑燈行、防溺水不玩火、会自護懂求救、堅決遠離毒品。） |
| 9 | 節約に努めること。食べ物や着るものなどに執着しない、花や木を大切にすること、資源を無駄にしないこと、$CO_2$を減らし環境に優しく暮らすこと。（勤倹節約護家園。不比吃喝穿戴、愛惜花草樹木、節糧節水節電、低炭環保生活。） |

筆者訳。

## 註

（１）原語：关于基础教育改革与发展的决定

（２）楊東平（2012）『農村教育布局調整十年評価報告』21世紀教育研究院

（３）原語：关于规范农村义务教育学校布局调整的意见

（４）趙黎（2020）「"後撤点併校"時代農村義務教育発展困境与思考」『社会治理』45、pp. 51-59

（５）民営学校は事実上私立学校と同じだが、中国は名義上まだ社会主義であるため、公立学校以外の学校は「民営学校」と統一されている。大塚豊（2002）「中国：学校設置形態の多元化と公立学校」『比較教育学研究』28、p. 46を参照

（６）呉晶・郅庭瑾（2020）「促進義務教育階段民辦学校與公辦學校協同發展：現狀分析與對策建議」『人民教育』9、pp. 29-32

（７）新華網「習近平：堅持中国特色社会主義教育発展道路 培養徳智体美労全面発展的社會主義建設者和接接班人」2018年９月10日（最終閲覧日：2020年８月24日）http://www.xinhuanet.com/politics/leaders/2018-09/10/c_1123408400.htm

（８）Brown, K. & Bērziņa-Čerenkova, U. A. (2018) Ideology in the Era of Xi Jinping. *Journal of Chinese Political Science*, 23, pp.323-339

（陳　思聡）

# 2 子どもの生活変化を踏まえた諸課題（少子化、教育費、いじめ、不登校、貧困）

## 少子化

1979年から、中国は人口抑制策として「一人っ子政策」を実施してきた。しかし、少子高齢化が進み、2016年に「二人っ子政策」に政策転換した。ところが、これの効果はあまりなかった。出生率の低下は著しく、2019年の合計特殊出生率は、日本の1.36に対して、中国は1.30である。新生児数をみても、2019年が約1,465万人だったのに対して、2020年には約1,004万人に低下した。そこで、2021年には１組の夫婦に３人目の出産を認めることにした。しかし、「二人っ子政策」に転換して以降も、少子高齢化に歯止めがかかっておらず、それほどの効果は期待できない。

## 教育費

出生率が伸びない大きな理由は、養育費・教育費の高騰がある。中国では「一人っ子政策」の影響もあって「子ども市場」が荒れている。一人の子どもに対して、両親、二組の祖父母がお金を使う、いわゆる「６つのポケット」がその背景にある。そのうえ、教育費は諸外国に比べてかなり高額である。子どもが18歳になるまでに平均100万元（ほぼ1,600万円）かかるといわれている。家計に占める教育費の負担率は小学生が10.4％、中学生15.2％、高校生は26.7％になる（北京大学の調査による）。参考までに、一般の公立幼稚園でも学費は月2,000～7,000元（３～10万円）になる。

## いじめ

ごく最近の調査結果（謝・魏2019）を紹介すると、「言葉」31.5％、「身体的」20.6％、「人間関係」19.6％、「インターネット」4.3％といった具合である。男子、中学校、農村部の学校、成績下位者ほどいじめの対象になりやすい。ただ、中国の場合は、日本のような陰湿な「集団による弱者いじめ」といった状況はない。その背景として、子どもたちの学校生活はきわめて多忙であり、他人に関わっている暇はないという現実がある。かなり厳しい学歴社会であり、試験、試験の連続である。また、宿題の量も驚くほど多く、親が手伝っても深夜までかかるほどである。

## 不登校

中国には、日本で使用される意味での不登校という概念はない。無断欠席は退学になる。不登校の状態で学校に在籍することは実際的にありえない。それよりも、「厭学」（勉強嫌い）、「逃学」（さぼる）、「退学」、「失学」（貧困などによって学校にいけない）ということが問題にされている。むろん、欠席願望（学校忌避感）をもつ割合は少なくない。都市部の中学生の54.3％が、そういった意識を持ちながらも登校しているという結果もある（翟、2006）。また、出稼ぎで帯同してきた子どもが、戸籍がないために公立学校に通えないといった現実もないわけではない。

## 貧困

経済成長によって貧富の差が際立ってきた。貧困に関連する教育問題は、特に不就学、中途退学である。小学校への就学率は、限りなく100％に近いが、その教育維持率は92.3％（2014年）である。つまり、入学しても就学を継続できない子どもたちがいるということである。また、中国の戸籍制度とも関連するが、親の出稼ぎで家族が分断され、農村に残された「留守児童」の問題がある。これも、貧困と教育に密接に関わる問題である。

**表１　中国の総人口・出生人口（2011年～2020年）**

〈単位：万人〉

| 年度 | 総人口 | 出生人口 | 年度 | 総人口 | 出生人口 |
|---|---|---|---|---|---|
| 2011 | 134,735 | 1,604 | 2016 | 138,271 | 1,786 |
| 2012 | 135,404 | 1,635 | 2017 | 139,008 | 1,723 |
| 2013 | 136,072 | 1,640 | 2018 | 139,538 | 1,523 |
| 2014 | 136,782 | 1,687 | 2019 | 140,005 | 1,465 |
| 2015 | 137,462 | 1,655 | 2020 | 141,178 | 1,004 |

出典：中国国家統計局

**表２　中国における子育て費用の内訳**

| 時期 | 費用（概算） | 内容 |
|---|---|---|
| 出産費用 | 9,500元（約18万円） | 各種検査費用、サプリメントなどの栄養食品、マタニティ服、病院経費などを含めた総額 |
| ３歳までの養育費 | 37,800元（約72万円） | 粉ミルク、おむつ、衣服など月1,500元で計算、その他、玩具や知育用品などを含めた総額 |
| 幼稚園の学費 | 46,800元（約90万円） | 幼稚園の月謝が最低1,000元、給食費が月200元、その他の雑費が月100元として計算 |
| 小学校の学費 | 63,200元（約120万円） | 義務教育といっても学校選択制（学区に関係なく希望する学校を選択する）を利用すれば手続き費用が掛かる。これは２万元として計算。子どもに持たせる携帯電話の通話料、スクールバス、学童保育などで年間2,000元、衣服など生活の雑費が月600元として計算 |
| 中学校の学費 | 40,000元（約77万円） | 学校選択制を利用した場合の手続き費用は２～５万元程度。公立校なら３年で3,000元ほどの雑費。給食費・補習受講費などは３年で6,000元。電子辞書、パソコンなど学習用品が数千元。 |
| 高校の学費 | 50,000元（約96万円） | 公立校なら学費は学期あたり1,200～1,500元。雑費は３年間で5,000～6,000元。大学受験のために学習塾に通うケースも多いが、３年間で１万元以上かかることもある。学習用品などは、中学生以上にかかる。 |
| 大学の学費 | 70,000元（約134万円） | 学費は４年で２万元程度。雑費や仕送りで月1,000元。帰省旅費などで5,000～6,000元（中国の大学は基本的に全寮制）。大学院進学や留学を考えるなら、さらに10～80万元かかる。 |

出典：Record China 2015.11.6

**表３　中国におけるいじめの実態（調査結果）**

| 年度 | 学校段階 | 形式 | 被害 | 加害 | 両方 | 無関係 |
|---|---|---|---|---|---|---|
| 2002 | 小学生<br>中学生 | 実際 | 21.4%<br>9.9% | 4.0%<br>1.1% | 1.1%<br>0.9% | 73.5%<br>88.1% |
| 2005 | 小学生 | 実際 | | 27.5% | | |
| 2006 | 小中学生 | 実際 | 2.6% | 3.8% | 7.5% | 89.1% |
| 2009 | 小学生 | 実際 | ずっといじめ　6.6%<br>途中で止まる　24.1%<br>途中からいじめ　17.8% | | | 51.6% |
| 2014 | 中学生 | ネット | 38.9% | | | |

出典：魯敏慧・井上真理子・近藤龍彰「日本と中国におけるいじめ研究の比較」（『富山大学人間発達科学部紀要』第15巻第1号）、2020年。

**註**

（1）謝 家樹・魏 宇民（2019）当代中国青少年校園欺 凌被害模式探索：基潜在剖面分析．心理発展与教育，35, pp. 95-102

（2）翟宇華（2006）「中国都市部中学生の学校忌避感を抑制する要因に関する研究」教育心理学研究、第54巻、第２号、2006、pp. 233-242

（秦　政春）

# 今日的教育政策の動向と展開（政財界の動き、審議会・答申、教育時事）

「21世紀に向けた教育振興行動計画」(1)によると、21世紀中国の教育政策は義務教育の普及と質の向上、農村・貧困地域に対する教育支援政策の推進、高等教育の教育研究の水準の向上、教育投資の確実な拡大などに重点を置いている。

## 国家教育投資の拡大

教育への支出は国家の長期的発展を支える基盤であり、教育発展の保障でもある。1993年に公布された「中国教育改革と発展綱要」(2)において、国家財政的**教育経費**が国民総生産（GNP）の４％を占めるようにするという目標を設定し、その後、2005年の「農村義務教育経費保障制度の改革を深化する通知」(3)、2010年の「国家中長期教育改革及び発展計画綱要（2010－2020）」(4)においても教育への財政支出を増額させることと表明している。2017年、国務院が公表した「教育体制機制改革の深化に関する意見」(5)においても、国内総生産（GDP）に占める国家財政的教育経費への支出比率が４％は下回らないことを保障すると強調している。

「全国教育経費執行状況統計速報」(6)によれば、国家財政の教育経費の投入は2012年から年々拡大し、国内総生産に対する国家財政的教育経費が７年連続で４％を超えた。そのうち、2018年の国家財政的教育経費は３兆6995億元に達し、GDPに占める割合も４％以上を保っている。2012年から2018年まで７年間の累計投入額は20兆を突破し、1952年から2011年までの60年間の合計を上回り、新中国成立以降、教育への財政投入の最も多い７年間となった。

教育における改革、政策措置を行うに伴い、教育に対する国の投資が拡大し、教育水準の引き上げ、人材育成、民族素質の向上といったことに貢献してきたと言える。

## 義務教育格差の軽減

中国において、義務教育はほぼ普及し、質的にも確実に発展してきた。「2019年全国教育事業発展統計広報」(7)の公表数値によると、同年義務教育段階の教育機関数21.26万校、在学者数1.54億人であり、**義務教育の強固率**(8)（中卒者数対該当学年の小学校入学者数の比率）は94.8％であることが分かる。そればかりか、専任教師の学歴、学級編成、教学設備の配置などから教育条件も向上したと見られる。しかし、地域間、都市農村間、また学校間の**教育格差**という教育の公平化課題がまだ残されている。これは教育経費の投入額、学校運営の条件、教育の質などに表れている。

地域間、都市農村間経済発展の不均衡による教育格差の解消に向けた教育制度や財政上の保障が不可欠である。2005年「農村義務教育経費保障制度の改革を深化する通知」では、学費の免除・教科書の無償配布・貧困寄宿生への補助、農村公用経費投入の増加、農村校舎安全の確保、農村教員給与の保障という４つの面に言及し、さらに10年後、2015年の「都市農村義務教育経費保障制度を一層改善する通知」(9)では、都市・農村の公用経費基準の統一を強調し、農村地域への重点的な支援、義務教育の均衡的発展を目指し制度的保障を提供している。こうして、都市農村間の教育格差が次第に縮小し、義務教育の公益性のレベルが向上しつつあると言ってもよい。

一方、「義務教育法」（1986年）は９条では「地

資料１　国家財政的教育経費と国内総生産（時系列）

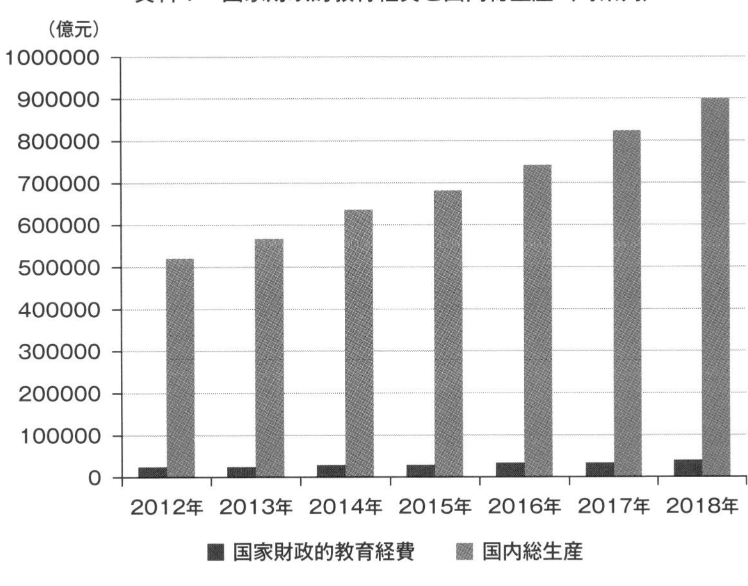




**コラム　国家財政的教育経費対国内総生産**

「全国教育経費執行状況統計速報」（原文：全国教育经费执行情况统计公告）によれば、国家財政教育投入は2012年から年々拡大し、国内総生産に対する国家財政的教育経費が７年連続で４％を超えた。そのうち、2018年の国家財政的教育経費は３兆6995億元に達し、GDPに占める割合も４％以上を保っている。2012年から2018年まで７年間の累計投入額は20兆を突破し、1952年から2011年までの60年間の合計を上回り、新中国成立以降、財政投入の最も多い７年間となった。

表１　211プロジェクト、985プロジェクト、双一流の比較

| | 211プロジェクト | 985プロジェクト | 双一流 |
|---|---|---|---|
| 実施開始 | 1995 | 1999 | 2017 |
| 規模 | 100校程度 | 39校 | 一流大学数：42校<br>一流学科構築大学数：95校<br>（2017年発表　五年ごとに再選抜必要） |
| 目標 | 優秀な人材を育成するとともに、国家経済建設及び社会発展を一層推進する。教育・研究レベルが国内先進レベルに達し、国際的影響力を持つようになる。 | 重点的に支援することで、世界の先進水準に向けて一流の大学を作る。2020年前後世界の一流大学と国際的な知名度をもった高いレベルの研究型の大学を創立する。 | 「211プロジェクト」と「985プロジェクト」に続く高等教育発展の計画である。21世紀半ばごろ世界の一流レベルの高等教育機関を有する高等教育強国を築き上げることを目標とする。 |

方各レベルの人民政府は、合理的に小学校及び中級学校を設置し、学齢児童・生徒を『就近入学』をさせなければならない」と定め、公立小中学校の入学には**通学区域制度**を実施し、同学区地域に戸籍のある児童に限って、学校に入学できるということを法制化した。その後、新「義務教育法」(2006) の第22条において、「小学校・中学校では『重点校』と『普通校』、『重点クラス』と『普通クラス』を区分することを禁止する」と規定され、学校間の差別化を解消した。それにもかかわらず、学校運営条件、教育の質、学校の特色などによる学校間の教育格差が存在しているため、自分の子を進学に有利なレベルの高い学校に入らせようとする**学校選択**ブームが問題となり、それに伴い、大都市の**学区住宅**の価格は暴騰する傾向を見せている。「教育体制機制改革の深化に関する意見」(10) (2017) では、義務教育のバランスが良く、質の高い発展のために、教育体制と仕組みを充実させ、学区化管理を試行し、学校の集団化を模索し、委託管理、学校連携、九年一貫校など多様な形式を採用することが提起され、義務教育段階の格差の軽減や教育を受ける機会の平等が期待されている。

## 高等教育の重点化戦略

1990年代に入ってから、中国の高等教育は、高等教育機関の収容力を拡大するほか、高等教育機関数の量的拡充として、民間資金を吸収した民営高等教育機関を次々に開設するようになった。そういう高等教育機関への進学規模が急速に拡大するに従い、高等教育の質を保障することが急務となった。中国は「科学と教育による国家振興」戦略を背景に、高等教育の水準を向上させるため、世界一流を目指す高等教育機関の改革を推進している。代表的な高等教育政策として、「**211プロジェクト**」(1993年)、「**985プロジェクト**」(1998年)、「**双一流**」(2015) が挙げられる。

「211プロジェクト」は21世紀へ向けて100校の重点大学と重点学科を作るという施策であり、選出された学校が政府から特別な資金援助を獲得でき、重点的に支援されるのである。

「985プロジェクト」は「211プロジェクト」の中で限られた重点大学を重点的に投資していくということを趣旨としたプログラムであり、世界の先進水準に向けて一流の大学を作るということを目指すのである。これは「211プロジェクト」の枠組みから、一層厳選された中国高等教育の高レベルな代表校を作り出すことができる。

新たな改革政策として2015年に「世界一流大学と世界一流学科の統括推進総体企画」において「双一流」(世界一流大学・一流学科) の構築が提起された。これは21世紀半ばまでに高等教育強国を築き上げることを目標とし、「211プロジェクト」と「985プロジェクト」の延長と言える。2017年、教育部、財政部、国家発展改革委員会は、42校が一流大学に、465学科が一流学科に選ばれたことを発表した。

そのうち、一流大学がA類、B類の二種類に区分され、それぞれ36校、6校となった。この二種類の区別としては、大学がすべて985プロジェクトに属していたA類と比べ、B類のほうが非985プロジェクトの大学も入っているため、レベルがやや低いということである。これは差別するのではなく、大学間の差を直視し、成長のために発展、改革を加速する大学の積極性と自主性が求められることを目標・目的とするのであろう。また、「双一流」はローリング方式で、5年に一度見直され、入れ替わりがあり、動的に調整されることで、大学間の競争を促進し、各大学の研究レベルの向上が目指される。

### 参考文献


・日暮トモ子 (2016)「中国における教育政策の展開とその研究動向」『日本教育政策学会年報』第23号
・張英楠 (2019)「我国政府预算支出中的教育投入情况分析」『商情』第11号

**表２「一流大学」構成（42校）**

| | | |
|---|---|---|
| A類 | 985プロジェクト属 | 清華大学、北京大学、中国人民大学、北京航空航天大学、北京師範大学、北京理工大学、中国農業大学、中央民族大学（北京８校）<br>復旦大学、上海交通大学、同済大学、華東師範大学（上海４校）<br>天津大学、南開大学（天津２校）<br>南京大学、東南大学（江蘇省２校）<br>四川大学、電子科技大学（四川省２校）<br>山東大学、中国海洋大学（山東省２校）<br>中山大学、華南理工大学（広東省２校）<br>武漢大学、華中科技大学（湖北省２校）<br>西安交通大学、西北工業大学（陝西省２校）<br>中南大学、国防科学技術大学（湖南省２校）<br>浙江大学　中国科学技術大学<br>四川大学　吉林大学<br>ハルビン工業大学　厦門大学<br>大連理工大学　重慶大学<br>蘭州大学 |
| B類 | 985プロジェクト属 | 東北大学、湖南大学、西北農林科技大学 |
| | 非985プロジェクト | 鄭州大学、雲南大学、新疆大学 |

**コラム　学校選択を題材とした人気ドラマから考える**

2015年に、学校選択を題材としたドラマ「虎ママ、猫パパ」（原文：虎妈猫爸）が上映された。子どもの教育には環境を整えることが大事であることを意識し、三度転居することにした「孟母三遷」の孟子の母と同様に、主人公の夫婦二人は、娘が教育のスタートラインで負けず、優良な小学校に入学できるように、一般のマンションよりかなり高い額でその通学区域にある住宅を購入した。良好な教育資源の供給不足、学校間の教育格差などによる学校選択の現状を生き生きと表現しているこのドラマには、中国の親たちが共感しているのであろう。それを解消するには、教育全般の質の向上、教育資源配置の改善、教育条件の均一化、就学の公平性の強化などが求められる。

**註**

（１）原語：面向21世纪教育振兴行动计划
（２）原語：中国教育改革和发展纲要
（３）原語：关于深化农村义务教育经费保障机制改革的通知
（４）原語：国家中长期教育改革和发展规划纲要（2010－2020年）
（５）原語：关于深化教育体制机制改革的意见
（６）原語：全国教育经费执行情况统计快报
（７）原語：2019年全国教育事业发展统计公报
（８）原語：义务教育巩固率　中国で義務教育の実施状況を説明するのによく用いられる概念である。仮に義務教育の強固率は94.8％だとすれば、小学校に入学した生徒は、100名のうち、９年後94.8名中学校を卒業できることである）
（９）原語：进一步完善城乡义务教育经费保障机制的通知
（10）原語：关于深化教育体制机制改革的意见

（楊　暁興）

# 1 中国の公教育（学校教育）原理及び理念（歴史）

## 国家富強化手段としての国民教育（学校教育）

いま我々が「学校教育」と呼ぶものは、18世紀末から19世紀までの国民国家形成期に西欧で打ち立てられた近代公教育の原理を直接受け継ぐものである。当時、激しい国家間競争の渦中にあり、国力の強さは国民の総合力に求められ、国民教化（共通の言語（国語）を話し、読み書きし、愛国心をもった壮健な大人に育てること）の必要性が認識され、それゆえ各国が相前後して学校教育を移入・転移した。中国清末期の為政者も、日清戦争の敗戦や義和団事件などにより弱まった支配体制を補強するため、西洋の近代公教育を移入しようとした。それが1904年に明治日本の学制をモデルとして策定された、いわゆる中国の近代教育制度**「奏定学堂章程」**である。

## 公教育（学校教育）の理念

しかしながら、中国清末期の近代公教育の採用は決して伝統的な教育理念としての儒学倫理を否認したわけではなかった。1906年に発布された「教育宗旨」（表1を参照）には、形成されるべき理想的人間像を「忠君、尊孔、尚公、尚武、尚実」の五つの徳目に集約し、「忠君、尊孔」は精神、「尚公、尚武、尚実」は実用学とされた。

辛亥革命の成功により1911年10月に民主、共和の中華民国が成立した。こうした政治制度の根本的変革が、教育面にも大きな変化をもたらした。民国教育の基本路線を設定したのは、初代教育総長**蔡元培**（以下、蔡）である。蔡の提案に基づいた民国初年の教育宗旨が「道徳教育を重視し、実利主義、軍国民教育を以て之れを輔け、更に美感教育を以てその道徳を完成す」（表1を参照）となった。蔡の宗旨説明によれば、清末の忠君は共和政体に合わず、尊孔は信仰の自由に違反している。要するに、蔡は教育目的・内容における儒教主義的色彩を払拭し、自由・平等の公理を民国の新教育方針とした。しかし、革命の成果は袁世凱に代表する北洋軍閥によって奪取され、民国初年の教育改革の精神は有名無実化され、さらには「尊孔」「尚孟」の儒学主義的道徳、すなわち復古的教育が打ち出された。

袁世凱の没落後も依然として北洋軍閥の専制支配、地方軍閥の分立抗争という政治的・社会的混乱が続くが、五四新文化運動が代表するような民主主義思想も高まっていく。こうした中、デューイが説く「教育即生活」、「学校即社会」というプラグマティズム教育思想が教育界に急速な浸透を見せ、やがて教育の制度や内容にも強く反映される。1919年4月教育部が招集した教育調査会は、旧来の教育宗旨がデモクラシーの思想に合致しないとして、「健全なる人格を養成し、もって共和精神を発展させる」（表1を参照）ことを教育宗旨とし、平民主義を発揮して人々に共和精神を知らせ、公民の自治習慣を養成すべきことを建議した。1922年9月教育部はそれを手がかりとして学制会議を招集し、11月に「学校系統改革案」を発布した。それが**「壬戌学制」**である。

その後、全国の統一を実現した南京国民政府は、国民党の独裁体制を固めようとするため**三民主義**教育を推進し、教育宗旨を「三民主義を基とし、人民の生活を充実し、社会生存を扶植して国民の生計を発展せしめ、民族の普遍化、民生の発展を期し、もって世界の大同団結を促進する」（表1

を参照）と決定した。三民主義教育を通しての国家再建を求めた。

1949年10月に中華人民共和国が成立した。その時の非識字者の割合は８割以上ともいわれており、**社会主義**を浸透させるためにも、教育の普及は最重要課題の一つであった。同年９月に策定された臨時憲法の性格をもつ**「中国人民政治協商会議共同綱領」**（以下、「共同綱領」）には「中華人民共和国の文化教育事業は、新民主主義的すなわち民族的・科学的・大衆的文化教育である。人民政府の文化教育事業は、人民の文化水準を高め、国家建設の人材を育成し、封建的・買弁的・ファシスト的な思想を一掃し、人民に奉仕する思想を発展させることを主要任務とすべきである」と規定されている。中華人民共和国が成立すると、社会主義教育体系の建設が進められた。その教育建設方針は「旧解放区新教育経験を基礎とし、旧教育の有用な経験を吸収し、ソ連の経験を借りて、新民主主義を建設する」ことであった。しかし、全面的に外国の制度を移植したことで、当時の中国の実情に合わない部分が多く、加えてその後にソ連との関係が悪化したこともあって、次第に独自の社会主義国家づくりへの取り組みが始まる。その動きと並行して、中国に適した社会主義教育も模索されていくこととなる。

## 公教育（学校教育）の義務制

近代公教育を構成する原理は、国家システムに統制されることだけでなく、就学が義務づけられていることも一つの特徴である。清末政府も学制を公布した４年後の1907年に**「学部咨行各省強迫教育章程」**（表１を参照）を発布し、その中で７歳からの児童の就学督促、及び未就学児童の父兄に対する罰則規定を設けた。また、義務教育を普及するために、西洋諸国は無償制が不可欠と考えられていた。しかし、この時期の清朝政府は相次ぐ敗戦で諸外国への賠償を抱えていたため、その資金がなかった。そのため、学堂経費は住民任せとなり、様々な名目の新税をかけたり、校舎用に寺廟を没収したりしたため、各地で暴動が起こり、普及は一部の特権階層の子弟に限られた。

民国成立以後も、義務教育重視の考え方はそのまま受け継がれた。初代教育総長蔡は、1912年の臨時教育会議において義務教育の普及を提唱し、６歳で入学する初等小学の４年間を義務教育と規定していた。ただし教育部が義務教育実施のための具体的措置をとるのは1915年に頒布した**「義務教育施行程序」**（表１を参照）が最初であった。1919年教育部は改めて**「分期籌弁義務教育年限及進行程序」**（表１を参照）を発布し、各省に対して期限を区切って義務教育の実施を図るよう督励した。しかし、軍閥間の抗争、内乱の続発という状況のもとでは、これらの義務教育の実施は計画に留まり進展しなかった。義務教育計画が再び取り上げられたのは、南京政府が全国の統一を実現した時である。国民政府が三民主義による教育の再編を目指し、そのための最重点項目の一つに国民教育の振興が取り上げられた。1928年第一次全国教育会議は「義務教育励行案」（表１を参照）を通過させた。それは「中央及び各省県に義務教育委員会を設け、義務教育を促進した。各省市はそれぞれ義務教育進行計画を作成し、1929年からは失学児童を二年間に20％ずつ減らすようにする」というものであった。翌年の第二次全国教育会議は「改進全国教育方案」を議決、「義務教育励行案」を実施に移すための具体的な方案として**「実施義務教育計画」**を策定して、20年間で全国一律に四年制義務教育を実現することを企図した。1933年以降も義務教育の実施施行方法大綱等を公布して義務教育の実施に積極的に取り組んだ。しかし戦争・内戦などによる混乱の中では効果が上がらず、結局、1949年の中華人民共和国成立時点で、初等教育における学齢児童の就学率は20％程度であった。

1949年、中華人民共和国成立に先立ち開かれた第１期中華人民政治協商会議で「共同綱領」が発表され、「計画を立てて段階的に教育を普及すること」が明示された。これは新国家の建設における教育の重要性を訴えたものである。1951年教育部が、1952年～1967年の間に学齢児童就学率を全国平均80％まで引き上げ、1952年から10年以内に小学教育を普及させることを明確な目標としていた。しかし、当初は遅れた農業国を進んだ社会主義の工業国に変えていくため、中級・高級技術者等、ハイタレントの育成が重視され、教育の広汎な普及よりも公立学校の質の充実に重点が置かれ、義務教育の実施は見送られていた。1956年１月の**「1956～1967年全国農業発展綱要（試案）」**には、「1956年から、各地の状況に応じて、７年あるいは12年の内に小学校義務教育を普及させる」と規定されたが、その後に具体性を持った計画が出されることはなく、この義務教育実施プランは半年後に取り消された。1960年代になると、「義務教育の思想と制度はブルジョアジーのもの」と批判し、「社会主義の全民教育」を目標とするようになった。無論その後この「全民教育」も理念上の問題で批判された。義務教育を実施しようとする動きは1980年代まで特に大きくなることはなかった。

以上みてきたように、清末期以降中国の支配層は国を富強するため、学校教育の全国的な普及が不可欠であることを認識していた。そこで日本や欧米の制度を模倣し、義務教育の導入を図った。しかし、義務教育の導入は資金不足、国内事情との不整合、戦争・内戦による混乱などにより成功できず、その実現が共和国成立後の1985年５月に出された**「教育体制改革に関する決定」**を待つしかなかった。

**表1　中国の近代教育制度年表**

| 年月日 | 学制名称 | 教育宗旨 | 義務教育 |
|---|---|---|---|
| 1902年 | 壬寅学制（欽定学堂章程） | なし | なし |
| 1904年 | 癸卯学制（奏定学堂章程） | 忠君・尊孔・尚公・尚武・尚実 | 学部咨行各省強迫教育章程 |
| 1912年 | 壬子癸丑学制 | 注重道徳教育、以実利教育、軍国民教育輔之、更以美感教育完成其道徳 | |
| 1915年 | | 愛国・尚武・崇実・法孔孟・重自治・戒貪争・戒躁進 | 義務教育施行程序 |
| 1922年 | 壬戌学制（六三三学制） | 養成健全人格、発展共和精神（平民主義） | 分期籌弁義務教育年限及進行程序 |
| 1928年 | 戊辰学制（六三三制） | 中華民国之教育、根据三民主義、以充実人民生活、扶植社会生存、発展国民生計、延続民族生命為目的、務期民族独立、民権普遍、民生発展、以促進世界大同。（三民主義） | 義務教育励行案（実施義務教育計画） |

出典：筆者作成

**参考文献**

- 舒新城（2012）『近代中国教育史料』中国人民大学出版社
- 阿部洋（1993）『中国近代学校史研究―清末における近代学校制度の成立過程』福村出版
- 楠山研（2010）『現在中国初中等教育の多様化と制度改革』東信堂
- 陳青之（1963）『中国教育史』影印版
- 丁致聘（1935）『中国近七十年来教育記事』
- 中華民国行政院教育部（1948）『中国教育年鑑〈第1－3次〉』

（董　秋艶）

# 公教育を成立させる教育関係法規の構造（憲法、教育法令、法体系）

## 中華人民共和国憲法

中国の最高法規は「**中華人民共和国憲法**」である。同法は前文、第１章「総則」（１～32条）、第２章「公民の基本的権利及び義務」（33～56条）、第３章「国家機構」（57～135条）、第４章「国旗、国歌、国章及び首都」（136～138条）の138か条で構成される。その５条では「すべての法律、行政法規及び地方法規は、この憲法に抵触してはならない」と他の法規に対する優越性を確認している。

教育に関する主な規定として、教育施設の設置を定める19条、教育の権利、義務等を定める45、46条がある。19条では「国家は、各種の学校を開設して、初等義務教育を普及させ、中等教育、職業教育及び高等教育を発展させ、かつ、就学前の教育を発展させる」、「国家は、各種の教育施設を拡充して、識字率を高め、労働者、農民、国家公務員その他の勤労者に、政治、文化、科学、技術及び業務についての教育を行い、自学自習して有用な人材になることを奨励する」としている。また、45条では「国家及び社会は、盲聾唖その他身体障害のある公民の仕事、生活及び教育について按排し、援助する」と障害者への支援を、46条では「中華人民共和国公民は、教育を受ける権利及び義務を有する」と権利及び義務を規定している。

## 国及び地方の教育法令

国の最高法規たる憲法を頂点に、教育法令は国と地方が定めるものに分けられる（図１）。法形式で見た場合、国の法令には、全国人民代表大会、同常務委員会が制定する「**法律**」、国務院が制定する「**行政法規**」（条例、決定、規定、弁法など）、国務院各部･委員会が制定する「**部門規章**」（規程、規則、弁法、規定など）がある（表１）。法律の中でも特に上位に位置づくのが、後述する**中華人民共和国教育法**である。また、地方の法令として、地方人民代表大会、同常務委員会の制定する「**地方性法規**」（条例、弁法、規定、決定など）、自治区・州・県の人民代表大会の制定する「**自治条例**」「**単行条例**」（条例、弁法、規定、決定など）、地方人民政府の定める「**地方政府規章**」（弁法、決定、規定など）がある（表２）。なお、これらの法規の方向性を定めるものとして中国共産党の決定、綱要、指示などがあり（近年のものとして例えば2010年「国家中長期教育改革及び発展計画綱要（2010～2020）」、2019年「中国教育現代化2035」）、これらは上記の法律等を超えた国家的規範として位置づいている（篠原 2001, p.40）。

## 民族の自治権

中国では憲法上少数民族の一定の自治権が認められている（第三章 国家機構、第六節 民族自治地域の自治機関）。法令の制定に関しても、上述の自治条例、単行条例のほか、憲法115条（「自治区、自治州及び自治県の自治機関は（中略）地方国家機関の職権を行使するとともに、この憲法、民族区域自治法その他の法律の定める権限に基づいて自治権を行使し、その地域の実際の状況に即して国家の法律及び政策を貫徹する」）により、自治機関自ら地方性法規、地方政府規章を定めることができる。教育に関しても自治機関による一定の自治が認められており、第119条では「民族自治地域の自治機関は、その地域の教育、科学、文化、医療衛生及び体育の各事業を自主的に管理し、民

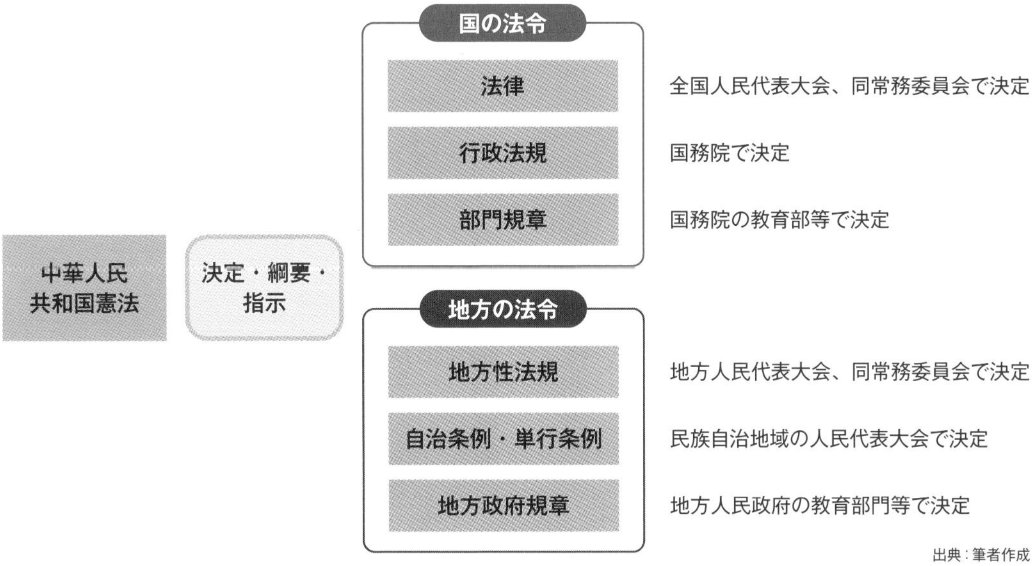

出典：筆者作成

図１　法形式からみた中国の法令の法体系



表１　国の法令の根拠規定

| | | |
|---|---|---|
| 法律 | 憲法62条<br>憲法67条 | 全国人民代表大会は、次の職権を行使する。（一、二略）<br>三　刑事、民事、国家機構その他に関する基本的法律を制定し、及びこれを改正すること。<br>全国人民代表大会常務委員会は、次の職権を行使する。（一、二略）<br>三　全国人民代表大会が制定すべき法律以外の法律を制定し、及びこれを改正すること。 |
| 行政法規 | 憲法89条 | 国務院は、次の職権を行使する。<br>一　この憲法及び法律に基づいて、行政上の措置を定め、行政法規を制定し、並びに決定及び命令を発布すること。 |
| 部門規章 | 憲法90条 | 各部及び各委員会は、法律並びに国務院の行政法規、決定及び命令に基づき、その部門の権限内で命令、指示及び規程を発布する。 |

出典：筆者作成

表２　地方の法令の根拠規定

| | | |
|---|---|---|
| 地方性法規 | 憲法99条<br>憲法100条 | 地方各級人民代表大会は、その行政区域内において、この憲法、法律及び行政法規の遵守及び執行を保障し、法律の定める権限に基づいて、決議を採択・発布し、地方の経済建設、文化建設及び公共事業建設についての計画を審査し、決定する。<br>省及び直轄市の人民代表大会並びにその常務委員会は、この憲法、法律及び行政法規に抵触しないことを前提として、地方性法規を制定することができる。地方性法規は、これを全国人民代表大会常務委員会に報告して記録にとどめなければならない。 |
| 自治条例<br>単行条例 | 憲法116条 | 民族自治地域の人民代表大会は、その地域の民族の自治、経済及び文化の特徴にあわせて、自治条例及び単行条例を制定する権限を有する。自治区の自治条例及び単行条例は、全国人民代表大会常務委員会に報告して、その承認を得た後に効力を生ずる。自治州及び自治県の自治条例及び単行条例は、省又は自治区の人民代表大会常務委員会に報告して、その承認を得た後に効力を生じ、かつ、これを全国人民代表大会常務委員会に報告して記録にとどめる。 |
| 地方政府<br>規則 | 憲法107条 | 県級以上の地方各級人民政府は、法律の定める権限に基づいて、その行政区域内における経済、教育、科学、文化、衛生、体育及び都市・農村建設の各事業並びに財政、民政、公安、民族事務、司法行政、監察、計画出産その他の行政活動を管理し、決定及び命令を発布し、行政職員の任免、研修、考課及び賞罰を行う。 |

出典：筆者作成

族的文化遺産を保護し、及び整理し、並びに民族文化を発展させ、及び繁栄させる」とされている。

## 法内容からみた教育法令

教育法令を内容別に見るとおおまかに８つに分類でき、その分類ごとに代表的な法律、行政法規、部門規章を加えて示したのが図２である。

図で分かる通り、「中華人民共和国義務教育法」や「中華人民共和国教師法」のようにその実施にあたりより細かな規定を要する法律の場合、条例や実施細則が定められることになる。

一方、「掃除文盲工作条例」のように根拠法を直接憲法（図中赤色の網掛け）とする行政法規や、「学校体育工作条例」のように法文上明確な根拠法を示していない行政法規も存在する。また、教育法、義務教育法、高等教育法のように複数の分類に跨る法律もある。さらに、行政法規によらず教育法その他の複数の法律を直接の根拠法としている部門規章もある（図中えんじ色の網掛け）。このように中国の教育法は複雑な体系となっている。

## 中華人民共和国教育法

図２の法律のなかでも教育の根本を定める法として重要な地位を占めるのが1995年制定の**中華人民共和国教育法**である。2009年、2015年、2021年の改正を経て、現在全10章（①総則、②教育基本制度、③学校及びその他教育機構、④教師及びその他教育工作者、⑤受教育者、⑥教育と社会、⑦教育投入と条件保障、⑧教育対外交流と合作、⑨法律責任、⑩附則）、86か条で構成されている。この法律は「教育事業を発展させ、全民族の資質を向上させ、社会主義物質文明及び精神文明の建設を促進する」（１条）ことを目的としており、法律としての位置づけは日本の教育基本法に近いが、その内容はより具体的で各領域の個別法に立ち入るレベルとなっている。例えば法の第５章では教育を受ける者の権利、義務を規定しているが、「学校が下した処分に不服の場合関係機関に申し立てを行い、学校や教員が人身や財産などの合法的な権益を侵犯した場合申し立て又は法により訴訟を行う」（43条（４））というように、権利保障の態様をより具体的に記している。また、「公財政支出教育費が国民総生産に占める比率を国民経済の発展及び財政収入の増加に伴って次第に高めていかなければならない」（55条）というように、教育財政に関わる規定も行っているのが特徴である。

## 中華人民共和国義務教育法

義務教育に関して重要な役割を果たしているのが**中華人民共和国義務教育法**である。この法律は教育法に先んじて1986年に18か条の構成で制定され、その後2006年に全８章（①総則、②学生、③学校、④教師、⑤教育教学、⑥経費保障、⑦法律責任、⑧附則）、63か条と大幅に改正された。なお、その後も2015年、2018年に若干の改正がなされている。

この法律では「国家は九年制義務教育を実施する」とともに、「学費、雑費を徴収しない」（２条）と無償性を規定している。また、「すべての中華人民共和国の国籍のある学齢児童、生徒は性別、民族、人種、家庭財産状況、宗教信仰等によらず法により平等に義務教育を受ける権利を享有するとともに義務教育の義務を履行する」（４条）と権利、義務を規定している。

ところで、2006年の改正では、国務院や県級以上の地方人民政府が農村地区や民族自治区の義務教育実施を保障すること（６条）や、父母の労働等のため戸籍のない地にいる児童、生徒が義務教育を受けられるよう地方人民政府が条件を整えること（12条）が規定された。これらは教育における平等の実現が一大課題となっている中国の現状を反映したものと言えよう。

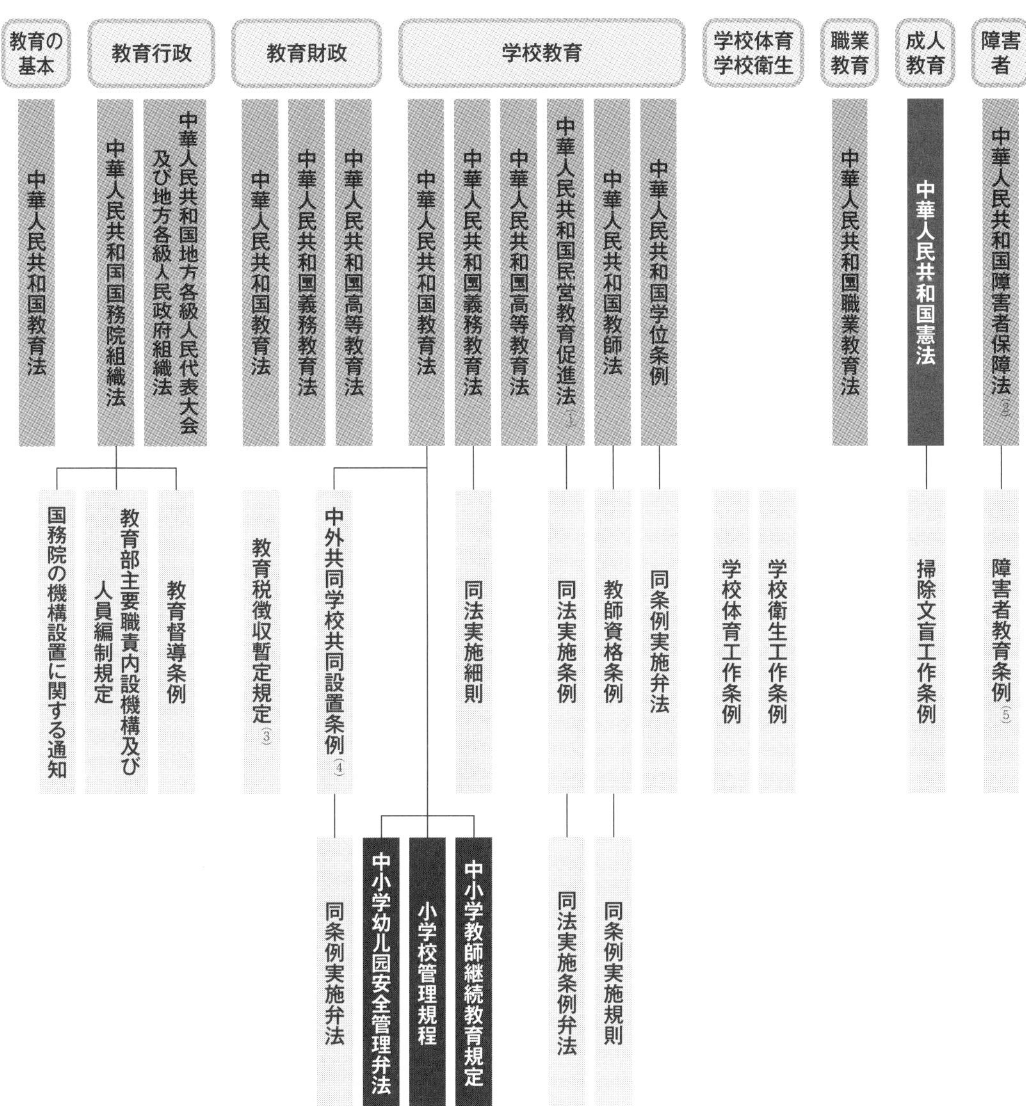


出典：中国教育部の政策法規ウェブサイト（URL:http://www.moe.gov.cn/jyb_sjzl/sjzl_zcfg/moe_418/）（2021年7月16日確認）を参照して筆者作成

**図２　法内容からみた中国の教育法令の法体系**

### 註

（1）原語：中华人民共和国民办教育促进法.
（2）原語：中华人民共和国残疾人保障法.
（3）原語：征收教育费附加的暂行规定.
（4）原語：中外合作办学条例.
（5）原語：残疾人教育条例.

### 参考文献

・篠原清昭（2001）『中華人民共和国教育法に関する研究―現代中国の教育改革と法』九州大学出版会，p.40

（雪丸武彦）

# 教育制度を支える教育行政の理念と仕組み

## ①中央教育行政のしくみ ―教育行政体制改革と中央教育行政機関

### 教育行政体制の変遷

1949年中華人民共和国建国から70年代までは、社会主義と**計画経済体制**の下、**教育行政体制**は五つの段階を経た。第一段階～第五段階のそれぞれは、①1949年～1957年の集中統一教育行政体制、②1958年～1962年の地方分権を主とする教育行政体制、③1963年～文化大革命前の「統一指導、分級管理」教育行政体制、④文化大革命期間の破壊された教育行政体制、⑤文化大革命終息～1984年の再建された教育行政体制である(1)。中央政府の権力集中による弊害が露呈し（第一段階）、また地方活性化のため、地方分権が進められた（第二段階）。しかし、中央の監督不行き届きや法制度の不備などで、地方の作った高等教育機関が大量に増え、質の低下を招き、国民経済にダメージを与えた。地方分権は失敗に終わり、権限が再び中央に集中した（第三～第五段階）。この時期の教育行政体制は**中央集権型**であり、教育管理、資源配分、意思決定、実行などの権限がすべて中央に集中し、計画性と統一性を強調した計画経済体制に適応したものであった(2)。80年代に入ると、中国は計画経済体制から**市場経済体制**へ突入し、政治経済体制の激変に伴い、それまでの中央集権型教育行政体制の変革が求められた。初等中等教育段階では、地方責任、国有企業・社会団体・個人による学校の設置運営、**校長責任制度**が進められ、高等教育段階では、高等教育機関の経営自主権の拡大が推奨された。90年代に入ると、初等中等教育の地方責任、校長責任制度などがさらに整備され、高等教育をめぐる中央と地方の関係の修正がなされた。2000年以降、初等教育の分級管理、特に県を中心とする管理体制と保障の仕組みを明確にした。高等教育機関の管理権限を省級政府へと拡大し、中央政府と省級政府の二級管理、省級政府を中心とする体制が作られた（表1）。このように、中央政府が権限を地方へ譲ることに伴い、地方や学校が責任を負う形となった(3)。

### 現行の教育行政体制

現在、中国の行政システムは中央、省（自治区、直轄市）、市（地区、自治州）、県（県級市、区）、郷（鎮）の5ランクから構成されている。その5ランクに対応して、**教育行政機関**が設置されている（図1）。地方各級教育行政組織の設置は上級人民政府の承認によるものである(4)。また、中央政府が制定した教育方針、政策、法令等、中央政府の指示に従うことは地方教育行政の責務である。なお、教育改革の方針・政策等を審議するために、また教育政策の進行状況を調査・研究・評価するために、2010年に公表された「**国家中長期教育改革・発展計画綱要2010年～2020年**」(5)によって、**国家教育体制改革指導グループ**と**国家教育諮問委員会**の二つの政府諮問機関の設置が決定された。一方、上記の「綱要」は教育行政体制改革の方向性を示した。それは、中央と地方各級人民政府の**分級管理**、**責任分担**の原則の下、公共教育サービス水準を高めるため、政府権限の委譲をさらに進めることである。例えば、中央政府の指導・管理の下、地方の教育事業に関しては、省級政府の統括・管理機能を強化する。また、各級政府の教育管理機能の転換を図り、学校等への直接管理を改め、不必要な行政の関与を減少させることで学校等への権限を譲ることである。

表１　教育行政体制改革

| 年代 | 関連制度等 | 内容 |
|---|---|---|
| 1980年代 | 中国共産党中央委員会「中共中央関於教育体制改革的決定」(1985年)<br>「中華人民共和国義務教育法」(1986年)<br>国務院「高等教育管理職責暫行規定」、「普通高等学校設置暫行条例」(1986年) | ・初等中等教育において、国務院の指導の下、地方責任、分級管理の体制で実施。郷の財政収入を教育に用い、地方が教育費付加を徴収することが可能に。国有企業、社会団体、個人による学校の設置管理を推奨し、学校では校長責任制度を実施。<br>・高等教育において、高等教育機関の経営等の自主権を拡大し、各級政府による高等教育機関の管理責任と権限を調整。<br>・高等教育機関に関して、各級政府の管理責任と権限を明確に。 |
| 1990年代 | 中国共産党中央委員会、国務院「中国教育改革和発展綱要」(1993年) | ・初等中等教育において、学校の分級設置と分級管理体制をさらに整備し、中等教育以下の学校では、校長責任制度を実施。<br>・高等教育において、政府と高等教育機関、中央と地方の関係を見直し、政府のマクロ管理、大学等に経営自主権などを与える体制を作る。 |
| 2000年代 | 中国共産党中央委員会、国務院「中共中央国務院関於深化教育改革、全面推進素質教育的決定」(1999年)<br>「中華人民共和国義務教育法」(2006年修訂) | ・初等中等教育において、分級管理をさらに明確にし、県を中心とする管理体制と教育予算、経費投入の保障体制を作る。<br>・高等教育において、省級政府の管理権限の拡大、中央政府と省級政府の二級管理、省級政府を主とする体制をつくる。教育予算の拡大等、各級政府が教育予算の大幅な増加を確保。 |

出典：龍耀(2013)『行政権力三辺界論－基於中国教育行政化問題的実証研究』広西人民出版社、pp.117-119をもとに筆者が作成。

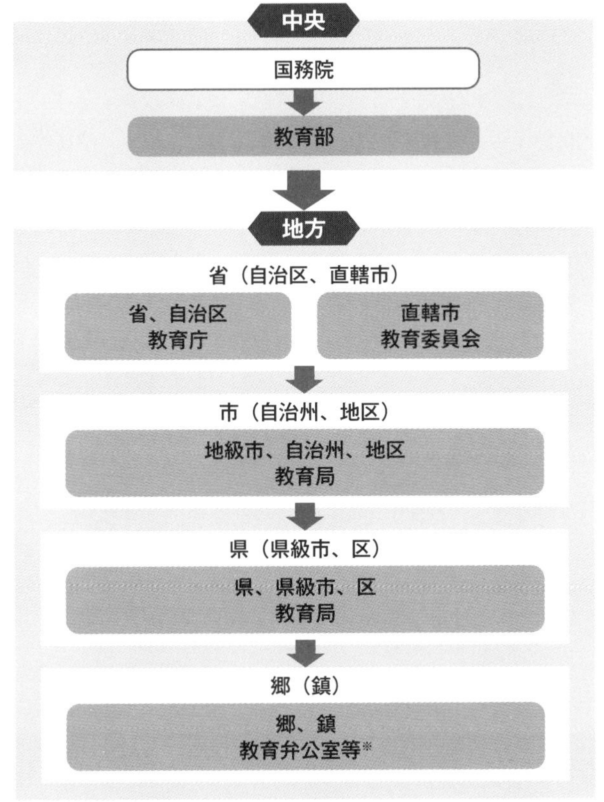


※教育弁公室等は教育事務室や、郷鎮文化教育班、郷鎮中心学校などを指す。

出典：蒲蕊編著(2008)『教育行政学』中国人民大学出版社、pp.142-151に基づき、筆者が作成。

図１　現行の教育行政システム

第3部　中国編

## 中央教育行政機関－教育部

「国務院教育行政部門が全国の教育関係業務を主に管理し、全国教育事業を統括・計画・調整・管理する」(6)。ここでいう「国務院教育行政部門」(中央教育行政機関）は**教育部**である。教育部は国務院組織の26部門の中で、外交部、国防部、国家発展・改革委員会の次の第四番目に位置づけられている(7)。教育部は中国共産党中央委員会や国務院の方針に従って、国レベルの教育政策等を制定し、地方教育行政部門へ伝達、指導、監督等を行う。教育部は弁公庁（事務庁）(8)をはじめとする27下部組織によって構成される(図２)。また、教育部が管轄する直属機関として、教育関連の各専門業務を担当する機関（34機関）や高等教育機関（75校）がある。さらに、国の言語・文字に関する方針・政策・計画の作成などを担う「国家語言文字工作委員会」も置かれている(9)。

教育部の主な業務は以下の17項目である。①**教育改革と発展の方針、政策、計画を立案**し、関係法律・法規の草案を起草し、その実施を監督。②**各級各種教育の総合的計画**、調整・管理に責任を持ち、関係部門と連携し、各級各種**学校の設置基準を制定**し、教育改革を指導。また、**教育基本情報の統計、分析、公表**。③**義務教育の均衡的発展と教育機会の公平化を推進**し、義務教育の**マクロ的指導と調整**を担い、後期中等教育（高校)、幼児教育と特別支援教育を指導。初等中等教育における教育の基本的要求等を制定し、**国家が定める課程の教材を審査・検定**し、資質教育を全面的に実施。④**教育視学業務を指導**し、中等教育及び中等以下の教育、青壮年の識字教育の視学・評価を組織・指導。初等中等教育の発展レベル、質に関するモニタリング業務を指導。⑤**職業教育の発展と改革を指導**し、中等職業教育専攻目録、教育評価基準等を制定し、中等職業教育の教材作成及び職業指導の業務を指導。⑥**高等教育の発展と改革を指導**し、直属の高等教育機関管理体制改革を担う。高等教育学科専攻目録等を制定し、関係部門と連携して高等教育機関の設置、名称変更、廃止、調整を審査し、「**211プロジェクト**」と「**985プロジェクト**」の実施と調整業務を担い、各種高等教育と継続教育を統括し、評価業務を指導・改善。⑦**教育部所管の教育予算の管理**、教育予算の調達、配分、インフラ整備投資の政策の制定へ参与し、全国教育予算、経費投入状況を統計。⑧**少数民族教育の統括・指導**、少数民族及び少数民族地区への教育援助を調整。⑨**各級各種学校の思想政治、道徳教育、体育衛生、芸術教育及び国防教育活動を指導**し、高等教育機関の党組織設立とその安定化を指導。⑩**全国教師関係業務を所管**し、関係部門と連携して各級各種教師資格基準を制定、指導、実施し、教師人材育成を指導。⑪**各種高等教育機関の学生募集・入試関係業務、学籍学歴管理**を担い、関係部門と連携して高等教育入試計画を制定し、全日制高等教育機関の卒業生の就業政策の制定へ参与し、各高等教育機関が担う大学生の就職・起業業務を指導。⑫**高等教育機関の自然科学、哲学、社会科学研究を計画、指導**し、高等教育機関が国家イノベーション体系の構築へ参与すること、国家科学技術の大型、専門プロジェクト等の実施を担うことを指導。高等教育機関の科学技術イノベーションプラットホームの構築を指導し、教育情報化と産・学・研連携関係業務を指導。⑬**教育分野の国際交流と連携**を組織・指導し、留学業務、海外教育機関との連携、外国人学校の管理に関する政策の制定、中国語教育の国際推進業務の計画・調整・指導、香港・マカオ・台湾との教育交流業務を展開。⑭**国家言語文字に関する方針、政策を起草**し、中長期計画を制定し、中国語と少数民族言語文字の規範と基準を制定し、監督・検査を調整し、標準語の推進業務と教師人材の育成を指導。⑮**全国学位の授与業務を担い**、国家の学位制度を実施し、各国の学位の質の対等と相互承認等の業務。⑯**関係部門がユネスコと教育、科学技術、文化等の領域での連携を協力**し、ユネスコ秘書処及び関係機関との連絡業務。⑰国務院が指示したその他の業務を請け負う(10)。

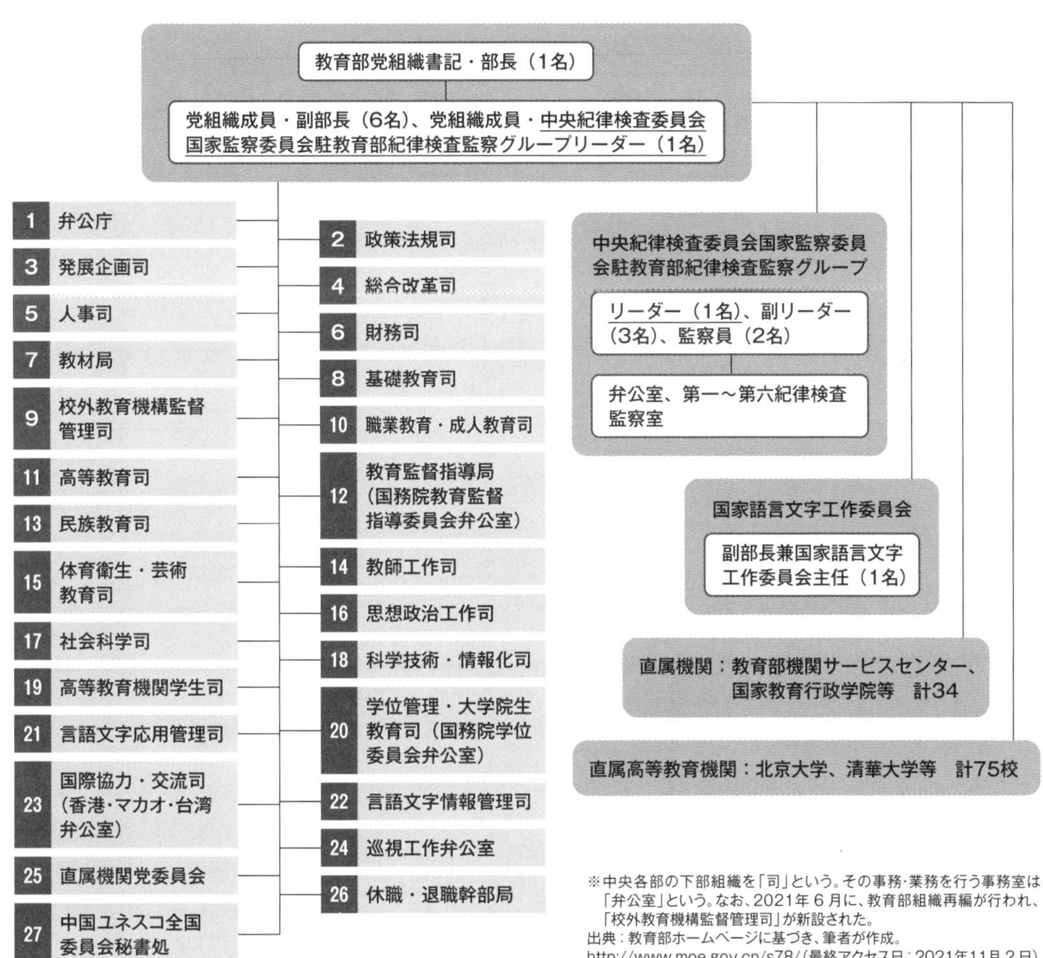


図２　教育部組織図



## 註

（1）蒲蕊編著（2008）『教育行政学』中国人民大学出版社、pp.96-99

（2）同上

（3）王敬波（2006）「第十四章　教育行政体制研究」薛剛凌ら編著『行政体制改革研究』北京大学出版社、pp.330-359. 龍耀（2013）『行政権力三辺界論－基於中国教育行政化問題的実証研究』広西人民出版社、p.114.

（4）「中華人民共和国地方各級人民代表大会和地方各級人民政府組織法」（2015年修訂）による.

（5）原語：国家中长期教育改革和发展规划纲要（2010－2020年）

（6）「中華人民共和国教育法」（2021年修訂）15条による.
http://www.gov.cn/zhengce/content/2018-03/24/content_5277121.htm（最終アクセス日:2021年８月18日）

（8）電信電文、会務、機密事項、公文書、財務、資産等に関する事務の運営・調整、また政務の広報、記者会見、機密保護等を担う.

（9）教育部ホームページ：「教育部直属単位（主要社団）」http://www.moe.gov.cn/jyb_zzjg/moe_349/「教育部直属高等学校」http://www.moe.gov.cn/jyb_zzjg/moe_347/「国家語言文字工作委員会」http://www.moe.gov.cn/jyb_sy/China_Language/（最終アクセス日：2021年８月19日）

（10）教育部ホームページ：「国務院弁公庁関於印発教育部主要職責内設機構和人員編制規定的通知」（2008）http://www.moe.gov.cn/jyb_zzjg/moe_188/202006/t20200604_462577.html（最終アクセス日：2021年８月18日）

（楊　川）

# 3 教育制度を支える教育行政の理念と仕組み

## ②地方教育行政のしくみ（首長・議会など地方政治、教育委員会、社会教育、子ども行政）

### 教育行政の仕組み

中国の教育行政は一般行政に属し、独立していない。中央から地方各レベルの人民政府に教育行政機関が設置されている。**教育行政機関**は同レベルの首長部局の指導、監督を受ける。教育部は中国の中央政府、最高の国家行政機関である国務院の構成部門の一つであり、中央教育行政機関である。それに対し、地方レベルの教育行政機関として、直轄市の場合は教育委員会であるが、省・自治区レベルは教育庁であり、下級は教育局である。

国務院及び地方各レベルの人民政府は、**分級管理、責任分担**（中央と地方行政のレベル別で管理し、責任を果たす）という原則に基づき、教育の指導及び管理を行う。中等教育及び中等以下の教育は、国務院の指導のもと、地方政府が管理する。高等教育は国務院及び省・自治区・直轄市政府が管理する。（中華人民共和国教育法14条）なお、「農村教育事務を一層強化する決定」[(1)]（2003）により、農村義務教育の発展を保障するため、元々農村義務教育に対して責任を負う郷（鎮）政府を県レベルの政府にする県が中心の義務教育地方責任制が採用される。国務院に所属する教育行政機関教育部は全国の教育を主管し、全国の教育事業について計画・方針を策定し、調整・管理する。県以上の地方各レベル人民政府に所属する教育行政機関は当該行政区域内の教育を主管する。県以上の各レベル人民政府に所属する教育行政機関以外の行政機関は、法に規定された職務範囲で教育関係事務の責任を担う。（中華人民共和国教育法15条）国務院及び県以上の地方各レベル人民政府は、当該レベルの人民代表大会又はその常務委員会に対し教育関係の事務及び教育予算、決算の状況を報告し、監督を受けなければならない。（中華人民共和国教育法16条）

地方行政機関である教育委員会（教育庁・教育局）の主な職務としては、次のように纏められる。中央の教育方針、政策及び法令、上級教育行政機関の指示を貫徹し、実施すること、所在地の教育計画を立案し、校舎等の建築や修繕、教育経費、学校管理者及び教員などを担当すること、所在地の各レベル各種学校の日常管理及び教育活動について指導することなどである。

### 社会教育

**社会教育**は、主に成人、青少年を対象として行われる学校教育以外の教育活動である。生涯にわたり就職するための労働就職訓練、文化・科学・技術・職務に関する自己充実を目的とする成人教育、未成年者を対象として図書館、博物館、科学技術館、文化館、美術館、体育館など社会公共の文化体育施設、及び歴史文化遺跡、革命記念館などで行われる校外教育などが含まれる。

社会教育に関する法的整備について、中華人民共和国教育法（2015年改正）、博物館条例（2015年）、各地方政府が制定・公布した図書館に関する条例などが考えられる。中華人民共和国教育法第六章「教育と社会」において、主に①学校及び他の教育機関、社会文化体育施設などが社会教育の展開に便宜を提供し、心身の健康に有益な環境を醸成するように努めなければならないこと、②社会教育が学校教育及び家庭教育と密接に連携し、家庭教育の指導を行い、家庭教育の質を向上させると明示されている。

知識の習得を強調するだけではなく、生徒の徳

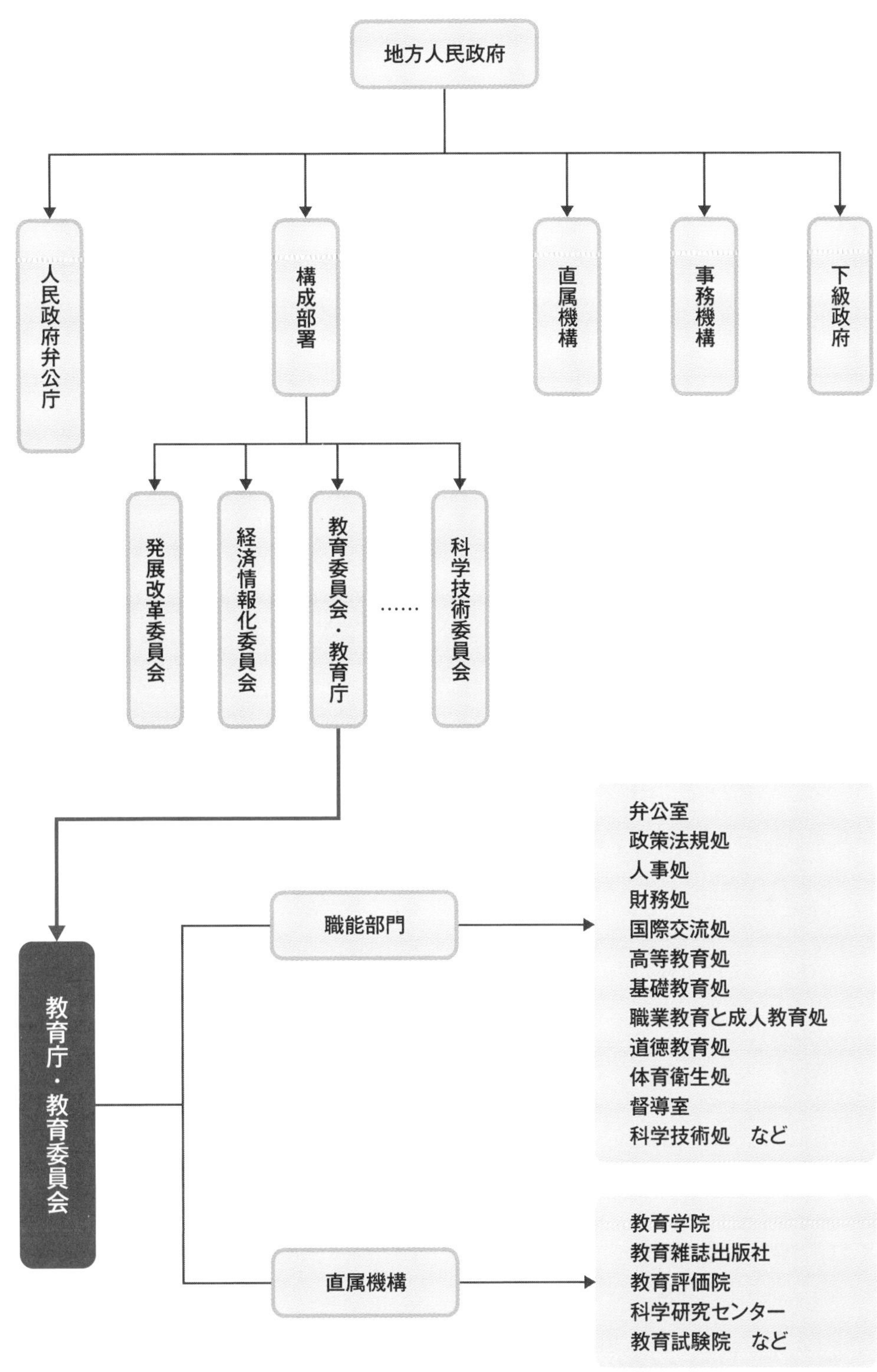


※各省·自治区·直轄市の設置は完全に一致するわけではない。

図１　省・自治区・直轄市人民政府及び教育庁（教育委員会）の機構構成

育、体育、美育などの素質や人間性を育てようとする「**素質教育**」を重視してきた中国は、学校外教育を重視するようになった。2004年、中国文化部、国家発展改革委員会、教育部は「未成年人に対する公益性文化施設無料開放の実施意見について」[(2)]を公布した。これにより、2005年から国家財政支援の各レベル各種の博物館、展覧会、美術館、科学技術館、記念館、烈士記念建築物、名人故居、公共図書館、学校図書館、文化館、青少年宮、児童活動センターなどの公益性文化施設は青少年に対して無料で開放し、青少年の健全育成のため多彩な活動を展開することになった。

中国において設置される社会教育の施設は夜間・通信大学、開放大学（ラジオ・テレビ大学）などの教育機関、労働就労訓練を目的とする職業訓練センター、さまざまな社会文化体育施設のほか、地域を基盤とした中国独特の「**社区**」も挙げられる。社区とは、一定の地域に住む人々によって構成される社会生活共同体であり、社区体制改革後規模を調整した住民委員会の管轄区のことである。（「民政部の全国における都市社区建設推進に関する意見」[(3)]2000年）この社区は地域範囲的な意味ばかりか、集団的な治安、衛生、福祉、教育、文化活動などの役割を担っている。社区内の住民を対象に、失業者を対象とした技術トレーニング、一般住民向けの講義・教育など様々な形で行われる。

## 子ども行政

子ども行政は、子ども教育、母子保健や児童福祉、子ども支援などが含まれている。

子どもの権利を保護し、子育てに法的保障を提供するため、国家が教育関係の法律のほか、未成年者保護法（2006改正）、未成年者犯罪の予防に関する法律[(4)]（2012年）女性児童権益保護法（2005年改正）母嬰保健法（2017年改正）などを公布した。

2020年、第２回未成年者保護法改正案が提出された。今回の改正案は社会に注目されている**インターネット保護**、校内の安全強化、学生の負担軽減などに焦点を絞った。第２回の未成年者保護法改正案には、インターネット上の保護に関する内容が追加された。「第五章　インターネット保護」のところに、未成年者のネット依存症を誘発するオンライン製品やサービスの提供を禁止し、未成年者向けの製品の開発・生産を奨励・推進すること、学校、社区、図書館、文化館などに設置されたパソコンには、未成年者インターネット保護のためのソフトをインストールし、安全にインターネットを利用できる環境づくりをすること、保護者がネットワークリテラシーを高め、自分自身のネット利用を規範化すると同時に、未成年者のネット上の行為を指導・監督することなどと詳細に定めている。

中国では、戸籍制度の制限で農民工の出稼ぎにより、地元に残された**留守児童**の問題も社会的に注目されている。留守児童が教育を受ける権利や心身の健康の保護などは、上記の義務教育法、未成年保護法改正案、母嬰保健法などにより保障される。深刻化している留守児童問題に対して、国務院は2016年に「農村留守児童に対する保護の強化に関する意見」[(5)]を公表した。当意見は留守児童について新たな定義をするほか、家庭の主体責任を強調するとともに、政府、教育行政機関、学校、社会から援助システムの確立を要求する。意見公布後、民政部は未成年者（留守児童）保護処を設置した。これは農村留守児童保護活動を強化し、国務院意見を徹底的に実施するための重要な措置である。

これらの法律が審議・承認された後、省・治自区・直轄市はその趣旨に沿い、地方の実情に照らしながら、上海未成年者保護条例や、安徽省人民政府留守児童に対する保護の強化に関する実施意見といった地方レベルの法律を公布する。地方における子ども行政の推進は、中央から地方への縦割り行政ではなく、地域の適応性、新問題の対応及び各行政機関間の連携などが求められている。

表1　「教育法」（2015）からみる社会教育政策

| 項目 | | 内容 |
|---|---|---|
| 第一章<br>総則 | 第十一条 | 国家は社会主義市場経済の発展・社会進歩の需要に応じ、教育改革を推進し、各レベル・各種教育の調和的発展を促進し、**生涯教育システム**を整備し、教育の現代化水準を向上させる…（略） |
| 第二章<br>教育<br>基本制度 | 第二十条 | 国家は職業教育制度及び成人教育制度を実施する。…（略）国家は多様な形態の成人教育の発展を奨励し、国民に適当な形態の政治、経済、文化、科学、技術、職務などに関する教育を受けさせ、国民全員の生涯学習を保障する。 |
| 第五章<br>教育を<br>受ける者 | 第四十一条 | 就業者は法により、職業訓練及び成人教育を受ける権利と義務を有する。国家機関・企業・非営利事業体及び他の社会組織は、当該機関の職員の学習・訓練のために条件、便宜を提供しなければならない。 |
| | 第四十二条 | 国家は、学校及びそのほかの教育機関、社会組織が措置を講じ、国民に生涯教育を受けさせる条件を整備することを奨励する。 |
| 第六章<br>教育と社会 | 第五十一条 | 図書館、博物館、科学技術館、文化館、美術館、体育館（場）などの社会公共の文化体育施設及び歴史遺跡、革命記念館（地）は、教員・学生生徒を勇退し、教育を受ける者の教育のため、便宜を提供しなければならない。…（略） |

第3部
中国編

### 註

（1）原語：进一步加强农村教育工作的决定
（2）原語：关于公益性文化设施向未成年人免费开放的实施意见
（3）原語：民政部关于在全国推进城市社区建设的意见
（4）原語：预防未成年人犯罪法
（5）原語：关于加强农村留守儿童关爱保护工作的意见

### 参考文献

・劉淑蘭（2013）『教育行政学』北京師範大学出版社 pp.56-64
・王建平、斉梅（2012）『教育行政学』清華大学 pp.17-29
・馬麗華（2006）『中国都市部における社区教育の発展と課題：社区教育と学校教育との関係に着目して』「東京大学大学院教育学研究科紀要」pp.335-343
・白雪晴（2003）「中国の社会教育の歴史と理念」現代社会文化研究

（楊　暁興）

# 3 教育制度を支える教育行政の理念と仕組み
## ③教育財政のしくみ：教育費の負担構造

### 教育費の負担構造の全体像

「中華人民共和国教育法」（1995年公布、2015年第2回修正）54条では、「国は、中央財政からの教育給付金を主として、その他のルートから教育資金を調達することも可能であるような制度を作成し、教育への投入を増加させている。国は設置した学校の教育経費の源を保証する」ことが規定された。この規定により、中国の公立小中学校、高校及び大学の運営経費は、主に中央の財政部門からの教育給付金で構成されることとなった。このような中央政府から各地方の公立小中学校、高校、大学に経費を配る行為から、中国では教育財政制度の一つとして「公共の教育経費の分配制度」と呼ばれるものが存在する。この分配の主体は中央財政部門であり、中央政府が分配する経費の中には、「教育事業費」（人件費、教育用のプログラミング、図書資料などの購入費）と「教育の基本建設費用」（学校の校舎などの建築物の費用）が含まれている。ただ、分配の基準は一定ではなく、生徒一人当たりにかかる費用、生徒数などにあわせて分配されることが基本的な原則である。一方、「教育事業費」と異なり、「教育の基本建設費用」の分配は、ある時期の国の特定の教育発展政策により設定された各種プログラムとニーズによって確定されるという特徴をもつと言える。さらに、入札のような市場原理によって分配するという競争が基本的な原則である。

中央財政からの給付金以外のルートは、社会からの寄付金、徴収する授業料（公立高校、大学）などが一般的である。また、中央財政からの給付金は直接に各学校、大学に分配されるのではなく、まず地方政府に分配される。これは中国語で「**教育財政転移支付制度**」（教育財政の給付金制度）と呼ばれるものであり、公共の教育財政制度を構成する一部である。同時に、国家レベルの奨学金、教育を支援する経費、ローン、学費補助金、授業料免除、貧困家庭の学生のためのグリーンゲートなどの学生への経費支援制度は、2000年以降も次々に作り出された。

### 教育財政分権改革の動向と特徴

1990年代以降、教育財政改革の一部として、教育費が中国のGDPの一定の割合を占めることが求められていた。これについて、1993年に公布された「中国の教育改革と発展綱要」(1)で「国家の財政において、国内のGDPの教育費の割合を高め、20世紀末までには教育費がGDPの4％を占めるという目標を達成させる」が明確に設定された。同様に、「中華人民共和国教育法」の55条でも、「国内GDPにおける教育費の割合を高める」ことが提出された。楊など（2018）の指摘によれば、2017年の調査と統計から、当年度の全国の財政の教育への投入は4.26万億人民元、その中で中央財政からの教育投入は3.42万億人民元であり、GDPの4.14％を占めていたことが明らかとなった。この結果は1993年に設定した目標が実現されたことを示しており、教育への投入経費を増やすことに中国政府が現在も熱意を持っていることがわかる。

また、教育財政における中央と地方の権限と責任について、2019年5月24日、中国の国務院弁公庁は「教育分野における中央と地方の財政の分権改革方案に関する通知（国務院）」(2)を公開した。表1で示したように、新たな方案では中国のすべての省、自治区、直轄市を基準により五つのラン

**表1　教育財政における中央と地方の「分権」方案（2019年）**

**第一ランク**：内モンゴル自治区、広西チワン族自治区、重慶市、四川省、貴州省、雲南省、チベット自治区、陝西省、甘粛省、青海省、寧夏回族自治区、新疆ウイグル自治区（12省、自治区、直轄市）

**第二ランク**：河北省、山西省、吉林省、黒竜江省、安徽省、江西省、河南省、湖北省、湖南省、海南省（10省）

**第三ランク**：遼寧省、福建省、山東省（３省）

**第四ランク**：天津市、江蘇省、浙江省、広東省（４省、直轄市）、大連市、寧波市、廈門市、青島市、深圳市（５計画的市）

**第五ランク**：北京、上海（２直轄市）

| **義務教育** | | **学生支援** | |
|---|---|---|---|
| **公用経費の保障** | 全国の統一の基準定額を制定する。第一ランクには中央財政が80%負担する；第二ランクには中央財政が60%負担する；第三、四、五ランクには中央財政が50%を負担する。 | **幼児教育に関する支援金** | 現段階は主に地方財政が負担する。 |
| **経済的に困難な家庭の学生への生活補助金** | 中央財政と地方財政は５：５という比率で負担する。 | **高校段階雑費用免除と国家助学金** | 第一ランクには中央財政が80%負担する；第二ランクには中央財政は60%負担する；第三、四、五ランクには中央財政がそれぞれ50%、30%、10%負担する。 |
| **校舎の安全保障** | 第一ランクには中央財政が80%負担する；第二ランクには中央財政が50%負担する；第三、四、五ランクには中央財政がそれぞれ50%、30%、10%負担する。 | **中等職業教育学費免除、国家助学金、国家奨学金** | 第一ランクには中央財政が80%を分担する；第二ランクには中央財政は60%を分担する；第三、四、五ランクには中央財政がそれぞれ50%、30%、10%を分担する。 |
| **貧困地域の児童生徒への栄養食の補助** | 国家レベルの拠点の範囲が広域特殊困難地区の県の場合は、費用は中央財政が負担する。 | **大学段階の国家助学金** | 第一ランクには中央財政が80%負担する；第二ランクには中央財政は60%負担する；第三、四、五ランクには中央財政がそれぞれ50%、30%、10%負担する。 |
| **その他の事項** | 国家が規定している教科書を提供し、一年生に辞典を提供し、この部分の費用は中央財政が負担する。地方の課程教科書の提供は地方財政が負担する。 | **大学国家奨学金など** | 大学の国家奨学金、国家励志奨学金、大学生は兵役に参加する補助金、君隊から引退する補助金、国家の就学扶助ローンは中央財政が負担する。 |
| **段階的任務と特定な項目** | 教員研修の専用項目の経費は、地方財政が手配する。僻地と貧困地域、辺疆の民族地域、革命老区の人材教員派遣などの補助金は、第一ランクは中央財政が負担し、第二ランクは中央財政と地方財政は５：５という比率で分担する。 | **大学の教育ローン** | 第一、二ランクには中央財政が50%負担する；第三、四、五ランクには中央財政がそれぞれ50%、30%、10%負担する。 |

出典：「教育分野における中央と地方の財政の分権改革方案に関する通知（国務院）」（2019年）により筆者作成

クに分け、中央財政からそれぞれのランクに対し異なる経費を出すことになっている。

「義務教育」「学生支援」「その他の教育」の三つの領域を巡っては、それぞれの項目に対して中央財政からの経費負担の比率が明記されていた（表１）。第一ランクの地域は主に、中国の中部、西部各省、少数民族地域であるが、各項目における中央財政から経費をみると、第一ランクの地域に負担の重きをおいているという特徴がある。つまり、貧困、少数民族地域の教育費は現在主に中央財政が負担している。一方、北京、上海など大都市は地方財政が主な負担責任を持っている。また、「学生支援」に関する項目は、幼児教育に関する支援金を地方政府が負担することが特徴的である。

## 義務教育段階の経費負担と小中学校の財政体制

2001年以降、中国の農村地域で税金制度に関する改革が行われていた。このような税金制度の改革の下で、農村教育管理体制の改革も求められ、同時に進行していた。この改革は、国務院の指導の下で地方政府が責任を負い等級別に管理するが、主な責任は県政府が負うということになっている。「中華人民共和国義務教育法」（1986年４月12日公布、2018年12月29日に２回目の修正）によると、義務教育段階の経費については以前のような郷レベルの行政ではなく、県レベルの行政が負担主体となった。つまり、行政レベルにおける義務教育経費の負担主体が上位に移動したのである。このような負担主体の移動は義務教育段階への経費の提供の保障に対するメリットがあると言える。その理由として、教育管理の責任が上位の県政府に移ったことで、上位政府の関与による経費の着実な分配が保障されているということが挙げられる。なお、郷政府より上位の県政府は財源もある程度安定しているという特徴がある。

また、義務教育段階において授業料は無償であり、授業料以外の教科書の費用などの雑費については、2004年から義務教育段階のすべての学校で「**一費制**」（雑費、教科書、宿題ノートは統一の基準によって徴収する）の展開が推進されている。それに、この「一費制」における徴収基準の作成主体は各省政府とされる。「一費制」の策定をめぐっては、2000年以降、中国の義務教育の改革の中で、財政制度を巡って教育公平という理念が現れていた。特に、農村部の教育への投入が拡大されていたため、農村部の義務教育経費に関する保障制度が求められている。この「一費制」という費用の徴収基準は農村部の義務教育経費の保障制度として最初に登場したものであるが、その根底にある理念は教育公平であると言える。「一費制」は農村地域の義務教育段階の学校で実施され、その後徐々に都市の学校まで拡大され、現在では中国の義務教育財政制度の一環となっている。

それ以外にも、経費の使用などの行為を約束するために、2012年財政部と教育部は「小中学校の財務制度」（表２）を公開した。小中学校の財務管理は校長責任制度を採る。学校の資産管理について、制度上の規定により、各学校が独自の管理制度を作成する必要がある。そして、学校財務に関する計算は一つの学校を計算単位とすることが一般的である。表２を整理すると、小中学校の収入と支出の内容はほとんど同じであり、事業、経営、学校の附属部門などの面で収入と支出がある。

## 高等教育の財政制度

2002年以降、中央財政から大学へ寄付金の分配は主に「**予算確定方式**」を採用している。「予算確定方式」は「基本支出の予算」と「プログラム支出予算」からなる。各大学の事務室は年度の基本支出計画を作成するが、これは「基本支出の予算」である。この「基本支出の予算」は大学の運営を保障するためのものである。「プログラム支出予算」とは、基本支出予算以外に大学の事務室が作成する年度のプログラム支出予算であり、この部分の資金は具体的任務と目標を完成させ、それらを達成するために必須の予算である。また、「中華人民共和国民営教育の促進法」(2002年)の公開に伴い民営大学の数が増加したことから、中国高等教育の財政制度は、より競争的、開放的方向に発展する可能性がある。

## 教育財政のしくみの展開:「現代の教育財政制度」の設計

中国の教育財政制度は全体の財政制度の変化から影響を受けている。そして、今後の中国の教育財政のしくみも財政制度の変化に基づいて次のステージに入っている可能性がある、と予測されている。胡、劉(2019)の指摘によれば、現代の財政制度は公共性、非利益、法制化という三つの性質をもつ。そのため、今後の教育財政のしくみも同様の性質と特性をもつものが作られる可能性がある。つまり、将来の教育財政のしくみも「公共性、非利益、法制化」という方向に改革されている可能性がある。中国国内の学者はこのような特性をもっている教育財政のしくみを「**現代の教育財政制度**」と呼んでいる。また、目標として、教育経費の増加を確保することが今後の教育財政のしくみの改革の基本であり、それと同時に、多様なルートからの教育への投入も求められている。そして、この二つの点は将来中国の教育財政制度の改革と発展の基本的な支えと核心であると言え、教育財政のしくみの改革の重要な理念であるとも言える。

第3部 中国編

**表2 小中学校の財務に関する概要**

| 収入 | 支出 | 財務管理 | 資産 |
|---|---|---|---|
| ・各級財政部門からの給付金<br>・事業(教育及び補助的活動により)収入<br>・上級政府から財政制度に属していないの補助金<br>・学校の附属部門から収入<br>・義務教育段階ではない学校の経営収入<br>・その他の収入 | ・事業支出:基本支出(人件費など)と項目支出(予算外の費用)<br>・経営支出:義務教育段階ではない学校の経営支出<br>・学校の附属部門への補助の支出<br>・上級政府への上納する支出<br>・その他の支出 | ・小中学校の財務管理は校長責任制度を実施する。<br>・一つの学校を計数単位にして財務を計算する。<br>・「集中に帳簿につけ、学校によって計算する」学校の財務管理権限を変えないという原則を採用する。 | ・固定資産:建物、専用設備、通信設備、消耗品と陳列品、図書、文書、家具、用具、装具、動物、植物<br>・資産の管理制度は各小中学校が各自に作成する必要である。 |

出典:「小中学校財務制度」(2012年)により一部引用筆者作成

### 註

(1) 原語:中国教育改革和発展綱要(1993) http://www.moe.gov.cn/jyb_sjzl/moe_177/tnull_2484.html
(2) 原語:国務院弁公庁関于印発教育領域中央与地方財政事権和支出責任划分改革方案的通知(2019) http://www.gov.cn/zhengce/content/2019-06/03/content_5397093.htm

### 参考文献

・胡耀宗、劉志敏(2019)「従多渠道籌集到現代教育財政制度:中国教育財政制度改革40年」『清華大学教育研究』第40巻、p.116
・楊会良、楊雅旭(2018)「改革開放四十年中国教育財政制度演進歴程、特徴与未来進路」『教育経済評論』第6期、p.7

(殷 爽)

# 3 教育制度を支える教育行政の理念と仕組み

## ④教育内容行政のしくみ

### 教育課程の基準

中国では、2001年6月8日、教育部によって21世紀初頭の基礎教育課程のガイドラインとなる「基礎教育課程改革綱要（試行）」が公布され、大規模な教育課程改革を推進している。それに伴い、教育課程基準として、教育課程の全体計画、開設科目・時間配分を示した「義務教育課程設置実験方案」と各教科の目標や内容等を示した「課程標準（実験稿）」が発行された。そのうち、「課程標準」は中国公教育の学校教育における教育課程編成上の全国的な基準である。「課程標準」は教育部が策定しているが、これを基に、省・自治区・直轄市が地域内の基準を策定することもできる。

10年間の実践と模索を経て、基礎教育課程改革は顕著な効果を得て、素質教育理念を体現する基礎教育課程体系を構築した。それに伴い、各学科の課程標準の執行過程において、その内容は小中学校の教師の広範な賛同を得たが、一部の調整と整備が必要であった。したがって、2011年中国教育部は専門家を組織し、義務教育の各学科の課程標準に対して修正と改善を行った。改訂された「課程標準」は言語･文学、英語、日本語、ロシア語、品徳と生活、品徳と社会、思想品徳、数学、物理、化学、生物、中学校化学、歴史、地理、歴史と社会、芸術、音楽、美術、体育と健康の19科目の課程標準に分ける。その内容構成は、2011年改訂された「義務教育各学科課程標準」によると、第一部分序文（課程性質、基本理念、構想）、第二部分課程目標（総目標、段階目標）、第三部分課程内容、第四部分実践アドバイス（授業、評価、教科書、カリキュラム開発に関するアドバイス）となっている。新課程標準の主な改訂点は、（1）小学生の漢字の読み書きに対する国語の要求が減ったが、暗記が必要な文章が増えたこと、（2）基礎教育段階の英語（フォーラム）授業に対して、能力水準によって9級に設定されたことである。

### 教育課程の構成

中国の教育課程はデザイン・開発の主体により、「国家課程」、「地方課程」、「校本課程」の3種類の課程がある。先に述べたように、初等中等教育の教育課程の基準は、国が定めているが、地方の実情により、教育課程の基準の弾力的な運用が認められている。したがって、国が定めた教育課程に基づき、各省・自治区・直轄市ごとに教育課程構造を設定できる。例えば、北京や上海では、国の基準とはやや異なった独自の教育課程の基準と課程構成を定めており、教科書もそれに沿った独自のものが発行されている。また、学校は本校を基地として、地方性、特色性などの課程を開発する権限もある。「基礎教育課程改革要綱（試行）」によると、地方の学校課程は総授業数の10%から12%を占める。

表1は国が定める義務教育段階の教育課程の構成である。表2と表3は上海市の教育課程設置である。中国の学校制度は小学校6年、初等中学3年、高級中学3年であるが、上海の場合は5－4－3制を取っている。

### 教科書

2001年、「国務院の基礎教育改革と発展に関する決定」は「教材作成の審査、教材審査は国務院教育行政部門と省級教育行政部門の2級管理を実

**表１　義務教育課程設置と時間配分**

| | 学年 | | | | | | | | | 時間配分(%) |
|---|---|---|---|---|---|---|---|---|---|---|
| | 1 | 2 | 3 | 4 | 5 | 6 | 7 | 8 | 9 | |
| | 品徳と生活 | 品徳と生活 | 品徳と社会 | 品徳と社会 | 品徳と社会 | 品徳と社会 | 思想品徳 | 思想品徳 | 思想品徳 | 7～9% |
| | | | | | | | 歴史と社会（又は歴史、地理を選択） | | | 3～4% |
| | | | 科学 | 科学 | 科学 | 科学 | 科学（又は生物、物理、化学を選択） | | | 7～9% |
| | 言語・文学 | 言語・文学 | 言語・文学 | 言語・文学 | 言語・文学 | 言語・文学 | 言語・文学 | 言語・文学 | 言語・文学 | 20～22% |
| | 数学 | 数学 | 数学 | 数学 | 数学 | 数学 | 数学 | 数学 | 数学 | 13～15% |
| | | | 外国語 | 外国語 | 外国語 | 外国語 | 外国語 | 外国語 | 外国語 | 6～8% |
| | 体育 | 体育 | 体育 | 体育 | 体育 | 体育 | 体育 | 体育 | 体育 | 10～11% |
| | 芸術（又は音楽、美術を選択） | | | | | | | | | 9～11% |
| | | | 総合実践活動 | | | | | | | 16～20% |
| | 地方及び学校が定める課程 | | | | | | | | | |
| **週時間** | 26 | 26 | 30 | 30 | 30 | 30 | 34 | 34 | 34 | 274 |
| **年時間** | 910 | 910 | 1050 | 1050 | 1050 | 1050 | 1190 | 1190 | 1122 | 9522 |

注：1.時間数は単位時間。1単位時間は第1～6学年（小学校）40分、第7～9学年（初級中学）は45分。
　　2.総合実践活動は主に情報技術教育、新しい学習の研究、コミュニティサービスと社会実践及び労働と技術教育を含む。
出典：教育部「義務教育課程設置実験方案」2001年。

**表２　上海市小学校（１－５学年）課程設置と時間配分**

| 課程 ＼ 時間配分 ＼ 学年 | | | 1 | 2 | 3 | 4 | 5 |
|---|---|---|---|---|---|---|---|
| **基礎型コース** | **言語・文学** | 国語 | 306 | 306 | 204 | 204 | 204 |
| | | 外国語 | 102 | 102 | 136 | 170 | 170 |
| | **数学** | 数学 | 102 | 102 | 136 | 170 | 170 |
| | **社会科学** | 品徳と社会 | 68 | 68 | 68 | 102 | 102 |
| | **自然科学** | 自然 | 304 | | | | |
| | **技術** | 労働技術 | | | | 68 | |
| | | 情報技術 | 68 | | | | |
| | **スポーツとフィットネス** | スポーツとフィットネス | 102 | 102 | 102 | 102 | 102 |
| | **芸術** | 歌って遊ぶ/音楽 | 136/ | | /204 | | |
| | | 美術 | 272 | | | | |
| **開拓型コース** | **学習分野別** | 趣味活動 | 136－102 | 136－102 | 136－102 | 136－102 | 136－102 |
| | | チーム活動 | 34－68 | 34－68 | 34－68 | 34－68 | 34－68 |
| | | コミュニティサービス/社会実践 | 学年ごとに１－２週間 | | 学年ごとに２週間 | | |
| **探究型コース** | | 34 | 34 | 34 | 34 | 34 | 34 |

注：歌って遊ぶは小学校低学年の音楽教育の1種の重要な形式であり、それはダンス、音楽ゲーム、歌の表現、集合ダンスなどの芸術様式を含む。
出典：上海市教育委員会「上海市普通中小学課程法案（試行稿）」2001年。

第３部
中国編

施し、国家の基本的な要求指導の下での教材の多様化を実行する」と明示し、小中高校の教材が2級管理を実施することを明確にした。さらに、「基礎教育課程改革要綱（試行）」は「国家の基本的要求に基づいた教材の多様化政策を実施し、関連機関、出版部門などの国家課程標準に基づいた組織的な小中学校教材の作成を奨励する…教育主管部門は定期的に学校と社会に審査を通過した小中高校の教材目録を公表し、教材評価制度、教育主管部門と専門家の指導の下での教材選択制度を確立していく」と述べた（仇森、潘信林：2020）。その後、「出版管理条例」「小中高校教材作成検定管理暫定方法」を制定し、改訂し、小中高校教材作成、検定などの制度を基本的に改善した。

現在、中国では人民教育出版社をはじめ、上海教育出版社、江蘇教育出版社、浙江教育出版社、外国語教学と研究出版社など多くの出版社において義務教育段階（小学校と中学校）の教科書が出版されている。教科書は一般的に教育部の検定を経て、試用、改訂を経て、そして普及しなければならない。小中学校の教科書は、規範、標準、統一を強調している。大学の教科書は多様な形態が認められており、統一教材のほかに、自主制作教材もある。

## 補助教材

学校の授業は、教科書中心に行われるが、教科書以外の補助教材もあわせて使うことができる。補助教材、すなわち「教輔（略称）」は、教学輔導類の図書資料の総称であり、中国では参考書なども呼ばれ、教材を補佐するための参考書籍であり、知識解説と練習問題から構成されることが多い。補助教材の利用者は教員、児童生徒、教研員などである。

教師は教科書の内容に基づき、豊富な補助教材を補充して、授業展開を行う。児童生徒は教科書とセットとなっている副教材の「練習帳」と市販のドリル問題集や学校で編集した問題集が使われるのが普通であり、教科書内容の範囲を超えたものが少なくない。

## 課程・教材の管理

中国教育部の「基礎教育課程改革要綱（試行）」（2001年）は、「課程管理が過度に集中している状況を改め、国家、地方、学校の３段階の課程管理を実施し、地方、学校及び生徒に対する課程の適切性を高める」と規定している。これは中華人民共和国が成立して以来、カリキュラム管理分野における重大な変革である。この三級課程管理に対応する課程形態は上述した「国家課程」、「地方課程」、「校本課程」である。

中華人民共和国成立後、小中高校の教材管理体制の改革は統一規制（1949－1984年）、実践的模索（1985－2000年）、改革の深化（2001－2011年）、合理的な規範（2012年－現在）の４つの段階を経て、その変遷の特徴は次のとおりに整理できる。

第一に、教科書の編集制度については、国の統制から国による検定へ転換したことである。

第二に、教科書の出版発行制度については、単一（人民教育出版社）から多元（多元的な競争）に転換したことである。

第三に、教科書の供給制度は有料から無料に変わることである。

第四に、教科書の選択制度については、教育部指定から一部の学校が地方教育行政機関の監督下に選択する傾向があることである。

第五に、教科書の利用制度については一次利用から循環利用へと移行していることである（周美云、張美静：2020）。

表３　上海市中学校（６－９学年）課程設置と時間配分

<table>
<tr><th colspan="3">時間配分／学年<br>課程</th><th>6</th><th>7</th><th>8</th><th>9</th></tr>
<tr><td rowspan="17">基礎型コース</td><td rowspan="2">言語･文学</td><td>国語</td><td>136</td><td>136</td><td>136</td><td>136</td></tr>
<tr><td>外国語</td><td>136</td><td>136</td><td>136</td><td>136</td></tr>
<tr><td>数学</td><td>数学</td><td>136</td><td>136</td><td>136</td><td>136</td></tr>
<tr><td rowspan="4">社会科学</td><td>思想品徳</td><td>34</td><td>34</td><td>68</td><td>68</td></tr>
<tr><td>歴史</td><td colspan="3">136</td><td></td></tr>
<tr><td>社会</td><td colspan="3"></td><td>68</td></tr>
<tr><td>地理</td><td colspan="3">136</td><td></td></tr>
<tr><td rowspan="4">自然科学</td><td>科学</td><td colspan="2">170</td><td colspan="2"></td></tr>
<tr><td>物理</td><td colspan="2"></td><td colspan="2">136</td></tr>
<tr><td>化学</td><td colspan="2"></td><td colspan="2">68</td></tr>
<tr><td>生命科学</td><td colspan="2"></td><td colspan="2">102</td></tr>
<tr><td rowspan="2">技術</td><td>労働技術</td><td colspan="4">170</td></tr>
<tr><td>情報技術</td><td colspan="4">68</td></tr>
<tr><td>スポーツとフィットネス</td><td>スポーツとフィットネス</td><td>102</td><td>102</td><td>102</td><td>102</td></tr>
<tr><td rowspan="3">芸術</td><td>音楽</td><td colspan="2">68</td><td colspan="2"></td></tr>
<tr><td>美術</td><td colspan="2">68</td><td colspan="2"></td></tr>
<tr><td>芸術</td><td colspan="2"></td><td colspan="2">136</td></tr>
<tr><td rowspan="3">開拓型コース</td><td rowspan="3">学習分野別</td><td>学科類<br>活動類</td><td>170－136</td><td>170－136</td><td>136－102</td><td>136－102</td></tr>
<tr><td>チーム活動</td><td>34－68</td><td>34－68</td><td>34－68</td><td>34－68</td></tr>
<tr><td>コミュニティサービス<br>/社会実践</td><td colspan="4">学年ごとに２週間</td></tr>
<tr><td colspan="3">探究型コース</td><td>68</td><td>68</td><td>68</td><td>68</td></tr>
</table>

出典：上海市教育委員会「上海市普通中小学課程法案（試行稿）」2001年。

## 参考文献


・仇森、潘信林（2020）「新中国成立以来教材建設的歴史脈絡、基本経験与発展趨勢」『出版参考』第６期、pp5-10

・周美云、張美静（2020）「従統一走向多様：中小学教材管理体制改革七十年」『教育理論与実践』第11期、pp38-42


（孫　雪熒）

# 3 教育制度を支える教育行政の理念と仕組み
## ⑤教員人事行政のしくみ（採用、身分、職制、人事評価、給与・待遇、研修など）

### 教員の「職階制」と身分、待遇

中国には、「教員（中国語「教師」「老師」）は人の模範である（中国語原語「為人師表」）」という言葉がある。このような教員に対するまなざしには儒教文化の影響があり、今日でも授業力より教員の道徳、教養が重視され、教員人事行政においてもそのモラル、人格、品行を優先して関連教育を行うことが重視されている。

1986年、「小中学校の教員職務に関する試行条例」が公開され、中国の教員の**職務称号制度**（Teachers' professional title、中国語原語「教師職称」）が正式に成立した。表１で示すように、この制度は2015年に一度修正、変更されている。当初、教員の職務称号制度が作られた趣旨としては、「教員の社会的地位を向上させ、給与制度を改善することで、教員のモチベーション、資質能力を向上する」(1)ということが指摘されている。1986年制度の特徴は、小学校、中学校・高校の職務称号が校種別に設定されたということである。表１のように、当時、中学校、高校において最もレベルが高いのが「中学校、高校の高級教員」、小学校（幼稚園）において最もレベルが高い職務称号が「小学校の高級の教員」であった。ただ、並べてみるとわかるように、小学校で最もレベルが高い教員の級別は、「中学校、高校の高級教員」の級別と共列されておらず、中学校、高校の一級に相当し、校種間の格差がみられた。

その後、2015年に公開された「**小中学校の教員職務称号制度の改革に関する指導意見**」により、現在の制度となった。新しい教員の職務称号制度には、小学校、中学校・高校という校種による区別がなく、評価と選抜条件に適していれば、小学校教員にも同格の職務称号を授与できるように変更された。また、初めて「**正高級教員**」というさらに上位のランクが新たに設定された。

教員の職務称号制度では原則として、**教員個人の申告**に基づいて、教育委員会と人力資源部門が評価を行う。評価の基準は、教員の「思想と道徳」「知識とレベル」「資質と能力」「業績と成果」といった４つの側面から総合的に判断する。さらに詳しく見ると、各級別の申告条件には特に教員の学歴、職歴、実務経験について明確な要求を設定した。また、教員の学歴と実務年数により、教員の職務称号のレベルを大まかに層別する。また、大卒資格という条件については、学士号を持つべきことが強調されていないため、短期大学卒、あるいは高等師範学校卒の教員でも、通信教育などの方法によって、大卒レベルの学力が証明できれば、一般の大卒として認められる。

先述したように、教員の職務称号制度が策定、作成された当初の重要な趣旨は教員の給料及び社会的地位の向上である。**中国の教員は公務員ではない。**公立病院などと同じく、一般事業部門の人員として位置付けられている。そのため、表２のように事業部門の人員として、級別に基本給料が定められている。

**小中学校の教員の給料＝基本給１＋基本給２＋【基本給１＋基本給２】×10%＋地方手当**

そして、中国の教員の給料は職務称号のレベルと年功賃金に加え別に地域手当があり、農村地域と都市地域の手当には大きな差がある。

### 表１　教員の「職階制」の変化と申告条件

| 1986年制度 | | 2015年制度 | 制度の申告条件（2015年～） |
|---|---|---|---|
| 中学校、高校の教員 | 小学校（幼稚園）の教員 | 小中学校の教員 | ＊一部整理、実務経験と学歴、職歴要求 |
| なし | なし | 正高級教員 | ・一級、二級、三級教員を育成、指導する面で貢献がある、教科の各分野で知名度を持ち、教育の専門家として同分野の評価がある。<br>・大学及びそれ以上の学歴があり、同時に高級教員として５年以上の勤務経験がある。 |
| 中学校、高校の高級教員 | なし | 高級教員 | ・管理職の役割を担当でき、二級、三級教員を育成、指導する面で貢献がある。<br>・①博士号あり、一級教員として２年以上勤務経験があること；または②修士号･学士号あり、大卒、一級教員として５年以上の勤務経験があること；また、小学校、中学校で一級教員として５年以上の勤務経験があること。<br>＊農村地域の小中学校の教員は原則、僻地、村学校で１年以上の勤務経験が必要。 |
| 中学校の一級教員 | 小学校の高級教員 | 一級教員 | ・二級、三級教員を育成、指導する面で貢献がある。<br>・①博士号あり；または②修士号あり、二級教員として２年以上の勤務経験がある；または学士号あり、あるいは大卒、二級教員として４年以上の勤務経験があること；また、小学校、中学校で二級教員として４年以上の勤務経験があり、同時に小学校で二級教員として５年以上の勤務経験があること。 |
| 中学校の二級教員 | 小学校の一級教員 | 二級教員 | ・①修士号あり；大卒、研修期間１年間で考察に合格している；または、短期大学卒、同時に小学校、中学校で三級教員として２年以上の勤務経験があること；または、中等師範学校卒、同時に小学校で三級教員として３年以上の勤務経験があること。 |
| 中学校の三級教員 | 小学校の二級、三級教員 | 三級教員 | ・短期大学卒、同時に小学校、中学校で１年実習経験があり、考察合格できる；または、中等師範学校卒、同時に小学校で１年実習経験があり、考察合格できる。 |

出典：「小中学校の教員職務に関する試行条例」(2)（1986年）、「小中学校の教員職務称号制度の改革に関する指導意見」(3)（2015年）により筆者作成

### 表２　教員の基本給

（＊1元=17円）

| 基本給１ | | 基本給２：年功賃金 | | | | | | | | | |
|---|---|---|---|---|---|---|---|---|---|---|---|
| 一般事業部門級別 | 給料基準 | 級別 | 給料基準 | 級別 | 給料基準 | 級別 | 給料基準 | 級別 | 給料基準 | 級別 | 給料基準 |
| 一級 | 6,655元（114,504円） | 1 | 288元 | 14 | 827元 | 27 | 1885元 | 40 | 3381元 | 53 | 5337元 |
| 二級 | 5,157元（88,730円） | 2 | 317元 | 15 | 887元 | 28 | 1985元 | 41 | 3513元 | 54 | 5511元 |
| 三級 | 4,558元（78,424円） | 3 | 346元 | 16 | 954元 | 29 | 2085元 | 42 | 3645元 | 55 | 5702元 |
| 四級 | 3,915元（67,361円） | 4 | 375元 | 17 | 1020元 | 30 | 2195元 | 43 | 3777元 | 56 | 5894元 |
| 五級 | 3,405元（58,586円） | 5 | 409元 | 18 | 1093元 | 31 | 2305元 | 44 | 3920元 | 57 | 6097元 |
| 六級 | 3,005元（51,703円） | 6 | 444元 | 19 | 1167元 | 32 | 2414元 | 45 | 4063元 | 58 | 6300元 |
| 七級（小中学校高級教員） | 2,773元（47,712円） | 7 | 484元 | 20 | 1249元 | 33 | 2524元 | 46 | 4206元 | 59 | 6514元 |
| 八級 | 2,440元（41,982円） | 8 | 523元 | 21 | 1331元 | 34 | 2645元 | 47 | 4363元 | 60 | 6728元 |
| 九級 | 2,174元（37,405円） | 9 | 569元 | 22 | 1413元 | 35 | 2765元 | 48 | 4619元 | 61 | 6960元 |
| 十級（一級教員） | 2,007元（34,532円） | 10 | 614元 | 23 | 1504元 | 36 | 2887元 | 49 | 4676元 | 62 | 7192元 |
| 十一級 | 1,819元（31,297円） | 11 | 665元 | 24 | 1595元 | 37 | 3008元 | 50 | 4832元 | 63 | 7446元 |
| 十二級（小中学校教員二級） | 1,797元（30,919円） | 12 | 716元 | 25 | 1686元 | 38 | 3128元 | 51 | 4988元 | 64 | 7700元 |
| 十三級（小中学校三級教員） | 1,675元（28,820円） | 13 | 767元 | 26 | 1785元 | 39 | 3249元 | 52 | 5162元 | 65 | 7989元 |

出典：次の記事により筆者作成 http://www.360doc.com/content/21/0408/23/4644063_971281734.shtml

## 教員の採用と評価

中国の**教員採用制度**は先述した教員の**職務称号制度**と混在し、実施されている。教員になるプロセスには、①免許書取得、②各地域の教員採用試験を受け、③正式に**採用、任用**(4)されるという三段階がある。ただ、慣例的に中国の各小中学校は、当年度に採用する予定の教員数を教育委員会から受け取った教員の職務称号の予定人数に応じて決定する事実がある。そして、第一段階には、教員免許書を持っている教員は、教員採用試験を受け、合格すれば採用される。しかし、この段階において、教員はまだ職務的な審査を受けていない。その後、**任職資格の審査**を受け、教員の職務称号を与えられて初めて正式に採用される。言い換えると、中国の教員免許証は、ただ教員になるための通行証にすぎず、真の決定要因は、自身の条件が職務称号制度の選抜基準にふさわしいかどうかということである。総じて、中国の教員の職務称号制度における「職階制」は中国の教員の専門性を判断し、評価する基準であると言える。

## 研修と異動

1999年９月13日、「小中学校教員の継続教育に関する規定」(以下、「規定」)が公開された。「規定」は中国の教員研修が制度化され、正式な制度になったと言われる。その後、2011年、教育部は研修制度を修正し、「小中学校教員の研修を強化する意見について」を公表した。表３はその一部であり、研修制度において基本的要求では、「**初任者研修**」「在職研修」「中堅教員の向上研修」がある。その中でも、在職研修の時間数が最も長く、５年ごとに360時限の受講が必要であるため、教員はよく休暇を取って、大学、研修センター、進修学校などの研修機関に行って、研修を受ける。「中堅教員の向上研修」段階では、研修時間に関する要求は特に定められておらず、中堅教員に対し若手を指導し、教育するための能力を向上させる趣旨が強い。

近年、小中学校教員に向けた「**国家レベル研修**」(中国語原語「国培計画」)が普及している。この研修には「優秀な中堅教員に関する示範性研修」「中部、西部農村地域の教員研修」「弱い学科の教員研修」「学級担任の研修」などのプログラムがある。

「国家レベル研修」の目的は、各地域で行われる教育改革を推進するために、研修を通して潜在能力のある教員を育成することにある。「国家レベル研修」という枠組みは、新しい教員研修のモデルを探索し、教員研修に関する資源を開発し、最終的に教員研修の拠点を作成するように進められている。同時に、中部、西部教員に研修の機会を与えることも目的とし、全国各地域の教員が研修を受けられるように全教員研修を実施している。

教員の異動については、2010年以降、中央政府が関連政策を公表した。例えば、2013年「全面的に改革を深化する若干重大な問題に関する決定」(5)の中で、都市と農村の間にある教育資源の均衡を維持するために、**教員の異動を積極的に促進する**と明記した。2014年９月、教育部、財政部、人力資源社会保障部が連合し「県、区の間で義務教育校長、教員の異動を実施する意見」(6)を公開した。しかし、実際には、学校は本来教員が足りていない現実があり、異動させる教員はいないという状況がある。また、学校側は自校の優秀な教員資源を守るために、異動させたくないという意見もある。同時に、異動後の学校で教員は個人的な特性を十分発揮できないという問題も存在している。

表３　教員研修制度

| 研修種類 | 研修要求 |
|---|---|
| 初任者研修 | ①すべて、新たに入職する教員に向けて、②少なくとも120時限研修を受ける必要、③研修の目的は、教員らを早めに学校教育の相関仕事に慣れるためのである |
| 在職研修 | ①教員の理念を更新し、新しい知識を習得でき、新しい技術を身に着ける、②資質能力を向上する、③５年ごと研修を受ける時間は少なくとも360時限が必要 |
| 中堅教員の向上研修 | ①中堅教員の教育経験をまとめることに支援することが重点である、②教員は教育の規則を探索する能力、教育能力、研究能力、指導能力を向上する、③学校現場で師範と模範の作用を発揮する |

出典：「小中学校教員の研修を強化する意見について」(7)（2011）により筆者作成



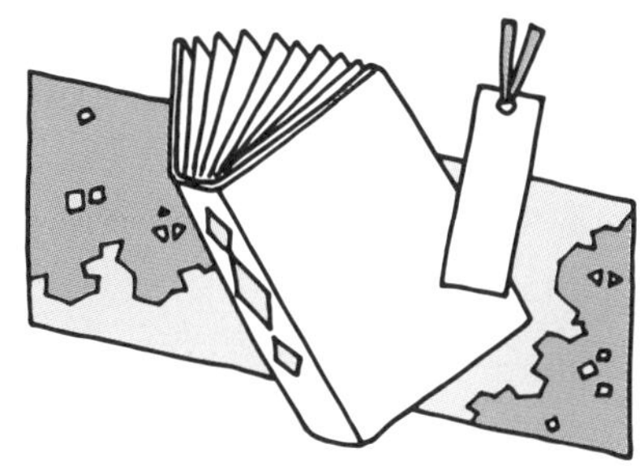

註

（１）閻健敏（2017）「関于中小学教師職称制度改革的思考」『教師教育論壇』第30号、p.21
（２）原語：「中小学教師職務試行条例」（1986）
http://www.moe.gov.cn/s78/A04/s7051/201001/t20100129_180695.html
（３）原語：「関于深化中小学教師職称制度改革的指導意見」（2015）
http://www.moe.gov.cn/jyb_xxgk/moe_1777/moe_1779/201509/t20150902_205165.html
（４）陳韶峰（2007）「論我国中小学教師職務的評与聘」『教育発展研究』第10期、p.40
（５）原語：「中共中央関于全面深化改革若干重大問題的決定」（2013）
http://www.gov.cn/jrzg/2013-11/15/content_2528179.htm
（６）原語：「教育部、財政部　人力資源和社会保障部関于推進県（区）域内義務教育学校長教師交流輪崗的意見」
http://www.moe.gov.cn/srcsite/A10/s7151/201408/t20140815_174493.html
（７）原語：「教育部関于大力加強中小学教師培訓工作的意見」（2011）
http://www.moe.gov.cn/srcsite/A10/s7034/201101/t20110104_146073.html

参考文献

・呉孟帥（2015）「義務教育段階教師輪崗交流制度的影響及啓示」『教育評論』第11期、pp.122-124

（殷　爽）

# 教育制度の体系と諸課題
## ①学校制度体系の展開と課題

### 学校制度体系の展開

1949年の中華人民共和国建国以降、中国の学校制度は1951年10月1日に発行した「学校制度を改革する決定について」(1)により成立した。当時すでに幼児教育が学校制度に組み込まれていた。その他学校制度に含まれていたのは、小学校（五年一貫制、7－12歳）、普通中学校（中学校3年間、高校3年間）、工農速成学校（3－4年間）、社会人中学校（3－4年）、中等専門学校（2－4年間）である。その後の1958年から改革開放まで、学校制度の短縮化改革が行われていた。1958年の「教育の工作に関する指示」(2)によって、全国的に大規模な学校制度を短縮する改革を推進することが強調された。学校制度の改革のモデルは、小学校5年間制度、中学校5年一貫制度、小中学校7年または9年、10年一貫制度、中学校4年間制度などである。

現在も改革開放以来の学校制度が維持されており、基本的には6－3－3－4制（5－4－3－4制）、分岐型学校体系（フォーク型学校体系）である。それは一般（普通）教育と職業、成人教育体系という主要な二つのシステムからなる。基本の学年歴は9月入学、翌年7月までを一学年としている。次の頁の資料で示されるように、小学校（5または6年間）、中学校（3または4年間）、高校（職業高校、3年間）、大学・短期大学（4または5年間）、大学院（修士課程、博士課程）は一般的な進学ルート及び教育年限と認識される。「中華人民共和国義務教育法」（1986年制定、2018年改正）によって満6歳の児童は入学し、義務教育を受けることが定められている。基本の条件を満たせない地域、地方においては7歳の入学も可能である。中等教育段階の専門学校（技術、師範、医薬、農業その他）は基本的に2－4年の在学年限が必要であり、中学校、高校と共に中等教育に属する。しかし、専門学校（2または3年間）は中等教育段階の専門学校と異なり、高等教育に属する。中等教育段階である「職業高校」「中等専門学校」、さらに高等教育段階の「専門学校」の三つは、先述した職業教育体系の基本構成となっている。一方、資料で表示されていない文化と技術の補充教育のクラスなどもあり、それは成人教育体系に属し、継続教育（生涯教育）制度の構成部分である。「成人教育・継続教育」も一般の学校制度と同じく、中等レベルの専門学校と高等レベルの夜間大学それぞれがある。

また、義務教育学校体系は「6－3制」または「5－4制」のどちらを実施するかについて、1990年代には学界で議論が行われていた。「5－4制」を提唱する研究者の肖敬若氏などは、拠点校である北京師範大学附属小中学校での改革実験を通じて、「5－4制」の合理性を検証し、「6－3制」より「5－4制」の方が適切な制度であるというくつかの理由を論文で述べた。主な理由は次の通りである。①小学校の修学年限を短縮し、中学校の年限を伸ばすことが国際的な趨勢ということ、②大量の観察と実験を通じて「5－4制」の方が児童生徒の発達に適応することが検証されていたことである。そして、③90年代の小学校教育の普及や9年間の義務教育の質の向上に対して「5－4制」がより良い制度であることも述べられている。これについては、ある貧困地域は小学校6年制を実施したが、多くの生徒は4年までに中途退学していたこと、河南省の農村地域は小学校5年制を持続し、小学校教育を普及させていた

## 資料１ 中国の学校制度体系

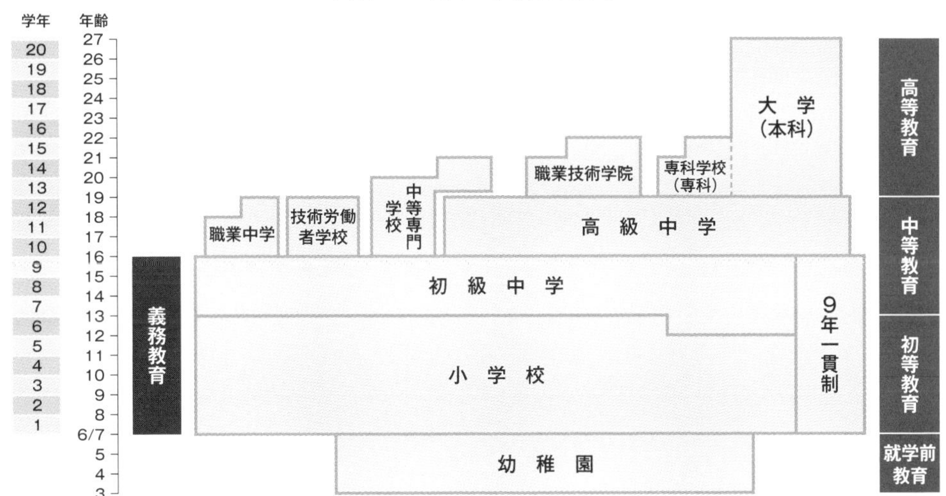


出典：文部科学省「世界の学校体系」(https://www.mext.go.jp/b_menu/shuppan/sonota/attach/1396848.htm)

## 表１ 学校の種類と学校の規模（2019年度）

| 教育段階 | 学校種名 | 設置者別 | 修業年限 | 通常の在学年齢 | 学校数 | 児童・生徒学生数 | 本務教員数 | 備考 |
|---|---|---|---|---|---|---|---|---|
| | | | 年 | 歳 | 校 | 千人 | 人 | |
| 就学前 | 幼稚園 | 公立 | 3～4 | 3～6 | 281,174 | 47,138,810 | 2,763,104 | (1)(3) 成人教育の一環である。<br>(2) 完全中学校：中学校と高校一貫校である。<br>(4)工読学校：少年犯の教育のために用意する学校である。 |
| | | 民営 | | | 9,451,393 | | 1,692,986 | |
| 初等 | 小学校 | 公立 | 5～6 | 7～13 | 160,148 | 105,612,358 | 5,106,740 | |
| | | 民営 | | | 6,228 | | 233,260 | |
| | 成人小学校（1） | 公立 | | | 6,241 | 422,333 | 9,523 | |
| | | 民営 | | | — | | — | |
| | 非識字者教育クラス | 公立 | | | 3,828 | 168,640 | 7,298 | |
| | | 民営 | | | — | | — | |
| 中等 | 中学校（９年一貫制学校を含む） | 公立 | 3～4 | 14～18 | 52,415 | 482,713,362 | 3,749,193 | |
| | | 民営 | | | 5,793 | 6,874,005 | 422,856 | |
| | 成人中学校 | 公立 | | | 480 | 103,002 | 1,764 | |
| | | 民営 | | | — | — | — | |
| | 高校（完全中学校、高級中学校、12年間一貫制学校を含む）（2） | 公立 | | | 14,297 | 39,949,000 | 2,704,109 | |
| | | 民営 | | | 3,427 | 3,596,765 | 231,504 | |
| | 成人高校（3） | 公立 | | | 333 | 41,237 | 1,933 | |
| | | 民営 | | | | — | — | |
| | 中等職業教育（普通の中等専門学校、成人専門学校、職業高校、技工学校を含む） | 公立 | | | 10,078 | 15,764,713 | 842,934 | |
| | | 民営 | | | 1,985 | 2,243,682 | 40,408 | |
| 高等 | 大学 | 公立 | 3～4 | 18～23 | 1,265 | 17,508,204 | 1,225,310 | |
| | | 民営 | | | 434 | 4,390,307 | 250,739 | |
| | 専門学校 | 公立 | | | 1,423 | 12,807,058 | 514,436 | |
| | | 民営 | | | 322 | 2,697,973 | 88,913 | |
| | 成人高等学校 | 公立 | | | 268 | 6,685,603 | 20,641 | |
| | | 民営 | | | 1 | 398,801 | 0 | |
| | 独立学院 | 公立 | | | 257 | — | 120,617 | |
| | | 民営 | | | 257 | — | 120,617 | |
| 特別支援 | 特殊教育 | 公立 | — | — | 2,192 | 97,587 | 62,358 | |
| | | 民営 | | | 1,665 | 144,211 | 18,634 | |
| その他 | 工読学校（4） | 公立 | — | — | 94 | 6,488 | 2,157 | |
| | | 民営 | | | 3 | 640 | 57 | |

出典：中華人民共和国教育部2019年教育統計データにより筆者作成

ことが挙げられる。さらに④労働教育の強化に有利であることも関連するとされている。農村地域の生徒にとって、4年間の中学校がある場合、高校に進学するルートがあると同時に、中学校卒業後に農業のための基礎知識を勉強することもできる。この主張に対して、「6－3制」を支持する研究者は次のような反対意見を出した。それは、①拠点校で行われた実験は成功をおさめたが、農村部の小学校は5年制を実施する条件（教員資源、校舎、プログラムなど）が不足していること。②学校体系の改革が義務教育の課題を解決することはできないため、可能であれば教育思想、教育目標、カリキュラム、教科書などから改革を始めた方が適切であること、③義務教育の目的は生徒へ進学と就職の基本素質を教えること、である（劉、廖 2006）。

## 各種類学校：公立、民営

中国の小中学校及び大学の種類はおおよそ公立、民営（私立）に分けられている。その中の中等教育段階には中学校の9年一貫制学校、高校の12年一貫制学校が存在している。それ以外にも、成人小学校、中学校、高校が設置されている。しかし、成人小学校などはほとんど公立であり、民営と私立学校は設置されていない。初等教育段階である非識字教育クラスも同じく公立学校だけが設置されていた。高等教育段階は、大学、専門学校、成人高等学校、独立学院の4種類がある。また、学校数、児童・生徒数・本務教員数をみると、幼稚園の設置者は民営がメインであり、民営幼稚園の児童・生徒数なども多い（表1）。その他の小学校、中学校などの設置者は公立であり、公立学校での在学生徒数、教員数も民営学校の在学人数より多い。

中国の民営学校について、その主な開設主体は、以下の表2で示したように国営企業、社会団体、個人となっている。各国営企業、社会団体、個人は、中央政府が規定した学校を開設する必須条件である校長、教員、校舎、資金などを揃え、行政部門はその学校の開設を許可する。2002年に公布された「中華人民共和国民営教育促進法」、及び2004年に公布された「中華人民共和国民営教育促進法の実施条例」は、上記の各主体が学校を開設する権利を保護する。同時に、各地域、省は各自の「民営学校の開設基準」を作成すべきである。

民営教育の法制化プロセス（表2）からみると、1985年からの教育体制改革が民営教育の展開の重要なきっかけとなっている。中央政府は民営教育の展開を支持するために、資金、政策などを提供していた。当時、塾は民営教育の典型として認識されていたが、その後の1993年、民営教育は中等、高等職業教育の領域に拡大されていた。表3の民営学校の分類にあるような職業訓練、免許取得のための民営学校は、このような流れで現在の民営学校の一種になっているという歴史的経緯がある。

1999年、公立学校と民営学校が共同的に発展する教育制度の図式を形成するために、中央政府の支持により民営学校の数は益々拡大していた。そのため、表3でまとめたものの一種として一般公立学校と同じく民営小中学校が開設され、2019年までには全国で15,448の民営学校が存在することとなった。近年営利的性質を持っている民営学校の増加に伴い、営利的民営学校と非営利的民営学校の管理に対する条例や基準などを教育行政部門が作成する必要性について学界で議論されている。

## 学校間接続及び近年の課題

中国における小学校、中学校の9年一貫制学校は、義務教育の普及に伴い展開と発展をみせている。特に、農村地域の教育資源不足、教員不足などの課題に向き合うことで、9年一貫制学校（小学校、中学校）の成立は農村地域の義務教育の普及を促進するという役割と機能を発揮してきた。

しかし、9年一貫制学校の管理に関する問題は、長い間中国の９年一貫制学校の固有の課題となっている。具体的に説明すると次の通りである。管理方法について、これまで９年一貫制学校の管理は分離という方法を用いており､すなわち小学校、中学校それぞれが管理している。この場合、一貫制教育の特質がなくなり、単に小学校と中学校がパートナー関係で学校を運営するという形になっていた。つまり、一貫教育が形骸化したまま展開しているのである。なかでも、学校の管理だけではなく、教育課程などの編成でも一貫制教育の優勢が発揮されていないとの指摘もある（敬・張 2018)。すなわち、一貫制学校でありながら教育課程の開発はそれぞれ別で行われており、小中学校教育内容の継続、連携などが反映されていないのである。

都市部では、名門学校間が協働し集団という形で学校教育を行う新たな教育モデルが近年提起され、効果があると期待されている。このような学校教育活動の展開と比較すると、９年一貫制学校の優勢と特徴は益々読み取りにくくなっている。義務教育の普及、なかでも小中学校の一貫的学校管理と教育課程の編成という側面に対し、９年一貫制学校はいかに改善を進めるかということについて検討すべきである。また、教育行政は関連政策を作成することも求められる。



**表２　1980年代以降の中国における民営教育の関連政策の変遷（筆者作成）**

| 政策の一覧 | 民営教育の種類と特徴 | 民営教育に関する内容 |
|---|---|---|
| **1985年「教育体制の改革に関する決定」** | 大部分は補充教育の塾である。 | 地方政府は**国営企業**、**社会団体**、**個人**が学校を開設し、教育を行うことを奨励する。 |
| **1993年「中国教育改革と発展綱要」** | 中等、高等職業教育の領域で民営教育が拡大されていた。 | 社会団体、公民個人が法律にしたがって学校を開設し教育を行うことに対して、国は積極的に奨励し、支持や正確な指導、管理強化に関する方針の採択を行う。 |
| **1997年「社会の力により学校を作る条例」** | 法制化段階に入った。 | はじめて出された民営教育に関する法規である。 |
| **1999年全国教育工作会議** | 民営教育を発展させる。 | 第10回目の五ヵ年計画を実施する期間、政府は学校を開設する主体とし、公立と民営学校が共同的に発展する教育制度の図式を形成する。 |
| **2002年全国人民代表大会常務委員会（31回目会議）** | 「中華人民共和国民営教育促進法」が公布された。 | 民営学校とそこで教育を受ける人の基本権利を守る。 |

**表３　基礎教育段階における民営学校の分類**

| | | |
|---|---|---|
| **学校の開設を許可する行政部門による分類** | 学歴教育、幼児教育など民営学校：県レベル及び以上の教育行政部門は学校開設を許可する。 | 職業訓練、免許取得のため開設する民営学校：県レベル及び以上の労働と社会保障の行政部門は学校開設を許可する。 |
| **性質による分類** | 営利的民営学校 | 非営利的民営学校 |

**註**

（1）原語：関于改革学制的決定
（2）原語：関于教育工作的指示

**参考文献**

・劉遠壁、廖其発（2006)「五・四与六・三制之争及其啓示」『河北師範大学学報』第３期、pp.30-32
・敬仕勇、張学敏（2018)「九年一貫制学校一体化弁学的実践路経」『中国教育学刊』第12期、p.60

（殷　爽）

# 教育制度の体系と諸課題
## ②識字・基礎教育制度の展開と課題

中国が1949年に建国して以来の識字教育の展開は、主に以下の５つの時期に分けることができる。それぞれは、①探索期（1949～1958年）；②停滞期（1959～1977年）；③再出発期（1978～1989年）；④高度発展期（1990～2006年）；⑤強化期（2007年～現在）である。表１は停滞期を除く各時期の主な政策をまとめたものである。

1949年からの探索期では、主に「識字運動」の形式で行われていた。戦後人口の80％が非識字者であったことから、経済活動を復活させるためにも、政治体制の転換に関する意識普及のためにも、国民教育の普及、特に識字率を上げることが急務となった。1952年に全国で「**識字教育委員会**」の設置が行われ、識字者の基準を「幹部・労働者は、識字数は2,000字、通俗文・新聞が読め、200～300字の短文が書けること；農民は、識字数は1,000字、通俗文・新聞が大体読め、簡単なメモやレシートが書けること；その他の都市部における労働者は、識字数は1,500字、読み書き能力はそれぞれ労働者と農民の基準を参照する」と定めた。また、識字数が500字未満の者は「**非識字者**」、500字以上で識字者の基準に満たさない者は「**半非識字者**」と中国独自の非識字者の定義が定められた。この時期には常用漢字の統一化、簡体字とピンインの普及とともに速成的な識字教育が行われ、農閑期に**冬季識字クラス**の開設などの形式で識字教育が各地で盛んに行われた。

文化大革命終焉後の1978年から再び大衆的**識字運動**が展開された。経済的豊かさを追求するためには、技術や知識が必要であることから、読み書き能力の習得がよりよい生活を求める手段として提唱された。この時期には、識字クラスや余暇小学校(1)が多く開設されたとともに、小中学校の教育施設と設備を利用し、小中学校の教師と学生や知識を持つ青年が識字教育に関わることが求められていた。1986年に**中華人民共和国義務教育法**の公布など、識字率を上げるための重要な方針として、**基礎教育の普及、成人識字教育の実施、識字教育後の継続教育の強化**との三者の連結が特に強調された。

1990年以降、ユネスコが「万人のための教育」（EFA：Education For All）を提唱したのに伴い、国際的コンセンサスの下で成人識字教育がさらに重視されるようになった。1993年に**識字教育法**にあたる条例(2)が改正されたのち、1995年に公布された**中華人民共和国教育法**にも組み込まれた。高度発展期では農村地域の成人教育が充実しており、識字教育後の継続教育の場として、多くの地域で**農民文化技術学校**が設置された。この時期の識字教育は、社会性と実効性を重視し、文化と農業技術の学習を組み合わせることが特徴的であった。

2000年の人口調査によれば、青年の非識字者の90％近くが農村地域、特に西部の貧困地域に集中していた。そこで、2004～2007年の間では、西部地域の義務教育の普及と識字率の上昇が政策的な重点となった。特に少数民族と女性に重点を置いた。それと同時に、この時期は、**生涯学習**理念の普及と**学習社会**の構築に向けて、学習社会の基盤づくりとしての学習社区(3)の形成が農村地域でも求められ、学習者の基本的な学習ニーズに基づく識字教育へとその理念を転換し始めた。2007年以降、識字率が上昇するにつれ、今日の成人識字教育の重点は、再発防止のための**継続教育**へとシフトしてきたと言える。

図１は高度発展期において農村地域における識字教育を展開するための行政構造の一例を示して

表１　識字教育に関する政策・規程・条例

| | 関連制度 | 主な内容 |
|---|---|---|
| 探索期 | 掃除文盲工作委員会「関於掃盲標準・卒業考試等暫行辦法的通知」(1953年) | 識字数、読み書き能力等の側面から、幹部、労働者、農民との三つの対象者のカテゴリー別に識字者の基準を設けた。また、非識字者を完全の非識字者と半非識字者と分けて、それぞれの定義を明確にした。 |
| 再出発期 | 国務院「関於掃除文盲的指示」(1978年) | 知識を持つ者のすべてが識字教育に関わり、新たな施設を設置するなど、成人教育の施設、人的資源の確保を明示した。初等教育、識字教育、及び識字教育後の継続教育との三者連結が求められた。 |
| | 国務院「掃除文盲工作条例」(1988年) | 識字教育に関する法令に準ずる初めての規程である。識字教育の対象者を12～45歳の者と定めた。 |
| 高度発展期 | 国務院改正「掃除文盲工作条例」(1993年) | 識字教育の対象を15歳～40歳の者と改めた。識字教育の基本方針と資源、財政、目標達成のための地方政府と行政部門の責任と役割を定めた。 |
| | 国家教育委員会「関於在九十年代基本普及九年義務教育和基本掃除青壮年文盲的実施意見」(1994年) | 初等教育、識字教育、及び識字教育後の継続教育との三者連携、文化学習と技術学習の両方を基礎とする識字教育の実施、民営団体の識字教育への参加、女性、少数民族及び貧困地域を重点とするなどの方針を示した。 |
| | 教育部等12个部門「関於"十五"期間掃除文盲工作的意見」(2002年) | 50歳以上の非識字者も識字教育を受けるよう推奨する；貧困地区、少数民族と女性の識字教育を重点的に行う；農村の小中学校と成人教育が積極的に識字教育を実施すべきだと定めた。 |
| | 教育部「掃盲教育課程与教学改革的指導意見（試行）」(2002年) | 公民の基本的な生存と発達の権利の側面から新時代の識字教育の性質を再定義し、生涯学習の理念を基に識字教育の目的を明確にした。学習者のニーズに基づく学習者主体の識字教育課程を構築する方針を規定した。 |
| | 教育部・発展改革委・財政部・国務院西部開発辦「国家西部地区"両基"攻堅計画」(2004年) | 2007年までに西部地区に義務教育の普及と、青年・壮年の非識字者率を５％以下にするという「両基（二つの基本）」の目標を立てた。経費、校舎、教師等の資源を十分に確保するために地方政府の責任と役割を明記した。少数民族の言語特徴を考慮した識字教育を促進するとした。 |
| 強化期 | 教育部等12个部門「関於進一歩加強掃盲工作的意見」(2007年) | 学習者本位の識字教育システムを構築し、民衆が自身の文化知識、経済収入、生活の質健康水準、及び社会生活に参加する能力を高めるための手段となるように識字教育を改善し、非識字者の生産活動と生活に密接に関連する実用的な学習内容を増やすことを指摘した。 |
| | 教育部「掃盲教育課程設置及教学材料編写指導綱要」(2011年) | 全国民が読み書きできる学習社会を構築するために、農村の社区教育を展開し、学習者の学習ニーズに基づく識字教育の実施に関するカリキュラム設置の基準を設けた。すべての実施団体がこの基準に従って識字教育を実施しなければならない。 |

いる。つまり、識字教育は県行政の主導の下、区・郷・村の行政レベルでそれぞれ行われている。県には「**成人教育委員会**」が、区・郷・村には「**識字教育委員会**」が設けられ、それぞれの管轄の下に、農業技術教育や識字教育を提供するための施設が設置されている。

中国の識字教育は、政府の主導で運動的な性格が強く、中央から地方行政まであらゆる資源を利用して識字教育を強力に推進してきた。地方政府は識字教育に人的・物的資源を確保しているため、識字教育の順調な展開ができたと言える。図２に示すように、中国の非識字率は著しく低下しており、2010年には人口の4.08％にとどまっていた。現在、識字教育の実施主体は政府との連携の下に**民営非営利組織**にシフトしつつある。各種団体による識字教育の質保障のために、2011年に教育部は**識字教育カリキュラムの設置基準**を設けている。

前述の一連の政策からわかるのは、生涯学習理念の普及と社会の変化とともに、識字教育の内実にも変化が生じていることである。2000年以降の識字教育は方向転換しており、国家発展の目的よりも公民の基本的な権利としての観点が見られるようになった。個々人の文化知識、経済収入、生活の質、健康水準、及び社会生活に参加する能力を高めるための手段となる、より範囲の広い成人基礎教育への展開が見られるようになった。新時代の**成人基礎教育**は、①基本的な読み書き、算数の教育、②生計を立てるための職業訓練と現代生活のための技術教育、③社会主義的価値観の教育等の３つの側面を含むこととなる。つまり、文字の読み書きのみを目的としているのではなく、経済活動と日常生活に密接に関連する実用的な学習内容へと、対象者の**基本的な学習ニーズに基づく識字教育の理念**への転換である。

一方で、政府が当初立てた目標がほぼ実現できており、義務教育の普及と識字教育の任務を終えたという認識の下で、政策文書での言及は少なくなり、2010年の「国家中長期教育改革及び発展計画綱要（2010～2020）」[(4)]では、識字教育はまったく言及されていなかった。こうした政策的傾向とともにその実施も徐々に減少する傾向にあると言わざるを得ない。しかし、政策と実践の停滞は非識字者が存在しないことを意味するわけではない。中国人口の４％を占める非識字者は決して少ない数ではない。

非識字者を多く抱えているのは農村地域であるが、近年、出稼ぎ等による都市への人口移動が識字教育の実施に困難をもたらしている。都市部における出稼ぎ労働者の教育に関しては、教育部門と労働部門がそれぞれ、もしくは連携して取り組んでおり、就労するための職業技能を向上させるための職業訓練や、都市での生活に適応させるための教育を行なっている。特に、都市生活への適応教育を実施する際、社区教育が受け皿となっており、識字教育を含めて学歴取得のための教育を提供している地域も少なくないが、出稼ぎ労働者が流動的であるため、社区に定着して教育を受ける者は少ないことが課題である。

他方、識字教育に関する法制度は1993年に改正されて以来、更新していない。ここ20年の社会発展に伴い、上述のような非識字者の構造の変化も生じていることから、従来の体制では識字教育に関する十分な機会保障がなされていると言えず、新たな制度設計が必要であろう。

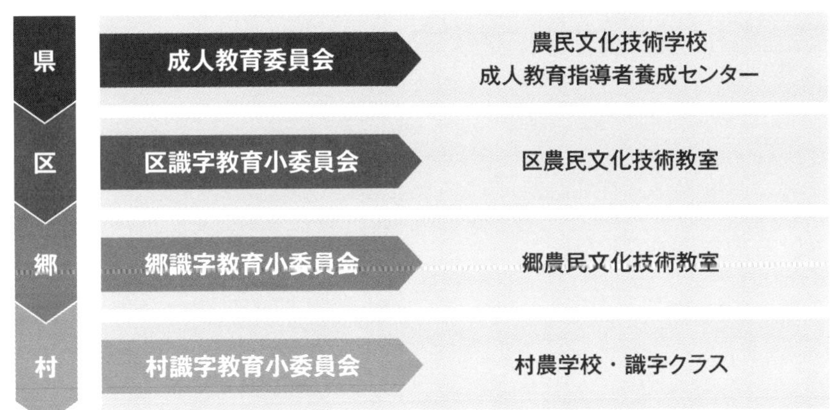


出典：李燦（1996）「中国における識字教育に関する調査研究：四川省巴中県の調査を中心として」『大阪大学教育学年報』創刊号、p.162をもとに筆者加筆

**図１　地方における識字教育に関わる行政機構**

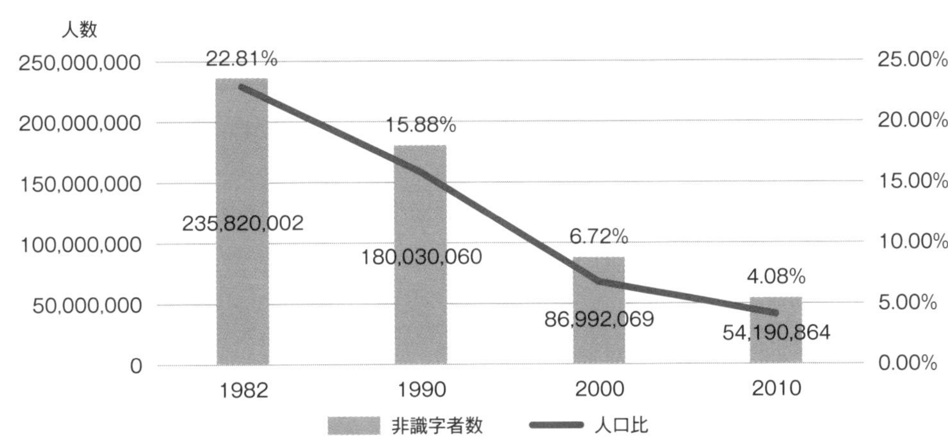


出典：中国国家統計局 1982年、1990年、2000年、2010年の全国人口調査により筆者作成
註：1982年の人口調査における非識字者は12歳以上の者である。1990年以降の人口調査における非識字者は15歳以上の者である。

**図２　1982年以降の人口調査による非識字者の推移**

## 註

（1）原語：業余小学。成人初等教育施設の１つであり、修了後に中等教育に進むことができる。
（2）国務院「掃除文盲工作条例」1988年発布、1993年改正。
（3）「社区」とは都市部の末端行政単位である。図１に示される農村部の「村」と同じ位置付けである。
（4）原語：国家中長期教育発展計画綱要（2010～2020）

## 参考文献

・呉遵民（2003）『現代中国終身教育論』上海教育出版社。
・呉雪鈺（2016）「中華人民共和国掃盲教育政策発展研究」『語言規劃学研究』第２号、pp.76-87
・中国掃盲教育研究課題組（1997年）「中国的掃盲教育」『教育研究』第６号、pp.5-16

（肖　蘭）

第3部
中国編

# 4 教育制度の体系と諸課題
## ③中国教員養成の現状と課題

### 中国における教員養成の現状

#### （1）開放制教員養成制度

中国における教員養成の主体は、長らく単一の師範学校であったが、1990年代の市場経済回復に伴い、教員の量的拡大の要請により、教員養成の主体の開放化及び多様化への要請が高まった。1999年６月に公表した「教育改革の深化と素質教育の全面的推進に関する決定」(1)においては、「総合大学に師範科の設立を鼓吹すると同時に、師範学校の総合化を促す」と記され、それにより、「師範専門学校」に閉ざされていた中国の教員養成の主体が、一般大学まで広がり、開放制原則として定着した。2019年の教育部統計データでは、全国において、教員養成を行う教育機関は605校であり、そのうち、師範系学校が199校（師範大学50校、師範学院（短期大学に相当する）71校、師範専門学校78校）で、非師範系学校が406校である。

教員養成制度の開放制は「入口」と「出口」という２つの側面に現れている。すなわち、前述で述べたような「入口」としての養成機関が開放されることと、「出口」としての教員になれる対象が開放されることを指す。師範専門学校並びに一般大学の師範科の学生は、卒業要件を満たせば自動的に教員免許状を獲得できるのに対し、それ以外の学生も教員免許状を獲得できる対象となり、筆記試験・模擬授業・教育学課程・心理学課程の認定を受ければ、教育活動を行うことが認められる。

#### （2）教員免許制度改革－「更新制」と「国考」

1993年10月に公布した第三章の第十条では、「我が国では教員免許制度を実施する。憲法と法律に従い、教育活動を愛し、崇高な品徳がある学生を対象に、規定される学歴及び教員免許認証試験を通過すれば教育活動を認める」と記載された。さらに、1995年12月に公表した「教師資格条例」には、教員資格の分類、申請条件、教員資格試験の基準等の内容について、詳しく記載された。1990年代の中国において、急速な市場経済発展に対応するため、教員資源への要請が高まり、教員養成の量的拡大が図られた。量的拡大が進む一方、教員の質が下がり、その課題を解決するために、教員養成改革の一環として、教員免許制度改革が推進された。具体的には、「**教員免許更新制**」と「**教員免許認証試験の国考化**（全国統一試験）」の２点が挙げられる（図１参照）。

「教師法」と「教師資格条例」においては、教員免許状の有効期限については言及されず、違法行為を起こさない限り教員免許状を返上させることがなく、実質的に教員免許状の「終身制」が認められていた。こうした「終身制」は教員が絶えず知識や能力を習得することの妨げになると考えられる（曽2016）。2013年８月、教育部は「小中学校の教員免許定期更新について（暫行）(2)」を公表し、公弁小中学校・中等職業学校・幼稚園に在籍する教員を対象に、５年ごとに教員免許状の更新義務を定めた。更新する際に、「師徳」、「校内年度評価」、「研修状況」を基準とする。2011年11月から浙江省と湖北省の２カ所で試行を始め、2016年11月までには、全国各省・自治体・直轄都市（香港・マカオ・台湾を除く）にて教員免許の全国統一選抜試験及び５年更新制を実行するとなった。

もう一つの動向は教員免許認証試験の国考化である。中国では、教員免許状の認証試験は全国統一試験と地方試験の２種類があるが、2010年７月に公表した「国家中長期教育改革及び発展計画綱要（2010－2020年）」という文書では、教員採用の基準を定めることを通して、教員の質を底上げするために、全国統一の教員免許試験の推進を決めた。全国統一試験は年一回行われ、筆記試験と面接（模擬授業）に分けている。筆記試験の内容を大別して、①**総合素質**（職業理念、教育法律法規、教師職業道徳、文化素質、常識知識、ロジック思考力）、②**教育知識と能力**（教育原理、生徒指導、学級管理）、③**学科知識と教学能力**（学科知識、授業設計、授業演習、授業評価）、の３つの類別に分けられる。

### （３）本科（学士）レベルの教員養成課程

高等教育大衆化に突入してから、中国の教員養成を担う教育機関において、大学が中核ポジションに位置付けられている。2019年度の全国教育調査では、小学校教員の学歴として、専科卒が34.7%、本科卒が61.2%、大学院卒が1.4%であり、10年前の2009年と比べ、専科卒の比率が15.3%減少し、本科卒が41.5%増加し、大学院卒が0.6%増加した結果となった。

大学本科の教員養成課程は大別して、通識教育課程、専門教育課程、教師職業教育課程の３つに分けられる。単位配分として、通識教育課程は30～40%、専門教育50～60%、教師職業教育課程は10～20%の割合が主流になっている。学生の教員採用にあたっての競争力を上げるため、各大学は科目設置をめぐって創意工夫をしている。ここでは、北京師範大学の教員養成課程を一例として提示する（表１参照）。

このように、教科中心であった教員養成課程は、幅広い分野の知識の修得や教育実践力の養成をするための制度の構築が図られている。

### （４）教育修士専門職学位（教職大学院）

1996年４月に中国政府は、一部師範大学で「教育碩士専業学位」（教育修士専門職学位）を設置し、教員養成に高度な教育を提供する動きがあった。その目的は、人材育成の役割を担う教員に、高度な教科知識を修得させるとともに、複雑かつ多様

**表１　北京師範大学「国語」教員養成課程**

| 類別 | 科目 | 単位 |
|---|---|---|
| 通識教育 | 必修科目（思想政治、英語、コンピューター、数学、教師職業価値観、体育、軍事訓練） | 42 |
| | 選択科目（歴史古典、人文社会、芸術鑑賞） | 16 |
| 専門教育 | 必修科目（学科基礎：古代漢語、現代漢語、言語学入門、古代文学講読、現代文学講読、外国文学概論等） | 36 |
| | 選択科目（モジュール別：古代漢語、現代漢語、古代文学、現代文学、比較文学、文芸学、民俗文学、国語教育） | 12 |
| | 社会見学 | 2 |
| | 卒業論文 | 4 |
| 教師職業教育 | 必修科目（教師教育基礎、教師教育講座、教育実習） | 32 |
| 合計 | | 144 |

第３部　中国編

な学校現場の課題に対し、幅広い視野に立って学生の主体性を引き出せる指導力、同僚と協働して、組織として困難な課題に対応できるマネジメント力、保護者との連携を円滑に行うためのコミュニケーション力等を身に付けさせることにある。

1997年に、中央政府は北京師範大学、華東師範大学、東北師範大学等の合計16カ所を第一弾の試行学校として、「教育碩士専業学位」の設置を許可した。学歴重視の社会背景に基づき、2020年時点で、「教育碩士専業学位」が開設されている大学は135カ所に達している。

## 中国における教員養成の課題

### （1）教師教育の専門職化

改革開放以降、教員の数が大幅に増加し、教員不足の問題はほぼ解決した。したがって、1996年から教師教育は資質の向上や構造の改革、効果の向上を目指す新たな段階に転換している。『教師法』では、教師が教育の職責を履行する専門職員であることを規定しており、教員の地位確保と資質向上を明記している。また、専門職としての教員は、先進的・科学的な教育理念、合理的な専門知識、総合的な専門能力、崇高的な職業道徳、健康的な身体・心理素質の５つの資質が必要とされている。そのため、教師教育の専門化は重要な課題となってきた。

しかし、教員の育成はまだ伝統的なモデルにとどまっており、入職前教育と現職研修が分離され、教師教育の専門化が要求される連続化、一体化、生涯化の原則に適応できていない。そして、教員養成カリキュラムの課題について、授業内容が古く、教育理論を重視する一方で教育実践を軽視している等の問題点が指摘されている。他に、教師教育における職業道徳、教学の自主性の育成なども挙げられている。

教師教育システムの整備を実現しつつ、全体として教員の質をいかに向上させるかが、改革における課題となっている。

### （2）教員養成の地域格差

東北師範大学が編纂した報告書『中国教師発展報告2019：小中学校教師チームの建設の成果、挑戦と方策[3]』では、2010年から2020年にかけて、地域によって教員養成の発展はアンバランスで、都市・農村間には著しい格差があり、構造バランスには更なる最適化が必要といった様々な課題に依然として直面している現状を明らかにした。

報告書によって、中国の中部エリアの教員チームは脆弱であり、ST比（教師１人あたり生徒数）は東部エリアや西部エリアよりかなり高く、また、東北エリアでは教員の流失が深刻で、過去10年間で７万7,100人減少した。都市と農村の格差について、農村部では、教員数がまだ現実的な需要を満たしておらず、優秀な教員が不足している。

さらに、中国における教員人材には、教員の高齢化現象、小学校教員の男女比のアンバランス、教育学を専門とする教員の割合が年々低下していることなどの問題も日ごとに顕著化している。

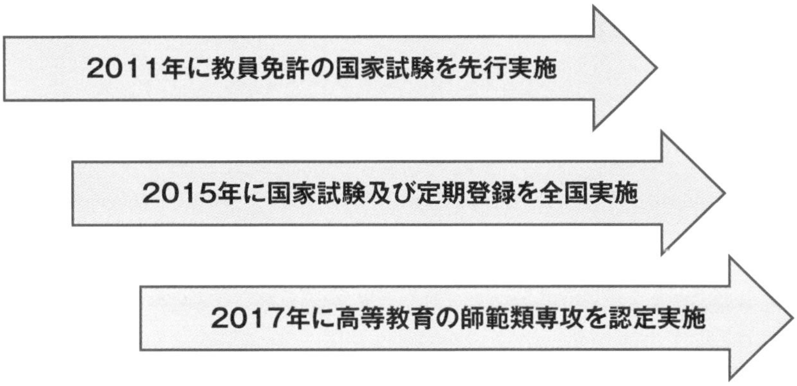

2011年に教員免許の国家試験を先行実施

2015年に国家試験及び定期登録を全国実施

2017年に高等教育の師範類専攻を認定実施

図１　教員免許の国家資格改革の流れ



表２　改革開放後中国における小・中学校専任教師数の推移

| | 1978年 | 1985年 | 2000年 | 2010年 | 2020年 |
|---|---|---|---|---|---|
| 小学校 | 522.55万人 | 537.68万人 | 586.04万人 | 570.23万人 | 643.41万人 |
| 中学校 | 244.07万人 | 215.99万人 | 324.86万人 | 348.18万人 | 386.07万人 |

参考文献

・中華人民共和国教育部ホームページ（2019）「2019年度全国教育調査」（http://www.moe.gov.cn）
・中華人民共和国教育部ホームページ（2021）「教育統計データ」（http://www.moe.gov.cn）
・李広・柳海民（2020）『中国教師発展報告2019：小中学校教師チームの建設の成果、挑戦と方策』科学出版社
・劉湘溶（2004）「教員の専門職化及び教師教育の専門化に関する分析」『中国高教研究』第７期、pp.23-24
・曽華（2016）「教員免許試験「国考」の特徴及び影響要因に関する分析」『現代教育実践と教学研究』第４期、pp.230-231

註

（１）原語：関于深化教育改革全面推進素質教育的決定
（２）原語：中小学教師資格定期注册暫行弁法
（３）原語：中国教師発展報告2019：中小学教師隊位建設的成就、挑戦与挙措

（呉家瑶、張芸穎）

# 4 教育制度の体系と諸課題

## ④生涯学習・社会教育施設の現状と課題

中国では、生涯教育の理念が制度的に展開されたのは、1990年代以降である。そして、日本の社会教育と類似する概念として用いられるのは、**成人教育**もしくは**社区教育**（Community Education）である。周知のように、戸籍制度による都市部と農村部の二重構造は、国民の教育、労働、福祉など様々な面で格差をもたらしており、成人教育もその例外ではない。ここでは都市部の成人教育を中心に考察することとする。

文化大革命の終焉と改革・開放政策の施行に伴い、国家の経済発展に資する人材育成の役割を果たす重要な担い手として、1987年に**成人教育制度**が確立された。「各種の既に仕事に就いた労働者」を対象とする成人教育の役割は、①仕事のニーズに適応させるための**職業訓練**、②初・中等教育を受けなかった労働者のための**基礎教育**、③中・高等教育の文化水準と専門レベルに達していない労働者のための**文化・専門教育**、④高等教育を受けた者のための**継続教育**、⑤人々の精神・文化生活に対するニーズの急増に応えるための**社会文化・生活教育**という５つの側面にあると定められた(1)。なかでも、①の仕事のニーズに対応する職業訓練と④の継続教育が重要な位置づけとされた。このように、産業労働者を育成するための成人教育の性格が伺える。

その後の1990年代において、学校教育と職業教育の制度整備と学歴社会の形成に伴い、学校卒業後の国民のキャリアアップの体系を保障するシステムを形成する必要が出ており、教育政策の重点が生涯学習へと展開することとなる。それとともに、経済が豊かになる国民の精神生活へのニーズの急増から、成人教育制度に規定される５つの役割のうち、⑤の拡大が急速に進んだ。「**学歴社会から学習社会へ**」というスローガンが打ち出されるに伴い、**普通教育・成人教育・職業教育**の一体化が図られ、全国民の生涯学習を促す制度の構築が試みられてきた。この制度的試みを実現するための受け皿となったのは「社区教育」である。

現在の社区教育体系は、行政区レベルの**社区学院**、街道レベルの**社区学校**と社区レベルの**社区住民教育拠点**からなる三層の教育ネットワークによって形成される。その上に市レベルの学習社会形成指導センターがあり、上記の三層の教育ネットワークを総合的に指導し、学習社会の形成を促進する役割を果たす機構として設置されている（図１）。

当初、教育部が社区教育を進めていく際、上海市など最初に社区教育を行ってきた地域に「**社区教育実験区**」を指定し、なかでも成果を得られた先進地区を「**社区教育モデル区**」に指定するという流れで、実験区やモデル区を徐々に増やし、次第に全国範囲で社区教育を普及していくという方策を採った。表１は2001～2021年現在まで教育部が指定した社区教育の実験区とモデル区の数である。行政のこのような普及の方策から、地方によって社区教育の発展が不均衡な状況も不可避なこととなる。2005年以降、福建省、上海市をはじめ、「生涯教育促進条例」の公布を通して生涯学習の法制度の整備を試みているが、これらの地方条例も試行的な取り組みであり、国家レベルの法整備には未だ至っていない。

以下では、社区教育の発祥地であり、現在でも最も発展を遂げた先進地域として上海市を事例にして、**社区教育施設**の現状を見ていく。

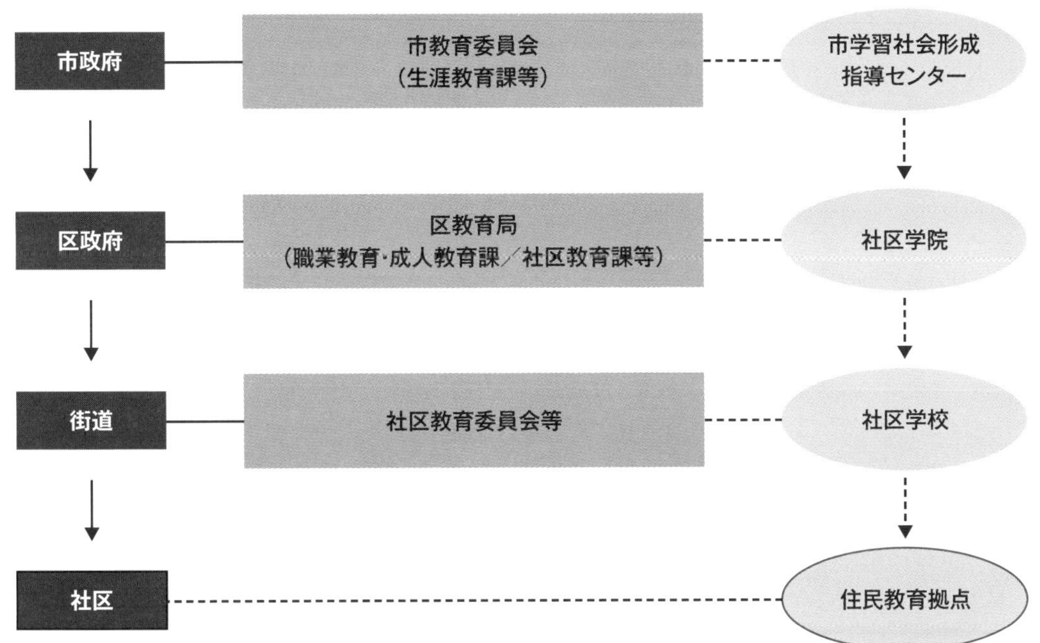


出典：肖蘭『現代中国の就労·自立支援教育』北海道大学出版会、2019年、85頁。

註1：実線は所属関係、点線は指導関係を表す。

註2：中国の都市部では「市―区―街道―社区」というふうに上から下への行政区画がなされている。区、街道、社区と同等レベルでの行政単位は、農村地域ではそれぞれ、県、鎮・郷、村になる。つまり、区と県が同じ行政レベル、街道と鎮もしくは郷が同じ行政レベル、社区と村が同じ行政レベルである。近年の農村地域の都市化により、行政合併等が行われており、農村地域においても次第に区、街道、社区などに改名されてきている。

註3：社区教育委員会は、街道政府の主導で、地域レベルの行政機関、学校と企業等との連携の下で設置される社区教育を所掌する組織である。社区教育委員会の長は街道政府の責任者に当たり、各部門や組織との連絡調整を図り、全体の統括の役割を担う。

註4：社区教育の展開は地方政府の裁量権限が大きいため、施設の名称は各々である。地方によっては、区レベルの社区教育施設を「社区学院」や「社区大学」と、街道レベルの社区教育施設を「社区学校」や「社区教育学校」、「社区文化学校」と名付ける場合がある。

**図1　社区教育施設の組織図**

**表1　教育部指定の「社区教育実験区」と「社区教育モデル区」数**

| | 2001 | 2003 | 2006 | 2007 | 2008 | 2010 | 2013 | 2014 | 2016 |
|---|---|---|---|---|---|---|---|---|---|
| 実験区 | 28 | 33 | 20 | 33 | − | 5 | 45 | − | 64 |
| モデル区 | − | − | − | − | 34 | 34 | − | 22 | 32 |

出典：肖蘭『現代中国の就労·自立支援教育』北海道大学出版会、2019年、84頁。

### 社区学院（Community College）

社区学院は独立法人の資格を有すべく、区／県政府に所属する事業体であると規定されている(2)。一方で、財政面等の課題から独立法人化が順調に実現せず、過渡期の措置として余暇大学(3)、放送大学の分校、成人教育センター等に基づいて設置し、その後徐々に独立法人に移行するとされた。このように、一つの施設には社区学院とともに、余暇大学、放送大学など多くの看板が設置される。独立法人化の不完全な実行により、職員や財政の配分が不明確な状況にある。教職員の配置不足と専門性の問題から、教育カリキュラムは独自性が欠けており、余暇大学や放送大学等の従来のカリキュラムを踏襲しているなどの課題が見られる(4)。

社区学院の主な教育内容は①**成人中・高等学歴教育**、②**職業技能訓練・資格養成訓練**、③**市民の教養・文化教育**である。つまり、社区学院は従来の成人教育施設が担う学歴や職業資格の取得のための教育機能を継承しつつ、住民の教養や精神生活を豊かにするための教育が付け加えられている。教育活動を提供するほか、社区教育システムで指導的な位置づけにある社区学院は、教職員等の養成(5)、カリキュラムや教材づくり、社区学校への指導などの役割も担っている。

### 社区学校（Community School）

社区学校とは、街道や鎮／郷の政府が民間教育組織を含む各種教育・文化・体育等の資源を活用し、社区の住民に向けて教育活動を行う施設である。その役割は、**社区住民の教養と生活の質の向上、地域づくりに貢献する**ことと定められている(6)。上海市では地域ごとに一つの社区学校が設置されているが、小中学校等の教育機関、科学館や文化活動センター等の地域教育資源を利用したり、新たに社区学校を建てたり、設置形態は様々である(7)。社区学校の教育内容に関する明確な規定はなく、社区住民の学習ニーズに応じて幅広い内容とレベルの教育活動を行うことが求められる。表2は、学習者のカテゴリーによって必要な教育内容である。社区学校が地方裁量の下で柔軟に教育内容を実施することができる一方、すべての住民の教育ニーズを満たすための難しさも容易に想像できる。実際に参加者の大半は高齢者であることから、教養、レジャー、健康に関する内容が多い。他方、**出稼ぎ労働者**の急増と農村地域の都市化によって、都市部には過去になかった新たな住民層が現れている。出稼ぎ労働者の市民化教育や彼らの子どもの教育権の保障等のニーズへの対応も、ごく一部ではあるが社区教育の範疇で行われている(8)。社区学校は地域づくりの重要な役割を担っているため、過渡期において日々変化する地域の現状を把握し、多様な住民のニーズに基づいて柔軟に対応していくことが求められる。

### 社区住民教育拠点（Community Educational Branch）

社区住民教育拠点は居民委員会ごとに設置されており、社区教育の末端組織として機能している。**居民委員会**とは、社区に設置される住民の「**自己管理・自己教育・自己サービス**」のための基層自治組織である(9)。住民教育拠点は特定の施設が設置されておらず、社区の文化活動センター、活動室、社区事務所やフリースペース等を使用して、**教養講座や団体活動**を行う場合が多い。地域によって社区学校と役割分担をし、社区学校が開設する上級レベルのクラスの下で、初級レベルのクラスを開設することもある。居民委員会は、行政の末端組織として行政の支援を受けながら、行政補助の機能も担っている。その傘下にある住民教育拠点は居民委員会の業務のほんの一部であるため、人員や財政の資源の不足といった課題はあるが、社区学校の出張授業との連携等を通して、利便性の機能を十分に果たして活発な展開が期待される。

表２　学習社区づくりのための学習ニーズ

| 学習者 | 教育・学習内容 |
|---|---|
| 街道／鎮政府公務員 | 生涯教育体系の構築と学習社区づくりの意義;業務遂行能力の向上教育;社区管理の知識；政府の機能転換への対応；コンピュータ；英語等 |
| 居民委員会幹部 | 社区管理知識；幹部教育等 |
| 社区学校職員 | 社区学校の機能；管理職のための教育等 |
| 社区学校教員 | カリキュラムづくり；クラス管理等 |
| 労働者 | 政治、思想、法規に関する教育；技術教育；コンピュータ；電子ビジネス；インターネット；情報処理技術；英語等 |
| レイオフ労働者・失業者 | 再就職・転職の市場状況；政策・法規；技能教育等 |
| 高齢者 | 余暇教育；健康・養生教育等 |
| 親 | 親子教育；家政；保健等 |
| 乳幼児 | 子育て知識 |
| 青少年 | 課外文化・体育活動；科学知識 |
| 出稼ぎ労働者 | 思想・政治・道徳・法規制の教育；文化教養教育；職業技術教育 |
| 出稼ぎ労働者の子ども | 義務教育 |

出典：金德琅（2007）『終身教育体系中社区学校実体化建設的研究』上海社会科学院出版社、pp.94-95をもとに筆者作成。

## 註

（1）国務院「国家教育委員会関於改革和発展成人教育的決定」国発（1987）59号。
（2）上海市教育委員会、上海市精神文明建設委員会「関於推進本市社区学院建設的指導意見」（沪教委終［2007］18号）。
（3）原語：業余大学、成人高等教育機関の１つである。
（4）上海市学習社会建設推進指導委員会（2007）『上海学習型社会建設』、p.9
（5）ここでいう教職員とは、社区学校の管理者、専任・兼任教員、ボランティアを含む。
（6）上海市教育委員会、上海市精神文明建設委員會辦公室、上海市民政局「上海市社区学校設置暫行規定」（沪教委職［2001］48号）。
（7）上海市学習社会建設推進指導委員会、上海市学習社会形成指導センター（2007）『上海社区住民学習需求与社区教育辦学現状調研報告』上海高教電子音像出版社、p.19
（8）これらの社会ニーズに対応する教育実践の詳細については、拙著『現代中国の就労・自立支援教育』（北海道大学出版会、2019年）の第４章と第５章を参照されたい。
（9）1989年12月26日中華人民共和国主席令第21号公布、1990年１月１日施行「中華人民共和国城市居民委員会組織法」２条。

（肖　蘭）

# 教育制度の体系と諸課題
## ⑤社会教育関連職員制度の現状と課題

### 社区教育職員(社区教育工作者)の役割

中国においては、いまだ社会教育（終身教育、成人教育、社区教育など）に関する法律が未整備である。そのため職員制度についても確立していない。例えば**中華人民共和国教師法**（1993年制定）には、第12条に「成人教育教師資格を取得するためには、成人教育のレベルと種別に即して高等教育、中等教育の学校の卒業以上の学歴が必要である」との規定があるが、その教師資格は学校ごとに一般の高校や大学の教師資格に準じた採用基準が設定され、成人教育としての独自性を有した資格要件は規定されていない。

地域社会における教育機関として整備されている社区教育については、2013年に教育部職業教育と成人教育司から**「社区教育職員ポストの基本要求に関する通知」**が出されている。この中では、末端の行政府である街道レベル以上に設置される社区教育機関（社区学院や社区学校など）の専任職員を運営にあたる「管理者（管理人員）」と講座を担当する「教員（専職教学人員）」に区別して、その役割を以下のように規定している。

管理者の職務は、以下の８項目である。①党と国家の教育方針、政策と法規を執行し、社区教育、生涯教育、学習型社会の理論と知識の宣伝普及を図る、②社区教育の管理に責任を負い、社区教育発展計画、年度計画、管理システムの策定に参加し主導する、③社区教育の調査研究を組織し、社区開発の必要と社区住民の学習ニーズに応じて社区教育プログラムやリソースを開発し訓練計画を立てる、④社区における学習と教育活動、各種の学習型組織の創設を指導し推進する、⑤定期的な社区教育の教育評価を行う、⑥社区教育職員の教育研修を組織し、思想・道徳・修養と専門的な資質を継続して向上させる、⑦社区教育のボランティアに対する組織管理と表彰による奨励を推進する、⑧社区教育の理論研究を展開し、社区教育管理活動の経験と理論研究の成果を総括して交流する。

また教員の職務は、以下の６項目である。①党と国家の教育方針、政策と法規を執行し、社区教育、生涯教育、学習型社会の理論と知識の宣伝普及を図る、②社区教育の講座、カウンセリング、指導組織などの日常の教育活動を行い、教育の質保証を受け持つ、③社区教育の調査研究に積極的に参加し、教育計画の策定、訓練プログラムとカリキュラム教材の開発に参加し主導する、④社区教育の教育改革に積極的に参加し、教育内容のリニューアル、教育モデルのイノベーション、教育方法の改善を進めて教育水準を向上させる、⑤社区教育のボランティアと学習団体に対する業務指導を行い、組織管理の支援に責任を負う、⑥社区教育の理論研究を展開し、講座の事例研究と経験の総括を行う。教員は主に担当する講座における実技系（音楽・芸術など）の専門性を有し、それらを全体的にマネジメントするのが管理者である。

### 社区を支えるコミュニティ・ワーカー

そのほかに、社区における住民自治組織である**居民（村民）委員会**は地域に根差した学習拠点でサークル活動を支援したり、近年全国的に普及し始めた居民（村民）委員会と共同で社区の教育福祉を担う**社会工作者（ソーシャル・ワーカー）**や**社区工作者（コミュニティ・ワーカー）**が、地域住民の日常生活に根差した学習実践を展開している。

## 南京市J区における社区教育職員調査の事例

出典：蒋婷・唐春香・周歓春・郭勝男「社区教育専職工作者隊伍建設現状調査−基于南京市J区的個案−」(『当代継続教育』第33巻第186期、2015年10月)

※J区は6街道、53社区で構成されている。
※J区の社区教育システムは、区レベルに社区培訓学院(1校3名)、街道レベルに社区教育センター(6校10名)、社区レベルに社区居民学校(53校47名)がある。
※調査対象60名の専任職員のうち、有効回答数は51名。

### 表１　社区教育職員の属性

| | | 人数 | 比率 |
|---|---|---|---|
| 前職（派遣元） | 教育局（学校教員） | 13 | 25.5% |
| | ソーシャル・ワーカー | 38 | 74.5% |
| 性別 | 男 | 14 | 27.5% |
| | 女 | 37 | 72.5% |
| 学歴 | 高校以下 | 3 | 5.9% |
| | 専科 | 11 | 21.6% |
| | 本科 | 37 | 72.5% |
| 年齢 | 25歳以下 | 6 | 11.8% |
| | 25～45歳 | 33 | 64.7% |
| | 45～60歳 | 12 | 23.5% |
| 勤務年数 | １年以下 | 10 | 19.6% |
| | １～５年 | 30 | 58.9% |
| | ５年以上 | 11 | 21.5% |
| 職務 | 管理者 | 19 | 37.3% |
| | 教師 | 8 | 15.7% |
| | 管理者（教師兼務） | 19 | 37.3% |
| | 教師（管理者兼務） | 5 | 9.8% |
| 職位 | 初級 | 8 | 15.7% |
| | 中級 | 18 | 35.3% |
| | 高級 | 6 | 12.8% |
| | なし | 19 | 37.3% |

### 表２　社区教育職員の研修

| 研修方法 | 参加実績 | 比率 | 研修内容 | 参加実績 | 比率 |
|---|---|---|---|---|---|
| 指導報告 | 30 | 58.8% | 社区業務知識 | 47 | 92.2% |
| 専門家による講演 | 43 | 84.3% | 政策動向 | 20 | 39.2% |
| 参観・視察 | 19 | 37.3% | 再就職指導 | 15 | 29.4% |
| ネットワーク研修 | 14 | 27.5% | 心理カウンセリング | 16 | 31.4% |
| 座談会・交流会 | 38 | 74.5% | 外国語やコンピューター | 11 | 21.6% |
| 実践研修 | 15 | 29.4% | 人文科学、芸術 | 21 | 41.2% |
| | | | 法律知識 | 12 | 23.5% |
| | | | その他 | 2 | 3.9% |

## 社区教育工作者

社区教育工作者は、社区教育機関で働く教職員の総称である。2013年に発出された「社区教育職員ポストの基本要求に関する通知」には、管理者の条件を大学の専科（短期大学に相当）以上の学歴及びそれに相当する学力を有し、一定の管理業務経験を有する者、また教員の条件を、社区学校の教員は大学専科以上、社区学院の教員は大学本科以上の学歴及びそれに相当する学力を有するもので、担当科目の教員資格証書を持っていることとされている。しかし、管理者は配置転換された学校教員やソーシャル・ワーカーの場合が多く、教員の採用条件も各社区教育機関の裁量で行われており、社区教育工作者を定義づける統一的な条件はないといえる。

## 居民（村民）委員会

居民（村民）委員会は、社区における住民の自治組織である。1978年の改革開放政策以降に、社区制度の下で居民（村民）委員会が再建された。居民委員会は、1990年施行の「都市居民委員会組織法」に規定されており、第２条に「居民委員会は住民の自己管理、自己教育、自己奉仕の基層における大衆自治組織である」と位置づけられ、第３条で「人民政府、またその出先機関と協力し、住民の利益に関係する公共衛生、計画出産、福祉救済、青少年教育などの事業を円滑に進める」など６項目の役割が示されている。構成は、18歳以上の住民の直接選挙によって５～９名の委員を選出し、任期は３年（再選可）とされている。また必要に応じて各委員の下に各種委員会を設けることができ（第13条）、社区教育についても文化教育、青少年、高齢者など、関連する担当の委員会で実施されている。居民委員会の設置数（図１）は、2009年の84,689団体から2019年は109,620団体に、居民委員数は43.1万人から59.6万人へ増加しており、社区住民に身近な草の根の活動を担っている。

## 社会工作者（Social Worker）

社会工作者は、一般に「社工」と称される地域の社会福祉を担う専門職である。2004年に労働と社会保障部による「社会工作者国家職業資格証書」（社会工作者）が制度化された。その後、2007年に民政部が人的資源と社会保障部と共同で「社会工作者職業水準証書」（社会工作師）を制度化し、現在は２種類が国家資格として認定されている。レベルによって社会工作者は１～４級、社会工作師は助理社会工作師、社会工作師、高級社会工作師に分かれている。近年は、資格取得者の増加に伴い、都市部を中心に各地での配置が進められている。

## 社区工作者（Community Worker）

社区工作者は、社区において住民サービスの提供を支援するコミュニティ・スタッフの総称である。民政部が主導して配置を進めているが、コミュニティ・ワーカーという職名を指す場合や社区党組織や居民委員などを幅広く指すこともある。例えば吉林省民政庁は「省内の都市コミュニティ・ワーカーの専従職員グループの構築を一層強化することに関する意見」（2020年５月）を発出し、社区党組織、居民委員会、社区サービス管理者などを都市コミュニティ・ワーカーとして幅広く包摂し、3,000世帯あたり10～15名の専従職員を配置する方針を示している。コミュニティ・ワーカーを専従ポストとして位置づけることで、採用、待遇など統一的な基準で公正な労働条件を整備し、安定的な職業として位置付け、住民の草の根の管理とともに住民サービスの向上を図ることが目指されている。

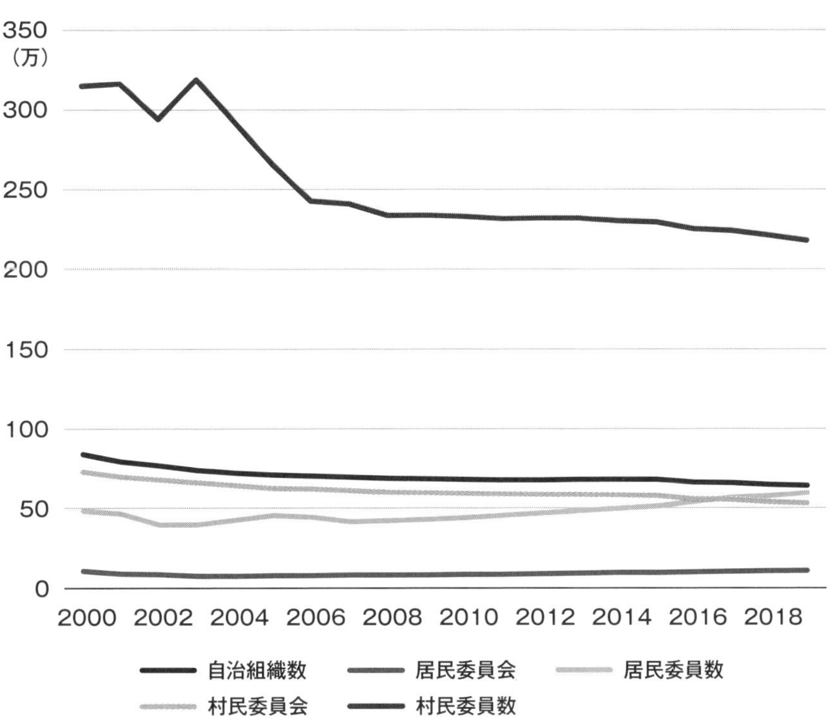


出典：『中国民政統計年鑑（2020）』をもとに筆者作成

図１　居民（村民）委員会の数と委員数

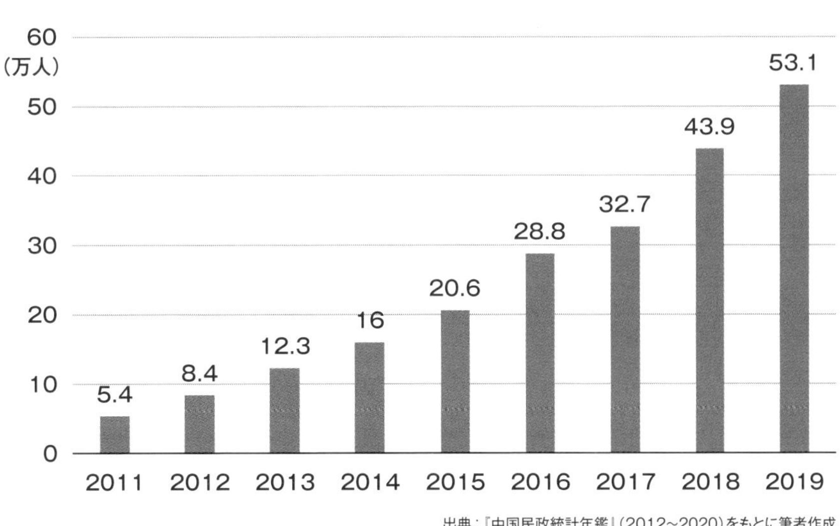


出典：『中国民政統計年鑑』（2012~2020）をもとに筆者作成

図２　ソーシャル・ワーカー（社会工作者）の有資格者数

（上田孝典）

# 4 教育制度の体系と諸課題

## ⑥就学前教育制度の現状と課題

### 「幼児園」を主体とした就学前教育制度

#### （1）幼児園

中国の就学前教育は、幼児園を主体に、一元的な就学前教育体系が見られる。幼児園は、「中華人民共和国教育法」により、学校教育の一部として、教育部の管轄のもと、公立幼児園と民営幼児園がある。３～５歳の幼児を対象にし、預かり時間は全日制（８時間以上）となっている。2018年の統計によると、３歳児の幼児園入園率は83.4%に達している。現在中国の育児状況は、３歳未満の乳児は家庭で育ち、３歳から「幼児園」に通うのが基本的なプロセスである。

幼児園の公立と民営は幼児園の運営主体により分類される。運営主体は、教育部門、地方企業、公設機関、部隊、集体等の幼児園は全て公立幼児園であり、これらの運営主体以外の幼児園は民営幼児園に属する。場合により「私立幼児園」と語ることもあるが、「私立幼児園」は民営幼児園とほぼ同じことを意味している。数に関して、民営幼児園は公立幼児園より多い状況が長年続いているが、政策の変動により、民営と公立幼児園の比率に変動が見られる（図３で示しているように、2011年のおおよそ3:7から2019年のおおよそ4:6に変わっている）。

#### （2）託児所

中華人民共和国の成立以来（1949年）、制度的に０～２歳の幼児を対象とした「託児所」、３～５歳の幼児を対象とした「幼児園」で区別されてきた。しかし、1990年代以降、中国経済体制の改革と出生率の低下に伴い、公立の「託児所」はほとんど無くなった。民営の託児所は設けられているが、数は非常に少ない。国務院婦女児童工作委員会の調査によると、2017年の乳児の入所率は4.29%しかない。対象年齢、預かり時間などについては、施設によって異なっている。民営託児所は、日本の「保育所」という福祉施設ではなく、営利的な施設として存在している。

#### （3）早期教育機関と「学前班」

早期教育機関は営利的な民営の機関であり、幼児にお絵かき、スポーツ、智力開発等の教育を実施する機関である。近年から人気になり、数が毎年増加している。この部分の教育は幼児園での就学前教育と区別され、「早期教育」と呼ばれている。対象年齢に制限がなく、基本的に、新生児から小学校段階まで含まれている。また、21世紀初期から流行した「学前班」は、小学校に入る一年前から通い、小学校段階の教育と円滑に接続することを目的とする幼小連携の機関である。近年では、小学生のように国語や算数などを教えている「学前班」は、幼児期の発達の段階に適合しないと大きく批判され、都市部ではほぼなくなっている状態である。

### 就学前教育の動向と現状

#### （1）就学前教育の普及

就学前教育が政府と社会で高い注目を集めることになったのは、近年以来の出来事である。2010年に国務院が「国家中長期教育改革及び発展計画綱要（2010－2020年）[(1)]」（以下「綱要」）を頒布した。この法令では、就学前教育の発展に力を入れ、幼児園の普及率を上げることを就学前教育の重要な課題と見なして新政策が始まった。この施

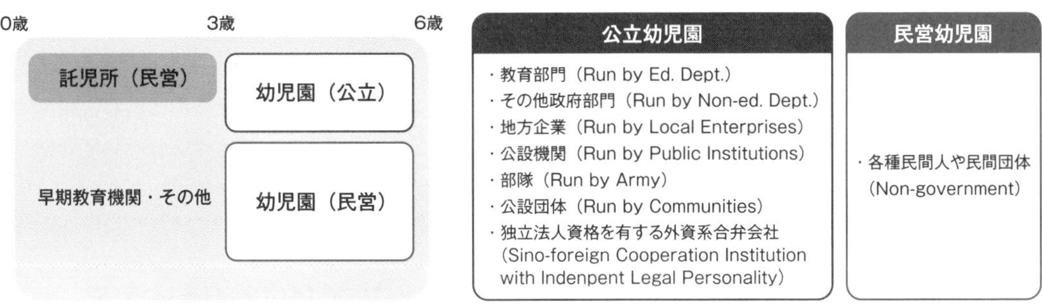


図１　中国就学前教育構造

図２　運営主体による幼児園の分類

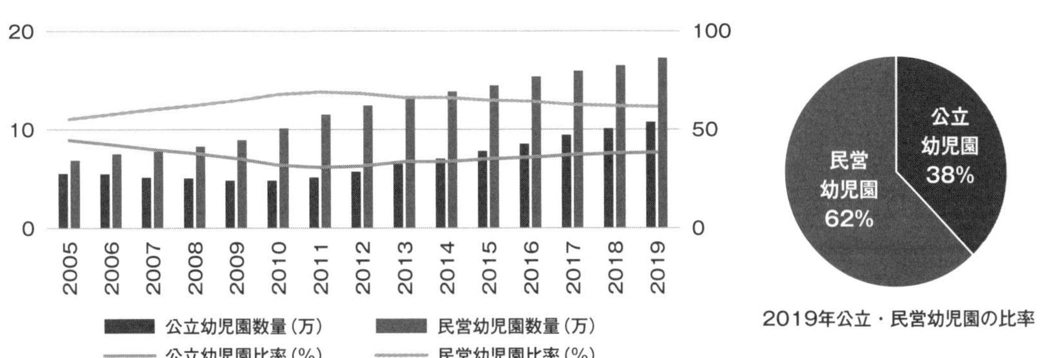


図３　中国公立幼児園と民営幼児園の数量、比率の変化（2005－2019）

出典：中華人民共和国教育部「教育統計数拠」により筆者作成（http://www.moe.gov.cn/s78/A03/moe_560/jytjsj_2019/）

表１　中国就学前教育制度に関する主要な法令

| | 1980年～1988年 | 1989年～2009年 | 2010年以降 |
|---|---|---|---|
| 基本的な法令 | 1995年「中華人民共和国教育法」 | 2009年「中華人民共和国教育法」 | 2015年「中華人民共和国教育法」 |
| 教育計画に関する法令 | | 2003年「幼児教育改革及び発展に関する指導意見」 | 2010年「国家中長期教育改革及び発展計画綱要（2010－2020年）」<br>2018年「中共中央 学前教育の改革規範発展の深化に関する国務院の若干意見」 |
| 幼児園に関する法令 | 1981年「幼児園教育綱要（試行草案）」<br>1996年「幼児園工作規程」<br>1987年「全日制、寄宿制幼児園編制標準（試行）」 | 1989年「幼児園管理条例」<br>1994年「託児所、幼児園衛生保健管理方法」<br>2001年「幼児園教育指導綱要（試行）」 | 2012年「３－６歳児童学習および発展指南」<br>2016年「幼児園工作規程」<br>2011年「幼児園学費管理暫定方法」 |
| 幼児園教師に関する法令 | | 1993年「中華人民共和国教師法」<br>2000年「教師資格条例」<br>2009年「中華人民共和国教師法」 | 2011年「中小学及び幼児園教師資格試験標準（試行）」<br>2011年「教師教育課程標準（試行）」 |

第３部
中国編

策の実行により、中国幼児園の数と在園児がこの数年間で急速に増加した。2009年の幼児園児童人数は2,657.81万、幼児園入園率は56.6％、2019年には幼児園児童人数4,713万人、幼児園入園率83.4％に増加した。

### （2）普恵性就学前教育と普恵性幼児園

中国中央政府は､就学前教育の公益性を認識し、2010年から普恵性就学前教育の施策を実施した。この施策は、就学前教育を普及すると同時に、就学前教育は公益的であることを保証するために実施した重要な施策である。「普恵性」とは、中国新生の言葉であり、政府の管理と監督を受け、合理的な費用で質的保証がある就学前教育と幼児園の特質を指している。普恵性就学前教育の主体となるのが、普恵性幼児園であり、以下の三つの特徴が普恵性幼児園と承認される条件である：１、政府の運営基本基準に達すること。２、社会大衆に向けて募集を行うこと。３、幼児園の費用は政府の定価に従うこと。以上の条件を満たし承認を得た幼児園は政府からの補助が受けられる。中国のほぼすべての公立幼児園と普恵性がある民営幼児園が「普恵性幼児園」と承認されている。

普恵性就学前教育の施策は大きな発展を遂げ、普恵性幼児園の数は2018年に18.29万（比率68.57％）に達した。2018年に頒布した「中共中央 就学前教育の改革の深化と発展の規範に関する国務院の若干意見[2]」（以下「意見」）の中では、さらに普恵性就学前教育を重要な位置に置き、普恵性幼児園在園児の数は2020年までに全国幼児の85％に達するという目標を立てた。

### （3）幼児園教師資格と育児師資格

中国の幼児園で働く際は、幼児園教師資格が必要となる。この資格を取得するには、教育部による国家統一の幼児園教師資格試験に合格しなければならない。託児所で働く先生の資格は法令上の規定はないが、一般的に幼児園教師資格を有する状況が見られる。育児師資格は人力資源及び社会保障部が授与する資格であり、資格取得後、ベビーシッター、託児所の先生など嬰児に関わる職業に勤めることができるが、現在中国社会では幼児園教師資格より認可度が低い状態である。

## 就学前教育制度に関する諸法令

1978年改革開放以来、中国の就学前教育制度に関する諸法令の頒布の推進は、三つの段階を経てきた。1980年から1989年までが回復と調整期、1990年から2009年までは発展期、2010年綱要の頒布以来、新たな段階を迎え、現在の就学前教育制度の基本的な枠組みを構築した。法令政策は主に国務院、教育部、衛生部から頒布し、政策の主要な内容は管理体制、施設運営相関、教師相関、発展の計画に関わる政策がある。前述した「綱要」と「意見」は就学前教育の発展の方向を示す法令である。中国の就学前教育は高い計画性という特徴を有している。「綱要」と「意見」以外、以下の三つの法令は中国就学前教育と幼児園に重要な影響がある法令である。

**「幼児園工作規程[3]」（以下「規程」）**

**「幼児園教育指導綱要（試行）[4]」（以下「指導綱要」）**

**「３－６歳児童学習および発展指南[5]」（以下「指南」）**

「規程」、「指導綱要」、「指南」、この三つの法令は中国の幼児園、特に公立の幼児園の運営と教育理念を構成する重要な基礎であり、中国の就学前教育制度と幼児園を語る際に不可欠な法令である。「規程」は、全体的な方向から幼児園の教育を規定した。「指導綱要」は「規程」の下位法令であり、幼児園の教育を健康、言語、社会、科学、芸術の五領域に分け、具体的な教育目的と内容を明確にした。「指南」はさらに具体的な内容であり、３～４歳、４～５歳、５～６歳、三つの年齢層に適する幼児の学習と発達の目標をそれぞれ示し、幼児園教師と保護者に、具体的、実用的、操作可能な指導と意見を提供した。幼児園教育向けだけではなく、保護者に向けての育児の「指南」でもある。

以上の法令以外、1995年に頒布した「中華人民共和国教育法」は中国教育法律体系の核心であり、就学前教育もこの法律を依拠として教育立法と実践を展開している。幼児園の運営を定める法令は「幼児園管理条例」、幼児園教師に係る法令は「教師資格条例」、「中小学及び幼児園教師資格試験標準（試行）」などがある。表1に、就学前教育制度に関する法令の全体像を示し、ぞれぞれの法令がどのように変容してきたかを示している。

## 就学前教育の課題と展望

### （1）教育格差の減少

「綱要」の頒布以来、就学前教育は中央政府と社会に重視され、教育予算は年々増加し、急速に発展している。しかし、就学前教育制度と現場には様々な問題が見られる。

中国都市部の幼児園は、先端的な教育理念で運営され、設備と教師が優れている一方、経済発展が遅れている農村部では、就学前教育の量と質が欠けていて、教育の平等が保障できない状況がある。また、大都市と農村の間だけではなく、東部の沿海地域と西部の内陸地域の間にも、差し置けない格差が存在している。

### （2）量的拡大から質的向上へ

改革開放以来、就学前教育制度の基本的な枠組みを構築したが、政策と法令が完備されていない。既有の政策の実施にも効果的に管理・監督することが不振の状態にある。以上の原因により、幼児園の数が急増する一方、就学前教育の質的保障の問題が浮上している。一部の幼児園は教育の質が低い、特に民営幼児園では、施設と環境、衛生上の保証がない、幼児園教師の専門性が低いなどの問題が見られる。

また、「入園難」と「入園貴」の問題が中国で社会問題となっている。「入園難」とは、質が高い幼児園の数は足りなく、幼児が幼児園に入園することが難しいことを指している。「入園貴」は質の高い幼児園は学費が高いという現状である。普恵性就学前教育と普恵性幼児園の施策を実施して以来、以上の問題は緩和したが、継続的に解決・改善していく必要がある。

中国の就学前教育は量的普及を実現すると同時に、どのように、都市部と農村部、東部と西部の格差を縮小し、完備な管理･監督の体系を作り上げ、幼児園の教育の質の向上を求めていくのかが、今後の議論と改革の中心になっていくと考えられる。



**註**

（1）原語：国家中长期教育改革和发展规划纲要（2010－2020）
（2）原語：中共中央 国务院关于学前教育深化改革规范发展的若干意见
（3）原語：幼儿园工作规程
（4）原語：幼儿园教育指导纲要（试行）
（5）原語：3－6岁儿童学习与发展指南

**参考文献**

・教育部基礎教育司（2002）『幼儿园教育指導綱要解読』江蘇教育出版社、p.42
・薛二勇、傅王倩、李健（2019）「学前教育立法の政策基礎、挑戦と対応」『中国教育学刊』12期、pp.37-44
・庹永平（2017）「学前教育体制規制の主要問題と改革理路」『学前教育研究』12号、pp.3-6

（田　添禾）

# 教育制度の体系と諸課題
## ⑦特別支援教育制度の展開と課題

### 障害者の教育を受ける権利の保障

中国において障害児教育の領域は「**特殊教育**」と呼ばれる[(1)]。1949年の建国後、1953年に教育部盲聾唖教育処が設置されるなど、視覚、聴覚障害児を中心としながらも、中国の障害児教育に対する政策上の関心は低くはなかった。一方、障害児教育に関する法整備が本格的に進んだのは1982年の現行憲法の公布以降であり（表１）、教育の場の量的拡大が進んだのは1990年代からである。

現行の憲法では45条において「国家及び社会は、盲聾唖その他身体障害の公民の仕事、生活及び教育について按排し、援助する」と定めている。この規定を実質化すべく障害者の総合法として1990年に制定された法律が「**中華人民共和国障害者保障法**」[(2)]である。全９章54か条（2008年改正で68か条）から構成されるこの法律の第３章「教育」（21～29条）では、「国家は障害者が教育を受ける権利を（平等に）享有することを保障する」（21条、括弧は2008年改正部分）と規定されている。また、同法に基づき1994年に制定された行政法規が「**障害者教育条例**」[(3)]である。この条例もまた国家が障害者の教育を受ける権利を保障することを規定するとともに（２条）、義務教育、職業教育、就学前教育や教員養成における県級以上の地方人民政府の役割を明記している。

近年では障害児の教育を受ける権利の平等性を確保することが大きな政策課題となっており、その実現のため中央、地方政府の責任を明確にする法改正がなされている。2006年の「**中華人民共和国義務教育法**」[(4)]の改正では、県級以上の地方人民政府は特殊教育学校（学級）を設置することが規定された（19条）。

なお、後述するように、中国共産党中央委員会･国務院の発表した「国家中長期教育改革及び発展計画綱要（2010～2020）」（2010年）には上記の法改正と軌を一にして特殊教育の推進が盛り込まれている。また、2020年以降の15年間の国の教育方針を示した「中国教育現代化2035」（2019年）でも、教育強国となるための目標の１つとして「障害児に即した特殊教育の提供」が示されている。

### 障害者権利条約の批准と勧告

中国は障害者権利条約を2008年に批准している。条約は、障害を社会が作り出すという考え方、いわゆる社会モデルを条文に反映させたことで知られている。条約では障害に基づく差別を禁止し、また合理的配慮の提供をしないことも差別と規定している（２条）。2008年の障害者保障法の改正では、２条において「障害者を差別、侮辱、侵害することを禁止する」との従来の規定のうち差別の部分を分離させ、「障害に基づく差別を禁止する」との一文を加えた。また、25条では従来の「普通教育機構は普通教育を受ける能力を備えた障害者に対して教育を実施する」との規定に「学習に対する便宜及び援助を提供する」という文言を加えた。

このように条約批准を反映した改正がなされたが、2012年に国連の障害者の権利に関する委員会は中国が特殊教育学校を発展させていることへの懸念を示すとともに、普通学校でのインクルーシブ教育の実現を勧告した。これを受け、教育部が策定した「特殊教育推進計画（2014～2016）」や「第二期特殊教育推進計画（2017～2020）」では「**融合教育**」の推進に関する記述がなされ、特に後者の計画では基本原則に盛り込まれている（表２）。また、2017年には障害者教育条例の大幅な改正がなされている（表３）。

**表1　1982年以降の中国の障害児教育の法整備**

| 年 | 出来事 |
|---|---|
| 1982 | 中華人民共和国憲法公布（78年憲法の全面改正） |
| 1986 | 中華人民共和国義務教育法制定 |
| 1989 | 国務院「特殊教育の発展に関する若干の意見」 |
| 1990 | 中華人民共和国障害者保障法制定 |
| 1994 | 障害者教育条例制定、国家教育委員会「障害児童生徒に随班就読を展開することに関する試験的実施方法」 |
| 1995 | 中華人民共和国教育法制定 |
| 2006 | 中華人民共和国義務教育法改正 |
| 2007 | 障害者権利条約署名 |
| 2008 | 中華人民共和国障害者保障法改正、障害者権利条約批准 |
| 2009 | 国務院「特殊教育事業の発展を更に加速することに関する意見」 |
| 2010 | 中国共産党中央委員会・国務院「国家中長期教育改革及び発展計画綱要（2010～2020）」 |
| 2011 | 国務院「中国障害者事業「第12次５カ年計画」発展綱要」 |
| 2014 | 教育部「特殊教育推進計画（2014～2016）」 |
| 2017 | 障害者教育条例改正、教育部「第二期特殊教育推進計画（2017～2020）」 |
| 2019 | 中国共産党中央委員会・国務院「中国教育現代化2035」 |

出典：筆者作成

**表2　「第二期特殊教育推進計画（2017～2020）」に記された基本原則１の記述**

統括的な計画の推進、普と特の結合を堅持する。普通学校の随班就読を主体とし、特殊教育学校を中核とし、在宅教育と遠隔教育を補充し、融合教育を全面的に推進する。普通学校と特殊教育学校は責任を共に負い、資源を共有し、支え合う。

出典：筆者作成

**表3　障害者教育条例の改正前後の規定の比較**

| | 新 | 旧 |
|---|---|---|
| 2条 | 国家は障害者が平等に教育を受ける権利を享有することを保障するとともに、障害に基づく差別を禁止する。（後略） | なし（後略の部分のみ） |
| 3条 | 障害者教育はその質量を高めて、積極的に融合教育を推進することとし、障害の種類と能力に基づき普通教育方式あるいは特殊教育方式を採ることとするが、普通教育方式を優先して採用する。 | 障害者教育は、障害の種類と能力に基づき普通教育方式あるいは特殊教育方式を採ることとし、役立つ普通教育システムを障害者教育の実施過程に十分反映させる。 |
| 58条 | 本条例の用語は以下の通りである。<br>融合教育は障害学生の教育を最大限普通教育と同じくするものである。 | なし |

出典：筆者作成

第3部
中国編

## 障害児教育の場

中国では特殊教育の普及のため、①特殊教育学校（日本の特別支援学校に相当）、②特学班（日本の特別支援学級に相当）、③随班就読、の３つの場の整備を行ってきた。ただし、②の特学班については、2019年現在、小学校附設特学班数547、初等中学校（日本の中学校に相当）附設特学班数36であることから分かるように、他の２つほどには重視されていない。

上記の場の中で中国の制度として特徴的なものが**随班就読**（日本の通級指導教室に相当）である。随班就読とは「中国における障害のある児童・生徒の義務教育を普及させ、就学率を高めるため、中国の国情に合わせた特別支援教育の主な形式」であり「視覚障害児、聴覚障害児、知的障害児を身近な通常学校に就学させ、健常児の生徒と一緒に学び、活動し、共に発達、学習する教育形態」（呂2014、p.160）のことである。

もともとこの仕組みは経済的に遅れた農村地域の障害児の教育機会の保障のため生まれた仕組みであった。この背景には1986年の義務教育法の制定により就学者の増加が目指されたこと、その一方で財政的に特殊教育学校の設置は困難であったことがある。その後、中国政府は1989年よりこの仕組みを複数地域で実験し、この結果を踏まえ1994年に「障害児童生徒に随班就読を展開することに関する試験的実施方法」[(5)]を発表した。1996年の「中国障害者事業第９次５カ年計画綱要（1996～2000）」では特殊教育学校を特殊教育の中心としつつ、随班就読と特学班を増加させる方針が提起され、これ以降、随班就読は全国的に実施されるようになった。政府の試行から1995年までの６年間に随班就読で教育を受けた障害児は50.5万人に達し、在学障害児総数の77.12%を占めるに至り、「障害児教育の主流となった」と指摘されている（呉2004、p.91）。

## 障害児教育の量的拡大

既述の通り、2006年の改正義務教育法や2008年の改正障害者保障法では教育を受ける権利の平等性を強調するとともに政府の責任を明確にしてきた。これらを受けた2009年国務院「特殊教育事業の発展をさらに加速することに関する意見」[(6)]及び2010年「国家中長期教育改革及び発展計画綱要（2010～2020）」では、2020年までに人口30万人以上の市、自治区と障害児の多い県（市）で特殊教育学校１校を設置すること、随班就読、特学班の規模を拡大することが明記された。

また、上記綱要に基づき教育部が策定した「特殊教育推進計画（2014～2016）」、「第二期特殊教育推進計画（2017～2020）」では、障害児の義務教育入学率の目標をそれぞれ90%、95%とした上で、第一期計画では随班就読の規模拡大、また第二期計画では上記の特殊教育学校の設置の原則とともに、普通学校の随班就読の方式の推進が確認された（表４）。以上のような法令及び計画を受け、変動はあるものの、特殊教育学校、随班就読の量的拡大が見られる（図１、図２）。

## 障害児教育の質の課題

現在障害児の教育を受ける権利を保障すべく場の量的拡大が図られている一方、その質的課題が明らかになっている。特に規模拡大の進む随班就読については、先駆的に随班就読を実施した北京市を対象とした調査において、随読生への配慮に欠ける点、教員の専門性の欠如、教員の過度な負担、個別指導計画の不十分さ、教員研修や巡回指導などの環境整備面の不十分さ、などの根本的な問題を抱えていることが明らかになっている（七田・呂・高橋2005）。今後も随班就読による教育は拡大するものと見られるが、その質的向上をいかに図るかは大きな課題であると言えよう。

**表4　中国の教育計画における特別教育学校設置に関する記載**

| | |
|---|---|
| 「国家中長期教育改革及び発展計画綱要（2010～2020）」 | 特殊教育体系を完備する。2020年までには、市（地）と30万人口以上、障害児童生徒の多い県（市）には一つの特殊教育学校を設置することを実現する。各級各種学校は環境を整備し、積極的に障害者の入学を受け入れ、随班就読と普通学校特教班の規模拡大を進める。障害児童生徒の義務教育の普及を全面的に向上し、障害者の高校教育の発展を加速し、障害者の職業教育の推進に力を入れ、障害者の高等教育の発展を重要視する。状況に応じて障害児童の学前教育を発展させる。 |
| 「第二期特殊教育推進計画（2017～2020）」 | 障害児童生徒の義務教育の実施において特殊教育学校の中核的機能を発揮する。2020年までには、市（地）と30万人以上、また障害児童生徒の多い県（市）には一つの特殊教育学校を設置することを実現する。30万人未満の特殊教育学校のない県においては、地市は行政区域内の特殊教育学校の新入生募集を統括的に計画・調整する。各地による自閉症児童生徒のための特殊教育学校（部）の積極的な探索、設置を推奨する。 |

出典：筆者作成

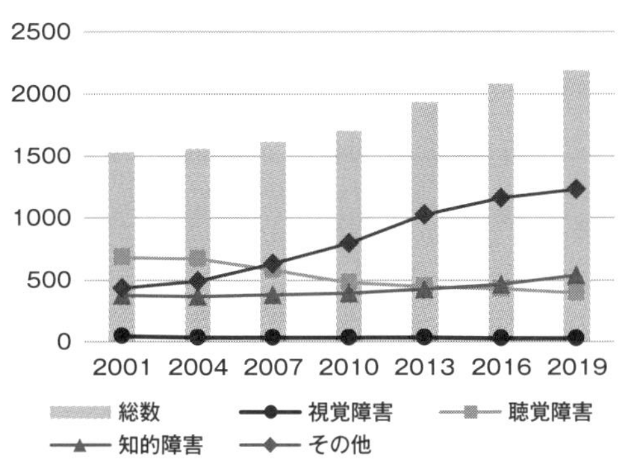


**図1　特殊教育学校の設置数の推移**

出典：中国教育部の公表する教育統計（http://www.moe.gov.cn/s78/A03/moe_560/jytjsj_2019/）（2021年7月21日確認）を参照して筆者作成

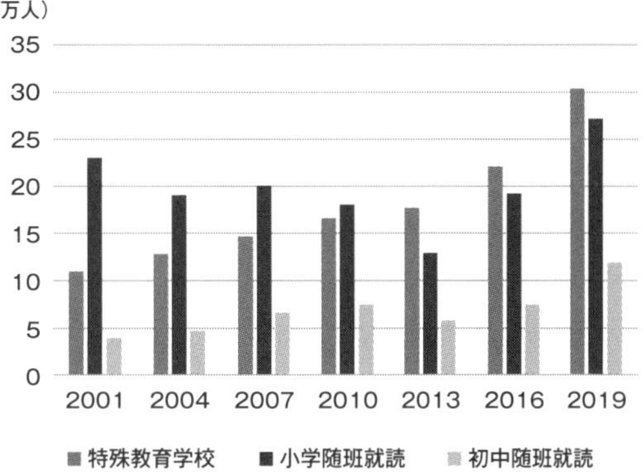


**図2　特殊教育学校、随班就読在学者数の推移**

出典：中国教育部の公表する教育統計（http://www.moe.gov.cn/s78/A03/moe_560/jytjsj_2019/）（2021年7月21日確認）を参照して筆者作成

## 註

（1）ただし、中国の「特殊教育」概念にはいわゆる才能児の教育も含まれている。
（2）原語：中华人民共和国残疾人保障法.
（3）原語：残疾人教育条例.
（4）原語：中华人民共和国义务教育法.
（5）原語：关于开展残疾儿童少年随班就读工作的试行办法.
（6）原語：关于进一步加快特殊教育事业发展的意见.

## 参考文献

・呉秋紅（2004）「中国の障害児教育研究の分析ー「随班就読」に関する論文を軸にー」『立命館産業社会論集』第40巻第1号、p.91
・七田怜・呂暁彤・高橋智（2005）「中国における障害児の「随班就読」の実態と課題ー北京市の随班就読推進モデル小学校調査を通してー」『東京学芸大学紀要 第1部門 教育科学』第56号、pp.243-268
・呂暁彤（2014）「中国における「随班就読」のシステムについて」『帝京科学大学紀要』第10号、p.160

（雪丸武彦）

# 学校の経営

## ①公教育の目的を実現するためのスクールリーダーの役割

### 校長の専門性

中国において校長は教育行政の末端であると同時に、学校管理のトップの位置にも立っている。「徳・智・体・美・労」の全面にわたって発達させた社会主義の建設者と後継者を育成する公教育の目的、そして中央と地方教育政策を厳格に実行しつつ、教育監督部門からの監査を受ける必要もある。近年、地域による学校水準の差異が注目され、特色ある学校追求も日々顕著になることに伴い、スクールリーダーである校長の専門性も重視されてきた。2012年に国家教育部から発行された**「義務教育学校校長専門標準」**（義務教育段階の校長の専門職基準を指す。以下、「専門標準」と略す）では、校長が学校のトップとして管理的役割を履行する専門人員であることが示され、初めて6つの分野の役割について明確に言及している（表１）。さらに理念、知識及び能力の視点から、各分野を細分化したのが60条の専門的要求になる。校長と副校長は国と地方の行政研修に参加する義務がある。各研修の内容は異なっているが、講座のテーマや研修授業案作りの根拠は「専門標準」である。この専門標準が研修授業の体系及び校長の専門性向上に重要な影響を与えている(1)。中西部地域（例えば、貴州省、雲南省等）校長（副校長を含む）研修項目の内実も、専門標準を研修授業作りの根拠にしている。さらに多くの地方教育行政部門は既に校長の職階要件を専門標準に基づいて改定した（表２）。約百万人いる中国の校長全員が６分野の専門標準と60条に及ぶ専門的要求をもちろん暗記しているわけではないが、日々の行動に結び付いている。

### 学校運営・発展の計画を担う校長

校長は学校運営の位置を明確にし、学校運営の理念を改善し、学校運営の特色を強調するなど、すべて学校発展に向けて組織的に計画する必要がある。2010年前後より上海の多くの学校が２～３年にわたる計画を立て、区教育監督部門も学校計画に基づき、学校発展を評価している。したがって、学校運営発展の計画が計画の役割を果たしつつ、評価にも役立っている。現在にわたって３－６サイクルの計画を実施した学校もあり、豊富な経験を積んできた。中国社会が14回目の５年計画発展時期に入ることに伴い、上海で５年計画を立てている学校も出てきた。より長く、より豊かな発展可能性を図っている。計画を立てる過程において、多くの校長が様々な経験を積んできた。大学や研究機構などの知的資源の活用、校内中堅教員チームへの信頼、教員・生徒及び保護者の民主参加を呼びかけるような実践経験などである。当然ながらこの面でも地域差が見られる。上海、北京などの経済発展地域で着手が早く、概ね進んでいる。他方、貧困僻地では学校運営・発展の計画を一度も立てたことのない校長もいる。その校長たちにとって、上記の計画を立てるのは非常に困難なことで、資料作成の技術などのハードウェア面だけではなく、ソフトウェア面の教育理念の向上や学校発展に対する反省も含まれるからである。このような実情に合わせて、貧困地域・学校の校長等を対象とした国家研修を通して、貧困地域・学校へ適確な援助を行うという理念と国家教育部の効率化均衡を目標にして、発展地域から段々地域差を縮小していく必要がある。

**表１ 義務教育学校校長専門標準**

| 役割 | 専門的要求 | |
|---|---|---|
| 学校運営の計画 | 理念と認識 | 1．学校経営の方向性を明確にし、義務教育の使命を果たし、学齢期の児童・生徒に質の高い義務教育を平等に保障し、農民工子女（出稼ぎ労働者子女）、障害を持つ児童・生徒、経済的に困難な児童・生徒の教育を受ける権利の保障に注力する。 |
| | 知識と方法 | 4．国の法律法規、教育方針、政策及び学校管理の規則制度を熟知する。 |
| | 能力と行動 | 7．学校運営、発展の現状を確かめ、学校が直面している主な課題を適時に発見し、研究分析を行う。 |
| 人材育成文化づくり | 理念と認識 | 11．徳育を素質教育（資質教育）の中で最も重要な位置付けとし、学校の徳育システムの構築を全面的に強化する。 |
| | 知識と方法 | 14．自然科学、人文社会科学に関する幅広い知識を持ち、優れた芸術教養と芸術鑑賞と表現に関する知識を有する。 |
| | 能力と行動 | 17．キャンパス環境の緑化と美化、学校文化づくりを丹念に行い、優れた校風、教風、学風の構築、学校の特色と教育理念を反映した校訓、校歌、校章等をデザインする。 |
| 課程教学のリーダーシップ | 理念と認識 | 21．すべての児童・生徒と向き合い、適性に応じた教育を行い、教育教学の質の向上を堅持する。 |
| | 知識と方法 | 24．児童・生徒の発達段階の差異とそれに沿った教育課程の基準を把握する。 |
| | 能力と行動 | 27．国家課程、地方及び学校が定める課程を効果的に統括し、国家課程と地方課程を実行し、学校課程の開発と実施を促進し、児童・生徒に多種多様な教育課程と教学資源を提供する。 |
| 教師職能開発のリーダーシップ | 理念と認識 | 31．教師は学校改革と発展のための最も重要な人的資源である。すべての教師を尊重し、信頼し、教師集団の団結と称賛を行う。 |
| | 知識と方法 | 34．教師の専門的資質の要件を把握し、教師の権利と義務を明確にする。 |
| | 能力と行動 | 37．教師の職能開発の制度を確立し、校内研修等を推進し、教育、研究および研修の一体化を図り、すべての教師を対象に５年ごとに360時間以上の研修要件を果たせる。 |
| 内部管理の最適化 | 理念と認識 | 41．法律に則り学校を経営し、教職員、児童・生徒、社会全体からの監督指導を受ける。 |
| | 知識と方法 | 44．校長の職責と職務に関連する国の政策を把握する。 |
| | 能力と行動 | 47．校内の管理職集団の団結力を高め、学校にかかわる重大な事項の意思決定の際に共産党組織の意見を踏まえることとし、共産党組織の政治の中心的役割を発揮する。 |
| 外部環境への適応 | 理念と認識 | 51．社会奉仕を学校の重要な機能とし、社会的責任を積極的に担う。 |
| | 知識と方法 | 54．学校の広報活動や家庭との連携の理論と方法を身につける。 |
| | 能力と行動 | 57．外部の教育環境を最適化し、外部資源の活用に努める。 |

※「理念と認識」「知識と方法」「能力と行動」など3つの視点は、それぞれ3～4項目の専門的要求からなる。ここで、各視点から1つ目の要求を例として挙げる。
出典：中華人民共和国教育部（2013）「教育部関於印発《義務教育学校校長専業標準》的通知」を参照し、筆者が作成。

## 人材育成を中核とした学校文化を創る校長

学校教育の一部である**徳育**（思想教育、政治教育、道徳教育の３つの側面を併せ持つ概念）は、重要な目標であり、学校文化の中核の位置づけでもある。「専門標準」に要求されているのが、徳育を**素質教育**（資質教育）の中で最も重要な教育とし、優秀な文化を学校環境、学園祭、学生活動に浸透させることである。2016年に全国高校思想政治工作会議で、「立徳樹人」（徳を育み人をつくる）を中心とする方向性を明確にしてきた。当然ながら、思想品行道徳と健康な心理も人材育成の追求目標である。現在、学校には“一訓三風”（校訓、校風、教風、学風）があって、一部の学校のみ校章、校歌、校史、祭りなどで文化創りを図っている。一方、徳育を単純に担任と大隊指導員（少年先鋒隊指導員、学内の共産党学びなどの政治活動、徳育等を主に担う）の職責に任せている学校も少なくない。さらに、徳育担当の副校長か徳育担当主任の割り当てがあるにもかかわらず、徳育を特定教員か少人数担当の責任とみなすことなど、学校文化の中核として認識されていない。それに加えて、グローバル化、情報化による「不良文化」や試験と勉強のプレッシャーで生徒心理に悪影響を与えている現象もみられる。都市化と人口移動の背景もあって生徒の差異が目立つなどの要因で徳育の実施がより難しくなっている。そのため徳育を十分に学校文化に浸透させ、教師全員の義務に結び付ける必要性がある。そこまでしないと実行性や効果が楽観的には見込めない。徳を育み人をつくるという理念に基づいた学校文化をいかに創るかは校長にとって新たな問題と挑戦になっている。

## 課程教学をリードする校長

**課程教学**（教育課程の編成及びその一連の教育活動を指す）は学校運営の核心であり、人材育成の基本ルートでもある。長い間、各地で授業改革が白熱し、2016年に中国版キー・コンピテンシーである「**中国学生発展核心素養**」（中国の児童・生徒・学生の発達のための中核的資質）が学生育成目標として提出されて以来、教えと学びの変革があらためて改革の焦点になった（図１）。課程教学で生徒の上記の核心素養を高めていくことも校長たちの重要課題になった。中国各地では課程分類が異なり、上海を例にすると基礎課程、開拓課程と探究課程に分けられているが、国家課程、活動課程と実践課程のように分けられているところもある。一般に、基礎課程と国家課程の目標内容に変わりはなく、各学校では教員が授業等を実施する際、若干改良を加えることができる。注意を払う必要があるのは進学競争の背景であり、音楽、体育、美術などの非進学科目の実施時間保障について、校長への監督を高めていく必要性ある。モデル授業の開発及び実施は各地域と各学校の実情に合わせ、校長と教員が自主的に決めている。現在、経済発展している地域の学校では、より多くのモデル授業が設けられている。人文、科学・技術、芸術、体育、心理、労働等の選択授業及び部活動がある。上海では、教員に学校の人材育成目標と授業目標に基づき、自身の得意と興味を生かしつつ、毎年又は隔年で、１科目以上の選択授業を開設あるいは１つ以上の部活動指導を要求する学校が少なくない。ただ、開発される課程（或いは活動）が多ければ多いほど良いとは限らない。その質は学校運営の特色と十分に繋がっているか、生徒の成長やニーズと一致しているかによって決まるため、校長の全体設計と授業選択と密接に関わっている。「専門標準」に要求されているように、校長が授業を傍聴しながら指導を強化し、具体的に授業のコマ数が地方教育行政部門によって定められる。優秀な校長は身をもって、１クラス以上の主要科目教学を担当しつつ、毎学期百以上の授業を傍聴し、若手教員を指導し、課程教学の発展に重要な模範的役割を果たしている。

**表２　校長の職階と比率（上海嘉定区を例として）**

| 職階別／学校別 | 初級（%） | 中級（%） | 高級（%） | 特級（%） |
|---|---|---|---|---|
| 中学校 | 15－25 | 45－50 | 30－35 | 高級者の約20% |
| 小学校 | 15－25 | 50－55 | 25－30 | |

※職級設置が校長専門発展過程とリンクしており、「慣らし」「経験蓄積」「ベテラン」「専門模範」など四つの段階が含まれている。それに対して、校長職級は初級、中級、高級、特級四段階の11等で、具体的に初級の1、2、3等、中级の1、2、3、4等、高级の1、2、3、4等及び特级に分けられている。
出典：中国共産党上海市嘉定区教育局委員会・上海市嘉定区教育局（2016）「関於開展2016年校長職級評審和認定工作的実施意見」を参照し、筆者が作成。

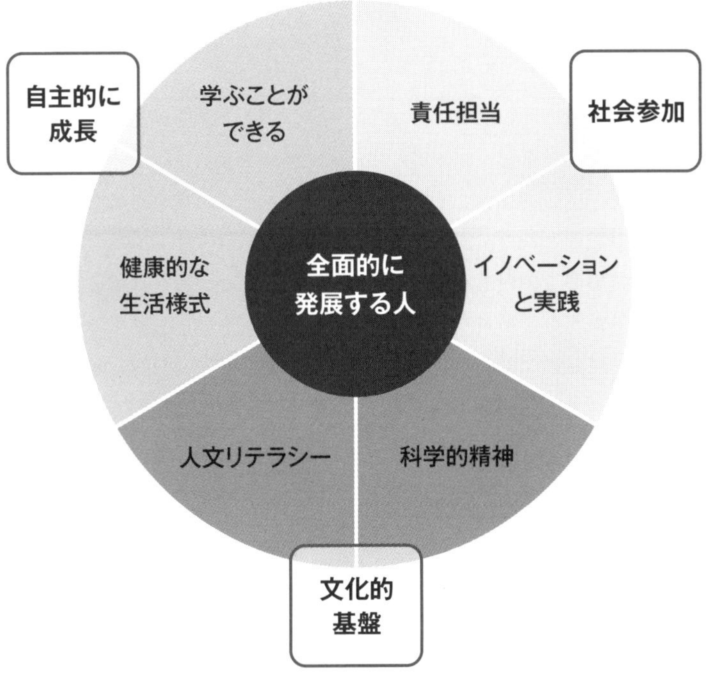


出典：核心素養研究課題組（2016）「中国学生発展核心素養」『中国教育学刊』第10号、pp.1-3に基づき、筆者が作成。

**図１　中国学生発展核心素養**



**註**

（1）筆者・李は2020年夏に上海師範大学で行われている国家教育部に委託されている“10年間国家研修評価”項目に参加し、建国以来国家投資最大、研修人数最多の国家レベル教師研修の実行者、研修講師及び受講者を対象にインタビューとアンケート調査を実施した。

（李昱輝、呉会利）

# 学校の経営
## ②学校教育活動の年間の流れ及び学校評価

### 教育課程設置の「三原則」

2001年に教育部が発令した「**義務教育課程設置実験方案**」に、義務教育（小・中学校）の教育課程設置の原則が以下のように定められている。

#### （1）均衡を保った教育課程

徳育・智育・体育・美育の全面的な発展の理念に基づき、均整のとれた科目配分を行う。地方や学校の実情及び児童・生徒のニーズに合わせて適宜調整し、児童・生徒の調和のとれた全面的な発達を保障する。児童・生徒の心身の発達段階と教科知識の理論に基づき義務教育９年一貫を見据えた課程を設置する。児童・生徒の年齢や社会の発展に応じて、課程科目も低学年から高学年へ逐次増加していく。

#### （2）教育課程の総合性の強化

児童・生徒の経験を重視した教科教育を強化する。各教科において知識の習得と社会生活等の**経験との融合**を重視すべく、教科学習偏重を脱却する。そのために**総合的な科目**を設置する。総合的な科目としての第１～２学年の「品徳と生活」、第３～６学年の「品徳と社会」は、家庭から学校、社会へと生活範囲が広がる児童の発達を促すことを目的とする。第３～９学年までの「科学」の設置のねらいは児童・生徒の生活経験に基づいた探究過程の体験、科学方法の学習、科学的精神の形成である。また、第１～９学年の「芸術」の設置は児童・生徒の芸術に関する経験を増やし、美を感じる力、美をつくる力、美を鑑賞する力を養い、美に関する意識を高めることをねらいとする。さらに、総合実践活動を創設し、情報技術教育、探究学習、社区服務（コミュニティでのボランティア活動）と社会実践及び労働・技術教育などが含まれる。児童・生徒の情報収集・処理能力、問題解決能力やコミュニケーション能力、チームワーク力、社会的責任、イノベーションと実践的能力を養うことを目的とする。

#### （3）教育課程の弾力化

国家が選択科目や総合的な科目を設置することで、各教科の授業時数の弾力化を図り、地方、学校による自主性のある教育課程の設置、編成を通して、教育課程の適性と創造性が高まり、特色ある学校づくりを実現する。９年間義務教育の基本要求をもとに、農村部の普通中学校で**「緑色証書」教育**（農業の知識と技能に関する教育）を試行し、特色のある農村部の教育課程の設置、編成を行う。都市の普通中学校で職業技術科目の設置も検討していく[(1)]。

### 教育課程設置の現状

#### （1）設置権限について

国家教育部は教育課程設置の原則ならびに各学年の週コマ数、年間コマ数、９年間の合計コマ数及び各教科の授業時数を明確にしているが、その比重は一定の範囲で調整可能である。その場合、省級教育行政部門が実情に合わせ、多少異なる課程計画を立てることは可能であるが、週コマ数、年間コマ数は教育課程基準の範囲内に収めなければならない（表１）。省級教育行政部門は国家教育部の地方課程、**学校課程管理・開発に関する指導意見**等に基づき、省の地方課程、学校課程管理・開発の具体的な要求を必ず国家教育部に届け出る

### 表1　義務教育課程設置及び比重

| | 学級 | | | | | | | | | 九年間科目総計(比重) |
|---|---|---|---|---|---|---|---|---|---|---|
| | 一 | 二 | 三 | 四 | 五 | 六 | 七 | 八 | 九 | |
| 科目 | 品徳と生活 | 品徳と生活 | 品徳と社会 | 品徳と社会 | 品徳と社会 | 品徳と社会 | 思想品徳 | 思想品徳 | 思想品徳 | 7～9％ |
| | | | | | | | 歴史と社会（あるいは歴史、地理） | | | 3～4％ |
| | | | 科学 | 科学 | 科学 | 科学 | 科学（あるいは生物、物理、化学） | | | 7～9％ |
| | 国文 | 国文 | 国文 | 国文 | 国文 | 国文 | 国文 | 国文 | 国文 | 20～22％ |
| | 数学 | 数学 | 数学 | 数学 | 数学 | 数学 | 数学 | 数学 | 数学 | 13～15％ |
| | | | 外国語 | 外国語 | 外国語 | 外国語 | 外国語 | 外国語 | 外国語 | 6～8％ |
| | 体育 | 体育 | 体育 | 体育 | 体育 | 体育 | 体育と健康 | 体育と健康 | 体育と健康 | 10～11％ |
| | 芸術（あるいは音楽、美術） | | | | | | | | | 9～11％ |
| | 総合実践活動 | | | | | | | | | 16～20％ |
| | 地方課程及び学校課程 | | | | | | | | | |
| 週計コマ数 | 26 | 26 | 30 | 30 | 30 | 30 | 34 | 34 | 34 | 274 |
| 学年総コマ数 | 910 | 910 | 1050 | 1050 | 1050 | 1050 | 1190 | 1190 | 1122 | 9522 |

出典：下記リンクの内容を参考に、筆者訳
http://old.moe.gov.cn/publicfiles/business/htmlfiles/moe/moe_711/201006/88602.html

### 表2　広東省汕頭市2020－2021学年普通小中学校年間スケジュール（汕頭市教育局2020年6月2日制定）

**第一学期**

| 日付 | 学年週次 | 学期週次 | 内容 |
|---|---|---|---|
| 2020年7月26日－8月1日 | 1 | | 8月1日学年開始 |
| 8月2日－8月8日 | 2 | | 夏休み |
| 8月9日－8月15日 | 3 | | 夏休み |
| 8月16日－8月22日 | 4 | | 夏休み |
| 8月23日－8月29日 | 5 | | 夏休み |
| 8月30日－9月5日 | 6 | 1 | 9月1日から第一学期、授業開始 |
| 9月6日－9月12日 | 7 | 2 | 授業 |
| 9月13日－9月19日 | 8 | 3 | 授業 |
| 9月20日－9月26日 | 9 | 4 | 授業 |
| 9月27日－10月3日 | 10 | 5 | 国慶節休み3日間、中秋節1日 |
| 10月4日－10月10日 | 11 | 6 | 授業 |
| 10月11日－10月17日 | 12 | 7 | 授業 |
| 10月18日－10月24日 | 13 | 8 | 授業 |
| 10月25日－10月31日 | 14 | 9 | 授業 |
| 11月1日－11月7日 | 15 | 10 | 授業 |
| 11月8日－11月14日 | 16 | 11 | 授業 |
| 11月15日－11月21日 | 17 | 12 | 授業 |
| 11月22日－11月28日 | 18 | 13 | 授業 |
| 11月29日－12月5日 | 19 | 14 | 授業 |
| 12月6日－12月12日 | 20 | 15 | 授業 |
| 12月13日－12月19日 | 21 | 16 | 授業 |
| 12月20日－12月26日 | 22 | 17 | 授業 |
| 12月27日－2021年1月2日 | 23 | 18 | 授業、元日休み1日 |
| 2021年1月3日－1月9日 | 24 | 19 | 授業 |
| 1月10日－1月16日 | 25 | 20 | 復習試験 |
| 1月17日－1月23日 | 26 | 21 | 冬休み |
| 1月24日－1月30日 | 27 | 22 | 冬休み |

**第二学期**

| 日付 | 学年週次 | 学期週次 | 内容 |
|---|---|---|---|
| 1月31日－2月6日 | 28 | | 冬休み |
| 2月7日－2月13日 | 29 | | 冬休み、2月12日春節 |
| 2月14日－2月20日 | 30 | | 冬休み |
| 2月21日－2月27日 | 31 | 1 | 2月22日から第二学期、授業開始 |
| 2月28日－3月6日 | 32 | 2 | 授業 |
| 3月7日－3月13日 | 33 | 3 | 授業、3月8日Women's Day |
| 3月14日－3月20日 | 34 | 4 | 授業 |
| 3月21日－3月27日 | 35 | 5 | 授業 |
| 3月28日－4月3日 | 36 | 6 | 授業 |
| 4月4日－4月10日 | 37 | 7 | 授業、4月4日清明節休み1日 |
| 4月11日－4月17日 | 38 | 8 | 授業 |
| 4月18日－4月24日 | 39 | 9 | 授業 |
| 4月25日－5月1日 | 40 | 10 | 授業、労働節休み1日 |
| 5月2日－5月8日 | 41 | 11 | 授業、青年節、14周岁以上青年のみ半休 |
| 5月9日－5月15日 | 42 | 12 | 授業 |
| 5月16日－5月22日 | 43 | 13 | 授業 |
| 5月23日－5月29日 | 44 | 14 | 授業 |
| 5月30日－6月5日 | 45 | 15 | 授業、児童節、14周岁未満のみ休み1日 |
| 6月6日－6月12日 | 46 | 16 | 授業 |
| 6月13日－6月19日 | 47 | 17 | 授業、端午節休み1日 |
| 6月20日－6月26日 | 48 | 18 | 授業 |
| 6月27日－7月3日 | 49 | 19 | 復習試験 |
| 7月4日－7月10日 | 50 | 20 | 夏休み |
| 7月11日－7月17日 | 51 | | 夏休み |
| 7月18日－7月24日 | 52 | | 夏休み |
| 7月25日－7月31日 | 53 | | 夏休み |

出典：下記リンクの内容を参考に、筆者訳
https://www.shantou.gov.cn/edu/ymys/tzgg/content/post_1762054.html

必要がある（例えば、民族学校の課程設置や各小学校がいつから外国語授業を実施するかなど）。

国家と各省がそれぞれ国家課程と地方課程の枠組みと要求を定める一方、県・市級教育行政部門が地方経済・文化・教育発展の実情に合わせて国家課程を微調整し、地方課程の設置を完成する。学校は、国家課程と地方課程に関する諸規定に基づき周辺の環境変化と児童・生徒の実情を配慮したうえで、朝会・学級会・科学文化体育活動など特色ある学校課程の開発に努める。だが、学校が自ら教科書を開発・指定・配布する権限は一切ない。

### （2）学年暦について

学年度は**9月に始まり、翌年の7月に終了**する。通常**2学期制**を採用し、第1学期は9月から翌年の1月末までで、第2学期は2月末頃から7月中旬までである。授業は**一学年35週間**で、それに加え、学校伝統活動、文化祭、運動会、遠足などのために学校が自主的に配分できる時間が2週間あり、試験期間が2週間で、夏・冬休み及び祝日合わせて12週間になる。

世界中に広がっている新型コロナウイルスの影響で、この間、各分野でイレギュラーな対応を行っている。中国では2020年の冬休み期間が新型コロナウイルスの影響のピークであり、4月まで休校にしている学校が多かった。こういうイレギュラーな時期、各地の状況が異なるため、国家教育部が方針を定め、省が実情に合わせてこれを調整するが、地方レベルの役割が大きくなってくる。市や学校で細かい年間予定表を立てている。表2は例として広東省汕頭市2020－2021学年普通小中学校の年間スケジュールを掲げている。

### （3）今後の方向について

現行の「**義務教育課程設置実験方案**」が2001年に発令されてから20年たち、2019年の初めより内容の改訂の検討がなされ、2021年末までに新たな義務教育課程設置方案及び各教科課程標準が発令される予定である。教育部によると、現行と比べると、主に3点が変わる見込みである。まず、1点目は「義務教育課程設置実験方案」から「**義務教育課程方案**」へと名称を変更する。2点目は、習近平総書記が言及している「有理想、有本領、有担当」（理想、能力、責任感を持つ）次世代の育成を義務教育課程体系構築の理念とし、育成目標の言明、人材育成の標準等を示す。3点目は、児童・生徒の発達段階に応じて、**科目間の統合と再配分**を図り、教育課程設置と実施を調整する。例えば、1～2学年の音楽、美術を統合し「芸術総合」として新設する。新改訂「義務教育課程設置実験方案」が発令されるのを待ちたい。

## 学校評価の改革動向

学校評価は教育課程編成と学校活動を導く重要な役割を果たしている。長い間、評価問題が学校教育改革や発展に影響を与えたり牽引の重要な要因にもなっている。多くの調査からも示されているのが、進学率が学校評価の基準になり、点数が生徒評価とイコールと見做され、論文や肩書を根拠に教員評価を行い、学歴があれば質の高い人材であることの証拠になるということである。それに対し、2020年に中国共産党中央国務院の「**新時代教育評価改革を深化する総体方案**」[(2)]（以下、「総体方案」と略す）が党委と政府の教育評価改革、学校評価改革、教員評価改革、生徒評価改革及び人材採用評価改革など5つの領域から、22項の改革任務を提出している。該当方案は非科学的、非合理的な教育評価方法を排除し、時代ニーズに適する教育評価システムの構築に注力するものである。「総体方案」は今後の学校評価改革目標と責任体制にも方向性を示している。

第一に、改革目標に関して、8点が言及されている。1つ目は政府、学校、社会などの多元的な評価体系を構築し、教育監督指導部門による**教育**

**評価体制**を確立する。2つ目は教育評価活動の数と頻度を厳しくコントロールし、学校等の負担を軽減する。3つ目は各地で基礎教育における授業研究等の指導方式を革新し、テスト方式で学校と生徒を評価することを改める。4つ目は評価ツールを革新し、AIやデータベースなどの情報技術を活用し、生徒の学年ごとの学習状況（縦方向）、徳育・智育・体育・美育・労育の学習状況（横方向）の全面的な評価を模索する。5つ目は評価結果の活用を完備する。6つ目は教師の評価能力を高め、大学の教育評価等の学科の新設を支援し、教育評価の専門人材を育成する。7つ目は国家教育試験作成チームを強化する。8つ目は教育評価の国際協力を進め、**国連「持続可能な開発のための 2030 アジェンダ」の教育分野の目標の実施**を監督・評価し、中国の理念と提案を掲げる。

第二に、責任体制について、重点的に6条の措置を提出している。1つ目は各級党委員会と政府がリーダーシップを発揮し、教育評価改革を重点事項として、「総体方案」に基づき、実情に合わせて実行する。2つ目は各級党委員会教育事業指導者グループが統括・調整、広報及び監督を行う。3つ目は中央と関係部門の役割分担を明確にし、関連制度を作る。4つ目は各級各種学校が「**五唯**」（点数、進学率、学歴、論文、肩書の5点のみ重要視する）という慣習から脱却する。5つ目は国家と各省（自治区、直轄市）がモデル地区、モデル校等を作る。6つ目は**教育督導**（視学）が教育評価改革を推進し、それに違反している関係機関、学校を指導し、責任者へ処罰を与える。

また、小中学校評価の改善に対して、「総体方案」（二）の6に明確に言及し、「義務教育段階においては、生徒の全面的な発達の促進、生徒の権利の保障、教師の職能開発、教育教学の質の向上、調和のとれた人材育成の環境づくり、先進的な学校制度の建設、学業負担、社会満足度などの状況を重点的に評価する。国家が義務教育の**学校評価基準**を制定し、質保証のための点検制度を完備し、評価・点検の結果を活用し、義務教育の均衡ある発展を促進する。」

「総体方案」には教育評価の困難性、長期にわたる改革を考慮しつつ、中国教育現代化の進捗状況に応じて、2段階に分けて、新しい時代の教育評価改革の目標を提出している。第一段階では、5年ないし10年の努力で、教育評価における各級党委員会と政府の職能が顕著に向上し、各級各種学校では立徳樹人（徳を育み人をつくる）の理念に基づいた体制作り、健全な教師評価制度、多元化する生徒評価制度が完備し、社会において科学的な方法で人材評価を行う。第二段階では、2035年までに時代や中国の特色を顕した世界水準の教育評価体系を形成する。

**註**

（1）教育部（2001）「関於印発『義務教育課程設置実験方案』的通知」
http://m.jyb.cn/zyk/jyzcfg/200603/t20060304_55379_wap.html

（2）中国共産党中央国務院（2020）「深化新時代教育評価改革総体方案」
http://www.gov.cn/xinwen/2020-10/13/content_5551032.htm

（呉会利、李昱輝）

# 学校の経営
## ③校内組織体制

### 学校行政組織について

#### （1）各級学校の基本構造

中国の学校において、もっとも特徴的なポイントは**校長室**と共産党の基層組織である**党委員会**（以下「党委」）の**ツートップ型行政**である。党委は政党が地方行政区及び企業や事業単位、軍などの組織に設置する部門であり、社会主義国家において広く採用される地方行政制度の一環である。それに従って、中国の各級学校にも党委が設置されているが、組織内部の職能は高等教育機関以外あまり明記されていない[(1)]。

右の図1で示される通り、各級学校は基本的に校長室と党委というツートップで管理され、**校長**と**党委書記**は学校全体のリーダーとして、学校運営に携わる。1993年の「中国教育改革と発展綱要」[(2)]で「中等及び中等以下の各級学校では校長責任制を実行する」と明記されて以来、学校内の最高責任者は校長であることが定着していた。校長室は校長と複数名の副校長からなる管理者集団で、前者が最高責任者として、後者らは特定の業務分野を担当する形（また「分管校長」とも呼ばれる）で機能することが多い[(3)]。パターンとしてよく見られる業務分野の分け方で以下のものがある。すなわち①**庶務担当**（いわゆる庶務全般や財政管理）；②**教授教学担当**（カリキュラムやテスト教科教育に関する）；③**研究研修担当**（研修や教育研究に関する）；④**徳育担当**（学校行事や生徒指導に関する）である。

そして、実際に上記の各業務分野において機能する部門が設置され、各分管校長及び校長の下で学校の運営を支えている。地域や学校の種類（段階、設置者、普通か専科か）によって、設置される部門の種類や数が異なるが、もっとも基本的で一般性のある部門は図1に示されたようなものである。その中で、総務処、教務処及び政教処には教員からそれぞれ主任と副主任及び幹事が選ばれ、その職能が図1で示している通りである。団委とは「中国共青団委員会」[(4)]の略称で、書記と幹事数名で機能することが多い。団委は主に生徒・学生活動の監督や促進を目的とするため、学校行事や生徒社団を担当することが多く、生徒・学生と最も接点が多い部門である。上記の**主任**、**副主任**や**団委書記**などが中間管理職として、実際の学校運営で多くの事務的な仕事をこなしているため、一般の教科教員が校務責任を負うことは稀である。中間管理職の任命は校長室会議で提案され、党委と教職員代表大会の監督の下実施されることがほとんどである。

#### （2）学校における党委の役割

党委の設置は社会主義国家の行政管理において基本的な骨組みであり、「中国共産党章程」五章三十条によれば、「企業、農村、機関、学校、科研院校、街道社区、社会組織、人民解放軍連隊及びその他の基層単位で、三人以上の正式党員がいる場合、党の基層組織を成立させるべきである」。学校行政において、党委は基本的に上級の共産党地方組織とのパイプ役として機能することが多いが、徳育と関係する政教処と団委に関しては、党委からの指示を受けているケースも多い。また、学校内の民主的運営を保証するための**教職員代表大会**の展開と維持も党委に任されている。

しかし、現場の実態として、党委書記と校長が同一人物であったり、副校長を兼任したりすることがほとんどであるため、この両者の職能の棲み

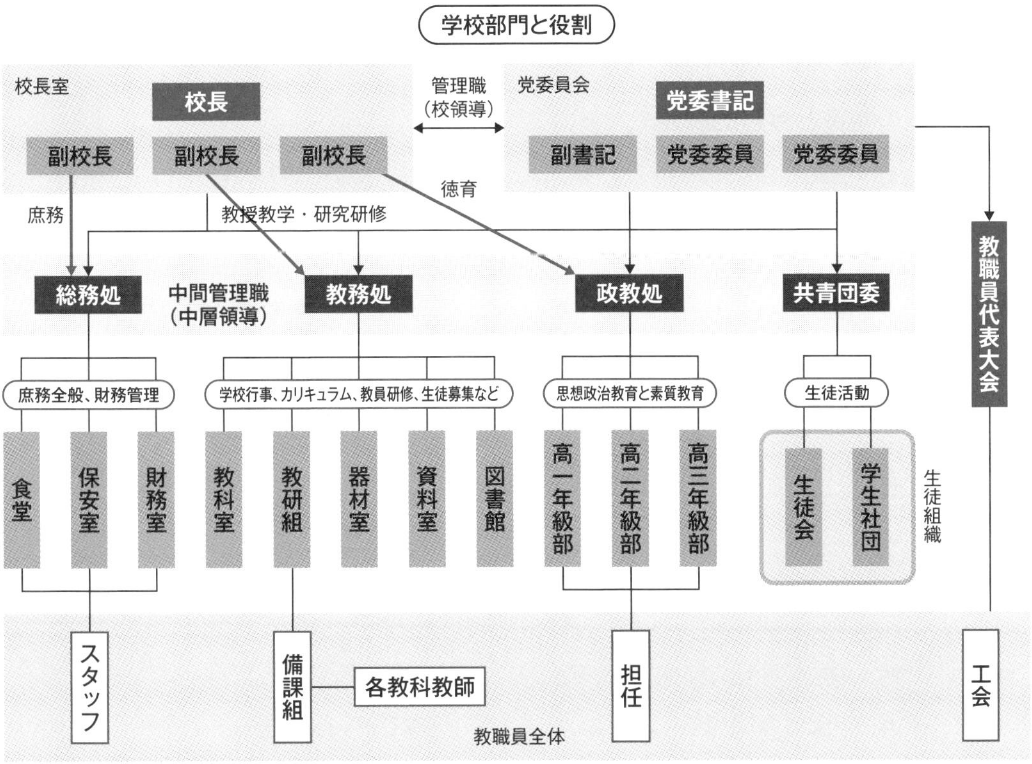

学校部門と役割

校長室
校長
副校長　副校長　副校長
管理職（校領導）
党委員会
党委書記
副書記　党委委員　党委委員
庶務
教授教学・研究研修
徳育
総務処　中間管理職（中層領導）　教務処　政教処　共青団委
教職員代表大会
庶務全般、財務管理
学校行事、カリキュラム、教員研修、生徒募集など
思想政治教育と素質教育
生徒活動
食堂　保安室　財務室
教科室　教研組　器材室　資料室　図書館
高一年級部　高二年級部　高三年級部
生徒会　学生社団　生徒組織
スタッフ　備課組　各教科教師　担任　工会
教職員全体

**図1　中国学校（主に義務段階及び高校）における組織構造図**

**表1　中国における新大学入試制度改革の沿革及び比較**

| | 現行の大学入試 | 初期の改革案 | 修正後の改革案 |
|---|---|---|---|
| **実施する地域** | 大多数の省・市・区 | 上海市・浙江省（2014年～）<br>北京市など（2017年～） | 江蘇省・福建省を含む8省<br>（2018年～） |
| **教科構成** | 3　＋　文OR理 | 3　＋　3（選択科目） | 3　＋〔1　＋　2〕（選択科目） |
| **受験教科の構成パターン** | 語数外 ／ 文科総合（歴・政・地）<br>理科総合（物・化・生） | 語数外 ／ 歴・政・地・物・化・生・（技術）※から任意に3つ | 語数外 ／ 歴OR物 ／ 政・地・化・生・（技術）から2つ |
| **大学側の選考（一般入試）** | 文科・理科それぞれで点数比較 | 学部によって必要とする受験科目を制限したうえで点数比較 | 学部によって必要とする受験科目を制限したうえで点数比較 |
| **生徒の選択パターン** | 2種類 | 20（35）※種類 | 12（20）※種類 |
| ※技術を入試の選択科目として採用される地方が少ないため、括弧に入れている。選択パターンにおいて、括弧内の数字は技術を入れて計算した結果である。 | | | ※選択パターンにおいて、括弧内の数字は技術を入れて計算した結果である。 |

分けが完全にできているとは言い難いのである。

## 学級編制の特徴と今日的課題

### （1）学級編制の特徴

中国の学校体系の中で、幼児園から大学までにおいて、基本的に班（バン）[5]を基本単位として生徒・学生管理を行う。就学前および初等、中等教育段階での**班**は授業単位と訓育単位として同時に機能するが、高校や大学本科段階[6]に入ると、場合によっては前者の機能だけが残る場合がある。

中国における教育の地域格差に関する問題の一つとして、都市部の学校、特に義務教育段階の学級規模過大問題[7]が挙げられる[8]。「義務教育学校運営標準」に明記されているように、小中学校において、一班46～55名が「やや大規模学級」、56～65名が「大規模学級」、66名以上は「超大規模学級」となる。2011年の調査研究によれば、河南省駐馬店市に一学級平均120名の中学校も存在していたほど、この問題が深刻であった。それ以降、学級規模過大の解消が中国における基礎教育発展の一つの重要な指標になった。教育部の全国統計によれば、2018年度時点で、小学校段階と中学校段階の「大規模学級」はそれぞれ全体の6.0％と8.0％を占め、前年度に比べれば減少する傾向が見られ、また「超大規模学級」に関しては、それぞれ全体の１％を下回る割合となっていた[9]。

高校段階に入ると、上記問題とは別に、学業成績による学級編成が特徴的である。中国の普通高校の学級は学力を基準に複数の層に分けられていることが多い（**分層教学**）。その中で一つのパターンとして、１つの競賽班（最上級学級）と３～５つの提前班（上級学級）及びそのほかの普通班（一般学級）からなる構造が挙げられよう[10]。

### （2）新大学入試制度改革[11]による高校の学級編制の課題

近年における新大学入試制度改革（2014年から）では、文科·理科[12]という二分法を廃止し、国語·数学・外国語のほかに６または７教科から任意に３つを選択して大学入試をするという形を取るようになった。その基本的な仕組みの変化は表１で示されている。

高大接続の変容に伴い、高校における学級編制が困難になっている[13]。具体的に右の図２で表しているように、高校一年修了時に生徒たちは大学入試の３教科を選択してから、クラスの全員で同じカリキュラムによって画一的に授業を受けることが不可能なので、「**教科走班制**」[14]を実行しなければならないし、またそれは各教科の教員の能力や数によっても規制される。本来の文・理科選択の場合、理科生徒への大学側の学生募集数のほうが多いため、理科を選び、それは自動的に物理の選択をも意味した。そのため、物理の教員数は基本的に文科諸教科よりはるかに多い。しかし、６、７教科から任意選択するとなれば、物理を選択する生徒が急激に減少し、そこで物理の教員の仕事量が足りなくなることもありうる。逆に、地理などの文科教科に人気が出始め、人手不足になることもある。しかも、入試のための教科を選択した後、多くの学校はなるべく学級の訓育機能を維持しようと、二学年に学級の再編制を行っているが、結局「教科走班制」を実施せざるを得ず、集団性の強い学級づくりが困難になっている。

中国の学級編制は生徒による教科選択に強く影響されており、学校側がそれぞれの状況に基づいて対応しているが、まだまだ課題が残されている。実際には、2019年第三次改革試点省では、３＋３ではなく３＋１＋２形式に変更したことも、組み合わせ数を減らし、学校側の負担を軽減させる意図がうかがえる（表１）。

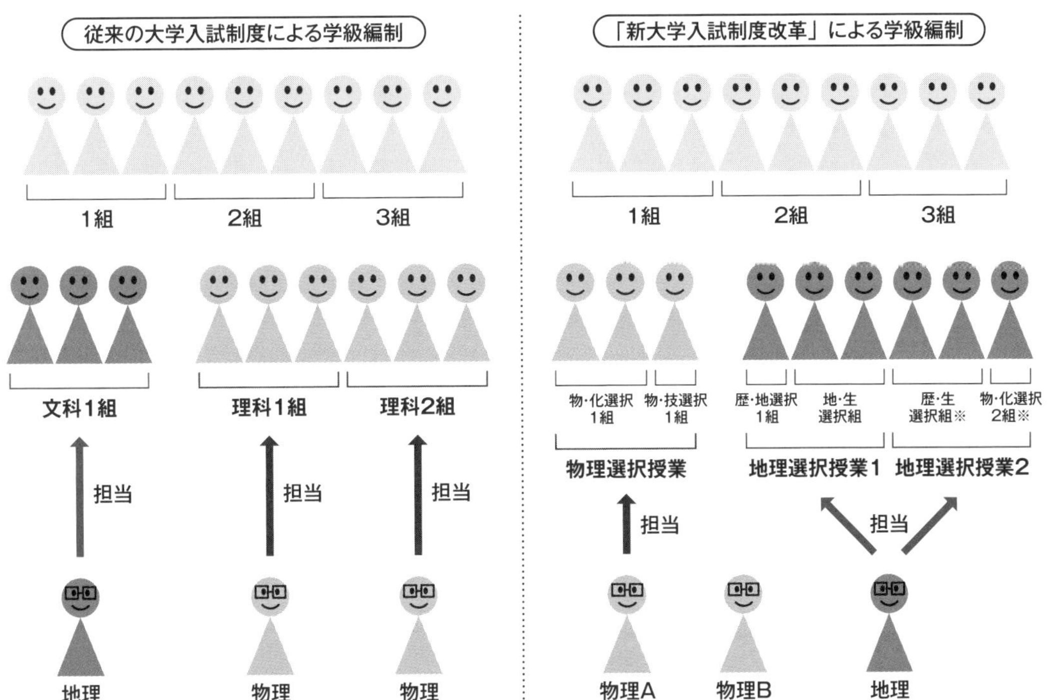


※これらの生徒は所属する学級はそれぞれ歴史·生物や物理·化学選択が共通であり、その三教科目を地理にしているということである。

図２　「新大学入試制度改革」による学級編制の変化と課題



## 註

（1）孫松（2015）「現代大学制度下新疆高校内治理結構研究」石河子大学師範学院修士論文.

（2）原語：中国教育改革和发展纲要。

（3）李学良（2018）「中小学校長教学領導機制研究」華東師範大学教育学部教育学系博士論文.

（4）中国共青団は中国共産党青年団の略称である。共青団は中国共産党の下位青年組織で、14～28歳の中国青年が加入できる。

（5）日本でいう「学級」や英語でいうclassと同義である。

（6）日本でいう四年制大学段階にあたる。

（7）原語：超大班額問題。

（8）王男（2015）「小学大班額問題研究」ハルビン師範大学修士論文.

（9）中華人民共和国教育部（2019）「中国教育概要ー2018年全国教育事業発展概要」http://jp.moe.gov.cn/documents/reports/201912/t20191231_414166.html（2021年５月３日アクセス）

（10）もちろん、これらの学力別学級の呼び方は地域や時代によって異なる。

（11）原語：新高考制度改革。

（12）日本でいう文系と理系に類似する。

（13）王潤（2016）「新高考改革背景下高中実施走班制的問題審視与路径超越」『中国教育学刊』第12号、pp.29-35.

（14）今まで学級ごとに固定された教室で授業を受ける授業形式と異なり、授業ごとに受講者のみ指定された教室に集まり受講する授業形式のことを指す。

（閔　樂平）

# 学校の経営
## ④学校外の関係者・関係機関との連携・協働

### 学校と公共図書館の連携

中国において、学校図書館の発展は、改革開放後における新しい教育改革のなかで始まった。1989年1月6－9日、中国教育委員会による「全国の小中学校図書館ワークショップ」が開かれ、どの学校でも図書館を設置しなければならないと指摘された。それに基づいて、1991年に、教育部による「小中高校図書館規程」が制定された（2008年修訂）。この規程では、小中高校の図書館の役割、図書館の資源、管理、チームの建設、条件の保障などが示された。

それから、「国家の長期教育改革と発展計画綱要（2010－2020）」（2010年）の制定、「小中学校図書館（室）の図書配備と管理業務をさらに強化することに関する通知」（2011年）の公布、「新時代の小中学校図書館建設と応用に関する意見」（2015年）の発表によって、中国の小中高校の図書館が順調に発展している。しかし、図書館の質を見ると、「地域間、都市と農村、学校間の不均衡、管理サービスの低下、蔵書数の不足、教育との融合が不十分、情報化基盤が脆弱など」（範興坤：2016）を含む深刻な建設不均衡の問題が顕著に生じている。この背景の中で、連合図書館（学校図書館＋コミュニティ図書館＋公共図書館）の建設が公共文化サービス体系に取り入れられた。その例として、仏山市連合図書館が挙げられる。

2005年に、仏山市図書館は「仏山市連合図書館実施方案」を制定し、全市の図書館資源を統合することを通じて、全国民にサービスする文献情報資源共有ネットワークを構築した。15年間の発展を経て、仏山市政府の支援と学校図書館、コミュニティ図書館の積極的な参加の下で、2020年12月末で、仏山市連合図書館員館が346社に発展した。そのうち、一般会員館80館、智能図書館263館、館外の新刊貸出するセンター3カ所、また、公共館、街館、村居館、学校図書館、部隊図書館など多様なタイプの図書館をカバーし、デジタル資源共建共有などのサービスを実現した（仏山市連合図書館ホームページ：2020）。

### 学校と警察の連携

ここ数年来、中国の学校はいじめ、自殺、学校暴力、少年非行など多くの安全課題に直面している。さらに、不法分子の学校襲撃事件が時々報道され、保護者は不安を感じており、学校は犯罪予防や防犯の面で効果的な対応が必要となった。このために、教育部及び公安庁から、各地方教育委員会、学校及びコミュニティ公安機関（警察局）まで、学校と警察との連携の強化による学校安全の対策を推進している。

ここでは、北京の小中高校と幼稚園を例として、学校と警察の連携を説明する。責任分担と警務社会化理念の下、北京の公安機関は小中高校及び幼稚園との交流・協力を強化し、相互に児童・生徒の個人情報を提供し、緊密に連携して指導に活用することにより、図1のような「5つの一体」（警察、学校保衛幹部、専任保安、護学校隊、学級安全委員）のキャンパス治安警察の勤務管理メカニズムを構築した。この連携活動は主に安全教育、安全管理をめぐって展開した。安全教育は、警察講師により、児童生徒に対して、最新の防犯措置、法制教育などを行う。安全管理は児童生徒の生活を対象に行う対人管理と施設設備などの学校環境の安全を図る対物管理に分けられている。安全管

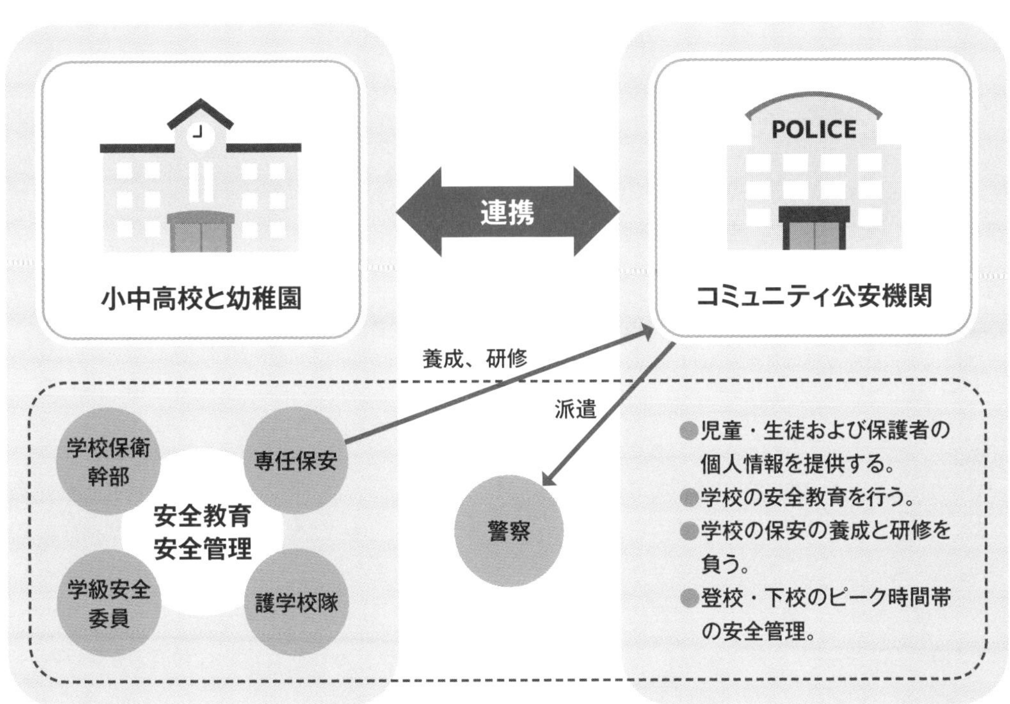


出典：筆者作成

図１　北京の小中高校・幼稚園と警察の連携

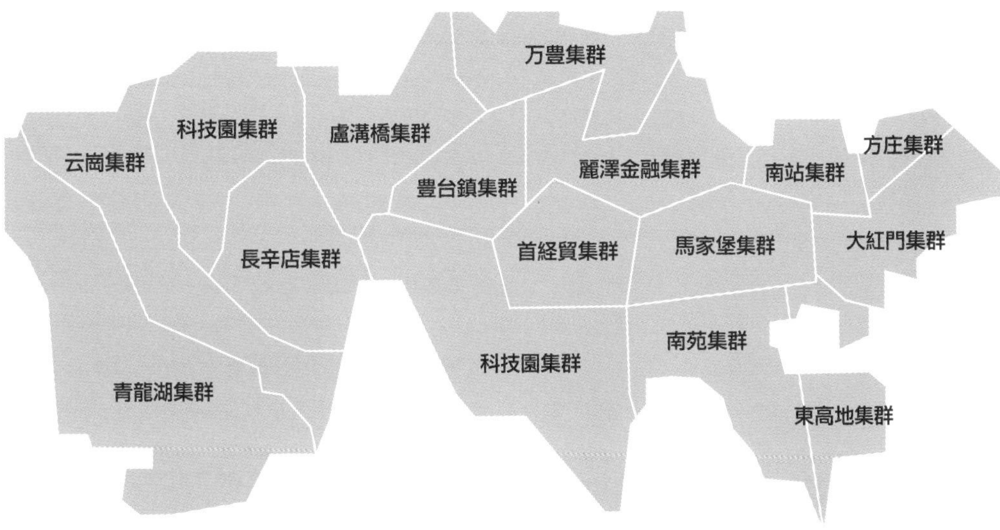


出典：「豊台区教育云平台」（豊台区教育クラウドプラットフォーム）のホームページ
http://fzjq.lezhiyun.com/login/ftjq/html/jqlntroduce.html

図２　北京市豊台区教育集群

理を強化するために、学校と警察が毎週協議を行い、キャンパスの安全問題を定期的に研究する（謝川豫、毛慧娜、王憲鵬：2012）。

## 学校と学校の連携

教育資源を共有し、複雑化・多様化した教育課題を解決していくために、中国では、教育集群という新しい地域教育モデルを展開している。教育集群は地理的に近い区域内における小中高校と幼稚園をメンバーとする教育共同体である。

2011年、北京市豊台区は全国で初めて教育集群の改革実験を行った。同年5月、北京市第十八中学校をリーダーとして、方庄区の高等学校、中学校、小学校、幼稚園、職業学校、民間教育機関28校が連携した方庄教育集群は正式に創立された（管傑：2015）。創立以来、学校相互の協力によって、各学校の自主性を保持し、資源の共有を主な特徴とする共同体から、教科の発展を中心とする共同体へと発展し、そして、地域教育構造の改革を主な任務とする現代化地域教育共同体へと進み、地域教育生態圏の形成を模索している。現在、方庄教育集群を模範とし、豊台区は「政府主導、学校の協同、資源の共有、特色の接続、共同発展」の理念で、16の教育集群（図2）を建設した。それらの教育集群は主に以下の特徴を持っている。

第一は、教育集群の事務室を中心に、多元的な主体が参加する管理システムである。地域における教育を共同で管理していく観点から、教育集群は地域の多元的な主体（区教育委員会、リーダー校、メンバー校、事務所、コミュニティ、保護者と生徒など各方面の代表）の活力を結集し、相互に連携・分担して地域の学校ニーズに対応した公共的サービスを効果的・効率的に提供していくための新しい教育ガバナンスシステムを構築した。

第二は、インターネット・ビッグデータにより、生徒が学校と学級を跨いで教育集群の一部の授業を自由に選択することができることである。メンバー校の特色ある授業を共有することを基本に、教育集群は横断的、縦断的なカリキュラム開発を行い（横断授業：「新しい音楽教育」、人生設計体験、科学技術サークルなど；縦断授業：「中華伝統文化」課程、徳育課程など）（管傑、郭秀平：2016）、学校や学区の制限をなくし、幼稚園、小・中・高校を一体化した、前後接続の完全な国際理解教育の育成システムを形成した。

## 学校と大学の連携

21世紀に入り、中国において学校と大学の連携は急速に広まっている。その一つの要因は基礎教育課程改革の要請である。

中国は受験偏重教育を反省し、1990年代半ばに「素質教育」という新たな教育理念を掲げた。今回の基礎教育改革は教育観、教育目標、教育内容、カリキュラムなどに幅広く関わり、その影響によって学校現場は様々な課題に直面している。その中できわめて重要なのは、現職教員の新課程に対する理解や教育理念の転換である。そのために、教育部は大学の研究者が小・中・高校に入って、現職教員の職能開発を支援し、課程改革を実施する際の課題を解決するべきだと提唱した。そうした背景の中で、国家直属の師範大学をはじめ、相次いで大学は学校とパートナーシップを築き始め、大学と学校のパートナーシップによる取り組みは普及・拡大している。大学と学校のパートナーシップは、学校改善における大学の指導助言から、教育課題の共同研究、教育実習生の指導、現職研修事業の委託に至るまで、図3のように、様々な形態が見られる。

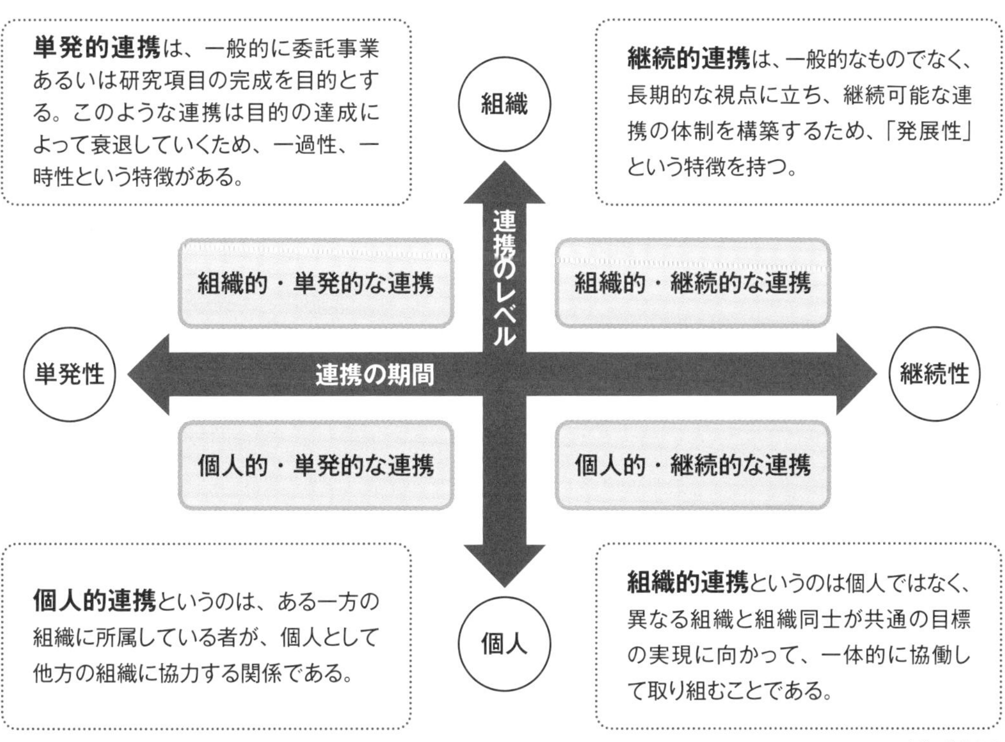


出典：筆者作成

**図３　中国における大学と学校のパートナーシップの形態の類型**

**参考文献**


・範興坤（2016）「我国納入公共文化服務体系的“連合図書館”建設研究」『図書館』第11期、pp.66-74
・仏山市連合図書館服務概況（2020）仏山市連合図書館ホームページ、https://www.fslib.com.cn/site-fsunionlib/node/2175.
・謝川豫、毛慧娜、王憲鵬（2012）「首都中小学幼児園安保模式初探」『中国人民公安大学学報（社会科学版）』第５期、pp.87-90
・管傑（2015）「教育集群：区域教育治理新模式」『中小学管理』第２期、pp.11-13.
・管傑、郭秀平（2016）「教育集群運行機制建設的四個関鍵詞」『中小学管理』第９期、pp.42-44


（孫　雪焚）

# 2 学校と地域との連携

## ①地域との連携・協働による学校教育活動の意義・方法

### 現代中国における学校と社区との連携の意義

1980年代半ば以降、中国都市部において住宅制度改革が始まり、かつて「単位[(1)]」(職場)を中心に結ばれていた人間関係に代わって、「**社区**(コミュニティ)」が社会における最も基礎的な単位としてますます重視されるようになった。この時期に、旧来の価値観が破られたが、学校制度は相対的に遅れ、現代的な学校制度もまだ確立されていないので、学校と家庭・社区は新たな矛盾と衝突の問題に直面している。当時の学校制度は広範なコントロール・監督・参与の仕組みが欠けていた。学校と密接に関連している社区・家庭であるが、学校教育に効果的に参与することができず、役割を果たさなかった。一方、学校も社区の文化建設に介入しない。制度の不備は中国基礎教育段階における現代学校の建設と発展の障害となっている。したがって、家庭・地域・学校三者の連携に基づく**現代学校制度**[(2)]を模索し、調和的な教育環境を構築する必要がある。

1993年2月、中共中央・国務院による「中国の教育改革・発展綱要[(3)]」には、「小・中学校が、『受験教育』を改め、国民の全面的素質を高め……子どもたちの生き生きとした、活発な発達を促すべきである」と定められている。児童生徒の全面的な素質の向上を目指す「**素質教育**」が取り組まれてきた。

教育変革に伴い、地域が学校に参加して教育管理を行うことも注目されている。社区における学校は公共組織として、政策支援によって大きく発展した。同時に、保護者は多様なニーズを提出し、学校管理に関する事情を知る権利、参与権、監督権と提案権などを求めていた。そのため、学校は既存の閉鎖的な組織管理パターンを変え、保護者・社区・地域の利害関係者を受け入れて管理・監督に参与する必要があり、社区の優良な資源を整合して自身の発展を促進すべきである。

現在、中国各地で、特に都市で多様な学校と社区との連携の実践が行われている。また、「連携」に対する言い方も多様であり、例えば「互動」、「一体化」、「学社教育合作」などともいわれている。

### 教育議事会[(4)]

#### (1)現代学校管理制度の革新

中国教育部による「2003－2007年教育振興行動計画」には、「学校の内部管理体制改革を深め、現代学校制度の確立を進め……地域社会、学生及び保護者の学校管理への参加と監督を積極的に推進する」ことが明記されている。国が現代学校制度の建設、学校の民主的な管理の実施を要求している。

**教育議事会**とは、学校の所有制を変えず、校長の自主権から学校運営に過度に関与しないことを前提に、学校運営に関わる重大な事柄についてのコンサルティングと審議を行う外部監督組織であり、学校と保護者、社区の長期・緊密な協働のプラットフォームである。教育議事会は、保護者委員会などの伝統的な組織と異なり、学校外の利害関係者の知る権利、参加権と監督権を重視している。

利害関係者が学校管理に参加することは、現代学校制度の建設の特徴である。教育議事会の構成員は本校の成員(校長等のリーダー層、教師代表、

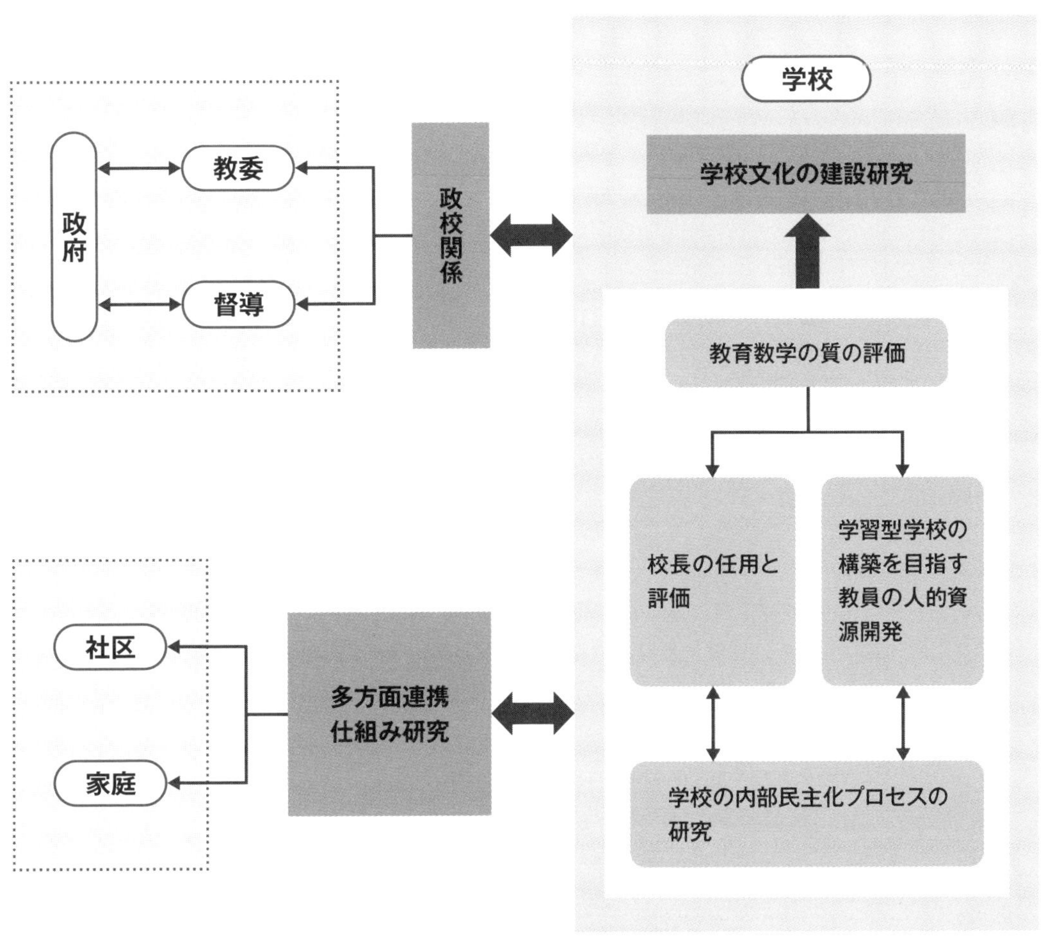


図１　現代学校制度の研究内容

学生代表）のみならず、社会代表、教育研究者、学校と連携している関係機関、行政代表なども含まれている。教育議事会は伝統的な学校関係を変更し、民主的、開放的な学校運営の理念を体現し、新型の現代学校管理制度の構築に努める。

### （2）教育議事会の仕組み

2003年11月、中国教育部基礎教育司と中央教育科学研究所は「**国家現代学校制度実験区**」を創立し、全国教育科学「十五」企画重点課題「基礎教育段階における現代学校制度の理論と実践研究」を始めた。

実験区の実施状況によって、教育議事会の仕組みは以下である。

①教育議事会の規則を制定することによって、学校・地域・家庭間の契約関係を構築し、教育議事会の位置付け、メンバーの構成と権利・義務などの内容を明確にする。

②議案処理や民意調査で適切な利益表現の仕組みを構築する。教育議事会を通じて、学校の利害関係者は各自の訴求を十分に表現し、意思疎通と協議を行い、共通認識に達する。さらに教育資源を統合し、共有し、学校・家庭・社区の連携を確立する。

③輪番制度を通して、保護者と社区関係者に学校の教育活動に対してもっと全面的に理解させ、自発的に学校管理に参加させ、学校運営の民主化と学校管理の開放を推進する。

### （3）教育議事会の運営モデル

教育会議は現代学校制度の典型的なモデルと考えられている。教育議事会は治理に基づき、伝統的な「人が治理」式管理を変え、体制革新の面から現代学校制度を構築することを重視しているからである。認識の面から見ると、教育行政部門は学校の管理構造を改善することを突破口とし、現代学校制度の建設上に管理思想を確立した。制度設計の面から見ると、教育行政部門は「**管理・事務・評価分離**[5]」を十分に実行し、また政府監督と学校監督を結合し、関連政策措置を絶えず改善している。重点措置において、教育行政部門は学校規定の構築を全面的に推進し、規定の「憲法性」を強調し、さらに学校の自主権を活かした。

しかし、教育議事会は運営中に機能が定まらない状況もある。ある意味では、教育議事会は保護者学校、保護者委員会のアップグレードであり、現代学校制度の初級形態としか見なされない。現代学校制度は多方面の制度（例えば教師や校長の採用制度など）にも関連しているため、教育議事会は学生の育成に着目し、開放的な姿勢で学校の制度改革に臨むべきである。

「教育議事会」制度が提起された後、議事委員は学校活動に深く参与し、学校と社区の連携を促進した。これは中国教育改革の理性的な選択であると考えられている。しかしながら、学校と社区との連携における各地の実践はまだ模索の段階にあり、「連携」に関する実証的研究の蓄積も十分であるとは言えない。それゆえ、教育議事会などの制度の普及を重視し、学校と地域の連携を促進すべきである。

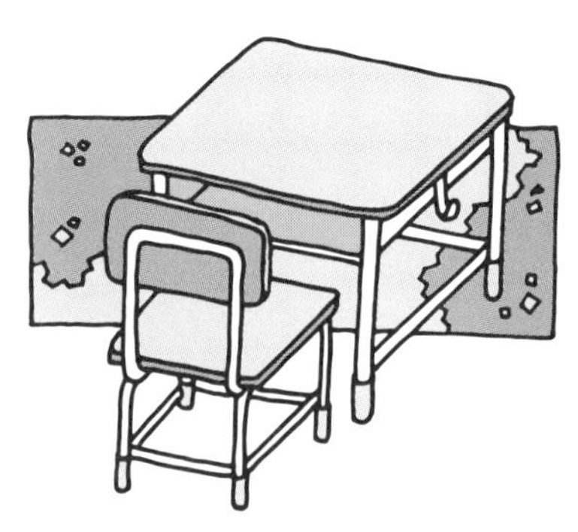

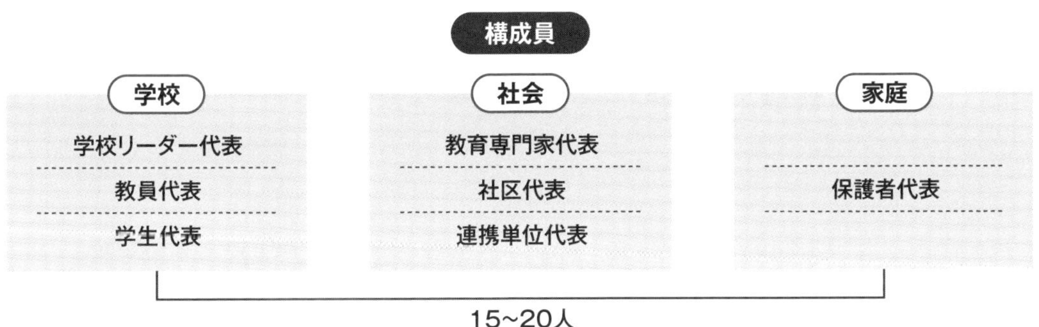


図２　教育議事会の組織

## 註

（1）1978年以前の旧計画経済体制の下では、ほぼすべての都市住民は「単位」に所属していた。「単位」とは具体的には企業、行政機関、学校などの職場を総称する言葉である。

（2）「国家中長期教育改革・発展計画綱要（2010～2020年）」に示され、「中国の事情と時代の要請に応じ、法に基づいた学校運営、自主管理、民主的な監督、社会参画を行う現代的な学校制度」である。現代学校制度の建設には、改革者が時代に応じ、改革に適応した規則体系を設計して構築し、学生の発展を核心にし、校内と校外の関係を調整することが要求されている。

（3）原語：中国教育改革和发展纲要

（4）原語：教育议事会

（5）原語：管办评分离

## 参考文献


・小林文人、末本誠、呉遵民（2003）『当代社区教育新視野ー社区教育理論与実践的国際比較』上海教育出版社、p.10

・黄志兵（2016）「現代学校制度建設的『治理』取向与路径ー基于寧波教育議事会的思考」『教育探索』pp.137-141

・劉淑関（2003）『学校与社区的互動』、四川教育出版社、p.12

・葉正波、王飛（2011）「教育議事会：一个微観教育管理体制的変革」北京師範大学出版社、p.44


（張　芸穎）

# 2 学校と地域との連携
## ②地域との連携を基とする開かれた学校づくりの経緯（学校社区教育基地事業など）

### 現代中国における学校と地域社会との連携（校社合育[1]）に関する概要

学校と地域社会の連携（校社合育－中国原語では学校と地域社会、学校教育と社会教育との融合・連携によって子どもを育成する理念の略称）は近年の中国における教育改革の重要な課題である。学校と地域社会の連携を推進する過程で、多様な実践活動や連携を実現する複雑性の問題に直面している。有効かつ持続可能な制度化レベルの高い学校と地域社会との連携は、子どもの成長に有利な教育環境づくり、学校の対外経営の改善において意義が大きい。現代中国における学校と地域社会との連携は、子どもの健康・健全な成長を根本的な教育目標として、学校と地域社会が平等、自由の原則で、お互いに利益をもたらし合う連携・協働事業である。

1953年、第１次五カ年計画が実施されて以来、中国は旧ソビエトのイデオロギーと社会主義的な教育理念、実践モデルを参照して、全国に「少年宮[2]」とういう社会教育活動の組織と場所を展開してきた。当初は少年宮を中核とし、学校と地域社会の連携、学校教育と社会教育との融合を目指した「課外教育[3]」の姿で、最初の画一的な連携モデルが導入された。さらに、1957年「課外教育」が国家の教育システムの一環として法規で明確にされた。特に1990年代から、学校と地域社会の連携事業は低レベルな「課外教育」から「校社合育」への転換期に入った。

### 改革開放以降の学校と地域社会の連携に関する改善

改革開放以降、特に21世紀に入って、国家の持続的な教育改革に伴い、学校と地域社会の連携の重視と関連する教育制度の設計の工夫は、以前の分離的な「課外教育」レベルよりさらに高い融合的な「**校社合育**」への転換が始められた。政府と教育行政機関が政策支援を推進して、校社合育に関連する政策環境、施設と課程の設計及び関連する具体的な教育活動創造、学校経営などを明確にして、法制化レベルを深化する一方、学校側は地域社会との連携に関して、現代教育制度の視点から、重要性と主体的な責任を認識した。概括して言えば、以下の２つのマクロな改善点が見える。

#### （1）学校と地域社会の連携に関する総合的な政策環境の改善

1990年代から、中国における教育改革は学校と地域社会との連携を重視するようになった。それに伴い、政府は学校と地域社会との連携に関する政策、法規を完備させ、初期に「校外教育」の視点から、政府と教育行政機関の責任、財政の支援などを明確にした。連携のモデル、管理・評価なども次第に明確化した。加えて、学校経営における地域社会との連携の重要性、現代教育活動制度の一環としての位置づけを明確にした。2000年から2010年まで、国務院、教育部と婦聯[4]などは多方面・総合的な法規と政令を発布して、学校と地域社会との連携に関する政策の整備が初期に完成した。地域社会との連携を推進するために、課程改革も展開された。教室中心型カリキュラムから、探究型で共同学習的な地域社会との緊密な関係性があるカリキュラムへの転換が強調され、実施されている。すなわち、「**総合実践活動**」課程が設置されて以降、伝統的な教室と教員を中心とするカリキュラムから地域社会との連携を深化する必要性があるカリキュラムへの転換に拍車がかかった。

### （2）地域の社会教育施設の整備と連携への影響（校外教育基地と社会大課堂[5]の事例）

近年の中国における学校と地域社会との連携事業の推進は、政策環境が改善されているとは言え、連携を実施するために必要な施設・会場などの前提条件がまだ不十分であるし、都市と農村地域間の格差も存在する。2008年から、学校と地域社会との連携を推進するために、全国的に新たな施設の構築、既存施設の総合的な運営の革新が実施されている。全国範囲から見れば、主に以下の２つの実践モデルがあると考える。

①総合的な青少年校外教育の場所の構築（地域社会との連携に必要な施設整備）

2009年から、上海市を中心とする華東地域は全地域における社会教育の場所、施設を統合して、校外教育の発展に資するシステム的な支援ネットワークを構築した。具体的な施策は地域の発展状況によって、総合的な校外教育基地と単一的な校外教育基地を設置し、地域の科学、体育、婦聯など政府系教育、福祉機関の協働で学校と地域社会の連携レベルを改善している。すなわち、地域社会における連携ネットワークの構築を突破口にして、連携事業の深化を推進するモデルと考えられる。

②青少年校外教育課程建設（地域社会との連携に基づく課程の多様化、規範化）

北京市を代表する北方地域は、教育行政と各級政府の主導的地位と責任を明確にした。連携事業の推進は学校を中心に「**社会大課堂**」の形式で展開されている。社会大課堂は主に地域社会にある文化資源、大学との連携、社会実践の多様化、ICT教育の活用などを総合的に運用して、連携事業の内容と教育活動の多様化を保障して深化する。

上海と北京の学校と地域社会との連携事業の推進は近年の連携実践に参照の価値があるモデルを提供させた。教育行政、各級政府と学校の主導権、責任、権限などを明確にし、施設の建設と奉仕の理念・奉仕システムも改善している。今後は学校と地域社会との連携事業をさらに推進するために、学校の自主権、校長と学級担任教員の専門性の保証、連携に対する保護者のコンセンサスと参加能力の改善など諸問題が改革の焦点である。

## 中国における基礎的なモデル―学校中心型学校・地域社会の連携モデルの推進（学校社区教育基地事業）

現在、中国の社会教育の発展及び地域間における教育資源の格差が複雑であるうえに、地域社会との連携事業を有効に推進するために、学校は主導的かつ有効に地域社会の社会教育組織等を考慮して、連携事業に関して学校経営の改善を実現することが主要な目標となる。そして、学校も地域の社会教育の改善に対し、学校のアドバンテージを発揮して、学校と地域社会の協働を実現することが求められる。主に、以下の段取りがある。

#### 基本的な学校中心型学校・地域社会の連携モデル

社会教育ないしは社会教育の機能がある各組織との連携はまず地域社会における社会教育の資源を考察して、総合的な連携方略を巡らせる。現在、中国の場合は、主に独立・総合的な社会教育組織（少年宮、青少年活動センターなど）、専門・単一的な社会教育組織（博物館、天文館、科学館など）、及び社会教育の発展を支援する政府関係の組織（婦聯、社区など）がある。学校が地域社会の社会教育資源を総合的に考察して、連携の実践を推進できる基礎的な部分である。

現在中国における学校と地域社会の連携は双方向的な行為である。地域の社会教育の発展に対して、学校が中核的な役割を果たす。発展が後進的な地域は、社会教育の発展は学校の教育資源を利用して、効率的な発展を遂げる。一方、学校は地域の社会教育の発展に必要な教員、課程の設計、社会教育活動に必要な場所が提供できる。そして、学校の教員も地域の社会教育のボランティア活動に積極的に参加して、地域の教育共同体の構築に貢献できる。

## 中国における学校と地域社会の連携を深化する危機

改革開放以降、学校と地域社会との多様な連携活動、連携のモデルに関する革新・政策の支援などが改善されているが、連携をより深化することは依然として責任が重く道程は遠い。概して、教育行政、学校経営と保護者の素養・能力の課題が今後の発展に制約を与えると考える。

### （1）教育行政側：運営の複雑性と運営のコスト

政府と教育行政に対して以前のような集中的な管理の理念から、より開かれた民主的・現代型教育ガバナンスへの転換が困難である。その制約とは、古い理念、体制への慣性、そして、連携事業の経費の不足、連携運営のコストであり、それらがその効果を抑制している。なお、マクロな政策は以前より改善されているが、具体的な学校と地域社会との連携に関する奨励、評価、監督する総合的な経営システムがまだ不備である。

### （2）学校側：学校経営の現代化的な課題、校長・教員の専門性向上の課題

現在中国における学校と地域社会との連携の推進は学校経営において、新たな課題に直面している。まず連携に関する教員の理解や実施する能力等に顕著な格差が存在する。そこで、学級担任教員と校長に対して連携能力の改善を目指す専門的な研修が提唱されているが、後進校、農村地域の学校はまだ不徹底である。

### （3）保護者側：社会教育の意義と連携に対する意識、能力などの不足問題

学校と地域社会との連携を深化するために、保護者側が地域社会との連携、地域社会に基づく教育活動に関する認識、連携への支援・参加する能力の不足問題が存在している。一つの原因は社会的な試験本位の意識と雰囲気が依然として存在することである。近年、中国における保護者の中にも、学校と地域社会との連携的な教育活動、教育経営に対してコンセンサスが向上しているが、大勢の保護者は地域社会で展開する実践的な教育活動、保護者が参加できる連携を目指すボランティア活動などに無関心である。

以上のように、現在中国における学校と地域社会との連携を推進する実践と改革の過程について、現段階の連携の特徴と連携への認識に以下の５点が必要である。

（1）教育システムの複雑性の視点から段階的・多様な連携モデルへの探求が必要である。

（2）社会教育と社会教育機関の多様性によって、連携を実現する教育活動の設計は弾力的な視点が必要である。

（3）実際に即し原則としてウィン・ウィン的な連携を目指す教育活動は、連携が深化できる根本的な保障となる。

（4）学校側における地域社会・社会教育との連携に主導的な地位と主導的な意識が必要である。現在中国における社会教育の発展は依然として政府が統合しているが、具体的な実践レベルでは学校の主導性が顕著である。学校の連携における主導性は主導的に連携を目指す教育資源を探し、地域の社会教育の整備、連携に関する課程の設計、連携に関する教育活動の評価などに示している。

（5）連携に関する制度化の建築・深化から学校と地域社会との連携効果を保障すること

2000年以降、中国における学校と地域社会との連携が推進されている。政策環境、連携事業に関するコンセンサス、必要な施設の改善など顕著な成果を挙げた。しかしながら、先行国と比べてまだ不足がある。政府と行政の推進から自律的な地域教育共同体まで必要な文化的風土、保護者・家庭の連携意識、連携能力、及び学校経営に、学級担任教員と校長のリーダーシップなどは、研究と実践の蓄積も十分であるとは言えない。

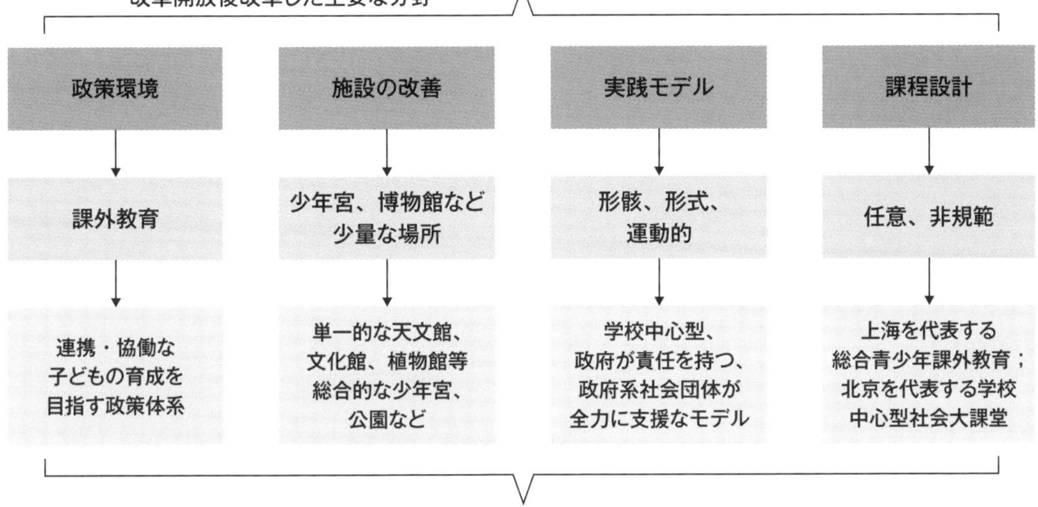


**図１　中国における学校と地域社会との連携に関する基礎的な仕組みと改革**

### 註

（1）原語：校社合育（学校社会合作育人）
（2）原語：少年宮（青少年文化宮）
（3）原語：課外教育（课外教育活动）
（4）原語：婦聯（中华全国妇女联合会）
（5）原語：社会大課堂（社会教育大课堂）

### 参考文献


・洪明（2016）『合育論ー学校家庭社会合作共育的理論与実践』安徽教育出版社、pp.87-90.
・洪明（2016）「論校社合育的基本模式」『中国青年研究』2016年１月
・張志勇（2021）「新時代我国教育治理体系新格局的現代化重建」『国家教育行政学院学報』
・康麗潁（2011）「中国校外教育発展的困惑与挑戦ー関於中国校外教育発展的三重思考」『北京師範大学学報』2011年４月
・李佳萃（2014）「我国社区教育管理的問題与対策」東北師範大学博士学位論文


（韓　星晨）

第３部　中国編

# 学校安全への対応
## ①学校安全と危機管理
## ―学校安全管理と安全教育の現状

### 子どもの事故等の全体状況

学校安全にかかわる子どもの事件・事故が著しく増加している中で、**学校安全・危機管理**の重要性が徐々に認識され、教育部の年間の重要目標の中で、学校安全の在り方について強調されるようになった(1)。そして、2006年に教育部がはじめて「小中学校等安全事故全体状況に関する分析報告」(2)を発表した。この報告では、小中学校等の児童・生徒の事故等を３種類に分けた。①**事故災難**は溺水、交通事故、雑踏、一酸化炭素中毒、建物倒壊、その他（予想外）事故である。②**社会安全事故**は殴り合い、学校人身・傷害事故、自殺、住宅火災などである。③**自然災害**は洪水、竜巻、地震、雹、暴雨、土砂崩れなどである（図１）。この報告によれば､61.61％の事故は校外で発生し、溺水と交通事故は全体の50.89％を占める。溺水と交通事故による死亡数は年間の事故死全体の60％を占める。また、児童・生徒事故の特徴としては、①農村部（72.32％）の事故の発生率は都市部（27.68％）より高いこと、②低学年は高学年より発生率が高いこと（43.75％小学校､34.82％中学校、9.82％高校）がある(3)。この報告は各自治体の報告に基づき、教育部がまとめたものである。これをきっかけに、学校安全事故の特徴及び学校の危機管理意識・知識の欠如を政府、社会全体に気付かせ、その後、政策・行政法規等が相次いで出された。

### 学校安全の関連法令

学校安全について言及した法律として、「中華人民共和国義務教育法」（1986年、2018年修訂）、「中華人民共和国教育法」（1995年、2021年修訂）、「中華人民共和国未成年人保護法」（1991年、2012年修訂）、「中華人民共和国予防未成年人犯罪法」（1999年、2012年修訂）、「中華人民共和国食品安全法」（2009年、2018年修訂）、「中華人民共和国防震減災法」（1997年、2008年修訂）などがある。しかし、これらの法律のいずれも学校安全に関する条文の内容は抽象的で、また、学校安全を体系的に述べたものではない。それゆえ、実際の運用に大きな課題を抱えている。学校安全が重要視されている中、これまで、党代表大会や人民代表大会では、何度か学校安全法の制定について提案がなされたが(4)、未だに制定に至っていない。法律の不備を補完するため、国務院や教育部などによって学校安全に関する行政法規・部門規章が制定されている（表１）。これらの行政法規等は内容で分類すると、主に、①**学校安全管理全般**、②**子ども等の事故処理**、③**学校安全教育**、④**交通・衛生等の特定分野の安全管理**についてである。このように、中央レベルにおいて、学校安全教育や安全事故の処理及び責任問題に言及した行政法規等が徐々に作られている。しかし、行政法規・部門規章がゆえに、法的な拘束力が弱く、地方や、各学校への浸透が不十分であると言わざるを得ない(5)。地方レベルでは、上記の中央の行政法規等に基づき、自治体の実情を考慮した自治体行政法規などが作られている。さらに、国の学校安全法の成立を待てずに、先に独自の「**学校安全条例**」を制定した自治体もある（例えば、「天津市学校安全条例」（2015)、「河北省学校安全条例」（2019)、「広東省学校安全条例」（2020）など)。

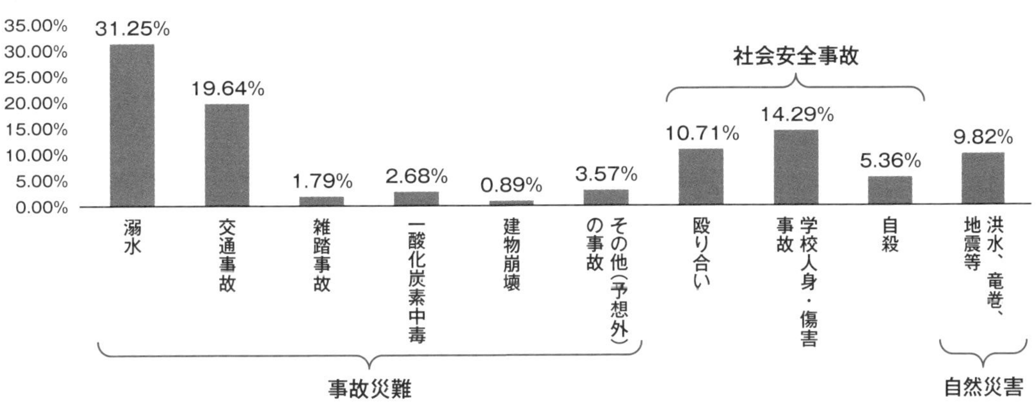


図１　2006年全国小中学校等児童・生徒事故の状況



表１　学校安全管理関係行政法規・部門規章

| | 関連制度等 | 主要な内容 |
|---|---|---|
| ①<br>学校安全管理全般 | ・教育部、公安部等10部門「中小学幼児園安全管理弁法」(2006)<br>・国務院弁公庁「関於加強中小学幼児園安全風険防控体系建設的意見」(2017) | ・学校安全管理の内容を提示し、地方政府及び教育、公安等の部門が学校安全管理の責任を負うと規定。学校周辺の整理整頓、学校安全の監督管理についての具体的な責任を明確に。学校は安全業務担当チームを設置し、校長責任制度をとる。学校安全制度を構築。また、国家課程標準と地方課程の設置に基づいた学校安全教育の内容を各学校の教育課程に位置付けるように要請。安全事故の処理、よい学校安全管理を行った個人・組織へ奨励を与え、不正等に対して責任追及などを言及。<br>・学校安全教育仕組みを整え、学校安全に関する国家標準体系と認証制度を完備。学校安全の予測・警戒及びリスク評価制度を整える。学校の安全管理の責任を明確にし、学校安全保全チームをつくる。警察と学校の協力体制をさらに完備する。学生のいじめと暴力行為を抑制する有効な仕組みを構築。事故の対応仕組み、責任の追及と処理制度を整える。監督機能、評価の仕組みを整える。 |
| ②<br>子ども等の事故処理 | ・教育部「学生傷害事故処理弁法」(2002) | ・本規章の適用範囲を示したうえ、学校安全における行政機関、学校、保護者のそれぞれの役割を明示。さらに学生傷害事故の種別に学校が取るべき責任が示され、その事故に応じた処理方法、プロセス等について規定。また、事故責任者（学校の責任者、行政部門の責任者・関係者、加害者の学生、保護者）への問責、処罰、処分などを状況に応じて行い、損害賠償を求める。 |
| ③<br>学校安全教育 | ・教育部「中小学公共安全教育指導綱要」(2007) | ・教育内容を六つの分野に分け、地域、児童・生徒の状況に応じて、計画・調整し、段階的に行う。地方に指導要綱に基づいた実施細則を求める。学校には安全教育を教育課程に位置付けるように求める。具体的には、教科学習、総合実践活動、特別活動で実践的な訓練も含め、多様な方法で、実践性・実用性・実効性のある安全教育を行う。さらに、保障体制として、学校の安全教育の時間の確保、教育資源の提供、教師の安全教育実施の水準の向上、安全教育に関する研究の促進、経費の確保などがあり、それらの教育活動への視学、学校評価と監督を行い、実施状況を教員考課の一環とする。 |
| ④<br>特定分野の安全管理 | ・国務院「校車安全管理条例」(2012、2017修訂)<br>・教育部、国家市場監督管理総局、国家衛生健康委員会「学校食品安全与営養健康管理規定」(2019) | ・県レベルの地方政府は児童・生徒の状況に応じて、自宅に近い学校への通学や、寄宿制学校への入学を保障すると同時に、一部の農村地域のスクールバスのサービスを提供。国はそのサービス提供に必要な経費調達体制をつくり、支援を行う。国及び県レベル以上の地方政府はスクールバスの安全管理責任を負う。スクールバスの安全基準に適合しないスクールバスの生産、販売車や安全設備の不備、運転手の違法などに対して、罰金などの処罰を下す。<br>・県レベル以上の地方人民政府が学校の食品安全と食品事故に関する業務を統括し、教育部門、食品安全監督管理部門、衛生健康部門のそれぞれの所管を明確に。学校の食品安全は校長（園長）責任制度をとる。学校の食品安全等に関する業務を担う人員の研修と審査を受けることや、食堂で扱う食品の使用を制限。また、この規則に違反した場合、罰金処分がある（5000元～30000元）。 |

※2000年以降、学校安全に関する主要な行政法規・部門規章のみ紹介した。また、④特定の分野に関しては、上記の交通安全（スクールバス）、食品安全分野以外も、校舎及び周辺建物の安全管理、健康衛生管理などを対象とした行政法規等が多くあるが、紙幅関係上、近年制定・修訂されたもののみ紹介した。

## 学校安全管理の内容

「**学生傷害事故処理弁法**」２条では、学校事故を以下のように定義している。「学校内で実施する教育活動あるいは学校が企画する校外活動の中、また学校の管理責任下の校舎、敷地、その他の教育施設、生活施設内で発生した学生の人身傷害事故」である。学校事故の種類について、**社会の安全、公衆衛生、突発的事故、インターネット・情報、自然災害、その他の事故・事件**がある（表２）。このうち、予測不可能なものを除き、学校は安全管理を行う。管理の範囲は、（１）**建物・設備の安全管理**（①校舎等の建物、②消防、③光熱電気等、④自然災害、⑤運動器具・遊具、⑥教材設備）、（２）**教育及び生活の安全管理**（①日常教育活動、②実験、③水泳、④校外活動、⑤遊び・運動、⑥交通、⑦給食等の衛生、⑧環境・公衆衛生、⑨性暴力、セクハラの防止、⑩校内暴力、薬物乱用防止、⑪警備）である[6]。さらに、「**中小学幼児園安全管理弁法**」では、学校安全管理の内容として、学校安全保障の体系づくり、リスク予測の仕組みの整備、学校周辺の整理整頓、安全教育・研修、事故後の対応措置の完備などがあると規定している。校長責任制度に基づき学校における安全管理の責任者は校長であるが、「各級人民政府及び関係部門は学校周辺の秩序を維持し、学生、教師、学校を守り、学校の安全保障」[7]を行う。例えば、多くの省級政府は**学校安全管理チーム**を作っている。そのチームは省の共産党委員会、政府関係者（チームリーダー）をはじめ、教育、公安、工商、衛生、民政、文化、総合治安等部門の関係者によって構成される[8]。

## 学校安全教育の現状

1996年、教育部、公安部などは毎年３月の最終の月曜日を「**全国中小学生安全教育日**」として設定した。毎年テーマを決め、それに基づいた安全教育活動を行うように小中学校等へ要請している[9]。これまでは交通安全、食品安全、学校暴力など多様なテーマで活動が行われている。その効果が認められる一方で、児童・生徒の事故の多さ、学校安全の知識・意識の欠如という問題は依然として存在している。これに鑑み、2007年、教育部は「**中小学公共安全教育指導綱要**」を公表した。この「綱要」は①従来の安全教育の指導内容よりも実践性・実用性・実効性を重視すること、②教育行政部門による安全教育評価基準の作成、その基準を視学や学校評価時に用いること、③安全教育の実施状況を教員考課の一つの指標とすることが特徴である。具体的には、社会の安全、公衆衛生、突発的事故、インターネット・情報、自然災害及びその他の事故・事件の六つの分野で安全教育を地域や児童・生徒の状況に応じて段階的に行うことを示した。また、安全教育を学校の教育課程に位置付け、教科学習や総合実践活動、特別活動の中で、参観や演習、避難訓練も含めて多様な方法で行うことを要請している[10]。2010年、「**国家中長期教育改革・発展計画綱要2010年～2020年**」[11]をきっかけに、教育の情報化、**学校安全教育**をさらに全国範囲で普及させることが目指され、2013年、教育部は中国教育学会に「**学校安全教育プラットホーム**」の構築、「**安全教育実験区**」の選出を依頼・委託した。それ以降、中国教育学会（安全教育専門家等）は「安全教育実験区」とともに安全教育課程、技能訓練、安全教育管理・評価のシステムを構築してきた。のちに「安全教育実験区」に加入した自治体は「モデル都市」となった。2020年、省レベル（自治区・直轄市）、地区レベル（地級市など）、県レベル（県など）の行政規模の異なる、計171自治体が「安全教育実験区」に加入している[12]。また、「学校安全教育プラットホーム」を通して、全国の学校、教員、児童・生徒は先進的、体系的な安全教育の資源を共有している。

**表２　学校事故の種類**

| 事故の種類 | 具体的な事故 |
|---|---|
| 社会の安全 | ①学校内外の教師学生によるデモや授業をボイコットすることなどの集団による事件<br>②違法の宗教活動、政治活動<br>③テロ事件<br>④教師学生の原因不明の死亡、失踪等で学校・社会の不安定に及ぼす事件 |
| 公衆衛生 | ①学校内部の教師学生の健康を損なう突発的な衛生事故<br>②学校が所在する地域の教師学生の健康を損なう突発的な衛生事故 |
| 突発的事故 | ①校舎の火災、建物の倒壊、雑踏事故<br>②重大な交通事故<br>③溺水事故<br>④集団活動による事故<br>⑤水、電気、ガス、光熱等による事故<br>⑥環境汚染等の事故<br>⑦学校安全を脅かす人による突発的事故 |
| インターネット・情報 | ①学校の情報システムを通して、反動的なもの、性的なもの、迷信を宣伝する活動<br>②国家、教育行政部門、学校の情報を盗む事件<br>③学校情報システムを破壊する事件 |
| 自然災害 | ①気象、海洋、洪水、地質、森林、地震等の災害<br>②地震による他の二次災害 |
| その他の事故・事件 | 以上の５種類を除いた突発的事故・事件 |

出典：李雯（2019）「中小学安全風険防控体系建構」『中国応急教育与校園安全発展報告2018』科学出版社、pp.50-51に基づき、筆者が作成。

## 註

（1）例えば、教育部（2004）「教育部2004年工作要点」http://www.moe.gov.cn/jyb_sjzl/moe_164/201002/t20100220_1519.html（2021年８月18日）
（2）原語：中小学安全事故总体形势分析报告
（3）教育部（2006）「教育部首次発布中小学安全事故総体形勢分析報告」
http://www.gov.cn/gzdt/2007-03/26/content_561883.htm（2021年８月18日）
（4）方益権・尹暁敏ら（2013）『中国学校安全立法研究』中国社会科学出版社.
（5）蘭天（2012）「我国中小学学校安全管理問題研究」天津師範大学MPA学位論文.
（6）楊明・竭宝峰編著（2012）『校園安全与危機処理』安徽人民出版社、pp.56-113.
（7）「中華人民共和国義務教育法」（2018年修訂）23条による.
（8）「関於全国開展学校幼児園安全督導检查情况報告」（2010）https://wenku.baidu.com/view/e90260ad2bf90242a8956bec0975f46527d3a7dc.html（最終アクセス日：2021年８月18日）
（9）「国家教育委員会、労働部、公安部、交通部、鉄道部、国家体育運動委員会、衛生部関於建立全国中小学生安全教育日制度的通知」（1996）
https://law.lawtime.cn/d632403637497.html（最終アクセス日：2021年８月18日）
（10）教育部（2007）「国務院弁公庁関於転発教育部中小学公共安全教育指導綱要的通知」http://www.moe.gov.cn/jyb_xxgk/moe_1777/moe_1778/tnull_27696.html（最終アクセス日：2021年８月18日）
（11）原語：国家中长期教育改革和发展规划纲要（2010－2020年）
（12）「学校安全教育平台」https://www.xueanquan.com/（最終アクセス日：2020年８月８日）

（楊　川）

# 学校安全への対応
## ②学校を取り巻く新たな課題（COVID-19感染症対応から得られた知見）

### COVID-19感染症対応：中国の学校「学びを止めない」

中国では2020年の年始にCOVID-19の感染拡大に伴い、同年1月27日に（図1参照）党中央・国務院の決定の下に教育部が「関于2020年春季学期延期開学的通知」を公開し、全国の小中学校、高校、大学は当年度の始業を延期することが決められた[(1)]。休校中には中国の教育分野で授業は休止するが、**「学びを止めない（中国語原語：停課不停学）」**というスローガンが流行っていた。この旨に基づいて、同月29日教育部が「休校期間中に対面授業がオンライン授業に移行する」ことを指示し、その指示を遂行するためにインターネットを中心とした授業が進められ、ネット設備が整えられていない地域ではテレビで授業を行う環境が整えられた[(2)]。大学は予定の始業時期通りに1月末から、そして小中学校、高校は2月中旬からオンライン授業を実施し始めた。

#### ①小中学校、高校のオンライン授業の実施

2020年2月10日から各省各市の小中学校がオンライン授業を始め（地域によって開始日が異なる）、形式はそれぞれ、オンライン対面授業（リアムタイム）、録画やテレビ放送などがあった。小中学校では教科科目のほか、"五育"（徳智体美労）をめぐる愛国主義教育·感染対策に関連する知識、芸術鑑賞などにも取り組んだ。オンライン授業期間中の**単位認定**にはオンライン授業も対面授業と同じように扱われ、また、授業の時間・授業の構成·指導方法もオンライン授業の特徴に応じて調整された（例：授業短縮、反転授業など）。今回、オンライン授業の実施を通じて、中国の小学校段階、特に低学年の児童生徒に関しては、自律性とオンライン設備の使用能力の欠如という課題から、保護者の付き添いが必要とされ、教員と保護者との連携が求められた。

#### ②大学のオンライン授業の実施

大学が各々の状況に基づき、当大学の事情に適した授業を展開させ、大学の判断でオンライン対面授業·録画·教材プラスオンライン対面授業などの形で授業を実施するほか、"慕课"（MOOCS）など既存の教育資源を活用することも出来た。

また、**全国統一大学入学試験**が延期され、実施日は2020年6月7、8日から7月7、8日に変更され、**高校入学試験**では各地域により実施し、当初の予定より約1ヶ月延期された。

### 休校から学校再開：北京市の事例にみる

図1に示したように、北京市の場合、小中学校、高校は約3ヶ月休校し、4月27日以降順次に分散登校を実施した。学校再開の配慮について、進学試験が控える高校3年生、中学3年生を先に登校させ、後に中学校1、2年生と小学校の高学年、最後に小学校低学年の順で登校となった。また、登校前に教職員・児童生徒全員がPCR検査を受けることが必須となっている。実際は感染リスクが考慮された上で6月に再び休校になった現状があった。また、中学校、高校の授業が対面授業に戻る際、これまでのオンライン授業の効果を分析し、その結果を引き続き対面授業を行うにあたり参考とするよう教育部門により協調され、オンライン授業の質保障のためとしても分析は必要であると考えられる。実際に当学期の**成績評価**等は試

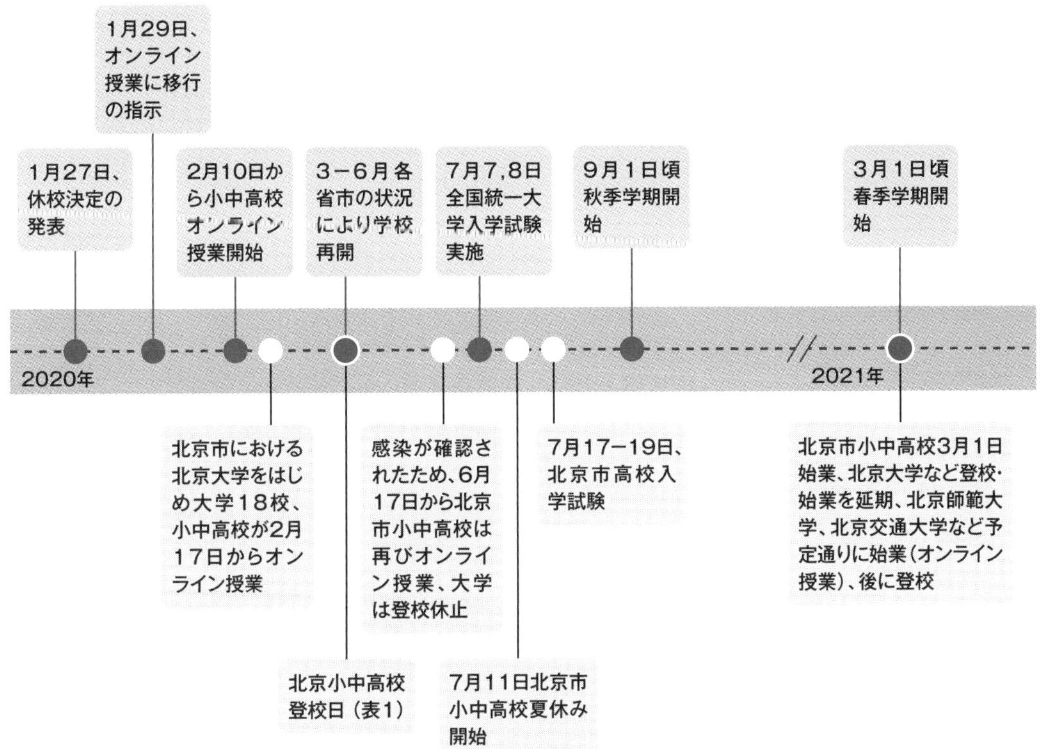


図1　2020－2021年学校日程の時間軸（上段）及び北京市小中学校、高校、大学日程（下段）
（筆者が各教育部門ホームページの記事を元に作成）

表1　2020年春学期北京市小中学校、高校学校再開日

| | |
|---|---|
| 高校３年 | 4.27 |
| 中学３年 | 5.11 |
| 高校１、２年　中学１、２年　小学６年 | 6.1 |
| 小学４、５年 | 6.8 |
| 小学１－３年 | 6.15 |

第3部　中国編

験を通じて**学習成果**を考査した地域が多数あったが、広東省シンセン市教育局は、学校再開２週間以内の試験と期末試験を取り消した(高校３年生、中学校３年生を除き)。つまり、COVID-19によって伝統的な成績評価の機会を中止し、学校での**成績評価**の形式に変化があったことが分かった。成績評価は試験によるか否か、そして生徒の成績評価が**学校評価**につながる中国では、COVID-19に対応するために伝統的な学校評価と成績評価が揺らいだとも言えるだろう。

## 中国の学校教育における新たな課題と挑戦

### ①ハード・ソフトウエアの調達

COVID-19感染症対応において、中国の学校教育には特に農村部で設備（スマートフォン、パソコン、タブレットなど）の欠如や電波が弱い、あるいは圏外などの状況によってオンライン授業の実施に不便を招くなどの課題の解決が急がれる。また、学級経営の難しい状況の中、保護者の学習参加と支援が期待されているが、農民工は都市部に出稼ぎへ（設備の欠如につながる)、留守児童は年寄りの付き添いあるいは付き添いのない（監督の不足）状況でのオンライン授業実施は順調とは言えない。そのため、農村部におけるネットの整備の改善、学校の技術的・ハードウエアの制限を考量した上で柔軟的な指導方法の調整が求められる。

### ②教育情報化の改革：オンライン授業実践経験の不足から求める教育の質保証・教員養成

多数の大学教員がオンライン授業に関する研修を受けたことはあるものの、これまで実践していた教員は少なかった。小中学校の教員も、これまで全体的にオンライン授業の研修と実践も少なかった。オンライン授業実施中に、対面授業通りの指導、評価などを行うのは効果的とは言い難い。よって、オンライン授業の質の向上には、教員側には対面授業と異なるオンライン授業なりの授業方法と評価方法を見直し、その上でオンライン授業の設計や評価、ICTの活用に適する諸能力が求められる。

### ③オープンリソースに関する問題

教育行政部門の指導の下でリソースの公開や共有が盛んであったが、各自で資料の作成が推奨される地域もあったことから、オープンリソースの適用性に欠けることが分かる。そこから、MOOCSや教科書以外のオープンリソースや各校により作成されたリソースの著作権が明確ではないことも考えられる。オンライン授業の実施に関する政策の中に著作権に対し注意喚起する項目があったものの、実際に著作権の確保はまだ十分であるとは限らない。

### ④健康教育に関する問題

今まで中国では健康教育の焦点はメンタル面に当てられており、COVID-19の感染拡大においてオンライン授業が続く中、メンタルケアが教員と保護者に期待された。しかし、免疫力低下や肥満、視力低下などフィジカルな問題や生徒自身の衛生管理の必要性もクローズアップされており、フィジカル面の健康教育にも学校と保護者の連携が求められる。

### ⑤中国の学校の危機管理・リスク対応

「学びを止めない」というスローガンは2003年のSARS流行時に遡るものであり、それがCOVID-19対応の手本となった。今後さらなる感染症対策マニュアルの充実が期待される。密集した環境、そして普遍的医療設備の不十分な小中学校、高校に対して環境の改善と設備充実が課題として挙げられる。また、健康教育の再検討を行い、生徒自身の衛生管理意識を喚起するために学校・家庭との連携が必要である。

**コラム**「学びを止めない」について

「学びを止めない」が初めて提起されたのは2003年春に流行していたSARSの頃であった。SARSは2002年11月16日に、中国南部広東省で非定型性肺炎の患者が報告されたのに端を発し、中国の国内で北京、安徽省、香港などにおいて感染が確認され、北半球のインド以東のアジアとカナダを中心に32の地域や国々にも拡大した(3)。それによって北京、天津など各地の小中学校、高校が休校となり、生徒の学習への支障を抑えるため、「学びを止めない」が提起され、各地が"空中課堂"というテレビ放送の形で授業を行っていたと同時にインターネットを通じて生徒に指導、質疑応答、カウンセリングを提供するサイトも開設された。感染が広がった地域にある大学も対面授業を減らし、電話やインターネットを使用し授業を行った。同年は、全国統一大学入学試験が６月７日から実施する初年度であり、SARSの流行下にもかかわらず予定通りに実施され、試験による感染は起きなかったという。

（教育部「教育系統抗"非典"工作」http://www.moe.gov.cn/jyb_sjzl/moe_364/moe_902/moe_904/tnull_9840.htmlより一部抜粋、筆者翻訳）

第3部

中国編

## 註

（１）教育部「教育部关于2020年春季学期延期开学的通知」http://www.moe.gov.cn/jyb_xwfb/gzdt_gzdt/s5987/202001/t20200127_416672.htmlより　最終アクセス2021/03/05

（２）教育部「教育部：利用网络平台，"停課不停学"」http://www.moe.gov.cn/jyb_xwfb/gzdt_gzdt/s5987/202001/t20200129_416993.htmlより　最終アクセス2021/03/05

（３）国立感染症研究所　https://www.niid.go.jp/niid/ja/kansennohanashi/414-sars-intro.htmlより　最終アクセス2021/03/05

## 参考文献

・孟久儿（2020）「"停課不停学"：推動中小学在線教育再升級」『中小学管理』2020年３月号　pp.31-33
・張运紅、黄秋瑜（2020）「新冠肺炎疫情背景下的中小学健康教育研究」『教育導刊』2020年７月号　pp.51-56
・張書瑜（2020）「疫情防控背景下中小学教育　面臨的机遇、挑戦及応対策略——基于対酒泉市中小学的調査」『発展』2020年９月号　pp.76-77
・穆粛、王雅楠（2020）「転"危"　為"機"：応急措置線上教学如何走向系統在線教学」『現代遠程教育研究』2020,32(3)　pp.22-29
・宮臣、張佳偉、宋崔（2020）「新冠肺炎疫情期間学校在線教学現状、困難与需求的実証研究略——基于全国百所中小学校長抽様調査結果的分析」『中小学信息技術教育』2020年４月号　pp.41-44
・王継新、韋怡彤、宗敏（2020）「疫情下中小学教師在線教学現状、問題与反思略——基于湖北省"停課不停学"的調査与分析」『中国電化教育』第400期　pp.15-21
・全国高等学校質量保障機構連盟厦門大学教師発展中心（2020）「疫情期間大学生線上学習調査報告」https://mp.weixin.qq.com/s/BN6o3qqUU0dJIksYQHxztw　最終アクセス2021/03/01
・中華人民共和国教育部ホームページ　http://www.moe.gov.cn/より各記事
・北京市教育委員会ホームページ　http://jw.beijing.gov.cn/より各記事
・シンセン市教育局ホームページ　http://szeb.sz.gov.cn/より各記事

（鄭　懿敏）

# おわりに

ことの始まりは2019年９月下旬の福岡空港国際線ターミナルだった。ちょうど２年前のことになる。九州に接近した台風のため仁川国際空港行の便が欠航となり、公州大学の主要メンバーは足止めを喰らってしまった。普段ならLCCやフェリーや高速船など韓国との往来はいくつも選択肢がある福岡の地の利だが、いまのコロナ禍での状況を予感させるように、国境を越える手立てが失われ、我々はさらに語り合う時間を思いがけず共有できた。

韓国・公州大学校とはもう10年来のお付き合いとなる。毎年、交互に玄界灘をわたって互いの研究を紹介し議論し合い、また学校や教育行政機関、社会教育施設などを一緒に見学して質問や意見交換を重ねてきた。それでも深い議論をするにはいつも時間が足りず、その制度の違いを確認し理解しあうことに多くの時間を費やさざるを得なかった。

制度の下で行われる教育実践を中核にすえた教育学領域の国際学術交流においてはこの点が大きな壁となっていた。「言葉の壁」以上に立ちはだかる「文脈の壁」をどう乗り越えていくか。交流を単なるイベントに終わらせず、挑戦的な共同研究をどのように進めていくべきか、福岡空港でのそのような熱い議論のなかから本書は生まれた。

着想から２年、当初は日韓の二カ国で構想していたが、国際交流の現状を考えると日本においても韓国においても中華人民共和国は欠かせない存在である。幸い、九州大学には中国人留学生も多く、もっと母国のことを発信してもらいたいと願った。そこで中国教育法制に関するゼミを開講し、また、本書編修の過程でも何度か執筆者会議を主催して、議論を重ねていった。共有できているはずの漢字が時には仇となるなど、日本語訳にはかなり苦労した。

なお、本書は制度を比較するという大それた目的をもったものではなく、日中韓三カ国を同じテーマで並べてみるというただそれだけの試みだが、同じ土俵にのせるだけでも至難で、まずは基礎的な前提条件の違いを共有できればと考えた。ただ、その中に制度としての原理的な共通点も見つけられるのではないかとも思っている。サブタイトルを－多様性の中で制度原理を考えるために－Looking for the Fundamental Principles in Diverse System－다양성 속에서 제도원리를 생각하기 위해－源于多样化中对教育原理的思考－としたのも、その中にエッセンス（中国語では「本質」）を見つけたいという願いからである。

最後に、本書を発刊するにあたり、まずはカウンターパートナーである韓国・公州大学校師範大学教育学科のメンバーに感謝したい。特にキム フンホ（김훈호）先生には窓口として韓国編の人選から連絡調整まで多くの労をおかけした。そしてこの韓国編をすべて的確な日本語に翻訳してくれた鄭修娟先生（九州女子短期大学）の存在なくして本書は生まれなかった。

また、中国編では楊川先生（九州国際大学）や大学院生の殷爽さんにも随分と助けられた。今回、その内容構成から岡幸江先生をはじめとする社会教育領域のメンバーにもご協力をいただいた。一人一人のお名前はここに書ききれないが、本書にご協力をいただいた皆様に感謝したい。そして総勢62名という執筆者による大著となったため、大変ご苦労をかけてしまった花書院中村直樹氏にも御礼を申し上げたい。このコロナ禍が終息し、本書の完成を玄界灘の友たちと一緒に祝いたいと切に願う。

2021年９月緊急事態宣言最終日に　監修者

【監修】

## 元兼　正浩（もとかね・まさひろ）

1965年北九州市生まれ。九州大学大学院教育学研究科博士課程修了（1997年博士（教育学））。九州大学教育学部助手、福岡教育大学助教授、九州大学大学院人間環境学研究院准教授等を経て、2013年より教授（現職）。九州大学韓国研究センター複担教授。専門は教育法制・学校経営・教育行政学。日本教育法学会理事、日本教育経営学会常任理事、日本教育行政学会常任理事、日本教育制度学会理事・紀要編集委員長など。福岡県教育センター事業評価委員長、福岡県教育振興審議会委員など。

【教育制度エッセンス執筆陣】　＊執筆順

■第１部　日本編

| | | |
|---|---|---|
| 元兼　正浩 | 九州大学大学院人間環境学研究院教授 | 1章1・3章3② |
| 清水　良彦 | 九州大学大学院人間環境学研究院准教授 | 1章2 |
| 日髙　和美 | 福岡教育大学教育学部専任講師 | 1章3 |
| 鄭　　修娟 | 九州産業大学国際文化学部専任講師 | 2章1 |
| 雪丸　武彦 | 西南学院大学人間科学部准教授 | 2章2 |
| 小林　昇光 | 奈良教育大学教職開発講座専任講師 | 2章3① |
| 溝内　亮佑 | 九州大学大学院博士後期課程在学中/日本学術振興会特別研究員 | 2章3② |
| 餅井　京子 | 九州大学大学院人間環境学府博士後期課程在学中 | 2章3③ |
| 波多江俊介 | 熊本大学大学院教育学研究科准教授 | 2章3④ |
| 原北　祥悟 | 崇城大学総合教育センター助教 | 2章3⑤ |
| 金子　研太 | 九州工業大学教養教育院准教授 | 2章4① |
| 添田　祥史 | 福岡大学人文学部准教授 | 2章4② |
| 兼安　章子 | 福岡教育大学大学院教育学研究科准教授 | 2章4③ |
| 中山　博晶 | 九州大学大学院人間環境学府博士後期課程在学中 | 2章4④ |
| 岡　　幸江 | 九州大学大学院人間環境学研究院教授 | 2章4⑤ |
| 宮嶋　晴子 | 九州女子短期大学教授 | 2章4⑥ |
| 木村　栞太 | 九州女子大学人間科学部専任講師 | 2章4⑦ |
| 楊　　　川 | 九州国際大学現代ビジネス学部教授 | 3章1① |
| 山内絵美理 | 東海大学熊本キャンパス教職資格センター助教 | 3章1② |
| 小杉　進二 | 山陽小野田市立山口東京理科大学共通教育センター専任講師 | 3章1③ |
| 柴田　里彩 | 高知大学教育研究部助教 | 3章1④ |
| 江藤智佐子 | 久留米大学文学部教授 | 3章2① |
| 金　　美連 | 熊本学園大学外国語学部特任准教授 | 3章2② |
| 大竹　晋吾 | 福岡教育大学大学院教育学研究科教授 | 3章3① |

■第２部　韓国編

| | | | | |
|---|---|---|---|---|
| 김훈호 | キム・フンホ | 金訓鎬 | 公州大学校副教授 | 1章1・2章3⑤・2章4① |
| 어윤경 | オ・ユンギョン | 魚允景 | 公州大学校教授 | 1章2 |
| 최준렬 | チェ・ジュンリョル | 崔浚烈 | 公州大学校教授 | 1章3・2章2・2章3③ |
| 이병승 | イ・ビョンスン | 李秉承 | 公州大学校教授 | 2章1① |
| 이달우 | イ・ダル | 李達雨 | 公州大学校名誉教授 | 2章1② |
| 이병도 | イ・ビョンド | 李炳都 | 忠清南道教育庁奨学官 | 2章3①・2章3② |
| 박나실 | パク・ナシル | 朴ナシル※ | 韓国職業能力研究院副研究委員 | 2章3④-a |
| 안종욱 | アン・ジョンウク | 安鍾旭 | 韓国教育課程評価院研究委員 | 2章3④-b |
| 김윤정 | キム・ユンジョン | 金侖貞 | 東京都立大学人文社会学部准教授 | 2章4② |
| 함은혜 | ハム・ウネ | 咸恩惠 | 公州大学校副教授 | 2章4③ |
| 김은경 | キム・ウンギョン | 金銀慶 | 公州大学校助教授 | 2章4④ |
| 박상옥 | パク・サンオク | 朴商玉 | 公州大学校教授 | 2章4⑤ |
| 임다미 | イム・ダミ | 林多美 | 公州大学校助教授 | 2章4⑥・3章3② |
| 임경원 | イム・ギョンウォン | 林敬原 | 公州大学校教授 | 2章4⑦ |
| 민병성 | ミン・ビョンソン | 閔丙盛 | ホンドン中学校校長 | 3章1①・3章1② |
| 김정식 | キム・ジョンシク | 金正植 | 忠清南道教育庁奨学士 | 3章1③ |

| | | | | |
|---|---|---|---|---|
| 설상숙 | ソル・サンスク | 薛相淑 | 公州大学校博士課程修了 | 3章1④ |
| 양병찬 | ヤン・ビョンチャン | 梁炳贊 | 公州大学校教授 | 3章2① |
| 성기정 | ソン・ギジョン | 成基貞 | 公州大学校博士課程在学中 | 3章2② |
| 한혜정 | ハン・ヘジョン | 韓惠貞 | 公州大学校地方教育政策開発院研究教授 | 3章2② |
| 인효연 | イン・ヒョヨン | 印孝娟 | 公州大学校助教授 | 3章3①・3章3② |
| 이정신 | イ・ジョンシン | 李貞信 | 公州大学校博士課程修了 | 3章3① |
| 정수연 | ジョン・スヨン | 鄭修娟 | 九州女子短期大学専任講師（再掲） | コラム①② |

※ハングル氏名

■第３部　中国編

| | | |
|---|---|---|
| 陳　思聡 | 九州大学大学院人間環境学研究院准教授 | 1章1 |
| 秦　政春 | 同済大学外国語学院客員教授・上海杉達学院特聘教授 | 1章2 |
| 楊　暁興 | 上海建橋学院国際教育学院日本語教育センター主任 | 1章3・2章3② |
| 董　秋艷 | 福岡県立大学人間社会学部専任講師 | 2章1 |
| 雪丸　武彦 | 西南学院大学人間科学部准教授（再掲） | 2章2・2章4⑦ |
| 楊　川 | 九州国際大学現代ビジネス学部教授（再掲） | 2章3①・3章3① |
| 殷　爽 | 九州大学大学院人間環境学府博士後期課程在学中 | 2章3③・2章3⑤・2章4① |
| 孫　雪熒 | 西南大学教育学部専任講師 | 2章3④・3章1④ |
| 肖　蘭 | 北海道大学高等教育推進機構特任講師 | 2章4②・2章4④ |
| 呉　家瑶 | 九州大学大学院人間環境学府修士課程修了 | 2章4③ |
| 張　芸穎 | 九州大学大学院人間環境学府修士課程在学中 | 2章4③・3章2① |
| 上田　孝典 | 筑波大学人間系准教授 | 2章4⑤ |
| 田　添禾 | 九州大学大学院人間環境学府修士課程修了 | 2章4⑥ |
| 李　昱輝 | 上海師範大学教育学院教師発展センター准教授 | 3章1①・3章1② |
| 呉　会利 | 九州大学大学院人間環境学府修士課程修了 | 3章1①・3章1② |
| 閔　樂平 | 九州大学大学院人間環境学府博士後期課程在学中 | 3章1③ |
| 韓　星晨 | 九州大学大学院人間環境学府研究生修了 | 3章2② |
| 鄭　懿敏 | 九州大学大学院人間環境学府修士課程在学中 | 3章3② |

教育制度エッセンス

―多様性の中で制度原理を考えるために―

Essentials of the Educational System

～Looking for the Fundamental Principles in Diverse System～

2021年12月24日　初版発行
2023年４月18日　第２刷発行

編　者／九州大学教育法制＋社会教育研究室
　　　　韓国公州大学校 師範大学教育学科
発行者／仲　西　佳　文
発行所／有限会社 花 書 院
　　　　〒810-0012　福岡市中央区白金2-9-2
　　　　電話.092-526-0287　FAX.092-524-4411
　　　　振替.01750-6-35885
印刷・製本／城島印刷株式会社

　ISBN978-4-86561-250-9